Gunnar Auth

Prozessorientierte Organisation des Metadatenmanagements für Data-Warehouse-Systeme

Mit 71 Abbildungen
und 80 Tabellen

Die Deutsche Bibliothek – CIP-Einheitsaufnahme

Auth, Gunnar:
Prozessorientierte Organisation des Metadatenmanagements für Data-Warehouse-Systeme / Gunnar Auth. – Norderstadt : BoD, 2004.

ISBN 3-8334-1926-1

Herstellung und Verlag: Books on Demand GmbH, Norderstedt.

Vorwort

Die vorliegende Arbeit entstand im Rahmen meiner Tätigkeit als wissenschaftlicher Mitarbeiter in den Kompetenzzentren Data Warehousing Strategie und Data Warehousing 2 am Institut für Wirtschaftsinformatik der Universität St. Gallen (IWI-HSG). Die Kompetenzzentren des IWI-HSG zeichnen sich durch eine enge Zusammenarbeit von wissenschaftlichen Mitarbeitern und Praxisvertretern aus. Auch mein Dissertationsvorhaben erwuchs aus der Zusammenarbeit im Team und hätte ohne die Unterstützung und Hilfe von zahlreichen Freunden und Kollegen nicht in der vorliegenden Form realisiert werden können. Daher möchte ich an dieser Stelle die Gelegenheit nutzen, mich bei den wichtigsten „Teammitgliedern“ zu bedanken.

Mein erster Dank gilt meinem Doktorvater Prof. Dr. Robert Winter, der mir an seinem Lehrstuhl das wissenschaftliche und soziale Umfeld geschaffen hat, das für die Fertigstellung einer solchen Arbeit unverzichtbar ist. Prof. Dr. Hubert Österle danke ich herzlich für die Übernahme des Korreferats. Dr. Barry Devlin hat mir während meines Forschungsaufenthalts an der Smurfit Graduate School of Business des University College Dublin einige wichtige Impulse gegeben und den eingeschlagenen Weg massgeblich mitbestimmt, wofür ich ihm herzlich danke.

Weiterhin geht mein Dank an Prof. Dr. Reinhard Jung, der mich von Anfang an freundschaftlich mit Rat und Tat unterstützte und mir stete Motivation durch gelebtes Vorbild vermittelte. Seinem Nachfolger Dr. Eitel von Maur danke ich für das Schaffen von Freiräumen, die insbesondere in der Schlussphase noch unvorhergesehen nötig wurden.

Eine wesentliche Grundlage dieser Arbeit bilden die Erfahrungen und das Wissen von Experten aus der betrieblichen Praxis. Ohne die Hilfsbereitschaft und Unterstützung zahlreicher Unternehmensvertreter, die sich immer wieder Zeit für Interviews, Workshops und Diskussionen genommen haben, wäre das vorliegende Ergebnis nicht entstanden. Stellvertretend für viele weitere möchte ich mich daher bei den folgenden Personen namentlich bedanken: Hans Wegener, Dr. Axel Mönkeberg, Dr. Robert Marti und Jörg Bieri (alle Swiss Re), Urs Joseph, Martin Stäubli, Paul Wittwer und Toni Kaufmann (alle Winterthur Versicherungen) sowie Marcel Winter und Engelbert Schollenberger (beide Credit Suisse Financial Services).

Besonderer Dank gebührt meinen Kollegen am IWI-HSG, die mir mit Diskussionen, konstruktiver Kritik und Anregungen halfen, meine Gedanken zu ordnen und zu überprüfen, um dadurch überhaupt erst zu den vorliegenden Erkenntnissen zu finden. Stellvertretend für alle anderen danke ich Clemens Hermann, Josef Rupprecht, Florian Melchert, Dr. Thorsten Frie, Dr. Bernhard Strauch, Dr. Markus Helfert sowie Dr. Joachim Schelp. Für die stilistische und orthographische Überprüfung der Arbeit danke ich meinem väterlichen Freund Hans Eberhard Hausding.

Für unverzichtbare Stimmungsaufhellungen im doch manchmal recht trüben St. Gallen bedanke ich mich herzlich bei meinen Kollegen Dr. Bernd Heinrich, Tanja Brüllhardt, Gregor Zellner, Alexander Schwinn und Silvia Choinowski.

Mein grösster Dank gilt schliesslich meiner Familie und insbesondere meinen Eltern Manfred und Annelie Auth, die mir mit viel Verständnis und Unterstützung meine akademische Ausbildung ermöglicht haben.

St. Gallen, Januar 2003 Gunnar Auth

Inhaltsübersicht

Inhaltsverzeichnis

Abbildungsverzeichnis

Tabellenverzeichnis

Abkürzungsverzeichnis

ALGOL	Algorithmic Oriented Language
ANSI/ SPARC	American National Standards Institute / Standards Planning and Requirements Committee
API	Application Programming Interface
ASCII	American Standard Code for Information Interchange
CC DWS	Competence Centre Data Warehousing Strategy
CC DW2	Competence Centre Data Warehousing 2
CDIF	CASE Data Interchange Format
CIF	Corporate Information Factory
COBOL	Common Business Oriented Language
CORBA	Common Object Request Broker Architecture
CSFS	Credit Suisse Financial Services
CWM	Common Warehouse Metamodel
CWMX	Common Warehouse Metamodel Extensions
DBMS	Datenbankmanagementsystem
DDL	Data Definition Language
DML	Data Manipulation Language
DTD	Document Type Definition
DQA	Data Quality Assurance
DQM	Datenqualitätsmanagement
DWH	Data Warehouse
EBNF	Erweiterte Backus-Naur Form
EPK	Ereignisgesteuerte Prozesskette
ER-Modell	Entity-Relationship-Modell
ETL	Extraktion, Transformation, Laden
GoM	Grundsätze ordnungsmässiger Modellierung

IMG	Information Management Group
IRDS	Information Resource Dictionary System
IS	Informationssystem
ISO	International Organization for Standardization
Kap.	Kapitel
MDA	Model Driven Architecture
MDC	Meta-Data Coalition
MDM	Metadatenmanagement
MDMS	Metadatenmanagementsystem
MOF	Meta Object Facility
MVS	Multiple Virtual Storage
OIM	Open Information Model
OMG	Object Management Group
PCTE	Portable Common Tool Environment
PROMET	Projektmethode
RDBMS	Relational Database Management System
SDL	Swiss Re Data Language
SQL	Structured Query Language
UML	Unified Modeling Language
WV	Winterthur Versicherungen
XMI	XML Metadata Interchange
XML	Extensible Markup Language

1 Einleitung

Data-Warehouse-Systeme haben sich seit Entwicklung des zugrundeliegenden Konzepts Ende der 1980er Jahre (s. [Devlin/Murphy 1988], [Inmon 1992]) als wichtiger Bestandteil der betrieblichen Informationsversorgung etabliert (vgl. [Martin 1998, S. 19], [Winter 2000, S. 128], [Böhnlein 2001, S. 35], [Ostler 2002, S. 1]). Im Unterschied zu klassischen Managementinformationssystemen beschränkt sich der Einsatz des Data Warehouse (DWH) nicht auf die Versorgung des oberen Managements mit entscheidungsunterstützenden Daten (vgl. [Chamoni/Gluchowski 1999, S. 10]). Vielmehr hat sich die Erkenntnis durchgesetzt, dass auch mittlere Führungskräfte und Fachkräfte auf allen Hierarchiestufen analytische Daten gewinnbringend für ihre Aufgaben nutzen können (vgl. [Inmon 1992, S. 53]). Neben der Entscheidungsunterstützung für das Management werden DWH-Systeme heutzutage bei einer Vielzahl von analytischen Fragestellungen in allen Unternehmensbereichen eingesetzt, bspw. im Customer Relationship Management, im Supply Chain Management oder für Click-Stream-Analysen im E-Business (vgl. [Marco 2000, S. 14], [Jung/Winter 2000, S. 6f.], [Acta 2002, S. 5]). Die Ausweitung der Anwendungsbereiche bedingt wiederum das Erschliessen immer neuer Datenquellen für das DWH (vgl. [Devlin 1997, S. 304]) und führt zusammen mit der Historisierung der Daten zu einem rasanten Wachstum der im DWH verwalteten Datenmenge (vgl. [Marco 2000, S. 14]). Beim Umgang mit sehr grossen und schnell wachsenden Datenmengen treten jedoch verstärkt Probleme zutage, die nicht mehr wie bisher mit wenig zusätzlichem Aufwand individuell gelöst werden können. Die Ursachen dieser Probleme hängen mit den unterschiedlichen Verwendungszwecken der Daten im DWH einerseits und in den Quellsystemen andererseits zusammen. In den Datenbasen der DWH-Quellsysteme werden die Bedeutung und der Verwendungszweck der Daten zumeist aus der Benutzerschnittstelle und den Funktionen der Applikation ersichtlich, über welche die Anwender auf die Daten zugreifen (vgl. [von Maur 2000, S. 43]). Da die Anwender i. d. R. ausschliesslich über die Benutzerschnittstelle zugreifen, werden zu den Nutzdaten primär solche beschreibende Daten gespeichert, die für die automatisierte Verarbeitung durch Datenbankmanagementsysteme (DBMS) oder Applikationen erforderlich sind (vgl. [Heuer 1997, S. 127ff.]). Beschreibende Daten zur fachlichen Bedeutung der Nutzdaten fehlen weitgehend. Bei der Extraktion der Nutzdaten aus den Quellsystemen für die Verarbeitung im DWH geht der Zusammenhang mit den Herkunftssystemen verloren. Die Semantik der in das DWH transferierten Daten, insbesondere was ihren Verwendungszweck und ihre Bedeutung im Rahmen der Geschäftstätigkeit anbelangt, lässt sich nicht mehr ohne weiteres erkennen. Bei der Integration und Transformation der Daten im DWH-System geht häufig weitere Semantik verloren, z. B. durch Aggregation (vgl. [Bell 2001, S. 37]). Verfügen DWH-Daten nur über eine wenig aussagekräftige Semantik, treten jedoch in der Folge Probleme sowohl bei der Analyse der Daten im Rahmen der DWH-Nutzung als auch bei der Verarbeitung der Daten im Zuge von

Entwicklung und Betrieb des DWH auf. Für die Analyse von Umsatzzahlen muss dem Analysten bspw. bekannt sein, wie der Umsatz berechnet wurde, auf welchen Zeitraum er sich bezieht und von welchem Unternehmensteil er verantwortet wird. Ohne diese zusätzlichen Daten ist eine Interpretation der Umsatzzahlen nicht möglich. Für Entwickler ergeben sich Probleme bspw. bei der Integration von Daten, wenn Aufbau und Format nicht eindeutig ersichtlich sind. Um Daten aufgabenwirksam interpretieren zu können, benötigen Anwender und Entwickler neben einer aussagekräftigen Semantik ein breites Spektrum an weiteren Informationen über die Daten im Data Warehouse, wie bspw. Beschreibungen von Aufbau, Herkunft, Aktualität und Qualität. Liegen solche Informationen über Daten selbst in Form von strukturierten Daten vor, spricht man von *Metadaten*.[1] Während die Bedeutung von Metadaten insbesondere in der Entwicklung klassischer Datenbankanwendungen seit langem bekannt ist, werden im Bereich des Data Warehousing unter dem Schlagwort *Metadatenmanagement* seit einiger Zeit vermehrt neue und erweiterte Nutzformen von Metadaten sowohl für Entwickler als auch Anwender diskutiert, für die eine systematische Aufbereitung und Bereitstellung der Metadaten erforderlich ist.

1.1 Problemstellung und Handlungsbedarf

Im Mittelpunkt der wissenschaftlichen Diskussion zur Erarbeitung von Konzepten für das Metadatenmanagement im Data Warehousing stehen bisher zumeist technische Fragen. So beschäftigen sich eine Reihe von Publikationen zum Thema Metadatenmanagement mit dem Problem des Austausches von heterogenen Metadaten bzw. Modellen[2] zwischen Komponenten von DWH-Systemen, so z. B. [Draskic et al. 1999], [Do/Rahm 2000], [Vaduva et al. 2001]. Andere Arbeiten beschäftigen sich z. B. mit der Integration fachlicher und technischer Metadaten [Müller et al. 1999], der Steuerung von ETL-Prozessen durch Metadaten [Critchlow et al. 1998] oder der metadatenbasierten Authentifizierung und Vergabe von Zugriffsrechten [Essmayr et al. 1999].

---

1 Zur Unterscheidung und Abgrenzung der Begriffe Daten und Informationen, zu denen in der Literatur häufig noch der Begriff Wissen in Beziehung gesetzt wird, existieren eine Vielzahl unterschiedlicher Erklärungsansätze (vgl. [Lehner/Maier 1994, S. 29ff.]). Für diese Arbeit eignet sich insbesondere der Ansatz von Rehäuser und Krcmar, die ausgehend von *Zeichen* als den kleinsten Elementen bei der Kommunikation von Mensch und Maschine die vorgenannten Begriffe in einer Begriffshierarchie definieren [Rehäuser/Krcmar 1996, S. 4-7]. Demnach werden *Daten* zur Verarbeitung durch Rechner in Form von Zeichen repräsentiert. Hierbei wird jedoch noch keine Aussage über den Verwendungszweck getroffen. „Aus Daten werden *Informationen*, wenn sie in einen Problembezug eingeordnet und für die Erreichung eines Zieles verwendet werden. Informationen sind somit Kenntnisse über Sachverhalte, die ein Handelnder benötigt, um eine Entscheidung darüber zu fällen, wie er ein Ziel am günstigsten erreichen kann“ [Rehäuser/Krcmar 1996, S. 5]. Aus Informationen entsteht schliesslich *Wissen* durch zweckorientierte Vernetzung von Informationen. Während Informationen Kenntnis über Sachverhalte darstellen, ist Wissen begründete Kenntnis, im Unterschied zur Meinung (als etwas Vorläufigem, Unbegründeten) und zum Glauben [Rehäuser/Krcmar 1996, S. 5].

2 Werden Modelldefinitionen in Form von Daten gespeichert, gelten diese typischerweise als Metadaten (vgl. [Poole et al. 2002, S. 24]).

Allen bisher genannten Ansätzen ist eine primär statische, strukturorientierte Sicht auf das Metadatenmanagement gemeinsam. Dynamische, verhaltensorientierte Aspekte, wie sie sich vor allem aus der Interaktion von Anwendern und Entwicklern mit dem DWH-System bei der Aufbereitung und Bereitstellung von Metadaten ergeben, werden nicht hinreichend gewürdigt. Der sozio-technische Charakter[3] des Metadatenmanagements, bei dem Menschen und die technischen Komponenten des DWH-Systems bei der Aufgabendurchführung zusammenarbeiten, tritt nahezu völlig in den Hintergrund. Dadurch besteht die Gefahr, dass es nicht gelingt, für das Metadatenmanagement erforderliche Abläufe dauerhaft in der Unternehmensorganisation zu verankern. Neben dedizierten Applikationen zur Verwaltung der Metadaten ist die Gestaltung eines organisatorischen Rahmens für das Metadatenmanagement erforderlich, um die Nutzenpotentiale des Metadateneinsatzes zielgerichtet und dauerhaft realisieren zu können. Für eine systematische Erzeugung, Integration, Aufbereitung und Bereitstellung von Metadaten müssen Mitarbeiter aus Fachbereichen und IT-Abteilungen über die Grenzen von Abteilungen und Projekten zusammenarbeiten. Hierzu gilt es, Aufgaben zu standardisieren und in definierten Prozessen zusammenzufassen. Verantwortlichkeiten im Rahmen der Prozessdurchführung sind in Rollenbeschreibungen zu spezifizieren. Ein ganzheitliches Metadatenmanagement erfordert neben einer technischen Realisierung auch eine aufbau- und ablauforganisatorische Einbettung.

1.2 Entstehung und Umfeld der Arbeit

Am Institut für Wirtschaftsinformatik der Universität St. Gallen wird seit 1999 im Bereich Data Warehousing geforscht. Im Rahmen des Forschungsprogramms „Business Engineering“ wurde zunächst das Kompetenzzentrum *Data Warehousing Strategie* ins Leben gerufen, in dem fünf Doktoranden unter der Leitung eines Habilitanden zusammen mit Mitarbeitern von zwölf Partnerunternehmen aus Deutschland und der Schweiz an der Entwicklung eines integrierten Vorgehensmodells für das Data Warehousing arbeiteten. Nach der vorgesehenen Laufzeit von zwei Jahren konnte das CC DWS Ende 2000 erfolgreich abgeschlossen werden. In Verbindung mit der rasch zunehmenden Nutzung von DWH-Systemen für die betrieblichen Informationsversorgung waren jedoch neue Fragen entstanden, insbesondere im Zusammenhang mit dem Betrieb von DWH-Systemen. So konnte bereits Anfang 2001 das Kompentenzzentrum *Data Warehousing 2* (CC DW2) als Nachfolger des CC DWS seine Arbeit aufnehmen. Zusammen mit nunmehr acht Partnerunternehmen wurden als Schwerpunkte der Forschungstätigkeit Metadatenmanagement, Datenqualitätsmanagement sowie Datenschutz und Datensicherheit definiert. Die Ergebnisse sowohl aus dem CC DWS als auch aus dem CC DW2 konnten bisher in fünf

---

[3] Vgl. zum sozio-technischen Charakter von Informationssystemen z. B. [Frank et al. 1998] u. [Ferstl/Sinz 2001, S. 59].

vorangegangenen Dissertationen ([Meyer 2000], [Schwarz 2001], [Frie 2001], [Strauch 2002], [Helfert 2002]) genutzt werden. Auf den Ergebnissen dieser Dissertationen sowie weiteren Veröffentlichungen aus den beiden Kompetenzzentren baut wiederum die vorliegende Arbeit auf.

1.3 Ziele und Adressatenkreis

Das Ziel dieser Arbeit ist die Entwicklung eines prozessorientierten Organisationskonzepts für eine nutzenorientierte Einführung und dauerhafte Etablierung eines Metadatenmanagements zur Unterstützung von DWH-Systemen in einer bestehenden Unternehmensorganisation. Als Ausgangspunkt für die Gestaltung von Ablauf- und Aufbauorganisation dienen die Nutzenpotentiale von Metadaten, die sich mit den derzeitigen Mitteln der Informationstechnologie realisieren lassen. Im Rahmen eines nutzenzentrierten Ansatzes wird vom aktuellen Entwicklungsstand der Metadatenverarbeitung in der Praxis ausgegangen. Insbesondere bei der Frage nach der Automatisierbarkeit von Aufgaben des Metadatenmanagements sollen keine eigene Lösungen für immer noch existierende technische Probleme erarbeitet werden. Die Möglichkeiten zur Automatisierung der Metadatenverarbeitung werden in erster Linie anhand von in der Praxis beobachteten Metadatenmanagementsystemen bewertet. Auf diese Weise will die Dissertation auch einen Beitrag zur integrierten Organisations- und Informationssystementwicklung leisten. Im Rahmen eines logisch gegliederten Vorgehens werden in der Dissertation die folgenden Teilziele verfolgt:

- Die Arbeit soll die Nutzenpotentiale des Metadatenmanagements für das Data Warehousing unter Berücksichtigung des derzeitigen Stands der Informationstechnologie identifizieren.
- Durch die Betrachtung ausgewählter Fallstudien sollen Ansätze zur Realisierung der identifizierten Nutzenpotentiale in der betrieblichen Praxis analysiert werden.
- Die dabei gesammelten Erfahrungen sollen als Grundlage für einen methodischen Entwurf einer Prozessorganisation für ein integriertes Metadatenmanagement genutzt werden.
- Im Rahmen der Prozessmodellierung sollen die besonderen Anforderungen des Metadatenmanagements berücksichtigt werden. Insbesondere soll ein Modellierungsansatz entwickelt werden, der es ermöglicht, die Prozessbeschreibungen wiederum als Metadaten weiterzuverarbeiten und mit anderen Metadaten zu integrieren.

Gemäss des Anspruchs der Wirtschaftsinformatik, „Informations- und Kommunikationssysteme in Wirtschaft und Verwaltung" [WKWI 1997, S. 1] zu analysieren, zu modellieren und zu gestalten (vgl. [Ferstl/Sinz 2001, S. V u. S. 1]), richtet sich diese

Dissertation gleichermassen an Vertreter der Wissenschaft und der Praxis. Wissenschaftlern bietet die Dissertation eine strukturierte Aufarbeitung des derzeitigen Forschungsstands bei der Verarbeitung und Nutzung von Metadaten für DWH-Systeme. Mit einem prozessorientierten Ansatz wird das Metadatenmanagement aus einer bisher wenig beachteten organisatorischen Perspektive betrachtet. Dadurch können Defizite bestehender Ansätze beseitigt werden und es wird ein eigenständiger Beitrag zur Weiterentwicklung des Wissensgebietes geleistet. Praktikern wird zunächst eine theoretisch fundierte Einführung in das Metadatenmanagement geboten. Anhand der aufgezeigten Nutzenpotentiale können sie die Vorteile des Metadatenmanagements für das eigene Umfeld bewerten. Die Metadatenklassifikation nach Verwendungszwecken bietet Unterstützung bei der Abgrenzung des Metadatenbedarfs für konkrete Projekte. Schliesslich erhalten Projektleiter und Berater Argumentationshilfen für die Initiierung konkreter MDM-Projekte sowie verständliche, auf praktischen Erfahrungen basierende Handlungsempfehlungen für die organisatorische Gestaltung des Metadatenmanagements.

1.4 Forschungsmethodik

Ähnlich wie die nahe verwandte Betriebswirtschaftslehre ist die Wirtschaftsinformatik eine angewandte Wissenschaft (vgl. z. B. [Österle et al. 1992, S. 35], [WKWI 1997, S. 1], [Frank 2001, S. 4]) innerhalb der Sozial- und Wirtschaftswissenschaften. Nach Ulrich ist der unmittelbare Zweck einer angewandten Wissenschaft „dem Menschen ein wissenschaftlich fundiertes Handeln in der Praxis zu ermöglichen“ [Ulrich 1984, S. 179]. Bezogen auf die Vorgehensweise bei der Problemlösung bedeutet dies, dass Probleme einer angewandten Wissenschaft im Praxiszusammenhang entstehen, vom Forscher wissenschaftlich strukturiert und unter Anwendung theoretischen Wissens und eigener Erfahrungen theoretisch gelöst werden. Schliesslich werden die Lösungsvorschläge von der Praxis übernommen und bei der Gestaltung der Realität angewandt [Österle et al. 1992, S. 35].

Die Organisation der Forschung in Kompetenzzentren am Institut für Wirtschaftsinformatik der Universität St. Gallen (IWI-HSG) orientiert sich an diesem Verständnis der Wirtschaftsinformatik als angewandte Wissenschaft. In den Kompetenzzentren erarbeiten die Forscher gemeinsam mit Unternehmensvertretern wissenschaftlich fundierte Lösungen für Probleme aus der Unternehmenspraxis. Dieser Ansatz unterscheidet sich signifikant von der traditionellen Forschung in den Naturwissenschaften, bei welcher der Forscher lediglich Beobachter eines Experiments ist. Dabei ist er stets darauf bedacht, seinen eigenen Einfluss auf den Forschungsgegenstand so gering wie möglich zu halten [Frank et al. 1998, S. 72].

Die Forschungsmethode *Action Research* oder Aktionsforschung nach Checkland und Holwell postuliert hingegen eine bewusste gestalterische Einflussnahme des Forschers während des Forschungsprozesses: „In this process the researcher enters a real-world situation and aims both to improve it and to acquire knowledge" [Checkland/Holwell 1998, S. 9]. Die Eignung der Methode für die Disziplin Information Systems (so die Bezeichnung der Wirtschaftsinformatik im englischsprachigen Raum) wird bspw. in [Baskerville/Wood-Harper 1998] und für die Wirtschaftsinformatik im deutschsprachigen Raum in [Frank et al. 1998] diskutiert. Frank et al. vergleichen in ihrem Beitrag die Merkmale von Aktionsforschung und traditioneller Forschung und kommen zu dem Schluss, dass die Methode Aktionsforschung „den direkten Zugang zu Prozessen der Analyse, Planung, Entwicklung und Einführung von Informations- und Kommunikationssystemen" [Frank et al. 1998, S. 87] eröffnet. Begründet wird dies mit der Komplexität, Vielschichtigkeit und dem sozialen Charakter von Prozessen. Mit Hilfe traditioneller Forschungsmethoden sind solche Prozesse nur schwer zugänglich [Frank et al. 1998, S. 87], weshalb für die Dissertation die Forschungsmethode Aktionsforschung gewählt wird.

Die vorliegende Arbeit zielt auf Prozesse zur systematischen Aufbereitung und Bereitstellung von Metadaten für das Data Warehousing. Diese Prozesse sind eng mit den zugrunde liegenden Informations- und Kommunikationssystemen, DWH-System und Metadatenmanagementsystem, verbunden. Aktionsforschung ist demnach eine adäquate Methode für die Erforschung dieses Problemfelds und die Auffindung geeigneter Lösungen. Fleisch beschreibt in [Fleisch 2001, S. 289-296] eine Adaption des Modells von Checkland und Holwell für die Forschung in Kompetenzzentren, wie sie am IWI-HSG betrieben wird.

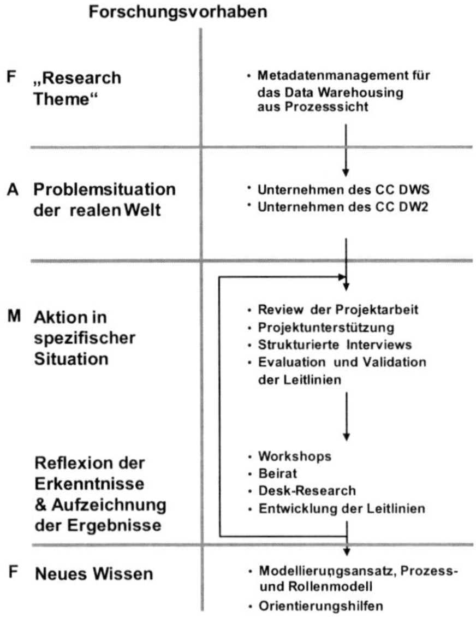

Abbildung 1: Anwendung des adaptierten Modells von Fleisch
(in Anlehnung an [Fleisch 2001, S. 294])

Ausgehend von konkreten Problemen bzw. Ideen (*Framework of Ideas, F*) im Gegenstandsbereich der Forschung (*Area of concern, A*) werden Methoden und Techniken (*Methods, M*) verwendet, um neue Erkenntnisse über *A* zu erarbeiten. Dabei werden sowohl das Wissen über *A* und *M* erweitert als auch neue Ideen im Sinne von *F* entwickelt. Dieser Lernprozess wird von Frank als besonders vorteilhaft für die Wirtschaftsinformatik herausgestellt, da es hier vielfach noch an gehaltvollen Hypothesen fehlt. Während bei der traditionellen Forschung Lernprozesse durch Verwerfen, Modifizieren oder Bestätigen von ex ante definierten Hypothesen stattfinden, ist der Forscher in der Aktionsforschung Teil einer spezifischen Situation, die ihn vor konkrete Aufgaben stellt. Aus den dabei gewonnenen Erfahrungen im Forschungsfeld lassen sich Hypothesen bilden, die in einem Reflexionsprozess einer weiteren Überprüfung unterzogen werden [Frank et al. 1998, S. 87f.].

Checkland und Holwell vermeiden explizit den Begriff der Hypothese und stellen ihm ihr Konzept des *Framework of Ideas* gegenüber. Dahinter steht die Absicht, Begriffsverwirrungen bei der Beschreibung von sozialen und sozio-technischen Phänomenen zu vermeiden (vgl. [Checkland/Holwell 1998]). In der Wirtschaftsinformatik werden solche Phänomene oftmals mit semi-formalen Sprachen wie bspw. dem Entity-Relationship-Modell (ERM) beschrieben, deren Semantik nicht vollständig definiert ist. Checkland und Howell versuchen daraus resultierenden Missverständnissen vorzubeugen, indem sie anstelle von scheinbar eindeutig formulierten Hypothesen die Forschungsfragestellungen als übergreifende, sog. *Research Themes* beschreiben. Beispiele von Research Themes sind „Einführung eines unternehmensweiten Data-Warehouse-Systems" oder „Innerbetriebliche Integration von heterogenen Applikationen".

Für die Dissertation wird das adaptierte Modell von Fleisch übernommen und konkretisiert. Damit ergibt sich die in Abbildung 1 illustrierte Forschungskonzeption. Im Rahmen der Projektarbeit in den Kompetenzzentren CC DWS und CC DW2 wurde das Forschungsthema (Research Theme) „Metadatenmanagement für das Data Warehousing aus Prozesssicht" identifiziert und abgegrenzt. Gemäss den Bedürfnissen, die aus den Problemsituationen der Praxis erwachsen, wird das Thema in der Dissertation aus einer primär betriebswirtschaftlichen bzw. technisch-konzeptionellen Perspektive betrachtet. Im Vordergrund stehen konzeptionelle und methodische Lösungsansätze, Implementierungsdetails liegen ausserhalb des Fokus. Lösungsansätze wurden durch Mitarbeit in Praxisprojekten vor Ort sowie dem Studium der relevanten Literatur entwickelt. An dieser Stelle kommt die Aktionskomponente der Forschungsmethode zum Tragen, indem innerhalb der spezifischen Problemsituation zusammen mit Praxisvertretern agiert wird. Der Forschungsgegenstand in Form von konkreten Metadatenmanagement-Projekten wird dabei bewusst beeinflusst und aktiv gestaltet. Die Validierung, Modifizierung und Bestätigung der erarbeiteten Forschungsergebnisse erfolgt durch regelmässig abgehaltene, mehrtägige Workshops mit Praxisvertretern im Rahmen der Kompentenzzentren. Die Nachvollziehbarkeit der Erkenntnisse, ein wesentliches Merkmal wissenschaftlicher Arbeit (z. B. [Popper 1994, S. 214]), wird durch Dokumentation der Projekte in Form von vier Fallstudien aus der Finanzdienstleistungsbranche sichergestellt.[4]

1.5 Aufbau der Arbeit

Die Arbeit ist in sieben Kapitel gegliedert, die durch einen Anhang ergänzt werden (vgl. Abbildung 2). Nachdem in dieser Einleitung insbesondere *Motivation, Zielsetzung und Vorgehensweise* erläutert werden, beschreibt Kapitel 2 wichtige konzeptionelle *Grundlagen* zum Verständnis der Arbeit. Das Metadatenmanagement wird in dieser Arbeit als Unterstützungsaufgabe für das Data Warehousing betrachtet, sodass zunächst ein einheitliches Verständnis des DWH-Konzepts durch die Beschreibung einer idealtypischen Architektur geschaffen wird. Für die beabsichtigte Betrachtung des Metadatenmanagements aus einer organisatorischen Perspektive werden allgemeine Grundlagen der Prozessorientierung behandelt und bisherige Ansätze für eine Übertragung auf die Organisation des Metadatenmanagements diskutiert.

Nachdem sich so schrittweise an das Thema angenähert wurde, setzt sich Kapitel 3 mit dem gegenwärtigen *Stand des Metadatenmanagements* auseinander. Dazu werden zunächst grundlegende Begriffe geklärt, wobei der schwierig abzugrenzende Begriff der Metadaten im Mittelpunkt steht. Um die Bedeutung der Metadaten für das Data Warehousing zu klären, werden die wesentlichen Einsatz- und Nutzenpotentiale erarbeitet, die einen wiederkehrenden Bezugspunkt der gesamten Arbeit bilden. Zunächst werden sie in Kapitel 3 dazu genutzt, um eine Klassifikation zu entwickeln, die eine systematische Erfassung der für das Data Warehousing benötigten Metadaten ermöglicht. Um die immer noch vorhandenen technischen Probleme bei der Nutzung von Metadaten zu verdeutlichen, wird die historische Entwicklung kurz anhand der wichtigsten Standardisierungsversuche skizziert und ein Überblick über aktuelle Architekturkonzepte gegeben.

Kapitel 4 dient zur Analyse der Organisation des Metadatenmanagements für DWH-Systeme der unternehmerischen Praxis. Dazu werden vier *Fallstudien* beschrieben, die jeweils einen eigenen Schwerpunkt hinsichtlich des Einsatzzwecks von Metadaten aufweisen.

Zentrales Hilfsmittel für den Prozessentwurf ist die *Prozessmodellierung*, die insbesondere die Kommunikation zwischen den Beteiligten während des Entwurfs sowie die Kommunikation der Entwurfsergebnisse an die betroffenen Mitarbeiter unterstützt. Kapitel 5 entwickelt aufbauend auf den *Grundsätzen ordnungsmässiger Modellierung* ein methodisches Grundgerüst, das sowohl allgemeine Anforderungen

[4] Die Fallstudienforschung ist in der Wirtschaftsinformatik nicht unumstritten. Für eine ausführliche Diskussion des Fallstudieneinsatzes in der Wirtschaftsinformatik einschliesslich positivem Fazit sei auf [Schwarz 2001, S. 29-37] und [Strauch 2002, S. 7-9] verwiesen.

der Prozessmodellierung als auch spezifische Anforderungen des Metadatenmanagements einbezieht.

Kapitel 6 beschreibt darauf aufbauend den systematischen *Entwurf eines integrierten Prozessmodells für das Metadatenmanagement* in der Domäne Data Warehousing. Hierzu wird die Prozessentwurfsmethode PROMET-BPR für den Einsatz im Umfeld Metadatenmanagement angepasst. Das methodische Vorgehen erhält darüber hinaus eine wichtige Ergänzung durch eine umfassende Nutzung der Ergebnisse der Fallstudien aus Kapitel 5. Wesentliches Ergebnis von Kapitel 6 ist ein hierarchisches Prozessmodell, das über drei Modellierungsebenen die ablauf- und aufbauorganisatorische Etablierung des Metadatenmanagements beschreibt.

Den *Abschluss* der Arbeit bildet Kapitel 7 mit einer kritischen Würdigung der wesentlichen Ergebnisse sowie einem Ausblick auf sinnvolle Entwicklungsmöglichkeiten, bei denen auf der vorliegenden Arbeit aufgebaut werden kann.

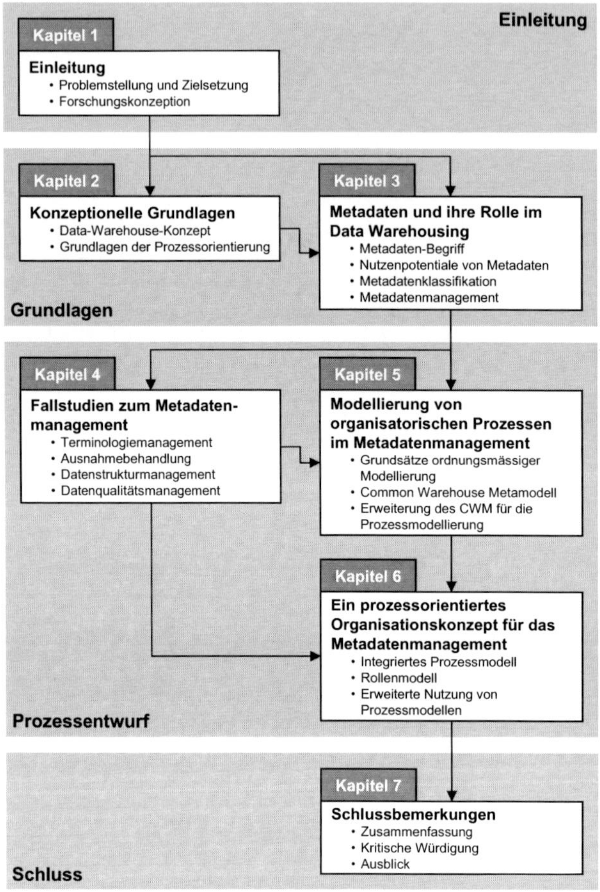

Abbildung 2: Aufbau der Arbeit

2 Konzeptionelle Grundlagen

Nachdem in Kapitel 1 die Bedeutung von explizit gestalteten Prozessen für die erfolgreiche organisatorische Verankerung eines integrierten Metadatenmanagements verdeutlicht und daraus die Forderung nach einer systematischen Prozessorganisation abgeleitet wurde, werden nun in diesem Kapitel die konzeptionellen Grundlagen für die Erarbeitung eines ganzheitlichen Prozessmodells für das Metadatenmanagement behandelt. Als Ausgangs- und Bezugspunkt für das Metadatenmanagement werden in Abschnitt 2.1 und 2.2 zunächst Konzept und grundsätzliche Architektur von DWH-Systemen erläutert sowie deren Nutzenpotentiale aus betriebswirtschaftlicher Sicht dargestellt. Danach wird in Abschnitt 2.3 die Prozessperspektive als grundlegende Strukturierungsmöglichkeit für die Abläufe in Unternehmen erörtert und ein allgemeines Prozessverständnis erarbeitet, das dazu dient, den Prozesscharakter von DWH-Einsatz und Metadatenmanagement zu veranschaulichen (Abschnitt 2.4). Anschliessend wird in Abschnitt 2.5 die durchaus uneinheitliche Verwendung des Prozessbegriffs in der Domäne Data Warehouse analysiert und mittels einer Unterscheidung in Produkt- und Prozessperspektive auf ein DWH-System systematisiert. Das Kapitel endet mit der Untersuchung des aktuellen Forschungsstands bei der organisatorischen Gestaltung des Metadatenmanagements in Abschnitt 2.6 durch Betrachtung ausgewählter Ansätze. Somit werden in diesem Kapitel die Voraussetzungen behandelt, um sich in Kapitel 3 dem Thema Metadaten und ihrer Bedeutung für das Data Warehousing zu nähern.

2.1 Data-Warehouse-Konzept und -Architektur

Die Qualität von Entscheidungen, welche in unterschiedlichem Ausmass auf allen Ebenen der betrieblichen Organisationshierarchie getroffen werden, hängt wesentlich von Informationen über den Entscheidungskontext ab, wie bspw. die verfügbaren Alternativen und die zu erwartenden Konsequenzen [Chamoni/Gluchowski 1999, S. 4]. Die zentrale Quelle für solche Informationen sind neben externen Datenquellen (z. B. Online-Datenbanken wie Reuters) die internen Informationssysteme, die für die Durchführung von Geschäftsprozessen erforderliche Daten speichern (vgl. [Devlin 1997, S. 141], [Mertens/Griese 2000, S. 27]). Wegen dieser unmittelbaren Verknüpfung mit den Geschäftsprozessen werden diese transaktionsorientierten Informationssysteme auch als *operative Systeme* bezeichnet [Jung/Winter 2000, S. 4]. Die theoretisch naheliegende, direkte Gewinnung von entscheidungsunterstützenden Daten aus den operativen Systemen bereitet in der betrieblichen Praxis erhebliche Schwierigkeiten, wofür sowohl technische als auch konzeptionelle Ursachen verantwortlich sind.

Aus technischer Sicht sind zunächst die Schnittstellenkomplexität bei der Integration von Daten aus heterogenen Quellsystemen [Winter 2000, S. 128] und die häufig mangelnde Datenqualität [Helfert 2002, S. 1f.] zu nennen. Probleme bereiten auch die den operativen Systemen zugrunde liegenden Datenschemata, die für die Speicherung von Daten zur Abwicklung von Geschäftsprozessen ausgelegt sind [Mertens/Griese 2000, S. 25]. Eine Analyse der Daten zum Zwecke der Entscheidungsunterstützung auf den operativen Datenbasen mit Hilfe von analytischen Systemen führt bei operativen Systemen zu Engpässen bei der Verfügbarkeit und unbefriedigendem Antwortzeitverhalten (vgl. [Devlin/Murphy 1988, S. 63], [Böhnlein 2001, S. 34]).

Die an den operativen Geschäftsprozessen orientierte Modellierung resultiert in einer Strukturierung der Daten, die das Auffinden und Verknüpfen von Daten im Rahmen einer entscheidungsunterstützenden Analyse erschwert [von Maur 2000, S. 43]. Ein weiteres Problem aus fachlicher Sicht ist die fehlende Historisierung und Versionierung der Daten, die in den operativen Systemen überwiegend kurz- bis mittelfristig gespeichert werden [Böhnlein 2001, S. 33].

Selbst technisch mögliche Lösungen, die auf der direkten Integration mittels Schnittstellen basieren, beanspruchen für die Realisierung und die Anpassung an sich verändernde Anforderungen in der Regel einen Aufwand, dessen Höhe sich aus betriebswirtschaftlicher Sicht nicht mehr rechtfertigen lässt [Winter 2000, S. 128].

Das DWH-Konzept zielt auf eine Lösung dieser Probleme durch die Einführung einer Zwischenschicht zur Entkopplung von operativen und analytischen Systemen [Winter 2000, S. 128]. Den Kern dieser Zwischenschicht bildet eine integrierte Datenbasis, deren Daten sowohl aus internen Quellsystemen wie auch aus externen Datenquellen stammen [Mucksch/Behme 2000, S. 8]. Diese Datenbasis ist das eigentliche Data Warehouse oder genauer die DWH-Datenbank. Zusammen mit Softwarekomponenten zur Bewirtschaftung des DWH mit Daten aus den Quellsystemen und den darauf aufsetzenden analytischen Informationssystemen entsteht ein DWH-System, das eine effektive und effiziente Bereitstellung entscheidungsunterstützender Informationen ermöglicht (vgl. [Böhnlein/Ulbrich-vom Ende 2000, S. 17]).

Durch die Verknüpfung von Quell- und Zielsystemen für die Datenanalyse über die zentrale Instanz Data Warehouse verringert sich die Anzahl der benötigten Schnittstellen zwischen den beteiligten Quell- und Zielsystemen im Vergleich zu einer paarweisen Verknüpfung deutlich. Dadurch wird eine erhebliche Reduzierung der Schnittstellenkomplexität erreicht (vgl. [Winter 2000, S. 128]). Das Datenschema der DWH-Datenbasis strukturiert die Daten anhand des Informationsbedarfs der Entscheidungsträger und erleichtert somit die Analyse. Für die Entscheidungsunterstützung sind typischerweise unternehmensbestimmende Themenbereiche wie Kunde, Produkt oder Region relevant, weniger innerbetriebliche Abläufe und Funktionen, die bei den Datenschemata operativer Systeme im Mittelpunkt stehen

[Mucksch/Behme 2000, S. 10], [Böhnlein 2001, S. 37]. Auch den Bedarf an historisierten Daten befriedigt das DWH, indem der Zeitbezug bei der Extraktion der Daten aus den operativen Systemen erhalten bzw. wo nötig ergänzt wird. Dadurch erhält der Entscheidungsträger bspw. die Möglichkeit, Trendanalysen über historische Daten durchzuführen [Kurz 1999, S. 137].

Aus konzeptioneller Sicht lässt sich die Architektur eines DWH-Systems als ein Schichten-Modell betrachten:

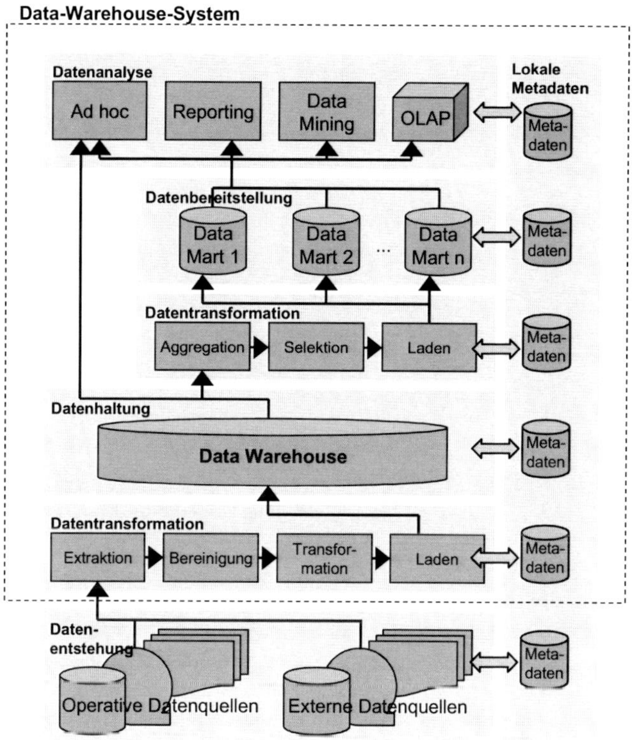

Abbildung 3: Schichten-Architektur des Data-Warehouse-Systems[5]

Dabei repräsentiert jede Datenhaltungsschicht eine materialisierte Sicht auf Daten der Organisation, die von der darunterliegenden Schicht über eine Transformationsschicht abgeleitet wird (vgl. [Vassiliadis et al. 2000, S. 89f.]). Datenhaltungsschichten im Sinne materialisierter Datensichten sind in der Abbildung insbesondere die Schichten Datenentstehung, Datenhaltung und Datenbereitstellung. Ausgangspunkt

[5] Die Schichtenarchitektur des DWH-Systems wurde als Grundlage für die Arbeit im CC DWS in den Jahren 1999 und 2000 definiert und im Nachfolge-Kompetenzzentrum CC DW2 (2000 bis 2002) weiterentwickelt (vgl. z. B. [Jung/Winter 2000, S. 11]).

bei der stufenweisen Transformation der Daten sind die Quellsysteme, aus denen sowohl interne, operative Daten über die Organisation als auch externe Daten über ihre Umwelt bezogen werden (Schicht *Datenentstehung*). In Abbildung 3 wird der Fluss der Daten durch die Architektur mit Hilfe von Pfeilen verdeutlicht. Wegen der Heterogenität der Quellsysteme in bezug auf die Strukturierung der Daten sowie der Verteilung der Daten über mehrere Quellsysteme werden auf der nächsten Schicht (*Datentransformation*) Funktionen zur Extraktion, Bereinigung, Transformation und Überführung der Daten in die zentrale DWH-Datenbank bereitgestellt.[6] Die Schicht *Datenhaltung*, die als zentrale Schicht der Architektur und *Data Warehouse* im engeren Sinne angesehen werden kann, dient der integrierten und historisierten Speicherung der Daten. Für die Nutzung der Daten zur Entscheidungsunterstützung werden vor allem bei organisationsweiten DWH-Systemen die Daten über eine zweite Datentransformationsschicht mit analogen Funktionen auf der Schicht *Datenbereitstellung* in abteilungs- bzw. problemspezifische Datenbasen aufgeteilt (Data Marts). Schliesslich bildet die Schicht *Datenanalyse* die Schnittstelle zum Anwender mit unterschiedlichen Methoden zur Datenanalyse wie z. B. Online Analytical Processing (OLAP)[7], Data Mining[8], Berichtserstellung (Reporting) oder Adhoc-Analyse.

Sowohl für die Speicherung der Daten in den Schichten als auch für die Transformation der Daten zwischen den Schichten werden Metadaten benötigt, auf die in Kapitel 3 ausführlich eingegangen wird. Für das Speichern der Daten sind Metadaten wie z. B. Definitionen von Datenschemata und –strukturen erforderlich; für die Datentransformation sind Metadaten unentbehrlich, um die Datenstrukturen der Quellschicht auf diejenigen der Zielschicht abzubilden [Müller 2000, S. 134]. Die Komponenten der DWH-Architektur sind i. d. R. sowohl Produzenten als auch Konsumenten der Metadaten. Die jeweils benötigten, komponentenspezifischen Metadaten werden zumeist von den zugehörigen Komponenten intern verwaltet und eine explizite Kontrolle durch einen Anwender ist nicht oder nur über spezielle Schnittstellen vorgesehen. So verwalten Datenbankmanagementsysteme, wie sie für das eigentliche Data Warehouse genutzt werden, ihre Metadaten zu den Datenbanktabellen üblicherweise in einem internen Datenbankkatalog. Zur Realisierung der Nutzenpotentiale eines integrierten Metadatenmanagements ist die Integration der verteilten Metadaten ein wichtiger Schritt. Hierauf wird im weiteren Verlauf insbesondere in Kapitel 3.7 eingegangen. In der DWH-Schichtenarchitektur in Abbildung

---

6 Von den Grundfunktionen Extraktion, Transformation und Laden leitet sich die in der Praxis gebräuchliche Bezeichnung ETL-Prozess(e) ab.

7 Das Konzept des Online Analytical Processing stammt von Codd, der in [Codd et al. 1993] eine Reihe von Anforderungen formuliert, denen analyseorientierte Systeme genügen sollen, um einen erfolgreichen Einsatz zu gewährleisten. Eine fundierte Betrachtung des Konzepts aus Sicht des Data Warehousing bieten u. a. [Schelp 2000] und [Totok 2000].

8 Der Data-Mining-Ansatz zielt auf die weitgehend automatisierte Erkennung von bisher unbekannten Zusammenhängen in grossen Datenbeständen. Für eine umfassendere Betrachtung des Konzepts siehe z. B. [Lusti 1999, S. 249-273], [Knobloch 2001].

3 werden die Metadaten in einer gemeinsamen konzeptionellen Schicht (*Lokale Metadaten*) zusammengefasst (vgl. [Auth et al. 2002, S. 38f.]).

2.2 Nutzenpotentiale des Data-Warehouse-Einsatzes

Der Nutzen des Einsatzes von DWH-Systemen lässt sich anhand zweier unterschiedlicher Aspekte betrachten [Jung/Winter 2000, S. 6]. Aus der Bereitstellung entscheidungsunterstützender Informationen ergibt sich der *analytische Nutzungsaspekt*. Aus der Gesamtheit der im DWH verfügbaren Daten muss der Anwender die für seinen konkreten Informationsbedarf benötigten Daten im Rahmen einer Analyse herausfiltern. Erst durch die Analyse, d. h. die Verknüpfung der Daten im Kontext einer Problemstellung, werden für den Anwender die Daten zu Informationen. In vielen Fällen wird die Verknüpfung von relevanten Daten aus allen Unternehmensbereichen für den Anwender erst durch das DWH-System ermöglicht, da die Daten für den Anwender zuvor nur über die Anwenderschnittstellen ihrer jeweiligen operativen Systeme verfügbar waren [von Maur 2000, S. 39]. Während hierdurch primär die Effektivität des Analyse- und Entscheidungsprozesses verbessert wird, lässt sich durch die Nutzung eines DWH-Systems auch die Effizienz dieses Prozesses erhöhen. Meyer beschreibt dies anhand der drei grundlegenden Dimensionen Kosten, Qualität und Zeit. Demnach werden durch den Einsatz eines DWH-Systems die Kosten für Entwicklung und Betrieb analytischer Informationssysteme gesenkt, die Qualität der entscheidungsunterstützenden Daten gesteigert und ein Zeitgewinn durch einfachen und direkten Zugriff auf die Daten realisiert (für eine ausführlichere Betrachtung siehe [Meyer 2000, S. 31ff.]).

Neben dem analytischen Nutzungsaspekt beschreiben Jung und Winter einen *operativen Nutzungsaspekt* [Jung/Winter 2000, S. 6ff.]. Obwohl eine operative Nutzung des DWH im ursprünglichen Konzept nicht vorgesehen ist, erwachsen aus der betrieblichen Praxis zunehmend Anforderungen, die zu einer Erweiterung des Konzepts für operative Nutzungsmöglichkeiten führen. Zusammenfassend wird dies von Jung und Winter als „Integration von Daten zur Steuerung neuer Geschäftsprozesse" [Jung/Winter 2000, S. 6] beschrieben. Neue Geschäftsprozesse können bspw. durch neue Managementansätze wie Kundenorientierung (Kundenbeziehungsmanagement) oder technologische Auslöser wie das Internet (E-Business) entstehen. Im Rahmen dieser Geschäftsprozesse fallen Aufgaben an, die durch ein DWH-System wirkungsvoll unterstützt werden können. Jung und Winter nennen bspw. die Erstellung von individuellen Kundenprofilen mit Informationen über Kaufgewohnheiten und die übrige Interaktion des Kunden mit dem Unternehmen (z. B. Häufigkeit der Kontaktaufnahme). Weitere Unterstützungspotentiale lassen sich u. a. bei Kundenselektion, -akquisition und -bindung, zusätzlicher Verkauf von ergänzenden Produkten (sog. Cross Selling und Up Selling) und dem Versenden von Werbe- und Informationsmaterial (sog. Kampagnenmanagement) realisieren (vgl. [Jung/Winter 2000, S. 8f.]).

Während bei den zurückliegenden Betrachtungen das DWH-Konzept und die daraus resultierende Systemarchitektur im Mittelpunkt standen, werden Entwicklung und Einsatz von DWH-Systemen in den nächsten Abschnitten aus einer Prozessperspektive betrachtet.

2.3 Die Prozesssicht als Organisationsform für Unternehmen

Während die funktionale Organisation gleichartige Aufgaben an unterschiedlichen Objekten innerhalb eines Unternehmens nach dem *Verrichtungsprinzip* zu betrieblichen Funktionsbereichen (z. B. Beschaffung, Produktion, Absatz) zusammenfasst, werden für eine prozessorientierte Organisation nach dem *Objektprinzip* zunächst schrittweise betriebliche Objekte identifiziert und die zugehörigen Arbeitsabläufe zu Prozessen vereinigt (vgl. [Ferstl/Sinz 2001, S. 66ff.], ([Hill et al. 1994, S. 176ff.], [Grochla 1983, S. 60ff.]). Betriebliche Objekte sind bspw. Produkt(gruppen), Aufträge oder Rechnungen. Die Prozesse eines Unternehmens dekken somit die gesamte betriebliche *Wertschöpfungskette*[9] ab und verlaufen quer zu den betrieblichen Funktionsbereichen (vgl. [Stahlknecht/Hasenkamp 1997, S. 244]).

Obwohl die Grundlagen einer prozessorientierten Organisation bereits zu Beginn der 1930er Jahre erforscht wurden,[10] hat die *Prozessorientierung* in den 1990er Jahren, ausgelöst durch die Arbeiten von Hammer und Champy ([Hammer/Champy 1993], [Hammer 1996]), eine grosse Popularität in Forschung und Praxis erlangt [Becker/Kahn 2000, S. 3]. Trotz einer Vielzahl von Veröffentlichungen in der populär-wissenschaftlichen und wissenschaftlichen Literatur[11] konnte sich bisher noch kein einheitliches Begriffsverständnis für betriebliche Prozesse durchsetzen ([Hess 1996, S. 9], [Ferstl/Sinz 2001, S. 126]). Ferstl und Sinz beziehen sich mit dieser Aussage allerdings explizit auf Geschäftsprozesse, einem speziellen Typ von betrieblichen Prozessen. *Geschäftsprozesse* unterscheiden sich von anderen betrieblichen Prozessen dadurch, dass sie unmittelbar auf die Stiftung von Kundennutzen ausgerichtet sind und somit den praktischen Vollzug der marktbezogenen Kernaktivitäten eines Unternehmens verkörpern (vgl. [Rüegg-Stürm 2001, S. 35], [Becker/Kahn 2000, S. 4]).

Allgemein wird in der betriebswirtschaftlichen Literatur unter einem *Prozess* ein ereignisgesteuerter Ablauf von Aufgabendurchführungen zur Erstellung einer Leistung verstanden (vgl. [Ferstl/Sinz 2001, S. 126], [Becker/Kahn 2000, S. 4]). Auch

---

[9] Zum Konzept der Wertschöpfungskette siehe [Porter 1989, S. 63ff.]. Eine Diskussion der Wertschöpfungskette im Zusammenhang mit Prozessorientierung findet sich in [Becker/Meise 2000].

[10] Nordsieck charakterisiert bereits 1934 [Nordsieck 1934, S. 77] den Betrieb als einen fortwährenden Prozess, der mit gleichen oder sich nur wenig verändernden Aufgaben neue Produkte und Dienstleistungen schafft.

[11] Becker und Kahn rechnen zu den bedeutendsten Arbeiten [Becker/Kahn 2000, S. 3]:
[Gaitanides 1983], [Scheer 1990], [Porter 1989], [Davenport 1993] sowie [Hammer/Champy 1993] und [Hammer 1996].

in den Ingenieurwissenschaften wird traditionellerweise zwischen dem Produkt und dem Prozess zur Erstellung dieses Produkts unterschieden (vgl. [Rolland et al. 1999, S. 165]). Im Hinblick auf die in Kapitel 4 und 6 verwendete Methode für den Prozessentwurf liegt dieser Arbeit das Prozessverständnis von Österle zugrunde, wie es auch für die Prozessperspektive des St. Galler Unternehmungsmodells verwendet wird [Rüegg-Stürm 2001, S. 29-38]. Auf die Auswahl der Methode für den Prozessentwurf wird zu Beginn von Kapitel 4 näher eingegangen.

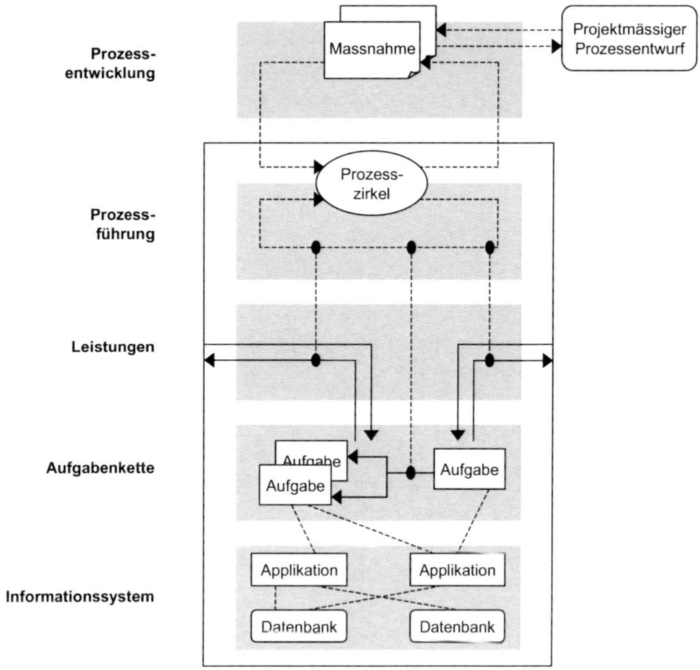

Abbildung 4. Prozessmodell von Österle
[Österle 1995, S. 50]

Abbildung 4 illustriert die fünf konstituierenden Komponenten, aus denen ein Prozess besteht [Österle 1995, S. 49f.]:

1) Den zentralen Bestandteil eines Prozesses bilden *Aufgabenketten*, die Aufgaben und deren Ablauf beschreiben. Aufgaben werden von Aufgabenträgern durchgeführt. Für die Wirtschaftsinformatik sind maschinelle Aufgabenträger (Applikationen) sowie personelle Aufgabenträger (Organisationseinheiten bzw. Personen, die betriebliche Rollen wahrnehmen) relevant [Österle 1995, S. 50]. Für die Durchführung ihrer Aufgaben sind Aufgabenträger durch ein oder mehrere Kommunikationssysteme verbunden (vgl. [Ferstl/Sinz 2001, S. 2f.]). Der Aufgabenablauf wird von den Abhängigkei-

ten der Aufgaben voneinander bestimmt. Er beginnt und endet mit einem Ereignis. Aufgabenketten lassen sich in verschiedenen Detaillierungsstufen betrachten.

2) Ein *Informationssystem* unterstützt die Aufgaben durch Applikationen und Datenbanken.

3) Ein Prozess produziert und konsumiert *Leistungen*, die er mit anderen Prozessen austauscht (Input/Output). Die Leistungen eines Prozesses sind ein wichtiger Ausgangspunkt für den Prozessentwurf, der darauf zielt, den Prozessablauf hinsichtlich der Leistungserstellung zu optimieren [Hess 1996, S. 162].

4) Die Qualität des Prozesses wird durch die *Prozessführung* gesichert. „Sie bestimmt die Führungsgrössen, setzt Vorgaben und überprüft sie anhand von Messpunkten im Prozess. Sie leitet Handlungsbedarfe ab, bestimmt Massnahmen für die Weiterentwicklung und überwacht deren Ausführung" [Österle 1995, S. 49].

5) „Die *Prozessentwicklung* plant und kontrolliert Massnahmen zur Reorganisation des Prozesses aus dem projektmässigen Prozessentwurf und der permanenten Prozessführung" [Österle 1995, S. 49].

In der betrieblichen Praxis entstehen bei der Gestaltung der Organisation in der Regel Mischformen des funktionalen und des prozessorientierten Ansatzes [Ferstl/Sinz 2001, S. 67]. Dabei wird einerseits die Aufgabengliederung nach dem Verrichtungsprinzip für die Gestaltung der Aufbauorganisation und andererseits die explizite Anwendung der Prozesssicht auf die betrieblichen Aufgaben zur Gestaltung der Ablauforganisation verwendet [Becker/Kahn 2000, S. 4]. Im Vergleich zu einer rein funktionalen Organisation bietet die explizite Gestaltung von Prozessen folgende Nutzenpotentiale [Becker/Kahn 2000, S. 6ff.], [Meyer 2000, S. 62f.], [Rüegg-Stürm 2001, S. 29f.]:

- Betriebliche Prozesse lassen sich schneller und flexibler an sich permanent verändernde Umweltbedingungen anpassen als eine primär funktionale Organisationsstruktur.

- Durch die prozessorientierte Gestaltung der Wertschöpfungskette lässt sich die Unternehmensstruktur auf den Kundennutzen ausrichten sowie die Wertschöpfung zeitlich und räumlich daraufhin optimieren (Prozess Benchmarking).

- Der Vergleich mit den Prozessen von erfolgreichen Wettbewerbern erlaubt es von diesen zu lernen (Best Practices).

- Der Koordinationsaufwand für die am Prozess beteiligten funktionalen Einheiten lässt sich senken, da die Arbeitsabläufe über die Einheitsgrenzen hinweg klar definiert sind.

- Die Aufgabenvielfalt und der Aufgabenanspruch an die beteiligten Mitarbeiter erhöht sich. Dies hat einen positiven Einfluss auf Motivation und Arbeitszufriedenheit der Mitarbeiter (Job Enrichment).

2.4 Prozesstypologie nach Österle

In der Terminologie von Österle heissen die für die Leistungserstellung verantwortlichen Geschäftsprozesse auch *Leistungsprozesse*. Leistungsprozesse sind auf die Kundenbedürfnisse ausgerichtet und umfassen diejenigen Aufgaben, die direkt mit der Befriedigung der Kundenbedürfnisse zusammenhängen [Österle 1995, S. 130]. Neben den Leistungsprozessen werden von Österle zwei weitere Kategorien von betrieblichen Prozessen identifiziert [Österle 1995, S. 130]:

Führungsprozesse beinhalten dispositive, prozessübergreifende Aufgaben, die zur Gestaltung, Lenkung und Entwicklung der Prozessarchitektur dienen. Hess nennt als typische Beispiele für Führungsprozesse die Budgetierung, Mitarbeiterführung sowie die strategische Führung [Hess 1996, S. 166].

Unterstützungsprozesse erstellen interne Leistungen, die nötig sind, um Leistungsprozesse effektiv und effizient durchführen zu können. Unterstützungsprozesse umfassen Aufgaben, die für Aufbau und Verwaltung der für die Leistungserstellung benötigten, internen Ressourcen (z. B. Mitarbeiter, IT-Infrastruktur, Gebäude) erforderlich sind.

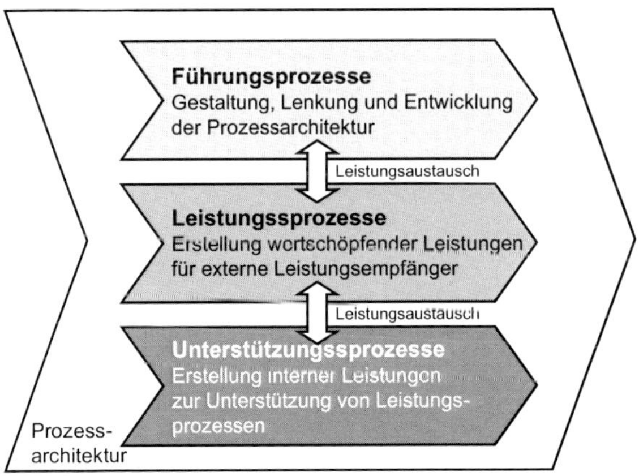

Abbildung 5: Zusammenwirken der Prozesstypen in der Prozessarchitektur (in Anlehnung an [Österle 1995, S. 130])

Abbildung 5 zeigt den Zusammenhang zwischen den drei Prozesstypen. Jeder Prozesstyp kann wiederum eine Reihe von konkreten Einzelprozessen umfassen, die in ihrer Gesamtheit die *Prozessarchitektur* eines Unternehmens bilden [Österle 1995, S. 61], [Hess 1996, S. 161].

Das St. Galler Unternehmungsmodell, das ein Unternehmen aus der Perspektive einer systemorientierten Managementlehre[12] beschreibt, legt seiner Prozesssicht sowohl das grundlegende Prozessverständnis als auch die Prozesstypologie von Österle zugrunde [Rüegg-Stürm 2001, S. 31-37]. Lediglich die Bezeichnungen der Prozesstypen werden an den Sprachgebrauch des primär betriebswirtschaftlichen Hintergrunds des Modells angepasst. Die Führungsprozesse werden zu *Managementprozessen* [Rüegg-Stürm 2001, S. 33-35], Leistungsprozesse zu *Geschäftsprozessen* [Rüegg-Stürm 2001, S. 35f.]. Die Bezeichnung Unterstützungsprozesse wird beibehalten. Abbildung 6 zeigt die Prozesssicht des St. Galler Unternehmungsmodells mit den angepassten Prozesstypen.

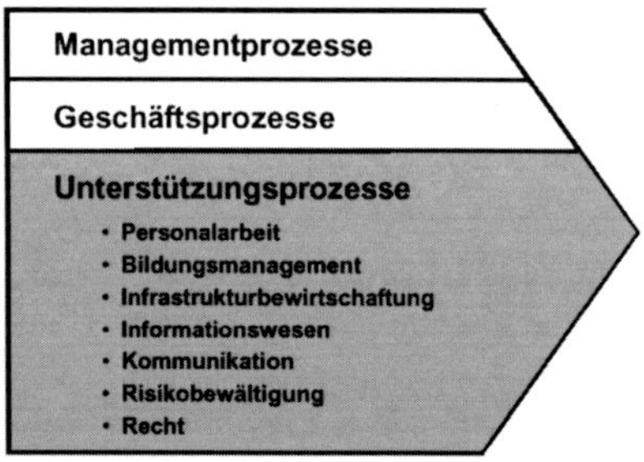

Abbildung 6: Teilprozesse der Kategorie Unterstützungsprozesse in der Prozesssicht des St. Galler Unternehmungsmodells [Rüegg-Stürm 2001, S. 36]

Neben einer Reihe von weiteren Teilprozessen der Kategorie Unterstützungsprozesse (vgl. Abbildung 6) beschreibt Rüegg-Stürm Prozesse des Informationswesens [Rüegg-Stürm 2001, S. 37]: „Prozesse des Informationswesens dienen der zeitgerechten Bereitstellung von Führungskenngrössen zur Prozessführung und von Betriebs-, Finanz- und Risikodaten, was die informationstechnologischen Aufgaben der Aufbereitung dieser Daten betrifft." Wird die Entwicklung und der Einsatz von DWH-Systemen als Prozess aufgefasst, lässt dieser sich unter der Bezeichnung Data Warehousing in das St. Galler Unternehmungsmodell als ein Prozess des Informationswesens einordnen. Aus einer konsequenten Prozesssicht betrachtet, ist das Metadatenmanagement dann ein Unterstützungsprozess für das Data Warehousing, der Leistungen erbringt, um einen effektiven und effizienten Ablauf des Data Warehousing sicherzustellen. Dieser Gedanke wird im folgenden Abschnitt aufgegriffen und weiter vertieft.

---

12 Das St. Galler Unternehmungsmodell basiert auf dem systemorientierte Management-Ansatz nach Ulrich (vgl. [Ulrich/Krieg 1974], [Ulrich 1984]).

2.5 Der Prozessbegriff in der Domäne Data Warehouse

Bei der Verwendung des Prozessbegriffs im Zusammenhang mit DWH-Systemen lassen sich grundsätzlich zwei Bedeutungsvariationen unterscheiden, denen zwei unterschiedliche Betrachtungsweisen zugrundeliegen. DWH-Systeme sind Softwaresysteme, die sich aus der Perspektive der Softwaretechnik (Software Engineering) als Produkt eines Software-Entwicklungsprozesses betrachten lassen (vgl. [Balzert 1998, S. 28]). Der Software-Entwicklungsprozess sollte in Anlehnung an Prinzipien aus den Ingenieurwissenschaften systematisch gestaltet werden, um Risiken zu reduzieren und eine möglichst hohe Produktqualität zu erreichen [Balzert 1998, S. 28]. Zur Systematisierung des Entwicklungsprozesses werden in der Softwaretechnik eine Reihe von Prozess- oder Vorgehensmodellen vorgeschlagen.[13] In der DWH-Literatur werden spezifische Vorgehensmodelle für die Entwicklung von DWH-Systemen auch als *Data-Warehouse-Prozess* oder *Data-Warehousing-Prozess* bezeichnet. Dem Begriff liegt eine grundsätzlich *prozessorientierte Sichtweise* zugrunde, die auf eine möglichst effektive und effiziente Herstellung von DWH-Systemen zielt. Eine andere Bedeutung hat der Begriff Data-Warehouse-Prozess, wenn das DWH-System als Produkt des Entwicklungsprozesses im Vordergrund steht. Diese Perspektive dient zur Untersuchung der Produkteigenschaften. Ziel ist es dabei, die Eigenschaften des Produktes so zu gestalten, dass die Anforderungen des Anwenders in optimaler Weise erfüllt werden (vgl. [Helfert 2002, S. 66]). Mit dem Begriff Data-Warehouse-Prozess werden hier Abläufe im Inneren des Produkts Data Warehouse bezeichnet, es wird eine *produktorientierte Perspektive* eingenommen.

Im folgenden wird die unterschiedliche Verwendung des Prozessbegriffs in Literatur und Praxis zunächst aus der Produktperspektive (Abschnitt 2.5.1) und danach aus der Prozessperspektive (Abschnitt 2.5.2) weiter untersucht. Anschliessend werden Verwendung und Bedeutung des Prozessbegriffs im Zusammenhang mit Data Warehousing und Metadatenmanagement für den Kontext dieser Arbeit festgelegt (Abschnitt 2.5.3).

2.5.1 Data-Warehouse-System aus Produktperspektive

Zur Analyse komplexer Systeme wird in der allgemeinen Systemtheorie[14] häufig zwischen Innen- und Aussensicht dieser Systeme unterschieden (z. B. [Wilke 1991, S. 40f.], [Ferstl/Sinz 2001, S. 17f.]). Die Bildung der Sichten erfolgt durch Zerlegung eines Systems in seine Teilsysteme [Ferstl/Sinz 2001, S. 17]. Die *Aussensicht* beschreibt ein System als nicht mehr weiter detaillierbar anhand seines (äusseren)

---

13 Vgl. zu Vorgehensmodellen in der Softwaretechnik [Balzert 1998, S. 97ff.].

14 Einen Überblick über die allgemeine Systemtheorie aus Sicht der Betriebswirtschaftslehre gibt bspw. Guntram [Guntram 1985].

Verhaltens, also aus Sicht seiner Umwelt (vgl. [Wilke 1991, S. 40f.]). Dagegen beschreibt die *Innensicht* die (innere) Struktur und das Verhalten der Komponenten eines Systems (vgl. [Wilke 1991, S. 40f.]). Innen- und Aussensicht eines Systems ergänzen sich, sodass die Innensicht die Realisierung des äusseren Verhaltens beschreibt [Ferstl/Sinz 2001, S. 18]. Aus Aussensicht betrachtet, transformiert ein DWH-System operative Daten zur Abwicklung von Geschäftsprozessen in analytische Daten zur Entscheidungsunterstützung. Über die Details der Transformation werden zunächst keine Aussagen gemacht. Erst bei Betrachtung der Innensicht werden einzelne Schritte und Komponenten für die Durchführung der Transformation sichtbar. Aus Produktperspektive beschreiben DWH-Prozesse das dynamische Verhalten der DWH-Komponenten. Bei näherer Betrachtung der DWH-Prozesse lassen sich wiederum verschiedene Prozesstypen unterscheiden. So beschreiben bspw. *Datenübertragungsprozesse* (teil)automatisierte Folgen von Operationen zur Übertragung von Daten aus einem Datenquellsystem zu einem Datenzielsystem (vgl. [Devlin 1997, S. 379]). Die Operationen werden in einer definierten Reihenfolge ausgeführt, an deren Anfang das Selektieren und Extrahieren der Daten aus ihrer Quelle steht. Anschliessend werden die Daten in die Struktur und das Format überführt, die durch das Zielsystem vorgegeben sind. Schliesslich werden die Daten in das Zielsystem geladen. Wegen der drei wichtigsten generischen Operationen, Extrahieren, Transformieren und Laden, werden Datenübertragungsprozesse häufig verkürzt ETL-Prozesse genannt (vgl. [Bartel et al. 2000, S. 43], [Vassiliadis et al. 2001b, S. 537]).

Neben Datenübertragungsprozessen lassen sich in der Innensicht von DWH-Systemen noch weitere Prozesse identifizieren. Zur Sicherung bzw. Verbesserung der Datenqualität dienen *Datenbereinigungsprozesse*, in denen bspw. fehlende Datenwerte ergänzt oder individuelle Daten mit Referenzdaten (z. B. Postleitzahlen) abgeglichen werden (vgl. [English 1999, S. 245ff.]). Quix schlägt ein Metamodell für DWH-Prozesse vor, das die dynamischen Aspekte einer Data-Warehousing-Umgebung abbildet. Darin eingeschlossen sind „the usual data warehouse processes like data loading or update propagation“ wie auch „evolution processes, which are processes which evolve the data warehouse like the materialization of a new view or the addition of a new source“ [Quix 1999, Kap. 4, S. 2].

2.5.2 Data-Warehouse-System aus Prozessperspektive

Die prozessorientierte Betrachtung des DWH-Systems wird mit dem Begriff *Data Warehousing* ausgedrückt (z. B. [Anahory/Murray 1997, S. 10f.], [Jung/Winter 2000, S. 5]). In einem Grossteil der Literatur wird dabei unter Data Warehousing primär der Prozess für die Entwicklung des DWH-Systems verstanden (z. B. [Gardner 1998], [Vassiliadis et al. 2001a]). Als Leistung bzw. Produkt erbringt dieser Prozess ein einsatzfähiges DWH-System. Diesem Verständnis folgt bspw. Gardner, wenn er schreibt: „building a data warehouse is an extremely complex process“

[Gardner 1998, S. 52]. Der DWH-Entwicklungsprozess, den Gardner beschreibt, besteht aus mehreren Phasen und Aktivitäten, die iterativ ausgeführt werden und so die Evolution des DWH-Systems unterstützen. Obwohl der Schwerpunkt bei Gardner auf der Entwicklung des DWH-Systems liegt, will er darüber hinaus vermitteln, dass Data Warehousing nicht mit der Inbetriebnahme eines DWH-Systems endet: „Data Warehousing is a process, not a product, for assembling and managing data from various sources for the purpose of gaining a single, detailed view of part or all of a business“ [Gardner 1998, S. 54].

Noch deutlicher wird die Rolle der Prozesse bei [Vassiliadis et al. 2001a, S. 205], die von einem komplexen DWH-Lebenszyklus sprechen. Einen ähnlichen Blickwinkel nehmen [Rieger et al. 2000, S. 372] ein, wenn sie schreiben: „Data warehouses are built to implement [...] a supply chain of decision relevant information.“ Meyer fordert als Konsequenz aus dem Prozesscharakter eine dauerhafte organisatorische Verankerung des Data Warehousing und beschreibt hierfür ein Organisationskonzept [Meyer 2000, S. 71ff.]. Prozesse und DWH-System stehen im Data Warehousing in einer engen Wechselbeziehung. Erst die Umsetzung der Prozesse mit Hilfe eines Informationssystems (IS) ermöglicht die Integration operativer und externer Daten, die den Kern des Data Warehousing bildet.

Auf Basis des in Kapitel 2.3 beschriebenen konzeptionellen Prozessmodells lässt sich der DWH-Entwicklungsprozess um Betrieb und Nutzung des DWH-Systems zu einem umfassenden Data-Warehousing-Prozess erweitern. Aus Entwicklung, Betrieb und Nutzung ergeben sich damit zugleich die Aufgabenketten dieses Prozesses. Die Leistung, die dieser Prozess erbringt, ist die Integration und Aufbereitung von Daten zur Versorgung von Entscheidungsträgern (Führungs- und Fachkräfte) mit „zuverlässigen, zeitrichtigen, genauen und verständlichen Geschäftsinformationen aus allen Unternehmensbereichen zum Zwecke der Entscheidungsunterstützung“ [Mucksch/Behme 2000, S. 5]. Neben der Versorgung mit internen Informationen wird auch immer mehr die Bedeutung von externen Informationen (z. B. über Konkurrenten) erkannt [Winter 2000, S. 128], [von Maur 2000, S. 50], die von spezialisierten Anbietern in elektronischer Form zum Kauf angeboten werden.[15] Das DWH-System bildet das Informationssystem, das den Prozess unterstützt, in diesem Fall sogar erst ermöglicht. Prozessführung und -entwicklung werden vom Data-Warehousing-Projektteam bzw. einer permanenten Data-Warehousing-Organisationseinheit in Zusammenarbeit mit Mitarbeitern aus den Fachabteilungen wahrgenommen (vgl. [Meyer 2000, S. 71ff.]).

---

[15] Die Integration von externen Informationen, die bereits in strukturierter Form vorliegen, bereitet dadurch technisch wenig Probleme. Zu beachten sind allerdings rechtliche und unternehmenspolitische Barrieren [von Maur 2000, S. 50].

2.5.3 Zusammenfassung

In den beiden vorangegangenen Abschnitten wurde zwischen Produktsicht und Prozesssicht auf DWH-Systeme unterschieden, um die unterschiedliche Bedeutung des Prozessbegriffs im Zusammenhang mit DWH-Systemen gegeneinander abzugrenzen. Im Fokus dieser Arbeit stehen Prozesse, die Entwicklung, Betrieb und Nutzung von DWH-Systemen beschreiben, insbesondere der Prozess des Metadatenmanagements als wichtiger Unterstützungsprozess im Data Warehousing. Es wird demnach eine umfassende Prozesssicht eingenommen, die über die Betrachtung des Entwicklungsprozesses hinausgeht und sämtliche Prozesse des DWH-Lebenszyklus einbezieht. Der Gesamtprozess, der sämtliche Aktivitäten für Entwicklung, Betrieb und Nutzung von DWH-Systemen umfasst, wird als Data Warehousing bezeichnet (vgl. Abschnitt 2.5.2). Innerhalb des Data Warehousing lassen sich wiederum Teilprozesse identifizieren, die Leistungen für einen effektiven und effizienten Ablauf des Data Warehousing erbringen. Bei diesen Prozessen handelt es sich um nur teilweise automatisierbare Prozesse, die oft ein hohes Mass an Abstimmung und Kooperation zwischen den beteiligten menschlichen Aufgabenträgern verlangen. Zur Unterscheidung von den stark technisch orientierten Data-Warehouse-Prozessen der Data-Warehouse-Innensicht (vgl. Abschnitt 2.5.1) werden diese organisatorischen Prozesse *Data-Warehousing-Prozesse* genannt. Beim Metadatenmanagement handelt es sich demzufolge um einen Data-Warehousing-Prozess. Die Begriffe lehnen sich bewusst an die Unterscheidung zwischen Data Warehousing und Data Warehouse an. Wegen des engen Zusammenhangs zwischen Prozessablauf und Aufbau des DWH-Systems wird zur Analyse des Prozessablaufs auch die Innensicht des DWH-Systems betrachtet, d. h. die Softwarekomponenten eines DWH-Systems und ihr Zusammenwirken werden auf ihren Einfluss auf den Prozessablauf hin untersucht (vgl. Abschnitt 2.1). Für die organisatorische Gestaltung des Data Warehousing lassen sich in der Literatur bereits einige Ansätze finden, von denen einige ausgewählte im folgenden betrachtet werden. Dabei soll insbesondere untersucht werden, inwieweit diese Ansätze die Gestaltung des Metadatenmanagements berücksichtigen und welche Defizite dabei identifiziert werden können.

2.6 Ausgewählte Ansätze zur Organisation des Metadatenmanagements im Data Warehousing

Bisherige Ansätze zur Organisation des Metadatenmanagements betrachten das Thema überwiegend im Rahmen von Organisationskonzepten für das Data Warehousing. Diese Ansätze lassen sich grob danach unterscheiden, ob sie schwerpunktmässig die Ablauforganisation oder die Aufbauorganisation des Data Warehousing betrachten.

Zu den auf die *Ablauforganisation* zielenden Ansätze lassen sich vor allem Vorschläge für Vorgehensmodelle oder Methoden zum Aufbau von DWH-Systemen zählen. Solche Ansätze beschäftigen sich mit dem Software-Entwicklungsprozess, dessen Produkt das DWH-System ist. Dabei wird häufig betont, dass dieser Prozess für DWH-Systeme sich von „klassischen" Software-Entwicklungsprozessen unterscheidet, womit die Entwicklung spezifischer DWH-Entwicklungsprozesse begründet wird [Strauch 2002, S. 46]. Vorgehensmodelle teilen die Entwicklung üblicherweise in mehrere aufeinanderfolgende, teilweise auch iterierende Phasen ein, für die wiederum Aktivitäten bzw. Aufgaben in Form von Handlungsanweisungen beschrieben werden. Vorgehensmodelle diesen Typs beschreiben bspw. Anahory und Murray [Anahory/Murray 1997, S. 25ff.], Devlin [Devlin 1997, S. 316ff.] oder Hansen [Hansen 1997, S. 318ff.]. Bei den Arbeiten, die sich mit *aufbauorganisatorischen Aspekten* des Data Warehousing befassen, ist insbesondere Meyer hervorzuheben, der neben einem Vorgehensmodell auch einen Gestaltungsrahmen zur dauerhaften organisatorischen Verankerung des Data Warehousing vorschlägt, dessen Grundlage das *Data-Ownership-Konzept* ist [Meyer 2000, S. 71ff.]. Allen bisher genannten Ansätzen ist jedoch gemeinsam, dass sie die organisatorischen Aspekte des Metadatenmanagements nicht explizit berücksichtigen, obwohl in den zugrundeliegenden DWH-Systemarchitekturen dem Metadatenmanagement eine wichtige Bedeutung zugemessen wird ([Anahory/Murray 1997, S. 48ff.], [Devlin 1997, S. 72ff.], [Hansen 1997, S. 327ff.], [Meyer 2000, S. 28f.]). Eine Ausnahme bildet hier Kachur. Er beschreibt zunächst ebenfalls eine sog. „Data Warehouse Methodology" sowie das Konzept einer organisatorischen Infrastruktur für das Data Warehousing, bestehend aus Rollenbeschreibungen, Erfolgsfaktoren sowie Orientierungshilfen für das Management [Kachur 2000, S. 99ff.]. In Ergänzung zur Betrachtung des Data Warehousing erläutert Kachur aber auch einen „Metadata Management Process", bestehend aus den drei Phasen *Planning*, *Design* und *Implementation* sowie den dazugehörigen Rollenbeschreibungen [Kachur 2000, S. 42ff.]. Kachurs Metadata Management Process dient allerdings lediglich zur Entwicklung von Systemkomponenten zur Verwaltung von Metadaten und nicht zur dauerhaften organisatorischen Etablierung des Metadatenmanagements. Er nimmt also wiederum eine technische, primär produktorientierte Sichtweise ein (vgl. Abschnitt 2.5.1).

Analog zu der Aufteilung der allgemeinen Ansätze für die DWH-Organisation lassen sich auch die wenigen übrigen Arbeiten einteilen, die sich explizit mit dem Metadatenmanagement befassen. Zu den eher *aufbauorientierten Ansätzen* lässt sich das Konzept von Tozer zählen [Tozer 1999, S. 69ff.]. Tozer betont zwar die Bedeutung expliziter Prozesse für die erfolgreiche Umsetzung des Metadatenmanagements [Tozer 1999, S. 69f.], beschränkt sich dann aber auf die Beschreibung von Rollen und Verantwortlichkeiten [Tozer 1999, S. 69ff.]. Dabei ist das resultierende Konzept sehr generisch, da das Metadatenmanagement als ein Funktionsbereich zur Unterstützung des allgemeinen Datenmanagements gesehen wird. Tozer geht bei seiner Beschreibung von Organisationskonzepten nicht explizit auf die Anforderungen des Data Warehousing ein. Marco beschreibt den Aufbau eines Metadaten-Repository in Form eines einmaligen Projekts [Marco 2000, S. 115ff.]. Hierzu spezifiziert er die nötigen Rollen und deren Verantwortlichkeiten sowie einen Projektplan für die Durchführung des Projekts. Marco nimmt also eine ähnliche Sicht wie die vieler Vorgehensmodelle für DWH-Systeme ein. Eine permanente Organisation für das Metadatenmanagement wird von ihm nicht betrachtet.

Immerhin in Teilen wird ein solches Konzept von English beschrieben. English entwickelt ein Konzept für das Datenqualitätsmanagement im Data Warehousing, bei dem die dauerhafte Verankerung in der *Ablauforganisation* von Unternehmen eine wichtige Rolle spielt. Das Datenqualitätsmanagement allgemein ist in besonderem Masse auf Metadaten angewiesen und wird in dieser Dissertation als Teil des Metadatenmanagements betrachtet (vgl. die Fallstudie zum Datenqualitätsmanagement in Abschnitt 4.5). English beschreibt sowohl Prozesse [English 1999, S. 67ff.] als auch Rollen und Aufgabenbereiche [English 1999, S. 401ff.], mit denen sich eine qualitätsorientierte Organisation realisieren lässt. Das Konzept von English kommt dem Ansatz dieser Arbeit am nächsten. English betrachtet aber lediglich einen Teilbereich des Metadatenmanagements, das in dieser Arbeit ganzheitlich betrachtet werden soll.

Zusammenfassend lassen sich folgende Hauptkritikpunkte an den betrachteten Ansätzen formulieren:

- Es gibt bisher nur wenige Ansätze, die sich mit einer organisatorischen Gestaltung des Metadatenmanagements beschäftigen.
- Die vorhandenen Ansätze konzentrieren sich entweder auf den Aufbau von Softwaresystemen für das Metadatenmanagement, beschreiben keine Prozesse, die als Handlungsempfehlungen für ein dauerhaft verankertes Metadatenmanagement dienen können oder beschreiben solche Prozesse nur für einen Teilbereich des Metadatenmanagement.
- Keiner der betrachteten Ansätze betrachtet die organisatorische Gestaltung des Metadatenmanagements ganzheitlich aus der Perspektive des Data Warehousing.

3 Metadaten und ihre Rolle im Data Warehousing

Nachdem in Kapitel 2 allgemeine Grundlagen des Data Warehousing und der Prozessorganisation erarbeitet wurden, zielt dieses Kapitel darauf ab, den Nutzen von Metadaten für das Data Warehousing im Rahmen eines integrierten Metadatenmanagements zu untersuchen. Ausgehend von einem kurzen Blick auf die allgemeine Verwendung von „Meta"-Begriffen in der Wirtschaftsinformatik in Abschnitt 3.1 erfolgt hierzu zunächst eine Annäherung an Metadaten als Gegenstand des Metadatenmanagements über die Sprachstufentheorie (Abschnitt 3.2). Darauf aufbauend werden in Abschnitt 3.3 zentrale Begriffe abgegrenzt und festgelegt. Nach diesen Vorüberlegungen führt Abschnitt 3.4 den Begriff Objektdaten ein und beschreibt Kriterien zur Unterscheidung zwischen Metadaten und Objektdaten. In Abschnitt 3.5 werden die Einsatz- und Nutzenpotentiale von Metadaten im Data Warehousing unter Einbeziehung der verfügbaren Literatur und Ergebnissen der Kompetenzzentren CC DWS und CC DW2 herausgearbeitet. Für ein erfolgreiches Metadatenmanagement wird in dieser Arbeit die Ausrichtung an dessen Nutzenpotentialen als ein wesentlicher Faktor angesehen. Daher bilden die Nutzenpotentiale bzw. die möglichen Verwendungszwecke in Abschnitt 3.6 die Grundlage für eine Kategorisierung von Metadaten in der Domäne Data Warehouse. Die identifizierten Metadatenkategorien stellen später in Kapitel 6 einen wichtigen Ausgangspunkt für die Identifizierung von Prozessen des Metadatenmanagements dar. Das Kapitel endet mit einer Untersuchung der Bedingungen für die Realisierung der erarbeiteten Nutzenpotentiale (Abschnitt 3.7).

3.1 „Meta"-Begriffe in der Wirtschaftsinformatik

Im Umfeld der Wirtschaftsinformatik und in verwandten Disziplinen deutet die Verwendung der Vorsilbe „Meta" (aus dem Alt-Griechischen u. a. für „danach", „darüber hinaus") darauf hin, dass Erkenntnisse über ein Erkenntnisobjekt verallgemeinert und auf eine höhere Abstraktionsstufe übertragen werden. Somit werden diese Erkenntnisse selbst zum Gegenstand der Betrachtung [Strahringer 1999, S. 1][16]. Beim Übergang von einem Betrachtungsgegenstand zu einem abstrakteren, „darüberliegenden" Betrachtungsgegenstand vollzieht der Betrachter einen Wechsel der Bezugsebene.

Ein in der Wirtschaftsinformatik oft genutztes Beispiel für einen solchen Wechsel der Bezugsebene ist der Begriff des Metamodells. Dabei werden Modelle und Modellbildung selbst zum Gegenstand der Modellierung [Strahringer 1998, S. 1]. Laut

[16] Fehlen die Seitenzahlen in elektronischen Literaturquellen, wie es z. B. bei Artikeln aus dem Internet häufig vorkommt, beziehen sich die Seitenangaben in dieser Arbeit auf den Ausdruck im DIN-A4-Format.

Ferstl und Sinz legt ein *Metamodell* „das zur Spezifikation von Modellsystemen verfügbare Begriffsystem fest“ [Ferstl/Sinz 2001, S. 122]. Der Hinweis auf ein Begriffsystem in dieser Definition macht deutlich, dass Aussagen über einen zu untersuchenden Gegenstandsbereich, wie sie bei der Modellierung getroffen werden, typischerweise in Sprache formuliert werden (vgl. z. B. [Ortner 1998, S. 1], [Strahringer 1996, S. 17ff.]). Nachfolgend wird daher die Sprachstufentheorie als Grundlage für die Erklärung von Meta-Begriffen und schliesslich für die Definition von Metadaten genutzt.

3.2 Sprachstufentheorie als Grundlage von Meta-Begriffen

Beim Wechsel der Bezugsebene werden die in Sprache gefassten Aussagen selbst zum Erkenntnisobjekt einer Untersuchung, in deren Verlauf in Sprache über Sprache gesprochen wird. Strahringer weist auf die Gefahr der Verwirrung hin, die entstehen kann, „wenn Aussagen nicht nur über aussersprachliche Gebilde, sondern auch über sprachliche Gebilde selbst gemacht werden“ [Strahringer 1996, S. 17]. Sie führt weiter aus, dass zur Vermeidung dieser Gefahr in der Logik verschiedene *Sprachebenen*, sog. semantische Stufen, unterschieden werden. Demnach wird die Sprache, mit der Aussagen über das anfängliche Erkenntnisobjekt spezifiziert werden, als *Objektsprache* bezeichnet. Wird die Objektsprache selbst wiederum Gegenstand einer Untersuchung auf einer Metaebene, heisst die Sprache, in der diese Untersuchung erfolgt, *Metasprache*. Demzufolge kann eine Sprache immer nur in bezug auf eine andere Sprache (die Objektsprache) Metasprache sein.

Die Abstraktion von einer Objektsprache zu einer Metasprache lässt sich rekursiv anwenden, wodurch eine Hierarchie von Sprachebenen entsteht. Zu einer Metasprache lässt sich erneut eine Metasprache bilden, mit der Aussagen über die erste Metasprache formuliert werden. Diese Metasprache ist bezüglich der ursprünglichen Objektsprache eine *Meta-Metasprache*. Um eindeutig bezeichnet werden zu können, werden die Sprachen mit einem Index i versehen, man spricht von Metasprachen i-ter Stufe (M^iS). Nach dieser Konvention würde beispielsweise in einer 3-stufigen Sprachebenen-Hierarchie die Objektsprache mit S bzw. M^0S bezeichnet, die Metasprache mit MS bzw. M^1S und die Meta-Metasprache mit MMS bzw. M^2S [Strahringer 1996, S. 18]. Ein konkretes Anwendungsbeispiel für eine Sprachebenen-Hierarchie ist die *Meta Object Facility* (MOF) der Object Management Group[17] (OMG). Auf die MOF wird in Abschnitt 5.3 ausführlicher eingegangen.

Die Unterscheidung in Objekt- und Metasprache stellt jedoch keine Klassifikation im strengen Sinne dar, sondern dient lediglich der Bildung von Bezugsebenen. Das

---

[17] Die OMG (http://www.omg.org) ist ein 1989 gegründetes Industriekonsortium mit dem Ziel, herstellerunabhängige Spezifikationen für die Softwareindustrie zu entwickeln. Bekannt ist sie vor allem für ihre CORBA- und UML-Spezifikationen. Der OMG gehören mittlerweile über 800 Organisationen an, darunter die führenden Software-Hersteller (vgl. [CWM 2001a, S. XV]).

Merkmal Objekt- oder Metasprache ist kein absolutes Merkmal, sondern ausschliesslich relativ zu einer anderen Sprache. Die Unterscheidung ist also stets abhängig vom Kontext, in dem die Sprache gebraucht wird. Dabei kann es sich auch um ein und dieselbe Sprache handeln. Zum Beispiel lässt sich das Metamodell für die Modellierungssprache Entity-Relationship-Modell wiederum als Entity-Relationship-Modell beschreiben.

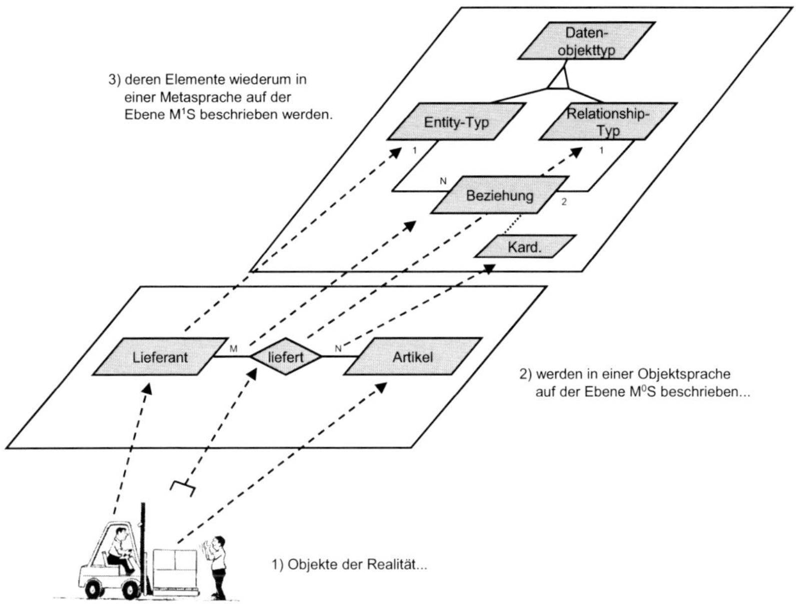

Abbildung 7: Realität, ER-Modell und ER-Metamodell

3.3 Abgrenzung der Begriffe Metamodell und Metadatenschema

Im vorangegangenen Abschnitt wurde die allgemeine Verwendung des Begriffs Metamodell in der Wirtschaftsinformatik erläutert. Im Zusammenhang mit Metadaten wird der Begriff des Metamodells in der Literatur teilweise mit einer abweichenden Bedeutung gebraucht, wodurch häufig Verwirrung entsteht. Im folgenden werden daher der Begriff Metamodell sowie weitere für das Verständnis dieser Arbeit zentrale Begriffe abgegrenzt und ihre Bedeutung festgelegt.

In der Terminologie der Datenbanktheorie, zu der auch das Data Warehousing zu zählen ist (vgl. [Heuer/Saake 2000, S. 152ff.]), hat sich für eine konkrete Beschreibung von Objekten der betrieblichen Realität in einer Datenbank der Begriff *Daten(bank)schema* etabliert [Ferstl/Sinz 2001, S. 362]. Das Datenschema strukturiert die Daten, die in einer Datenbank gespeichert werden sollen, logisch und bildet somit die realen Objekte ab. Die Spezifikation der Sprache, die zur Erstellung eines konkreten Schemas zur Verfügung steht, d. h. die Beschreibung von Modellbausteinen und deren Beziehungen, heisst *Datenmodell* (vgl. [Schmidt 1987, S. 11ff.], [Date 2000, S. 419ff.], [Ferstl/Sinz 2001, S. 135]). Ein in der Praxis weit verbreitetes Datenmodell ist das Entity-Relationship-Modell (ER-Modell) und seine Varianten [Heuer/Saake 2000, S. 55]. Ist für ein Datenmodell ein konkretes Datenbankmanagementsystem[18] verfügbar oder kann ein solches entwickelt werden, so spricht man von einem *Datenbankmodell* (vgl. [Schmidt 1987, S. 17ff.], [Schäfer 1989, S. 38ff.], [Ferstl/Sinz 2001, S. 362]). Datenbankmodelle werden in der Literatur auch teilweise als *logische Modelle* (z. B. [Schlageter/Stucky 1983, S. 42f.]) oder *Implementierungsmodelle* (Implementation data model) bezeichnet (z. B. [Elmasri/Navathe 2000, S. 24]). In der Praxis dominiert hier das relationale Datenbankmodell, für das die meisten DBMS verfügbar sind [Ferstl/Sinz 2001, S. 362]. Andere Datenbankmodelle sind das Netzwerkmodell (vgl. [Schmidt 1987, S. 49ff.]) und das hierarchische Modell (vgl. [Schmidt 1987, S. 68ff.]). Werden Daten nicht in Datenbanken sondern direkt im Programmcode verwaltet, nennt man die Programmiersprachen-Konstrukte zur Datenverwaltung *Datenstrukturen*, z. B. Arrays, Records oder Pointer [Vossen 1994, S. 22].

In Abbildung 8 werden die Begriffe Datenschema und Datenbankschema in das Drei-Ebenen-Architekturmodell[19] für Datenbanksysteme des Standardisierungsgremiums ANSI/X3/SPARC (American National Standards Institute/Standards Planning and Requirements Committee) eingeordnet (vgl. z. B. [Date 2000, S. 32ff.], [Heuer/Saake 2000, S. 31f.], [Ferstl/Sinz 2001, S. 370f.]).

---

[18] Zur Theorie der Datenbanken und Datenbankmanagementsysteme ist umfangreiche Literatur verfügbar. Zur Vertiefung sei bspw. verwiesen auf: [Lockemann/Schmidt 1987], [Vossen 1994], [Date 2000], [Heuer/Saake 2000].

[19] Die Drei-Ebenen-Architektur von ANSI/X3/SPARC beschreibt die Architektur von Datenbanksystemen anhand von drei Ebenen: Die oberste oder *externe Ebene* beschreibt individuelle Sichten einzelner Applikationen auf die Strukturen der Datenbasis. Die zentrale oder *konzeptionelle Ebene* beschreibt die gemeinsame Sicht aller Anwendungen auf die Datenbasis in Form eines integrierten konzeptionellen Datenschemas. Schliesslich beschreibt die untere oder *interne Ebene* die eigentliche physische Datenverwaltung der darüberliegenden Schemata (vgl. z. B. [Schlageter/Stucky 1983, S. 43], [Heuer/Saake 2000, S. 31f.], [Ferstl/Sinz 2001, S. 370f.]).

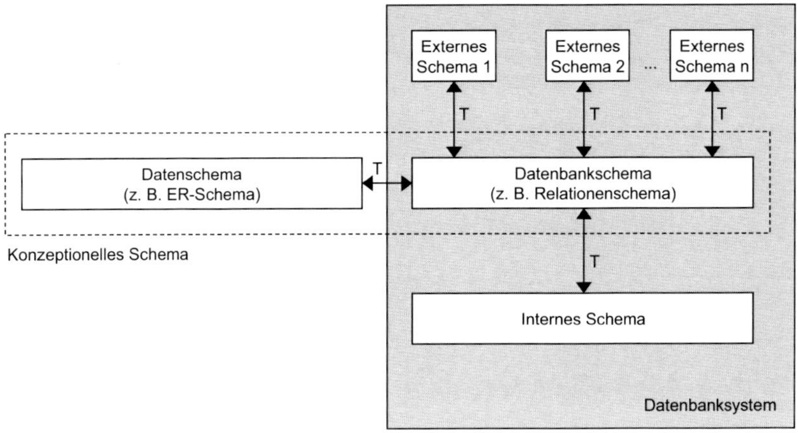

Abbildung 8: Begriffseinordnung in die Schema-Architektur nach ANSI/X3/SPARC (in Anlehnung an [Schlageter/Stucky 1983, S. 43], [Ferstl/Sinz 2001, S. 371])

Bei einer weniger sorgfältigen Verwendung kollidiert das Begriffspaar Modell – Schema zur Unterscheidung von Meta- und Objektebene in der Terminologie der Datenbanktheorie mit dem Begriffspaar Metamodell – Modell aus dem allgemeinen Modellverständnis der Wirtschaftsinformatik in Anlehnung an Stachowiak.[20] Im Sprachgebrauch der Praxis wird häufig nicht zwischen Datenmodell und Schema unterschieden. Beispielsweise wird ein individuelles Relationenschema häufig auch als Datenmodell bezeichnet. Weit verbreitet ist auch der Begriff des *Unternehmensweiten Datenmodells*, bei dem es sich eigentlich um ein unternehmensweites Datenschema handelt [Ferstl/Sinz 2001, S. 141]. Artikel und Monographien zum Thema Metadatenmanagement, deren Autoren aus dem Anwendungs- oder dem Beratungsbereich stammen, setzen diese ungenaue Begriffsverwendung häufig konsequent fort, indem sie konzeptionelle oder physische Datenschemata zur Speicherung von Metadaten als Metamodelle bezeichnen: „A meta model is the physical database model that is used to store all of the meta data“ [Marco 2000, S. 236].

Dadurch kommt es zu der Situation, dass der Begriff des Metamodells im Metadatenmanagement mit zwei unterschiedlichen Bedeutungen benutzt wird. Einerseits ist mit Metamodell im Sinne der Modelltheorie die Spezifikation zur Erstellung individueller Modelle gemeint. Das resultierende individuelle Modell wird dann wiederum als Datenmodell bezeichnet, obwohl es sich im zuvor beschriebenen Begriffsverständnis um ein Datenschema handelt. Andererseits wird auch ein konkretes

[20] Ferstl und Sinz definieren ein Modell M formal als ein 3-Tupel von zu modellierendem Objektsystem S_O, Modellsystem S_M und Abbildungsfunktion f zur Beschreibung der Beziehung zwischen S_O und S_M. Objekt- und Modellsystem sind formale oder reale Systeme [Ferstl/Sinz 2001, S. 18f.]. Vgl. weiterhin zum Modellbegriff in der Wirtschaftsinformatik [Schütte 1998, S. 52ff.], [Schelp 2000, S. 21ff.] und zur allgemeinen Modelltheorie [Stachowiak 1973, S. 131ff.].

Schema zur Speicherung von Metadaten als Metamodell bezeichnet. Der Zusammenhang zwischen den Metamodellbegriffen und verwandten Begriffen wird in Abbildung 9 graphisch dargestellt.

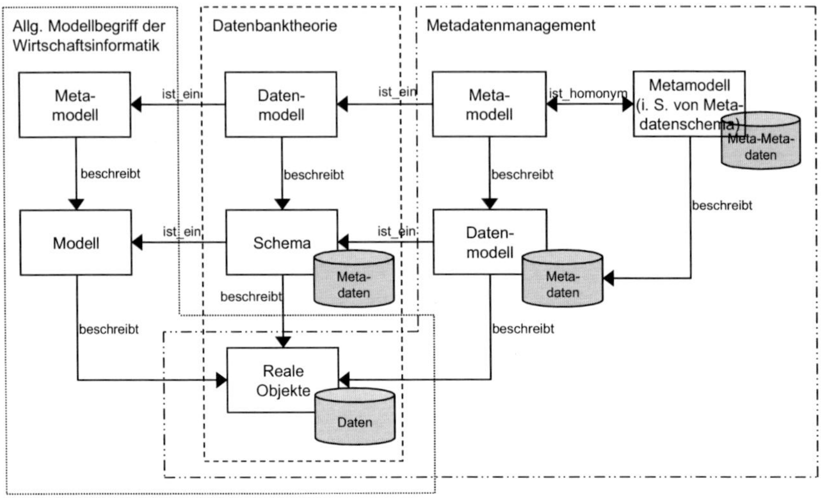

Abbildung 9: Gegenüberstellung von Metamodellbegriffen

Die Abbildung zeigt die verschiedenen Modellbegriffe in den betrachteten Gegenstandsbereichen Modelltheorie, Datenbanktheorie und Metadatenmanagement und setzt diese zueinander in Beziehung. Die homonyme Verwendung des Begriffs Metamodell im Metadatenmanagement wird dabei durch die entsprechende Beziehung zwischen den zwei Metamodellbegriffen verdeutlicht. Zu den Modelltypen wird jeweils der Typ von Daten angegeben, durch den sie beschrieben werden. Reale Objekte werden in Form von „einfachen" Daten repräsentiert. Die Modelle bzw. Schemata, die diese Daten strukturieren, werden in Form von Metadaten repräsentiert. Metamodelle zur Beschreibung von konkreten Modellen (bzw. Metadaten) werden schliesslich durch Meta-Metadaten repräsentiert.

Doppke, Heimbigner und Wolf lösen diesen Konflikt, indem sie für ihre Arbeit analog zu den Begriffen *model*, *schema*, *data* und *database* im Datenbanksinne die Begriffe *metamodel*, *metaschema*, *metadata* und *metadatabase* für das Metadatenmanagement definieren. „The structure of metadata is defined by a metaschema. The metamodel is used to define the metaschema. The term metadatabase, or simply metabase, refers to some unified collection of metadata defined by some metaschema using some metamodel. [...] a reified database schema [...] would constitute a metabase" [Doppke et al. 1996, S. 4].

Im folgenden wird dieser Ansatz übernommen, wobei die Begriffe ins Deutsche übertragen und präzisiert werden. Demnach definiert ein *Metadatenschema* die Struktur für die Speicherung von Metadaten. Ein *Metamodell* spezifiziert Modell-

Daten erst ermöglichen. Die Anwender eines DWH-Systems sind somit zwingend auf Metadaten angewiesen.

Grundsätzlich ist der Gedanke, Metadaten zum (besseren) Verständnis von Datenelementen und ihren Beziehungen zu verwenden, nicht neu. In Verbindung mit dem betrieblichen Informationsmanagement unterstützen und ermöglichen Metadaten bereits seit langem die Administration von Datenhaltungssystemen (Datenbanken, Dateisysteme usw.), die Organisation von Anwender- und Zugriffsberechtigungskonzepten und die Dokumentation von Verknüpfungen zwischen Datenfeldern, Programmen und Programm- oder Systemschnittstellen (vgl. [Narayan 1988, S. 4f.]). In diesem Zusammenhang werden Metadaten überwiegend in der Daten(bank)administration oder der Software-Entwicklung zielgerichtet genutzt, d. h. im operativen Bereich des Informationsmanagements [Holthuis 1999, S. 96]. Das Bewusstsein über die Notwendigkeit und den Nutzen von Metadaten hat jedoch im Rahmen des Data Warehousing eine neue Bedeutung erlangt, da die integrierte Datenbasis des DWH-Systems beliebige Analysen ermöglichen soll und nicht wie bei operativen Systemen auf die Durchführung gleichbleibender Abläufe ausgerichtet ist (vgl. [Mucksch/Behme 2000, S. 15]).

Staudt, Vaduva und Vetterli unterscheiden drei unterschiedliche Ansätze bei der Nutzung von Metadaten im Data Warehousing [Staudt et al. 1999a, S. 5f.]:

1. Passive Nutzung

Hierbei werden Metadaten genutzt, um eine umfassende und konsistente Dokumentation für Aufbau, Entwicklung und Nutzung des DWH-Systems zur Verfügung zu stellen. Diese Dokumentation ist mit einem herkömmlichen Hilfesystem für eine Desktop-Anwendung (z. B. Textverarbeitung) zu vergleichen. Zielgruppe sind sämtliche am Data Warehousing beteiligten Personen, vom Entwickler bis zum Anwender. Eine solche Dokumentation kann darüber hinaus den Wissenstransfer zwischen Mitarbeitern fördern, indem Wissensträger explizit in Zusammenhang mit ihren Spezialgebieten benannt werden. Die Metadaten haben jedoch keinen unmittelbaren Einfluss auf das Verhalten des DWH-Systems während der Laufzeit [Habermann/Leymann 1993, S. 235].

2. Aktive Nutzung

Metadaten können aktiv genutzt werden, indem semantische Beschreibungen von Komponenten des DWH-Systems in Form von Metadaten gespeichert werden (z. B. Transformationsregeln). Zur Laufzeit des DWH-Systems werden diese Metadaten interpretiert und steuern bspw. die Ausführung von Datentransformationsprozessen (vgl. [von Stülpnagel 1991, S. 12]). In diesem Zusammenhang wird auch vom metadatengesteuerten DWH-System gesprochen (z. B. [Volck 2000, S. 17]).

3. *Semi-aktive Nutzung*

Von semi-aktiver Nutzung wird gesprochen, wenn Metadaten zur Laufzeit zwar gelesen, aber nicht automatisch zur Steuerung von Komponenten oder Abläufen genutzt werden. Hierbei handelt es sich normalerweise um primär statische Metadaten wie Strukturdefinitionen oder Konfigurationsspezifikationen. Beispielsweise werden Metadaten vom Compiler für die Datenmanipulationssprache eines DBMS benötigt, um das Vorhandensein von Attributen oder Tabellen zu überprüfen [Habermann/Leymann 1993, S. 237]

Grundsätzlich lassen sich bei der Betrachtung von Nutzenpotentialen für Metadaten im Data Warehousing zwei Sichten unterscheiden [Vaduva/Dittrich 2001, S. 5]: Aus Sicht der Anwender dienen Metadaten zur Steigerung der Effektivität und Effizienz bei der Nutzung des DWH-Systems (*Anwendersicht*). Aus Sicht der für Aufbau und Betrieb des DWH-Systems verantwortlichen Mitarbeiter dienen Metadaten zur Senkung des Aufwands bei der Durchführung ihrer Aufgaben durch Wiederverwendung und Automatisierung (*Entwicklersicht*). Tabelle 1 gibt einen Überblick über Nutzenpotentiale von Metadaten und ordnet diese der Anwender-, der Entwickler- sowie einer übergreifenden Sicht zu.

<table>
<tr><th>Anwendersicht</th><th>Entwicklersicht</th></tr>
<tr><td>Verbesserung der DWH-Nutzung durch:
• Schnelleres Auffinden relevanter Daten durch Orientierung über das Datenangebot
• Vermeidung ineffizienter Abfragen durch Kenntnis der vorliegenden Datenstrukturen
• Erleichterte Dateninterpretation
• Verbesserte Anwenderakzeptanz</td><td>Reduzierung des Entwicklungsaufwandes durch:
• Automatisierung von Administrationsprozessen
• Vereinfachung der Fehlersuche
• Verbesserung der Wiederverwendbarkeit von Datenstrukturen und Code-Modulen
• Unterstützung bei der Datenintegration
• Auswirkungsanalysen
• Unterstützung bei der Zugriffskontrolle</td></tr>
<tr><th colspan="2">Übergreifende Sicht</th></tr>
<tr><td colspan="2">Verbesserung der Data-Warehousing-Prozesse durch:
• Forcieren eines einheitlichen Begriffsystems
• Konsistente und integrierte Dokumentation
• Verkürzung von Einarbeitungszeiten
• Kontrolle der Datenqualität
• Wissenstransfer durch Experten</td></tr>
</table>

Tabelle 1: Einsatz- und Nutzenpotentiale von Metadaten

Durch das permanente Wachstum der DWH-Datenbasis wird es für den Anwender zunehmend schwierig, die Orientierung zu behalten und die gesuchten Daten aufzufinden. Ebenfalls stark eingeschränkt wird die Nutzung des DWH-Systems, wenn die Bedeutung der Daten unklar oder unbekannt ist. Durch die oft komplexen Transformationsprozesse, welche die Daten auf ihrem Weg von den operativen Systemen über die DWH-Datenbank bis hin zu den für den Anwender-Zugriff verfügbaren, analytischen Applikationen durchlaufen, ist es für den Endanwender oft nicht mehr nachvollziehbar, aus welchen Quellsystemen die Daten stammen und von welcher Qualität sie sind. Solche Daten sind nicht geeignet, den Anwender bei Entscheidungen zu unterstützen. Dies führt dazu, dass das eigentliche Ziel des Data Warehousing, integrierte Daten für die Unterstützung von Entscheidungsprozessen bereitzustellen [Inmon 1996, S. 33], nicht erreicht werden kann, da das DWH-System keine ausreichende Anwenderakzeptanz erreichen kann. Devlin sieht zwei Grundprobleme, vor denen die Anwender von DWH-Systemen stehen [Devlin 1997, S. 276]:

1) „The more data that is available, the longer it takes to find something useful."

2) „The more data that is available, the smaller is the percentage that any individual user understands."

Durch die gezielte Verwaltung und Bereitstellung von Metadaten können Anwender bei der Lösung dieser Probleme unterstützt und somit die Akzeptanz sowie Effektivität und Effizienz des Data Warehousing gesteigert werden.

Entwickler und Administratoren profitieren vor allem von metadatengesteuerten Systemarchitekturen, die ein erhöhtes Mass an Wiederverwendbarkeit von Komponenten durch bessere Dokumentation bieten, die Automatisierung von Administrationsprozessen ermöglichen und Auswirkungsanalysen vor geplanten Systemänderungen erlauben. Die Integration von heterogenen Datenbeständen erfordert i. d. R. zunächst die Zusammenführung und Konsolidierung der zugrundeliegenden Datenstrukturen (Schemaintegration), wofür Metadaten zu Struktur und Bedeutung benötigt werden [Staudt et al. 1999a, S. 6]. Bei der Zugriffskontrolle für das DWH-System können Metadaten zur Steuerung und Automatisierung der Mechanismen für die Sicherung des Datenzugriffs genutzt werden, wodurch die Zugriffskontrolle flexibler und weniger aufwendig wird (vgl. [Katic et al. 1998, S. 302]). Insgesamt wird der Entwicklungsaufwand durch die gezielte Nutzung von Metadaten signifikant gesenkt (vgl. [Vaduva/Vetterli 2001], [Vaduva/Dittrich 2001, S. 5], [Wu et al. 2000, S. 118]).

Insbesondere die Integration von eher systemnahen, technischen Metadaten und eher geschäftsnahen, fachlichen Metadaten ermöglicht einige wichtige Nutzenpotentiale, die sämtliche am Data Warehousing beteiligten Personen Unterstützung bieten können. Die Semantik von Objektdaten hängt oftmals eng mit im Unternehmen gebräuchlichen Fachbegriffen zusammen. Für die Interpretation von Objektdaten spielen Fachbegriffe daher einen wichtige Rolle. Lehmann und Jaszewski bezeichnen das Management von Fachbegriffen sogar als kritischen Erfolgsfaktor für das Data Warehousing [Lehmann/Jaszewski 1999, Kap. 7, S. 4]. Eindeutig definierte und einheitlich verwendete Fachbegriffe unterstützen einerseits die Anwender bei der Erstellung aussagekräftiger und korrekter Analysen und werden andererseits von Entwicklern für die Integration heterogener Datenbestände benötigt. Gerade in grossen Unternehmen bilden eindeutige Fachbegriffe eine wichtige Grundlage für die effiziente und fehlerfreie Kommunikation unter den Mitarbeitern. Werden Metadaten einer DWH-Umgebung zusammengeführt, aufbereitet und für menschliche Nutzer zugänglich gemacht, können sie als konsistente und umfassende Dokumentation des gesamten DWH-Systems genutzt werden (vgl. [Staudt et al. 1999b, S. 43]). Unter anderem dadurch lassen sich Einarbeitungszeiten verkürzen. Kürzere Einarbeitungszeiten resultieren aber auch durch die direkte Bereitstellung von Metadaten auf allen Ebenen der DWH-Schichten-Architektur, bspw. als Beschreibungen von Datenstrukturen in der zentralen Datenbasis oder Kommentare zu Berichten in einem Berichtssystem. Eine wichtige Bedeutung für die Akzeptanz und den Erfolg eines DWH-Systems kommt der Qualität der Objektdaten zu. Was Qualität in diesem Zusammenhang bedeutet, muss zunächst jeweils anhand geeigneter Merkmale definiert werden, um anschliessend die Qualität anhand dieser Merkmale messen zu können. Metadaten dienen dazu Qualitätsinformationen zu messen, zu speichern und wieder bereitzustellen. Dadurch wird eine umfassende Qualitätskontrolle mit einem hohen Mass an Flexibilität und Automatisierbarkeit für das DWH-System ermöglicht (vgl. [Marco 2000, S. 31ff.]). Die Zuweisung der inhaltlichen Verantwortlichkeiten (Data Ownership) für bestimmte Datenbestände erfolgt idealerweise aufgrund ausgeprägter Kenntnisse der fachlichen Hintergründe sowie der technischen Systeme (vgl. [Meyer 2000, S. 74]). Werden solche und andere organisatorischen Beziehungen zu den Objektdaten über Metadaten abgebildet, können hierdurch bei Bedarf Experten und Verantwortliche für bestimmte Fragestellungen bzw. Datenbestände rasch ausfindig gemacht werden.

Die dargestellten Nutzenpotentiale dienen im folgenden dazu, Kategorien von Metadaten herzuleiten und im weiteren Verlauf schliesslich als Ausgangspunkt für die Entwicklung eines umfassenden Prozessmodells für das Metadatenmanagement. Einschränkend sei angemerkt, dass es sich nicht um eine abschliessende Auflistung von Metadaten-Nutzenpotentialen handelt. Vielmehr lässt sich erwarten, dass durch weitere Fortschritte in DWH-Konzeption und -Technologie neue Nutzenpotentiale von Metadaten zum Tragen kommen. Der Fokus dieser Arbeit liegt jedoch ausschliesslich auf der Nutzung von Metadaten für klassische DWH-Systeme mit analytischem Anwendungsschwerpunkt (vgl. Kap. 2.1).

3.6 Strukturierung von Metadaten

Mit Hilfe der Sprachstufentheorie ist es möglich, grundsätzlich zwischen Objektdaten und Metadaten zu unterscheiden. Die Sprachstufentheorie reicht allerdings nicht aus, die Frage zu beantworten, welche Metadaten nötig sind, um Objektdaten für einen bestimmten Verwendungszweck hinreichend aussagekräftig zu beschreiben. Die Notwendigkeit einer solchen Auswahl von Metadaten ergibt sich aus der Zielsetzung, Metadaten effektiv und effizient für eine gezielte Nutzung bereitzustellen. Als Hilfsmittel für eine solche Auswahl und Abgrenzung von Metadaten dienen Klassifikationen, die Metadaten nach bestimmten Kriterien in Kategorien einteilen. Im folgenden werden zunächst einige existierende Metadaten-Klassifikationen diskutiert und anschliessend eine eigene Klassifikation vorgestellt.

3.6.1 Unterscheidung in technische und fachliche Metadaten

Sowohl in der Literatur (vgl. z. B. [Wieken 1996, S. 275ff.], [Do/Rahm 2000, S. 4f.], [Marco 2000, S. 49ff.]) als auch in der Praxis von Anwendern, Beratern und Softwareherstellern (vgl. z. B. [Hummingbird 1998], [IBM 1999], [Oracle 2001]) werden Metadaten häufig grundsätzlich in fachliche und technische Metadaten unterschieden. Lehmann gibt als Kriterium für die Unterscheidung zwischen fachlichen und technischen Metadaten deren Verwendung an und bezieht sich dabei auf die Pragmatik [Lehmann 2001, S. 83]. Bei näherer Betrachtung wird schnell deutlich, dass diese beiden Kategorien keineswegs überschneidungsfrei sind. Es handelt sich vielmehr um die Sichten der Organisationsteile IT-Bereich und Fachabteilungen auf den Metadatenbestand. Üblicherweise werden Aufgaben der Informationsverarbeitung im Unternehmen in einer eigenen Organisationseinheit zusammengefasst, die im Sinne einer betrieblichen Querfunktion Dienstleistungen an die Fachbereiche erbringt [Mertens/Knolmayer 1995, S. 79]. Ausgehend von den Aufgaben der Informationsverarbeitung einerseits und den Aufgaben der Fachbereiche andererseits lassen sich Metadaten anhand des Kriteriums „Aufgabentyp" abgrenzen. Ausprägungen dieses Kriteriums sind die generischen Aufgabentypen „Entwicklung und Betrieb des DWH-Systems" und „Nutzung des DWH-Systems". Demnach werden technische Metadaten überwiegend für die Entwicklung und im Betrieb von den hierfür zuständigen personellen Aufgabenträgern verwendet, während fachliche Metadaten die Nutzung des DWH-Systems durch personelle Aufgabenträger aus den Fachbereichen unterstützen. Aus der Formulierung wird bereits ersichtlich, dass eine eindeutige Unterscheidung in technische und fachliche Metadaten nicht immer möglich ist. Das angewandte Kriterium „Aufgabentyp" beruht auf der Durchführung von Aufgaben im Zusammenhang mit dem DWH-System durch menschliche Aufgabenträger. Diese Personen, die mit dem DWH-System interagieren, lassen sich, wie in der Systementwicklung allgemein üblich (vgl. z. B. [Ferstl/Sinz 2001, S. 8]), in Entwickler und Anwender unterscheiden. Bei diesen beiden Aufgabenträgerkategorien handelt es sich aber lediglich um Generalisierungen, bei denen die Subtypen nicht immer eindeutig einem der beiden Supertypen „Entwickler" oder „Anwender" zugeordnet werden können. Beispielsweise lässt sich ein Mitarbeiter einer Fachabteilung, der mit einem Reporting-Tool vordefinierte Reports für sich und andere Mitarbeiter erstellt, sowohl der Kategorie „Entwickler“ als auch der Kategorie „Anwender“ zuordnen.

3.6.1.1 Technische Metadaten

Technische Metadaten beschreiben primär Datenstrukturen und Datenflüsse im DWH-System und werden während Entwicklung, Betrieb und Wartung des DWH-Systems produziert. Während der Entwicklungsphase entstehen technische Metadaten im Rahmen der Entwurfs- und Implementierungsaktivitäten. Beschreibungen von Datenstrukturen liegen bspw. in Form von Systemtabellen eines Datenbanksystems vor. Für Datenflüsse müssen Quell- und Zielsystem angegeben werden, die bei kommerziellen ETL-Werkzeugen wie Informaticas PowerCenter in einem Repository gespeichert werden. Technische Metadaten werden häufig von den sie produzierenden DWH-Komponenten zur Laufzeit benötigt. Werden diese Komponenten darüber hinaus aktiv durch Metadaten gesteuert (z. B. ETL-Werkzeuge), lassen sich grosse Ersparnisse beim Aufwand für Anpassung und Pflege erzielen (vgl. [Devlin 1997, S. 53]).

3.6.1.2 Fachliche Metadaten

Fachliche Metadaten repräsentieren verwendungsnotwendiges, betriebswirtschaftliches Wissen über die Daten im DWH-System und entstehen vor allem im Zusammenhang mit der Nutzung des DWH-Systems. Mit ihrer Hilfe informieren sich Anwender über Bedeutung, Herkunft, Struktur und Qualität der mit den analytischen Applikationen verarbeiteten Daten. Erst dadurch wird es für alle Anwender möglich, die Daten des DWH-Systems aufgabenwirksam zu interpretieren.

Anwender, die durch regelmässige Benutzung und intensive Schulung sehr gut mit dem DWH-System vertraut sind, verfügen über persönliches, kontextspezifisches Wissen über das DWH-System, das durch Schulung sowie Erfahrung bei der Benutzung gewonnen wird [Holthuis 1999, S. 98]. Um dieses implizite Wissen für eine Wiederverwendung durch andere DWH-Anwender tauglich zu machen, muss das Wissen expliziert, d. h. strukturiert und codiert werden (vgl. [Nonaka/Takeuchi 1995, S. 59f.]), um es in Form von Metadaten zu speichern (vgl. [Marco 2000, S. 60]). Daher müssen fachliche Metadaten oft erst manuell erfasst werden, um allen Anwendern zur Verfügung zu stehen. Im Zusammenhang mit Wissen, Informationen oder Daten, die für eine Nutzung als Metadaten zunächst noch aufbereitet werden müssen, wird auch von *unstrukturierten Metadaten* gesprochen (vgl. [Marco 2000, S. 60]).

3.6.2 Weitere Strukturierungsansätze

In der Literatur findet sich neben eindimensionalen Aufzählungen mit Beispielcharakter eine Reihe von Ansätzen zur Strukturierung und Klassifikation von Metadaten, die darauf zielen, „die für eine DWH-Umgebung benötigten Metadaten“ [Lehmann 2001, S. 83] zu spezifizieren. Eine einheitliche Auffassung von einer geeigneten Metadatenkategorisierung für das Data Warehousing konnte sich bisher nicht durchsetzen. Für das Abgrenzen von Kategorien werden oftmals unterschiedliche Dimensionen vorgeschlagen, die wiederum zu einer unterschiedlichen Reichweite des Begriffs Metadaten führen. Einen Überblick über in der Literatur vorgeschlagene Dimensionen zur Gliederung von Metadaten bieten [Lehmann 2001, S. 83ff.] und [Staudt et al. 1999a, S. 18ff.]. Beide Ansätze versuchen eine Synthese aus den jeweils beschriebenen Dimensionen, um daraus ein konzeptionelles Datenschema zur Beschreibung von Objektdaten zu konstruieren, das als Metamodell bezeichnet wird. Bei Staudt, Vaduva und Vetterli wird aus jeder der Klassifikationsdimensionen *Type*, *Level of Abstraction*, *User View*, *Origin*, *Purpose* und *Producing/Consuming Time* ein korrespondierender Entitätstyp abgeleitet und somit der erste Schritt zu einem Metadatenschema aufgezeigt. Nicht betrachtet werden die Beziehungen zwischen diesen Entitätstypen, sodass kein vollständiges Schema entsteht. Lehmann beschränkt sich auf die Aussage, dass die von ihm beschriebenen Gliederungsansätze „alle in das entwickelte und später vorgestellte Metamodell eingeflossen sind“ [Lehmann 2001, S. 83]. Beide Quellen erheben weder den Anspruch darauf, mit ihren Klassifikationen Metadaten für das Data Warehousing vollständig zu erfassen, noch wird eine Bewertung hinsichtlich der Reichweite vorgenommen.

Oftmals lässt sich in Ansätzen für die Metadatenkategorisierung ein Ungleichgewicht bei der Berücksichtigung fachlicher und technischer Metadaten feststellen. Dies hängt damit zusammen, dass die betreffende Arbeit entweder mehr auf die Metadatenverwendung bei Entwicklung und Betrieb von DWH-Systemen oder auf Metadatenunterstützung bei der DWH-Nutzung ausgerichtet ist. Im folgenden wird daher zunächst ein Ansatz mit stärkerer Betonung technischer Metadaten von Inmon betrachtet. Anschliessend wird an einem Ansatz von Devlin gezeigt, wie sich die Trennung zwischen fachlichen und technischen Metadaten überwinden lässt, indem der Nutzen einer Metadatenintegration in den Vordergrund gestellt wird.

3.6.2.1 Metadatenkategorisierung nach Inmon

Ein häufig anzutreffender Ansatz zur Strukturierung von Metadaten besteht darin, Metadaten anhand der Architektur des DWH-Systems zu gliedern. So beschreibt bspw. Inmon [Inmon 2001, S. 3ff.] eine sog. Taxonomie für Metadaten, in der er zunächst grundsätzlich zwischen *Technical Metadata* und *Business Metadata* unterscheidet. Die Kategorie *Technical Metadata* unterteilt er weiterhin nach der Granularität der beschriebenen Objektdaten in *Record Level Technical Metadata, Modeling Metadata* und *Structures of Technical Metadata.*

Technical Metadata			**Business Metadata**
Record Level	**Modeling**	**Structures**	
• Record/tuple/row • Record structure • Physical characteristic of attributes/fields • Attributes/fields • Attribute/field alias • Tables/database • Table/database name • Index • Foreign key relationships • Recursive relationships	• Conceptual data models • Logical data models • Physical data models • Entities/Relationships • Index entries • Records in table • Bytes in table • Bytes in record • Fixed record (number of bytes) • Variable record (number of bytes) • Rate of table growth • Mappings • Sources • Transformations • Targets	• Legacy environment • ERP applications • Staging area • ETL (extract/transformation/ load) • Enterprise Data Warehouse • Corporate Information Factory • Operational Data Store (ODS) • Data mart • DSS applications • Near line/ alternate storage • Operational mart	• Subject areas • Definitions • Relationships • Formula • Alias • Common term • Sources • Transformations • Targets • Subsets of • Selection criteria • Date of calculation • Calculated by • Owner • Etc.

Tabelle 2: Metadaten-Taxonomie nach Inmon
[Inmon 2001, S. 3ff.]

In der Kategorie Structures of Metadata grenzt Inmon Metadaten-Elemente anhand seiner Architektur der *Corporate Information Factory* (CIF) ab [Inmon 2001, S. 13]. Die CIF beschreibt eine unternehmensweite Architektur für die Informationsverarbeitung, die sowohl operative als auch analytische Systeme umfasst [Inmon et al. 2000, S. 11ff.]. Ausgehend davon beinhalten die Kategorien Modeling und Record Level Metadaten-Elemente auf Ebene der Datenschemata bzw. einzelner Tupel und Datenstrukturen (vgl. Tabelle 2). Während die Orientierung an der Architektur des DWH-Systems Unterstützung bei der Identifizierung möglicher Metadaten-Elemente für das allgemeine Anwendungsgebiet Data Warehousing bietet, fehlt auch bei Inmon der Bezug zu konkreten Einsatzzwecken für die vorgeschlagenen Kategorien. Damit hat auch die Aufzählung der durch die Kategorien abgedeckten Metadatenelemente nur einen exemplarischen Charakter.

3.6.2.2 Metadatenkategorisierung nach Devlin

Eine vergleichsweise weit gefasste Auffassung von Metadaten vertritt Devlin, der mit seinem Vorschlag eines *Business Information Guide* besonders die Notwendigkeit einer Integration der unterschiedlichen Metadatentypen betont (vgl. [Devlin 1997, S. 275ff.]). Der Business Information Guide ist eine konzeptionelle Komponente der von Devlin entworfenen DWH-Architektur, die Metadaten bereitstellt, um die Objektdaten anhand der Dimensionen *Business*, *Organization* und *Application function* beschreiben zu können (vgl. [Devlin 1997, S. 277-283]). Devlin bezeichnet dies als *Business Context* der Daten, ohne den eine Transformation der Objektdaten in Informationen für die Anwender nicht möglich ist [Devlin 1997, S. 275]. Devlin beschreibt für jede Dimension die Metadatenobjekte, die für die (Re)konstruktion des Business Context integriert werden müssen:

Business activity	**Organization**	**Application function**
• Definitionen von Fachbegriffen und deren Beziehungen zu Daten und Funktionen; • Definitionen von Geschäftsprozessen, deren Aufgaben und Beziehungen; • Beziehungen der Fachbegriffe und Geschäftsprozesse zu den Objektdaten und den anderen Dimensionen.	• Definitionen von Organisationsstrukturen und Rollen; • Organisatorische oder individuelle Verantwortung für Daten und Funktionen.	• Definitionen von Applikationen und Prozeduren; • Definitionen von vordefinierten Abfragen und Berichte sowie deren Beziehungen zu Applikationen und Geschäftsprozessen; • Verweise auf Programmcode für Berichte und Abfragen; • Abfragedefinitionen, Parameter und erlaubte Werte; • Verweise auf Analyseergebnisse, die von Applikationen, Abfragen, Berichten etc. erzeugt werden.

Tabelle 3: Metadatenkategorien nach Devlin
[Devlin 1997, S. 277-283]

Devlins Ansatz zur Erfassung der Metadaten für das Data Warehousing kann als einer der umfassendsten gelten, da er insbesondere den Metadatenbedarf der Anwender berücksichtigt, ohne die Anforderungen der Entwickler zu vernachlässigen. Devlin betont den Nutzen, der entsteht, wenn es gelingt die unterschiedlichen Formen von Metadaten zueinander in Beziehung zu setzen (vgl. [Devlin 1997, S. 287]).

Ähnlich wie bei den übrigen beschriebenen Ansätzen, geht jedoch auch bei Devlins Kategorisierung nicht klar hervor, für welche Verwendungszwecke die Metadaten der Kategorien erforderlich sind. Diesem Missstand wird im folgendem mit einem eigenen Kategorisierungsansatz begegnet, der Metadaten anhand ihrer konkreten Verwendungszwecke abgrenzt.

3.6.3 Metadatenkategorien nach Verwendungszweck

Die Beschreibung von Objektdaten geschieht in der unternehmerischen Praxis im allgemeinen nicht ohne Zweck, da auch bei der Datenverarbeitung der Grundsatz des wirtschaftlich sinnvollen Handelns einzuhalten ist (vgl. [Ortner et al. 1990, S. 17], [Hörschgen 1992, S. 347]). Übertragen auf das Metadatenmanagement bedeutet dies, dass nur solche Metadaten zu verwalten sind, für die ein konkreter Bedarf bzw. Verwendungszweck im Rahmen des Data Warehousing besteht. Ziel ist es nicht, eine vollständige Beschreibung der Objektdaten zu verwalten, sondern Objektdaten mit Hilfe von Metadaten zweckgerichtet und systematisch zu beschreiben. Der Zweck der Beschreibung von Objektdaten durch Metadaten ergibt sich im Kontext dieser Arbeit aus den in Abschnitt 3.5 beschriebenen Verwendungszwecken der Metadaten im Data Warehousing. Für die Strukturierung wurde folgendes Vorgehen entwickelt:

1. Identifizierung von Metadatenobjekten, die für die angestrebte Nutzenrealisierung erforderlich sind. Hierzu sind zunächst die zugehörigen Metadatenquellen zu ermitteln. Metadatenquellen können Komponenten des DWH-Systems, der DWH-Quellsysteme, sämtliche Dokumentationen im Zusammenhang mit dem DWH-System sowie nicht-codierte Informationen (z. B. Erfahrungswissen von Mitarbeitern) sein. Es sind sowohl strukturierte als auch unstrukturierte Metadaten zu betrachten.

2. Zusammenfassung inhaltlich (d. h. semantisch) zusammengehöriger Metadaten zu Metadatenkategorien. Jeder Kategorie werden die zugehörigen Metadatenquellen zugeordnet.

3. Überprüfung der Zuordnung durch Identifizieren existierender oder geplanter Metadatenkonsumenten. Als Metadatenkonsumenten kommen DWH-Komponenten (aktive Nutzung), technische und organisatorische Prozesse (semi-aktive Nutzung) sowie Personen (passive Nutzung) in Frage (vgl. zu den verschiedenen Nutzformen Abschnitt 2.2).

Das Vorgehen lehnt sich an das Vorgehen bei der herkömmlichen Datenmodellierung an, bei dem Entitäten im Hinblick auf die Verwendung der Datenbank abgegrenzt und anschliessend durch relevante Attribute beschrieben werden (vgl. [Date 2000, S. 419ff.]). Die Relevanz der Attribute ergibt sich durch den geplanten Einsatzzweck der Datenbank. Beispielsweise ist die Augenfarbe von Kunden normalerweise kein relevantes Attribut für die Kunden-Datenbank eines Unternehmens.

Ein integriertes Metadatenmanagement für das Data Warehousing strebt danach, sämtliche Beschreibungsdimensionen der Objektdaten in Form von Metadaten abzudecken, um die dadurch möglichen Nutzenpotentiale realisieren zu können. Für die Ermittlung der im folgenden vorgeschlagenen Metadatenkategorien wurden die in Abschnitt 3.5 beschriebenen Nutzenpotentiale von Metadaten zugrunde gelegt und darauf aufbauend das beschriebene Vorgehen zur Strukturierung von Metadaten angewandt. Für die Beschreibung von Objektdaten in DWH-Systemen sind demnach acht Kategorien von Metadaten zu betrachten:

- Metadaten der Kategorie *Terminologie*
- Metadaten der Kategorie *Datenstruktur/-bedeutung*
- Metadaten der Kategorie *Datentransformation*
- Metadaten der Kategorie *Datenqualität*
- Metadaten der Kategorie *Organisationsbezug*
- Metadaten der Kategorie *Metadatenhistorie*
- Metadaten der Kategorie *Systembezug*
- Metadaten der Kategorie *Datenanalyse*

Die vorgeschlagenen Metadatenkategorien basieren auf den konsolidierten Ergebnissen, die bei der Strukturierung von Metadaten nach der beschriebenen Vorgehensweise auf zwei Workshops des CC DW2[21] zum Metadatenmanagement sowie in mehreren Expertengesprächen ermittelt wurden. Dieser Zusammenhang zwischen den Metadatenkategorien und ihren Verwendungsmöglichkeiten für Anwender und Entwickler ist in Tabelle 4 dargestellt.

Die Tabelle ordnet den identifizierten Verwendungszwecken diejenigen Metadatenkategorien zu, aus denen Metadaten für die Realisierung des Verwendungszweckes erforderlich sind. Bei der nachfolgenden Betrachtung der Metadatenkategorien wird diese Zuordnung jeweils begründet.

[21] 4. Workshop des CC DW2 vom 17. bis 18. Januar 2002 in Hamburg und 5. Workshop vom 18. bis 19. April in Bissone/Lugano, beide zum Thema Metadatenmanagement im Data Warehousing.

Die Einhaltung des beschriebenen Vorgehens stellt sicher, dass die für den geplanten Einsatzzweck wesentlichen Metadaten erfasst werden. Die Überprüfung anhand der Metadatenkonsumenten in Schritt 3 verhindert die Aufnahme von Metadaten, die nicht benötigt werden, und sorgt so für eine effiziente Durchführung.

	Metadatenkategorien							
Verwendungszwecke	Terminologie	Analyse	Organisationsbezug	Qualität	Struktur/Bedeutung	Systembezug	Transformation	Metadatenhistorie
Anwender								
Begriffsvereinheitlichung	•							
Orientierung über Datenangebot	•	•	•	•	•	•		
Abfrageoptimierung		•			•	•		
Erleichterte Dateninterpretation	•		•	•	•		•	•
Verbesserte Anwenderakzeptanz	•	•	•	•	•	•	•	•
Entwickler								
Unterstützung bei Administration					•	•	•	
Unterstützung bei Zugriffskontrolle			•			•		
Vereinfachte Datenintegration	•				•	•	•	
Auswirkungsanalysen					•	•	•	
Vereinfachte Fehlersuche					•	•	•	•
Verbesserte Wiederverwendbarkeit		•			•			•
Allgemein								
Verkürzte Einarbeitungszeit	•	•	•		•	•	•	
Expertenidentifikation			•					
Qualitätskontrolle				•				
Durchgängige Dokumentation	•		•		•	•	•	

Tabelle 4: Zuordnung von Metadatenkategorien zu Verwendungszwecken

Aus den vorangegangenen Ausführungen ergibt sich, dass eine vollständige Enumeration von Metadatenelementen weder möglich noch sinnvoll erscheint. Ähnlich wie bei der herkömmlichen Datenmodellierung keineswegs versucht wird, Objekte der Realität mit ihren sämtlichen Eigenschaften abzubilden, zielt auch die Modellierung von Metadaten nicht darauf, sämtliche Aspekte der zugrunde liegenden Objektdaten zu erfassen. Im folgenden wird daher eine Gliederung von Metadaten anhand der oben genannten Kategorien vorgeschlagen, die sich an den in Abschnitt 3.5 aufgezeigten Verwendungszwecke im Data Warehousing und der in Abschnitt 2.1 beschriebenen Architektur eines DWH-Systems orientiert.

3.6.3.1 Kategorie Terminologie

Zur Vereinheitlichung von betrieblichen Begriffsystemen ist es notwendig, Fachbegriffe zu identifizieren und ihre Benennung und Bedeutung zu normieren. Darüber hinaus sind Homonyme und Synonyme zu identifizieren sowie Begriffsprobleme wie Vagheiten zu beseitigen [Strauch 2002, S. 197ff.]. Ein unternehmensweites DWH-System bietet vor allem für die Identifizierung von Fachbegriffen eine geeignete Grundlage. Dies resultiert aus dem Umstand, dass viele der den Begriffen zugrundeliegenden abstrakte oder konkrete Gegenstände[22] in Form von Entitäten, Attributen oder Attributwerten in den Schemata der betrieblichen Applikationen abgebildet sind (vgl. [Granda/Warburton 2001, S. 3ff.]), welche wiederum im DWH-System integriert werden. Ausgehend von den Schemata der DWH-Komponenten können im Rahmen des Metadatenmanagements Fachbegriffe identifiziert und ihre Bedeutung ermittelt werden. Auf die Gestaltung von organisatorischen Prozessen zur Homogenisierung von Begriffsbenennung und -bedeutung, die wegen potentieller Konflikte zwischen verschiedenen Interessengruppen von grosser Bedeutung sind, wird in Kapitel 4.2 im Rahmen einer Fallstudie bei der Swiss Re Gruppe ausführlich eingegangen. Die Kategorie Terminologie umfasst u. a. folgende Metadaten-Elemente:

[22] In der Theorie der Terminologie wird zwischen Gegenstand, Begriff und Begriffsbenennung unterschieden. Ein Begriff ist dabei ein Gedankengebilde, das einen abstrakten oder konkreten Gegenstand der Realität im Denken vertritt. Die Begriffsbenennung entsteht durch Zuordnung einer Sprachzeichenfolge zum Begriff (vgl. [Felber/Budin 1989, S. 1-5]).

Metadatum	Beschreibung
Begriffsbenennung	Das eigentliche Begriffswort, möglichst zusammengesetzt aus einem normierten Zeichenvorrat (z. B. ASCII-Code).
Begriffsidentität	Eindeutige Bezeichnung des Begriffs, z. B. durch Surrogat-Schlüssel, zur Abbildung von Homonymbeziehungen.
Begriffsdefinition	Die Bedeutung des Begriffs im Unternehmen bzw. in einem abgegrenzten Teilbereich.
Begriffsbeziehungen	Beziehungen des Begriffs zu anderen Begriffen (z. B. Spezialisierungen, Kompositionen).
Synonym(e)	Andere Begriffe mit unterschiedlicher Benennung aber gleicher Bedeutung.
Homonym(e)	Andere Begriffe mit gleicher Benennung aber unterschiedlicher Bedeutung.
Ursprung	Herkunft des Begriffes auf Ebene von Datenschemata bzw. Datenstrukturen.
Owner	Person oder Organisationseinheit, die für den Begriff verantwortlich ist.

Tabelle 5: Metadatenkategorie Terminologie

Neben der Dokumentation und Vereinheitlichung der Begriffsbedeutung kann eine systematische Sammlung von Fachbegriffen auch als Orientierungshilfe in bezug auf das Datenangebot genutzt werden. Voraussetzung hierfür ist eine Verbindung zu den Datenstrukturen bzw. Schemaelementen, die einem Begriff zugrunde liegen. Sucht ein Anwender Daten zu einem bestimmten Thema, kann er über zugehörige oder verwandte Begriffe die zugrunde liegenden Datenbestände auffinden.

Ein weiterer Verwendungszweck ist eine Homogenisierung des Berichtswesens auf Basis eines einheitlichen Begriffsystems. Bei der Erstellung von Berichten werden die zugrunde liegenden Daten nach bestimmten Kriterien aufbereitet und mit Bezeichnungen versehen, die dem Berichtsverwender eine leichtere Interpretation des Berichtsinhalts gestatten. Die ausschliessliche Verwendung standardisierter Begriffe für die Bezeichnung von Berichtselementen führt zu einer durchgängigen Dokumentation, die auch ungeschulten bzw. unerfahrenen Mitarbeitern die Möglichkeit gibt, sich die Bedeutung des Berichtsinhalts selbständig zu erschliessen. Als Produzenten für Fachbegriffe sind in erster Linie Datenschemata und -strukturen von Komponenten des DWH-Systems zu betrachten. Gerade die Homogenisierung der Begriffe erfordert die Einbeziehung sämtlicher Interessengruppen, um die Akzeptanz eines einheitlichen Begriffsystems nicht zu gefährden.

Konsumiert werden Fachbegriffe zum einen manuell von Personen, denen die Bedeutung oder andere Begriffdetails unklar sind, und zum anderen automatisiert bei der Generierung von Systemdokumentationen wie Handbüchern oder Online-Hilfetexten.

3.6.3.2 Kategorie Datenstruktur und -bedeutung

Datenstrukturen entstehen durch Aggregation einfacherer Datenobjekttypen [Ferstl/Sinz 2001, S. 318]. Ein *Datenobjekttyp* ist eine Beschreibung eines Datenobjekts anhand seines Wertebereichs (z. B. INTEGER, REAL, CHAR) und seiner Klassifizierung (z. B. ARRAY, RECORD, FILE) [Ferstl/Sinz 2001, S. 318]. Ein *Datenobjekt* dient zur informationstechnischen Speicherung eines individuellen Datenwerts und ist durch die Attribute Name, Wert und Struktur definiert [Ferstl/Sinz 2001, S. 291]. Der zugehörige Datenobjekttyp gibt Wertebereich und Klassifizierung des Datenobjekts an [Ferstl/Sinz 2001, S. 291]. Im Zuge der Aggregation werden Datenobjekttypen nach ihren Beziehungen untereinander zu Datenobjekttypen höherer Ordnung zusammengefasst, die auch als Datenstrukturen bezeichnet werden [Ferstl/Sinz 2001, S. 139]. Datenstrukturen entstehen demnach durch Abbildung semantischer Beziehungen zwischen ihren Bestandteilen. Wirth schreibt dazu: „Struktur (Syntax) und Bedeutung (Semantik) sind daher eng miteinander verbunden. Die Syntax dient letztlich immer einem höheren Ziel, nämlich einer Codierung einer bestimmten Bedeutung“ [Wirth 1977, S. 6]. Die Auswahl der abzubildenden Beziehungen richtet sich nach dem geplanten Verwendungszweck der Datenstruktur. Die Struktur der Daten wird in hohem Masse durch ihre Semantik bestimmt. Über die Aufnahme eines Datenobjekttyps in eine Datenstruktur wird bspw. anhand der Bedeutung dieses Datenobjekttyps im Zusammenhang mit den übrigen Datenobjekttypen der Datenstruktur entschieden. Für die vollständige Speicherung einer Adresse in einer Kundendatei wird z. B. sowohl der Datenobjekttyp Postleitzahl als auch der Datenobjekttyp Ort benötigt. Wegen der engen wechselseitigen Beziehung zwischen Struktur und Bedeutung werden die semantischen Beschreibungen von Datenobjekttypen ebenfalls unter der Kategorie Datenstruktur/-bedeutung erfasst.

Die Auswahl einer konkreten Datenstruktur aus den in einer bestimmten Systemumgebung verfügbaren Standardstrukturen wird dagegen i. d. R. eher von Effizienzüberlegungen geleitet.

Im Bereich der Datenbanksysteme werden Daten üblicherweise zunächst mit Hilfe von implementierungsunabhängigen Datenschemata nach inhaltlichen Gesichtspunkten zu Gegenstandstypen zusammengefasst und miteinander in Beziehung gesetzt. Das Ergebnis des ersten Modellierungsschritts, das Datenschema, wird schrittweise in implementierungsspezifische Datenstrukturen auf der physischen Datenbankebene transformiert (vgl. Abschnitt 3.3). Beschreibungen der Schemata sämtlicher modellierter Stufen gehören ebenfalls in die Kategorie Datenstruktur/-bedeutung (vgl. [Holthuis 1999, S. 100]).

Metadatum	Beschreibung
Name	Benennung einer konkreten Datenstruktur.
Beschreibung	Zweck und Bedeutung der Datenstruktur
Beschreibungsebene	Zugehörige Ebene bei mehrstufiger Modellierung, z. B. Datenschema, Datenbankschema, internes Schema.
Typ	Datenstruktur-Klassifizierung, z. B. Entity, Table, Row, Record, Array.
Elemente	Datenstruktur-Elemente, z. B. Attribute, Felder.
Datentyp	Datentyp der Elemente z. B. Character, Integer, Float.
Elementgrösse	Angaben über Speicherbedarf.
Elementbeschreibungen	Zweck und Bedeutung der Elemente im Kontext der Datenstruktur.
Ersteller	Mitarbeiter, der diese Datenstruktur erstellt hat.
Erstellungsdatum	Datum der Erstellung.
Verwendung	Zuordnung zu individuellen Softwarekomponenten z. B. DB-Instanzen, Programm-Module.

Tabelle 6: Metadatenkategorie Datenstruktur/-bedeutung

Datenstrukturen sind elementare Bestandteile der Datenverarbeitung und werden von allen DWH-Komponenten benötigt. Bei Datenflüssen zwischen konsumierenden und produzierenden DWH-Komponenten sind Datenstrukturen das Vehikel zum Transport der Daten. Eine Unterscheidung zwischen Konsument und Produzent erscheint hierbei nicht sinnvoll. In einem integrierten Metadatenmanagement kann ein zentrales Repository als einziger Produzent für standardisierte Datenstrukturen bestimmt werden, der Datenstrukturen für sämtliche konsumierende DWH-Komponenten bereitstellt. Auf einen solchen Ansatz geht die Fallstudie über Standardisierung von Datenstrukturen bei den Winterthur Versicherungen in Kapitel 4.4 näher ein. Die vergleichende Analyse der Datenstrukturmetadaten von unterschiedlichen Applikationen kann darüber hinaus wichtige Hinweise für den Integrationsbedarf sowie Anhaltspunkte für die Integration selbst bieten (z. B. Schema mapping).

3.6.3.3 Kategorie Datentransformation

Metadaten der Kategorie Datentransformation beschreiben den Weg der Objektdaten aus den Quellsystemen durch die Schichten des DWH-Systems zu den analytischen Applikationen für die Datenanalyse (vgl. [Bauer/Günzel 2001, S. 340f.]). Für einen kontrollierten Ablauf der Datentransformation werden einzelne Transformationsschritte, die Daten für ein bestimmtes Zielsystem aufbereiten, zu Transformationsprozessen zusammengefasst (vgl. Kapitel 2.5.1). Wichtige Metadaten-Elemente zur Beschreibung von Transformationsprozessen sind in Tabelle 7 beschrieben.

Metadatum	**Beschreibung**
Datenmenge	Bezeichnung der Daten, die vom Transformationsprozess bereitgestellt werden.
Datenverwendung	Beschreibung des Verwendungszwecks der vom Transformationsprozess bereitgestellten Daten.
Quellen	Angabe sämtlicher Quellsysteme-/komponenten, aus denen Daten vom Transformationsprozess extrahiert werden.
Ziele	Angabe des Zielsystems/der DWH-Komponente(n), in das/die Daten überführt werden.
Transformationsschritte	Spezifikation sämtlicher Schritte, die nötig sind, um die Daten aus den Quellen in die für das Ziel erforderliche Form zu überführen (z. B. extrahieren, zusammenführen, filtern, berechnen).
Transformationsprozesse	Benannte Zusammenfassung von Transformationsschritten.
Implementierung	Softwaretechnische Realisierung z. B. ETL-Tool, individuelle Programmroutine.
Zeitplanung	Zeitliche Einplanung für die Ausführung der Transformationsprozesse.
Protokolle	Aufzeichnungen über den Verlauf der Transformationsprozessausführung.

Tabelle 7: Metadatenkategorie Datentransformation

Die Beschreibungen der Datentransformationen werden von erfahrenen Anwendern bei der Interpretation von Analyseergebnissen genutzt und erhöhen die Akzeptanz der Ergebnisse durch Transparenz bei der Frage nach der Datenherkunft.

Entwickler benötigen diese Metadaten bei der DWH-Administration zur Überwachung und Steuerung der Transformationsprozesse, bei der Analyse der Auswirkungen von geplanten Systemänderungen, der Fehlersuche und dem Hinzufügen neuer Datenquellen zum DWH-System.

Produziert werden Transformationsmetadaten in den Transformationsschichten zwischen Datenquellen und Data Warehouse sowie zwischen Data Warehouse und den nachgelagerten Schichten (vgl. Abschnitt 2.1). Insbesondere beim Einsatz von metadatengesteuerten ETL-Tools wie z. B. Informaticas PowerCenter fallen Metadaten in Form von Transformationsbeschreibungen an. Konsumiert werden sie bei der Ausführung der Transformationsprozesse von den produzierenden Komponenten selbst sowie auf der Datenanalyseschicht bei der Nutzung von Analysewerkzeugen und -applikationen, da sie es erlauben Herkunft und Entstehungsweise der Daten (z. B. Berechnung, Aggregation) nachzuvollziehen.

3.6.3.4 Kategorie Datenqualität

Die Qualität einer individuellen Datenmenge lässt sich grundsätzlich hinsichtlich zweier Dimensionen beurteilen [Rothenberg 1996, S. 2]: Die objektive *Korrektheit* der Datenwerte (z. B. Genauigkeit, Konsistenz) und die subjektive *Eignung* der Daten für einen bestimmten Verwendungszweck. Grundlegendes Ziel der Kontrolle der Datenqualität ist es, Daten mit der bestmöglichen Qualität bereitzustellen [Rothenberg 1996, S. 2]. Einschränkungen erfährt dieses Ziel allenfalls durch Wirtschaftlichkeitsaspekte, d. h. die Datenqualität muss dann als ausreichend gelten, wenn eine weitere Steigerung nur noch durch unverhältnismässig hohen Aufwand zu erreichen ist. Für eine Verbesserung der Datenqualität müssen Zielvorgaben vorhanden sein, mit denen die aktuell vorliegende Datenqualität verglichen werden kann (vgl. [Brackett 1996, S. 180f.], [Helfert 2002, S. 128ff.]). Erst wenn Abweichungen von der definierten Datenqualität erkannt wurden, können diese korrigiert und die Datenqualität somit verbessert werden. Sowohl zur Definition der geforderten Datenqualität als auch zur Messung der vorliegenden Datenqualität ist das Festlegen von Datenqualitätsmerkmalen erforderlich, aus denen sich konkrete Datenqualitätskennzahlen ableiten lassen [Helfert 2002, S. 102]. Aussagen über die Qualität einer individuellen Datenmenge ergeben sich aus den konkreten Ausprägungen der zugehörigen Datenqualitätskennzahlen. Die Verfügbarkeit dieser Metadaten ist die Voraussetzung für ein proaktives Datenqualitätsmanagement, wie es Helfert beschreibt [Helfert 2002, S. 119ff.]. Für seinen Ansatz systematisiert Helfert Datenqualitätsmerkmale, die für das Data Warehousing relevant sind und sich zur Ableitung individueller Datenqualitätskennzahlen verwenden lassen. Helfert unterscheidet dabei zwischen den Ebenen *Datenschema* und *Datenwerte* und teilt die Qualitätsmerkmale auf beiden Ebenen in Kategorien ein. Folgende Tabelle beschreibt die auf das Datenschema bezogenen Qualitätsmerkmale:

Qualitätsmerkmale bezogen auf das Datenschema		
Kategorie	**Merkmal**	**Beschreibung**
Interpretierbarkeit	Semantik	Die Entitäten, Beziehungen und Attribute und deren Wertebereiche sind einheitlich, klar und genau beschrieben sowie dokumentiert.
	Identifizierbarkeit	Einzelne Informationsobjekte (z. B. Kunden) können eindeutig identifiziert werden.
	Synonyme	Beziehungen zwischen Synonymen sind bekannt und dokumentiert.
	Zeitlicher Bezug	Der zeitliche Bezug einzelner Informationsobjekte ist abgebildet.
	Repräsentation fehlender Werte	Fehlende Werte (Nullwerte/Default-Werte) sind definiert und können abgebildet werden.
Nützlichkeit (zweckbezogen)	Vollständigkeit	Alle wesentlichen Entitäten, Beziehungen und Attribute sind erfasst. Die Daten ermöglichen die Erfüllung der Aufgabe.
	Erforderlichkeit	Definition von Pflicht- und Kann-Feldern.
	Granularität	Die Entitäten, Beziehungen und Attribute sind im notwendigen Detaillierungsgrad erfasst.
	Präzision der Wertebereichsdefinition	Die Definition der Wertebereiche repräsentiert die möglichen und sinnvollen Datenwerte.

Tabelle 8: Datenqualitätsmerkmale auf Ebene Datenschema
[Helfert 2002, S. 74]

Die Tatsache, dass es bei den Datenqualitätsmerkmalen auf der Ebene des Datenschemas Überschneidungen mit den Metadaten-Elementen der bereits beschriebenen Metadaten-Kategorien gibt (z. B. Semantik, Synonyme), zeigt erneut den engen Zusammenhang zwischen Metadatenmanagement und Datenqualitätsmanagement. Ähnliche Überschneidungen gibt es auch auf der Ebene der Datenwerte, wie aus Tabelle 9 ersichtlich wird:

Qualitätsmerkmale bezogen auf die Datenwerte		
Kategorie	**Merkmal**	**Beschreibung**
Glaubwürdigkeit	Korrektheit	Die Daten stimmen inhaltlich mit der Datendefinition überein und sind empirisch korrekt.
	Datenherkunft	Die Datenherkunft und die vorgenommenen Datentransformationen sind bekannt.
	Vollständigkeit	Alle Daten sind gemäss Datenmodell erfasst.
	Widerspruchsfreiheit	Die Daten weisen keine Widersprüche zu Integritätsbedingungen (Geschäftsregeln, Erfahrungswerte) und Wertebereichsdefinitionen auf (innerhalb des Datenbestands, zu anderen Datenbeständen, im Zeitverlauf).
	Syntaktische Korrektheit	Die Daten stimmen mit der spezifizierten Syntax (Format) überein.
	Zuverlässigkeit	Die Glaubwürdigkeit der Daten ist konstant.
Zeitlicher Bezug	Aktualität	Datenwerte bezogen auf den gegenwärtigen Zeitpunkt sind erfasst.
	Zeitliche Konsistenz	Alle Datenwerte bzgl. eines Zeitpunktes sind gleichermassen aktuell.
	Nicht-Volatilität	Die Datenwerte sind permanent und können zu einem späteren Zeitpunkt wieder aufgerufen werden.
Nützlichkeit	Relevanz	Die Datenwerte können auf einen relevanten Datenausschnitt beschränkt werden.
	Zeitlicher Bezug	Die Datenwerte beziehen sich auf den benötigten Zeitraum.
Verfügbarkeit	Zeitliche Verfügbarkeit	Die Daten stehen rechtzeitig zur Verfügung.
	Systemverfügbarkeit	Das Gesamtsystem ist verfügbar.
	Transaktionsverfügbarkeit	Einzelne benötigte Transaktionen sind ausführbar, die Zugriffszeit ist akzeptabel und gleichbleibend.
	Zugriffsrechte	Die benötigten Zugriffsrechte sind ausreichend.

Tabelle 9: Datenqualitätsmerkmale auf Ebene Datenwerte
[Helfert 2002, S. 75]

Sowohl die Auswahl der relevanten Datenqualitätsmerkmale als auch die gewünschte Soll-Datenqualität hängt stark vom Verwendungszweck einer konkreten Datenmenge ab. Helfert schlägt daher zur Ermittlung relevanter Datenqualitätsmerkmale vor, strukturierte Interviews mit ausgewählten Datenverwendern durchzuführen [Helfert 2002, S. 128ff.].

Qualitätsprüfungen, die zur Erzeugung von Qualitätsmetadaten führen, werden häufig im Rahmen der Datentransformation durchgeführt. Demnach sind die Komponenten der Transformationsschicht Produzenten dieser Metadaten. Allerdings können nicht alle Qualitätsmerkmale automatisiert gemessen werden. Vielfach treten Qualitätsmängel erst bei der Datenverwendung im Rahmen der Datenanalyse zutage. Die Anwender müssen in solchen Fällen die Möglichkeit haben, Datenqualitätsmetadaten von Hand zu erfassen.

Konsumenten von Metadaten der Kategorie Datenqualität sind ebenfalls in erster Linie die Anwender des DWH-Systems, die mit Hilfe solcher Metadaten einschätzen können, ob die von ihnen bearbeitete analytische Fragestellung mit Hilfe des DWH-Systems beantwortet werden kann.

3.6.3.5 Kategorie Organisationsbezug

Der Zusammenhang zwischen Daten und der zugehörigen Unternehmensorganisation ergibt sich einerseits aus den Aufgaben, für deren Durchführung die Daten benötigt werden (Ablauforganisation) und andererseits aus den personellen Aufgabenträgern, die durch ihre Aufgaben einen Bedarf an diesen Daten haben (Aufbauorganisation) (vgl. [Strauch 2002, S. 136f.]). Metadaten der Kategorie Organisationsbezug beschreiben Entstehung und Verwendung der Daten im Rahmen der Geschäftsprozesse und dokumentieren Zugriffsberechtigungen sowie Vertraulichkeitseinstufung für die Daten (vgl. [Brackett 1996, S. 211f.], [Devlin 1997, S. 279f.], [Bauer/Günzel 2001, S. 342f.]).

Metadatum	Beschreibung
Data Owner	Organisationseinheit, die für die fachlichen Dateninhalte verantwortlich ist.
Owner-Berechtigungen	Zugriffsberechtigungen des Data Owner.
Datenverwender	Organisationseinheiten, welche die Daten im Rahmen ihrer Aufgabenverrichtung verwenden und somit ein Interesse insbesondere an den fachlichen Dateninhalten haben.
Verwender-Berechtigungen	Zugriffsberechtigungen der Datenverwender.
Rechtevergabe	Organisationseinheit mit der Kompetenz zur Rechtevergabe für diese Daten.
Entstehungskontext	Begründung und Aufgabenkontext für die Speicherung dieser Daten aus fachlicher Sicht.
Verwendungskontext	Begründung und Aufgabenkontext für die Verwendung dieser Daten aus fachlicher Sicht, insofern die Daten ausserhalb des Entstehungskontexts verwendet werden.
Vertraulichkeitsstufe	Klassifizierung der Vertraulichkeit innerhalb und ausserhalb des Unternehmens.

Tabelle 10: Metadatenkategorie Organisationsbezug

Die Verteilung der Verantwortlichkeiten für die Daten in der Unternehmensorganisation ist immer dann von Interesse, wenn Fragen zu den Daten aufkommen, die nicht aus den verfügbaren Metadaten und Dokumentationen beantwortet werden können. In solchen Fällen können Auskünfte von verantwortlichen Mitarbeitern mit entsprechendem Expertenwissen aufwendiges Suchen nach den gewünschten Informationen verkürzen. Auf Entwicklerseite spielen die organisatorischen Zusammenhänge insbesondere bei der Vergabe von Zugriffsrechten eine wichtige Rolle (vgl. [Essmayr et al. 1999, S. 5ff.]).

Metadaten über den Organisationsbezug von Objektdaten können i. d. R. nicht aus den Komponenten des DWH-Systems bzw. aus den operativen Systemen bezogen werden. Existieren Applikationen zur Verwaltung der Organisationsstruktur können die Organisationsmetadaten unter Umständen aus diesen bezogen werden. Vielfach werden Aufbau- und Ablauforganisation jedoch mit graphischen Modellierungswerkzeugen beschrieben, die nur über beschränkte Datenexport-Schnittstellen verfügen.

Die Verwendung von Organisationsmetadaten erfolgt überwiegend passiv durch Anwender und Entwickler des DWH-Systems. Eine aktive Konsumtion durch

Softwarekomponenten des DWH-Systems ist allerdings bei einer (teil)automatisierten Vergabe von Zugriffsberechtigungen vorstellbar.

3.6.3.6 Kategorie Metadatenhistorie

Der Begriff Historie bezieht sich auf das Festhalten von Veränderungen an Datenelementen über die Zeit. Dies kann bspw. durch Versionierung realisiert werden. Hierbei werden Datenelemente nicht überschrieben, sondern es wird bei jeder Änderung eine neue Version erzeugt (vgl. [Tannenbaum 1994, S. 258f.], [Totok 2000, S. 180ff.]). Im Zusammenhang mit Metadaten sind allerdings nicht die Veränderungen an den Objektdaten gemeint, deren Dokumentation ein grundlegender Zweck des Data Warehouse ist (vgl. [Inmon 1996, S. 33]). Im Mittelpunkt stehen vielmehr Veränderungen an den Metadaten. Eine vollständige Historisierung der Objektdaten ist nur bei einer parallelen Historisierung der Metadaten zu erreichen (vgl. [Devlin 1997, S. 289]). Dies kann am Beispiel einer Kundenadresse verdeutlicht werden: Zieht der Kunde in eine andere Strasse bzw. einen anderen Ort um, so ist eine Historisierung auf Ebene der Objektdaten ausreichend. Dazu wird die ursprüngliche Adresse beibehalten und zusätzlich die neue Adresse gespeichert. Somit wird sichergestellt, dass der Umzug zu einem späteren Zeitpunkt noch nachvollzogen werden kann. Sollte aber das Postleitzahlensystem der Schweiz von vierstelligen auf fünfstellige Postleitzahlen umgestellt werden, kann dies nach Umstellung der Kundenadresse nur nachvollzogen werden, wenn diese Änderung der Metadaten dokumentiert wurde. Insbesondere bei der Erstellung von Zeitreihenanalysen spielen solche Veränderungen eine wichtige Rolle (vgl. [Devlin 1997, S. 289]).

Die Historisierung der Objektdaten geht grundsätzlich davon aus, dass die Strukturen der Daten (bspw. Dimensionen und Kennzahlen) stabil sind (vgl. [Devlin 1997, S. 296]). Diese Annahme hat sich in der Praxis allerdings oftmals als nicht zutreffend erwiesen. Zum Beispiel wird die Kennzahl Umsatz häufig entlang der Dimension Artikel analysiert, die typischerweise aus hierarchischen Dimensionselementen wie Artikelgruppen und Einzelartikeln besteht. Artikelsortiment und -strukturierung unterliegen allerdings Änderungen im Zeitverlauf, denen auch die Dimension Artikel angepasst werden muss. Werden diese Veränderungen nicht über Metadaten dokumentiert und kontrolliert, kann eine Analyse der Entwicklung von Artikelumsätzen über einen Zeitraum von mehreren Jahren zu falschen Ergebnissen führen (vgl. [Totok 2000, S. 180ff.], [Devlin 1997, S. 289]). Kimball hat diese Problematik unter der Bezeichnung *Slowly Changing Dimensions* beschrieben und liefert eine Reihe von Beispielen aus der Praxis (vgl. [Kimball 1996, S. 100ff.]).

Metadatum	Beschreibung
Version	Bezeichnung von Ausprägungen eines Metadatenelements, die durch Veränderungen des Elements entstehen. Versionsbezeichnungen sind i. d. R. numerisch und folgen einer Konvention.
Änderung	Beschreibung der vorgenommenen Änderung von der vorangegangenen Version hin zur betrachteten Version.
Änderungsgrund	Grund der vorgenommenen Änderung.
Datum	Datum der vorgenommenen Änderung.
Verantwortlicher	Mitarbeiter, der die Änderung vorgenommen hat bzw. verantwortet.

Abbildung 10: Metadatenkategorie Metadatenhistorie

Angaben zur Historie der Metadaten sind insbesondere bei der Analyse von Objektdaten über eine längere Zeitperiode von Bedeutung. Wurden die Datenstrukturen im betrachteten Zeitraum verändert, muss dies für den Analysten ersichtlich sein, um Fehlinterpretationen vorzubeugen (vgl. [Tozer 1999, S. 131]). Wichtige Hinweise können historisierte Metadaten auch dem Entwickler bei der Fehlersuche und bei der Weiterentwicklung liefern. Auch die Wiederverwendbarkeit von Datenstrukturen und anderer Artefakte wird durch eine durchgängige Metadatenhistorie verbessert.

Auch die Metadaten dieser Kategorie gehören nicht zu denen, die von den Komponenten des DWH-Systems zur Laufzeit produziert werden. Die Dokumentation von Änderungen liegt vielmehr in der Verantwortung der Entwickler und muss systematisch im Rahmen des Entwicklungsprozesses erstellt werden. Unterstützung bieten hierfür bereitgestellte Funktionen von Entwicklungswerkzeugen sowie klare organisatorische Richtlinien.

Die Verwendung der Daten zur Metadatenhistorie erfolgt wiederum überwiegend passiv durch Konsultation im Bedarfsfalle sowohl durch Anwender als auch Entwickler. Eine aktive Nutzung ist bspw. durch das automatisierte Generieren von Warnmeldungen beim Benutzen veränderter Datenstrukturen denkbar.

3.6.3.7 Kategorie Systembezug

Metadaten der Kategorie Systembezug beschreiben die individuelle Ausprägung der konzeptionellen DWH-Systemarchitektur (vgl. Kap. 2.1) in einem Unternehmen (vgl. [Hufford 1997, S. 226]). Besonders für das Auffinden von Daten ist es hilfreich zu wissen, welche Komponente des DWH-Systems diese Daten verwaltet (z. B. ein bestimmter Data Mart). Systematisch werden hier sowohl lizenzierte Standardtools als auch selbstentwickelte Komponenten dokumentiert. Zusätzlich zu den Softwarekomponenten werden die Rechner, Netzwerke und Speichersysteme erfasst, auf denen die Softwarekomponenten betrieben werden. Weitere relevante

Metadaten sind Angaben über Standorte und organisatorische Zuständigkeiten für Soft- und Hardware (vgl. [Devlin 1997, S. 281f.]).

Metadatum	Beschreibung
Softwarekomponente	Herstellername oder interne Bezeichnung.
Version	Versionsangaben.
SW-Hersteller	Name und Kontaktinformationen des Software-Herstellers.
Rechner	Typbezeichnung des Rechners, auf dem die Softwarekomponente betrieben wird.
HW-Hersteller	Name und Kontaktinformationen des Hardware-Herstellers.
Netzwerkdetails	Erreichbarkeit über ein Netzwerk, Netzwerktyp, Netzwerkadresse etc.

Tabelle 11: Metadatenkategorie Systembezug

Metadaten über die individuelle Systemumgebung der Daten sind für eine ganze Reihe von Verwendungszwecken notwendig: Als Bestandteil einer durchgängigen Dokumentation des DWH-Systems bieten sie erste Anhaltspunkte für die Suche nach wiederverwendbaren Komponenten. Die Beschreibung der DWH-Komponenten sowie ihrer Interdependenzen bilden eine wichtige Grundlage für eine planmässige Administration und die Analyse von beabsichtigten Änderungen an der Systemkonfiguration. Schliesslich sind auch im Fehlerfalle Dokumentationen des Systems hilfreich für das Lokalisieren und das anschliessende Beheben des Fehlers.

Für den Betrieb und die Wartung komplexer Informationssystem-Infrastrukturen sind auf dem Markt spezielle Werkzeuge verfügbar, mit deren Hilfe die Infrastruktur abgebildet und verwaltet werden kann (z. B. die Unicenter-Produktfamilie von Computer Associates). Sind solche Systeme im Unternehmen vorhanden, können sie unter der Voraussetzung geeigneter Schnittstellen als Produzenten von Metadaten über die Systemumgebung von Metadaten genutzt werden. Anderenfalls müssen diese Metadaten eigens von der zuständigen Organisationseinheit erfasst und gepflegt werden. Die Nutzung der Systemmetadaten erfolgt wie schon bei den beiden vorangegangenen Kategorien in erster Linie passiv durch Entwickler und Anwender.

3.6.3.8 Kategorie Datenanalyse

Metadaten dieser Kategorie geben einen Überblick über die Aufbereitung und Nutzung der Objektdaten für die Datenanalyse (vgl. [Bauer/Günzel 2001, S. 342]). Basierend auf der zentralen DWH-Datenbasis werden Daten häufig in bereichs- bzw. anwendungsspezifische Data Marts überführt, die für bestimmte Analysezwecke optimiert sind. Während für Auswertungen unter Einsatz des OLAP-Konzepts zunächst multidimensionale Datenstrukturen zu erzeugen sind [Schelp 2000, S. 130], ist für ein DWH-basiertes und systematisches Berichtswesen die Konzeption und Erstellung der Berichte erforderlich [Mertens/Griese 2000, S. 67ff.]. Dem Einsatz von Data-Mining-Verfahren geht häufig eine weitere Aufbereitung der Daten voraus. Schon aus Gründen der Zugriffs- und Ausführungsgeschwindigkeit empfiehlt es sich, Analysealgorithmen nicht direkt auf der DWH-Datenbasis auszuführen, sondern relevante Extrakte aus der DWH-Datenbasis zu erstellen [Knobloch 2001, S. 111].

Metadatum	**Beschreibung**
OLAP-Würfel	Bezeichnung und Beschreibung von materialisierten mehrdimensionalen Sichten auf die DWH-Datenbasis.
Kennzahl	Bezeichnung und Beschreibung von quantifizierbaren Mengen- und Wertgrössen für die Entscheidungsunterstützung.
Kennzahlenbeziehung	Kennzahlen können über Beziehungen zu Kennzahlensystem verknüpft werden. Diese Beziehungen werden hier bezeichnet und beschrieben.
Dimension	Bezeichnung und Beschreibung von Attributen von Kennzahlen, die zur Verdichtung benutzt werden (z. B. Zeit, Region, Farbcode).
Dimensionselement	Bezeichnung und Beschreibung von Verdichtungsstufen für Dimensionen (z. B. Tag, Monat, Jahr für die Dimension Zeit).
Mining-Algorithmen	Bezeichnung und Beschreibung der Analysealgorithmen, die für das Data Mining zur Verfügung stehen.
Mining-Extrakte	Materialisierte Sichten auf die DWH-Datenbasis für das Data Mining.
Bericht	Berichtsbezeichnung und Kurzbeschreibung.
Berichtssystem	Bezeichnung der Applikation zur Berichtsgenerierung.
Periodizität	Zeitabstände, in denen der Bericht neu generiert wird (z. B. jährlich, monatlich, ad hoc).
Berichtsproduzent	Organisationseinheit, die für die Erzeugung und den Inhalt des Berichts verantwortlich ist.
Berichtskonsument	Organisationseinheit, die den Bericht in der angegeben Periodizität benötigt.

Tabelle 12: Metadatenkategorie Datenanalyse

Metadaten der Kategorie Datenanalyse richten sich in erster Linie an die Anwender und zielen darauf, die Effektivität und Effizienz der Datenanalyse zu verbessern. Insbesondere das Auffinden relevanter Objektdaten in der DWH-Datenbasis sowie die Wiederverwendung bereits vorhandener Analysestrukturen und –verfahren wird vereinfacht [Holthuis 1999, S. 100]. Devlin beschreibt hierzu das Konzept des Business Information Guide als eigenständige Komponente eines DWH-Systems (vgl. [Devlin 1997, S. 275ff.]). Basierend auf Metadaten des DWH-Systems zielt diese Komponente auf die Unterstützung der Anwender bei der Datenanalyse: „It supports the user in finding relevant data and understanding its meaning“ [Devlin 1997, S. 275].

Ein Überblick über verfügbare Analysestrukturen und –verfahren ist aber auch Voraussetzung für deren Wiederverwendung beim Erstellen neuer Auswertungen und dazu nötiger Datensichten.

Neben der Ausführung vordefinierter Auswertungen werden von den Anwendern auch eigenständig Abfragen (z. B. mit SQL[23]) formuliert, sog. Ad-hoc-Abfragen. Für den Aufbau dieser Abfragen sind Beschreibungen der (multidimensionalen) Datenstrukturen nötig, um zu vermeiden, dass ungeschickt formulierte Abfragen das DWH-System überlasten und zu inakzeptablen Antwortzeiten führen (vgl. [Hufford 1997, S. 229]).

Produzenten von Metadaten der Kategorie Datenanalyse sind sämtliche Komponenten der Architekturschichten Datentransformation (ab Data Warehouse), Datenbereitstellung und Datenanalyse. Konsumiert werden diese Metadaten primär von den Werkzeugen und Applikationen für die Datenanalyse.

3.6.3.9 Zusammenfassung und Schlussfolgerungen

Ausgangspunkt für die Kategorisierung und Erfassung von Metadaten für das Data Warehousing sind die Datenstrukturen der Objektdaten. Diese stellen die Verbindung zwischen Entstehung und Nutzung der Daten im Rahmen der betrieblichen Wertschöpfung auf der einen Seite und der technischen Realisierung der Datenverarbeitung mit den Mitteln der Informationstechnologie auf der anderen Seite her. Datenstrukturen entstehen z. B. bei der Datenmodellierung in einem mehrstufigen Prozess, an dessen Beginn das Abbilden von Geschäftsobjekten und -abläufen in Form konzeptioneller Datenschemata (z. B. ER-Schemata) steht. Über ein konkretes Datenbankschema (z. B. Relationenschema, vgl. Abschnitt 3.3) wird das konzeptionelle Schema für die softwaretechnische Realisierung vorbereitet, bei der schliesslich in einem internen Schema auf der physikalischen Ebene die Strukturen und Zugriffspfade für die Daten der Geschäftsobjekte festgelegt werden (vgl. [Schelp 2000, S. 42f.]). Bei der schrittweisen Überführung implementierungsunabhängiger Schemata hin zu implementierungsspezifischen Schemata besteht die Gefahr, dass Informationen über die abgebildeten Geschäftsobjekte, die von den Mitarbeitern der

[23] Die Datenbanksprache *Structured Query Language* (SQL) ist die Standardsprache für relationale Datenbanksysteme. Der SQL-Standard vereinigt die beiden Aufgabenbereiche Datendefinition und Datenmanipulation. Für die Definition von Dateiorganisationsformen und Zugriffspfaden wird die *Data Definition Language* (SQL-DDL) bereitgestellt, für die Beschreibung von Datenmanipulationsaufgaben die *Data Manipulation Language* (SQL-DML) [Heuer/Saake 2000, S. 268].

Fachabteilungen zunächst an die Entwickler weitergegeben wurden, nach und nach verloren gehen, da sie nicht explizit mit in die Schemata aufgenommen wurden. Bei der Modellierung bestehen häufig Freiheitsgrade, die dem Modellierer die Wahl zwischen mehreren Alternativen lassen. Aufgrund seines Wissens über den zu betrachtenden Ausschnitt der betrieblichen Realität und seiner Modellierungserfahrung muss er Entscheidungen bezüglich der Gestaltung des Schemas treffen. Die Gründe für die Wahl einer bestimmten Alternative werden jedoch i. d. R. nicht explizit dokumentiert. Werden nach einiger Zeit Veränderungen am Schema erforderlich, die nicht mehr vom ursprünglichen Modellierer ausgeführt werden können, da er bspw. aus dem Unternehmen ausgeschieden ist, muss für die Rekonstruktion von Gestaltungsentscheidungen häufig beträchtlicher Aufwand geleistet werden.

Die durchgehende Dokumentation des Entwicklungsprozesses im Data Warehousing, beginnend mit der Analyse über die Erstellung von Fachkonzept und DV-Konzept bis hin zur Realisierung in Form von strukturierten Metadaten, zielt darauf, den stufenweisen Datenmodellierungsprozess jederzeit vollständig rekonstruieren zu können. Datenstrukturen auf physischer Ebene können so auf die ihnen ursprünglich zugrunde liegenden Geschäftsobjekte und –abläufe zurückgeführt und dadurch in ihrer Bedeutung erschlossen werden.

3.7 Nutzenrealisierung durch Metadatenmanagement

Um Metadaten in der in Abschnitt 3.5 beschriebenen Weise zu nutzen, müssen sie im Rahmen eines *Metadatenmanagements* (MDM) gezielt erzeugt, verwaltet und bereitgestellt werden. Mit dem Begriff Metadatenmanagement wird die Gesamtheit aller Prozesse bezeichnet, die für die Entwicklung, die Organisation, den Betrieb und die Nutzung des Metadatensystems erforderlich sind. Das *Metadatenmanagementsystem* (MDMS) besteht aus den Applikationen und Datenhaltungssystemen, die zur Erfassung, Übertragung, Speicherung und Bereitstellung der Metadaten benötigt werden (vgl. [Bauer/Günzel 2001, S. 326]).

Wenig Beachtung wird in der Literatur und auch in der Praxis der Entstehung und Generierung von Metadaten als wichtigem Teilprozess des Metadatenmanagements geschenkt. Während die Daten des DWH-Systems üblicherweise bereits in anderen Datenhaltungssystemen gespeichert sind und die Hauptaufgabe somit in der Extraktion liegt, ist dies beim Metadatenmanagement nur teilweise der Fall. Die Komponenten des DWH-Systems sind eine wichtige Quelle für überwiegend technische Metadaten (z. B. Strukturdefinitionen). Um jedoch bspw. das Auffinden von Experten für eine bestimmte Problemstellung mit Hilfe des Metadatenmanagementsystems zu ermöglichen, sind Metadaten erforderlich, die so in vielen Fällen nicht im DWH-System enthalten sind. Das Wissen über Experten kann als implizites Wissen (Tacit Knowledge, vgl. [Nonaka/Takeuchi 1995, S. 224-225]) der gesamten Organisation gesehen werden, das in vielen Fällen nur in den Köpfen der Mitarbeiter existiert (vgl. [Holthuis 1999, S. 98]). Auch in organisatorischen Dokumentationen wie Organigrammen wird dieses Wissen oftmals nicht abgelegt. Um Wissen in Form von Metadaten zu speichern und damit für eine Wiederverwendung verfügbar zu machen, sind Prozesse notwendig, die Wissen zielgerichtet lokalisieren, strukturieren und codieren (vgl. [Rehäuser/Krcmar 1996, S. 18ff.]).

An dieser Stelle ergeben sich Berührungspunkte zwischen Metadatenmanagement und Wissensmanagement, die Potential für Synergien bieten, falls sie zielgerichtet gesteuert werden. Die Möglichkeiten einer synergetischen Nutzung von Metadatenmanagement und Wissensmanagement sind jedoch nicht Gegenstand dieser Dissertation und werden daher nicht weiter betrachtet.

3.7.1 Historische Entwicklung des Metadatenmanagements

Metadaten zur Beschreibung von Datentypen, Wertebereichen und anderen Eigenschaften von Daten werden seit den Anfängen der elektronischen Datenverarbeitung genutzt (vgl. [Ollmert 1992, S. 21]). Bereits in der seit Anfang der 1960er Jahre und auch heute noch weit verbreiteten Programmiersprache COBOL (Common Business Oriented Language) [Stahlknecht/Hasenkamp 1997, S. 109] sind Konstrukte vorgesehen, um Programmteile wie z. B. Definitionen von Datenstrukturen separat zu speichern und sie so für mehrere Programm-Module oder Applikationen verwendbar zu machen (*Copy-Strecke*). Die Copy-Strecken können zu Bibliotheken (COBOL-Library) zusammengefasst und so zentral gespeichert und gepflegt werden [Wendt 1991, S. 401ff.].

Als einen ersten Meilenstein auf dem Weg zu einem integrierten Metadatenmanagement lässt sich das Aufkommen von relationalen DBMS ansehen, die über eine *Datenbankkatalog* oder *Data Dictionary* genannte Komponente verfügen. Der Datenbankkatalog speichert die Beschreibungen der den drei ANSI-Ebenen zugeordneten Schemata (vgl. Kapitel 3.3) in Form von Metadaten zentral an einem Ort [Vossen 1994, S. 35]. Mit dem zunehmenden Einsatz von Datenbanksystemen bei Unternehmen wuchs auch rasch die Zahl der individuellen Datenbanken innerhalb eines Unternehmens. Die daraus resultierenden Probleme wie Redundanzen und Inkonsistenzen führten schon in den 1980er Jahren zu dem Gedanken, die Datenbankkataloge sämtlicher Datenbanksysteme in einem zentralen Data Dictionary zu integrieren [Narayan 1988, S. 7].

Der Begriff *Repository* wurde von IBM 1989 mit der Ankündigung ihres Produkts Repository Manager geprägt. Hinter dem ab 1990 für das Betriebssystem MVS verfügbaren Repository Manager stand eine Erweiterung des Data-Dictionary-Konzepts. Der Repository Manager zielte darauf, den Austausch von Metadaten zu ermöglichen, die im Rahmen des Softwareentwicklungsprozess anfallen, und so den Entwicklungsprozess von der Anforderungsanalyse bis hin zur Systemeinführung durchgängig zu unterstützen [Habermann/Leymann 1993, S. 97].

Die weitere Entwicklung ist von immer neuen Versuchen der Softwareindustrie zur Etablierung eines allgemeingültigen Standards für den Metadatenaustausch und die -verwaltung gekennzeichnet:

1988 normierte die Standardisierungsorganisation ANSI das *Information Resource Dictionary System* (IRDS) [Tannenbaum 1994, S. 294]. Etwa zeitgleich wurde in Europa der aus dem Forschungsprojekt ESPRIT hervorgegangene Standard *Portable Common Tool Environment* (PCTE) vorgelegt, der aber in seiner Bedeutung hinter den übrigen Standards zurückblieb (vgl. [Tannenbaum 1994, S. 298]).

1991 verabschiedete die amerikanische Electronic Industries Association (EIA) im Zuge der damaligen CASE-Euphorie das *CASE Data Interchange Format* (CDIF), dessen Entwicklung bereits 1987 begonnen hatte [Flatscher 1996, S. 26].

1999 wurde das von der Herstellergruppe Meta Data Coalition unter der Führung von Microsoft entwickelte *Open Information Model* (OIM) in den konkurrierenden Standard *Common Warehouse Metamodel* (CWM) der OMG überführt. Im Jahr 2000 verabschiedete die OMG die unter Einbeziehung des OIM fertiggestellte Version 1.0 des CWM [Poole et al. 2002, S. 8].

Bei einer näheren Betrachtung der genannten Standards fällt auf, das alle ähnliche Ziele verfolgen und auf einer ähnlichen Modell-Architektur beruhen. Trotzdem konnte sich bis zum heutigen Zeitpunkt keiner dieser Standards weitläufig durchsetzen. Das Fehlen eines allgemein anerkannten Standards ist eines der Hauptprobleme beim Austausch von Metadaten zwischen Applikationen verschiedener Hersteller. Im folgenden werden die drei wichtigsten Standards kurz vorgestellt, um deutlich zu machen, dass es durchaus einige allgemein anerkannte Grundprinzipien für die Metadatenverwaltung gibt (vgl. [Flatscher 1998, S. 31]). Die Gründe für die Ablehnung bzw. zögerliche Umsetzung von Standards für das Metadatenmanagement sind vielfältig. Auf der einen Seite ist sicherlich die Komplexität des Problembereichs ein Haupthindernis. Andererseits dürften auch marktpolitische Interessen der Softwarehersteller eine Rolle spielen, die ohne ausreichenden Druck von Kundenseite wenig Interesse an der Umsetzung eines Standards haben, der auch dazu führt, dass ihre Produkte austauschbar werden.

3.7.1.1 Information Resource Dictionary System

Der IRDS-Standard wurde entworfen, um eine einheitliche Grundlage für die Entwicklung von *Information Resource Dictionaries* bereitzustellen. Ein Information Resource Dictionary im Sinne des Standards ist ein zentrales Repository für die Beschreibung sämtlicher Informationsressourcen, die für ein Unternehmen relevant sind [Byrne/Golder 2003, S. 3]. IRDS wurde zunächst von ANSI standardisiert und später von der International Standards Organization (ISO) für den internationalen Einsatz angepasst. Während die ANSI noch Wert auf eine implementierungsunabhängige Beschreibung des Standards legte und deshalb für die Beschreibung der

Datenschemata das Entity-Relationship-Modell wählte, wurde bei der ISO der zwischenzeitlich eintretenden Dominanz von relationalen Datenbankverwaltungssystemen Rechnung getragen und die Spezifikation deshalb in SQL formuliert [Byrne/Golder 2003, S. 4]. Beide Versionen basieren aber auf der gleichen vierstufigen Metamodell-Architektur, die in nachstehender Abbildung beschrieben ist:

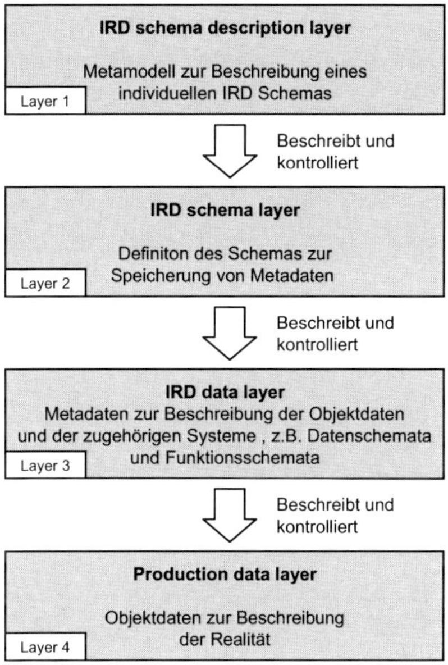

Abbildung 11: Vier-Ebenen-Architektur des IRDS nach ANSI
(in Anlehnung an [von Stülpnagel 1991, S. 21])

Auf dieser Grundlage werden im Standard sieben Module zur Beschreibung des IRD-Funktionsumfangs und des Datenteils spezifiziert:

Das Kernmodul enthält im wesentlichen die Modellierungsfunktionen, ein Kommando- und Panelinterface für den Benutzerzugriff, Import- und Export-Schnittstellen, Versionskontrolle und Lebenszykluskontrolle [von Stülpnagel 1991, S. 20]. Um ein Repository-System IRDS-konform zu machen, muss mindestens das Kernmodul implementiert sein. Die Implementierung der übrigen Module ist optional [Habermann/Leymann 1993, S. 85]. Die weiteren Module sind ein einfaches, vordefiniertes Metamodell für eine schnelle Einführung und spätere Anpassung bei Unternehmen sowie Metamodelle für ein Zugriffskonzept, einen erweiterten Lebenszyklus für Informationssysteme, die Definition und Ausführung von Prozeduren der IRDS-Befehlssprache, eine Programmierschnittstelle für Anwendungsprogramme (API) sowie für die Benennung und Manipulation von Entitätslisten [Habermann/Leymann 1993, S. 86-89].

3.7.1.2 CASE Data Interchange Format

Die Bezeichnung CASE Data Interchange Format beschreibt den Zweck dieses Standards ziemlich treffend. Ziel bei der Entwicklung von CDIF war die Schaffung einer einheitlichen Architektur für den Datenaustausch zwischen Modellierungswerkzeugen und Repositories, die auf dem CASE-Konzept (Computer Aided Software Engineering, vgl. bspw. [Balzert 2000, S. 174ff.]) beruhen [Ernst 1997, S. 1]. Näher betrachtet ist CDIF eine Familie von Standards, die momentan zehn Einzelstandards umfasst. Weitere Einzelstandards sind in Entwicklung. Auch die Entwicklung von CDIF erfolgt zweigleisig, einerseits unter der Obhut der CDIF Division der amerikanischen EIA und andererseits für den internationalen Bereich durch die ISO [Ernst 1997, S. 1]. Der grosse Umfang sowie die verteilte Entwicklung des Standards deuten bereits auf Probleme beim Einsatz des Standards in der Realität hin (vgl. [Flatscher 1998, Vorwort S. III ff.]).

Der Austausch von (Modell)daten mit CDIF basiert auf einer vierstufigen Metamodell-Architektur, die auf Arbeiten im Zusammenhang mit IRDS zurückgeht [Flatscher 1998, S. 31].

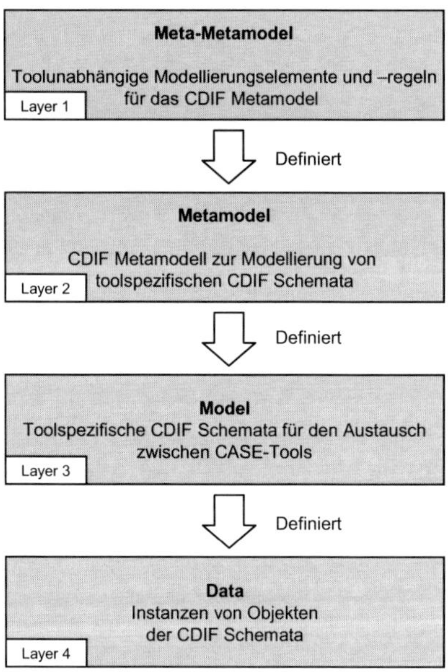

Abbildung 12: CDIF Metamodell-Architektur
(in Anlehnung an [Tannenbaum 1994, S. 289], [Gustavsson et al. 1999, S. 4])

Auf Basis dieser Architektur wird in CDIF ein sog. *CDIF Integrated Meta-Model* definiert, dass wiederum vordefinierte Spezifikationen für den Austausch bestimmter Modelltypen (*Subject Areas*) umfasst. Für die Beschreibung der Subject Areas wird eine Variante des Entity-Relationship-Modells benutzt, die im CDIF-Meta-Metamodell definiert ist. Für die Erweiterung der Subject Areas stellt CDIF eigene Mechanismen bereit, die bspw. von CASE-Tool-Herstellern genutzt werden können. Die beiden grundlegenden Subject Areas, die elementare Modellelemente für alle anderen Meta-Models bereitstellen, sind die *Foundation Subject Area* und die *Common Subject Area.* Die darauf aufbauenden anwendungsorientierten Subject Areas decken Problemdomänen der Softwareentwicklung ab, wie z. B. Subject Areas für *Data Modeling*, *Data Flow Model* und *Object-Oriented Analysis and Design* [Flatscher 1996, S. 29f.].

3.7.1.3 OIM und CWM

Ab der Mitte der 1990er Jahre bildeten sich etwa zeitgleich, angestossen auch durch die zunehmende Bedeutung des Metadatenmanagements im Data Warehousing, gleich zwei Initiativen zur Schaffung eines Standards für den Metadatenaustausch. In der *Meta Data Coalition* schlossen sich 1995 Softwarehersteller und Anwenderfirmen zusammen, mit dem Ziel, eine hersteller-, technologie- und plattformunabhängige Spezifikation für ein unternehmensweites Metadatenmanagement zu entwickeln (vgl. [MDC 1999, S. 3]). Grundlage hierfür war das von Microsoft entwikkelte Open Information Model, das von der MDC erweitert wurde, um einen Metadatenaustausch über den gesamten Softwareentwicklungsprozess zu ermöglichen. Die Zielsetzung war demnach ähnlich wie bei der Entwicklung von CDIF. Neben Microsoft wurde das OIM vor allem auch von der Firma Platinum vorangetrieben, einem zur damaligen Zeit führenden Hersteller von Repository-Werkzeugen. Wie die bereits vorgestellten Standards IRDS und CDIF beruht das OIM auf einer vierstufigen Metamodell-Architektur. Für die Spezifikation der Teilmodelle wird im OIM die Unified Modeling Language (UML) eingesetzt, als Metadaten-Austauschformat kommt die eXtended Markup Language (XML) zum Einsatz.
Eine zweite Initiative bildete sich ab 1998 unter dem Dach der *OMG*, als diese einen „Request for Proposal" zur Einreichung von Vorschlägen für die Spezifaktion des Metadatenaustauschs im Data Warehousing veröffentlichte [Jung/Rowohl 2000, S. 116]. Vorschläge sollten einerseits vorangegangene Standardisierungsbemühungen wie CDIF einbeziehen und andererseits auf der *Meta Object Facility* (MOF) beruhen, der wiederum vierstufigen Metamodell-Architektur der OMG. Unter der Bezeichnung Common Warehouse Metamodel wurde schliesslich der gemeinsame Vorschlag der acht Unternehmen IBM, Oracle, Unisys, UBS, NCR, Genesis, Hyperion und Dimension EDI als OMG Adopted Specification angenommen (vgl. [CWM 2001a, S. XIX]).

Bereits ab 1999 standen die beiden Gruppen zur Entwicklung von OIM und CWM in einer engen Austauschbeziehung, um die jeweiligen Ergebnisse gegenseitig abzustimmen [Poole et al. 2002, S. 8]. Kurze Zeit nachdem im Juni 2000 die OMG den CWM-Vorschlag offiziell angenommen hatte, beschloss die MDC ihre Arbeit einzustellen und das OIM im CWM aufgehen zu lassen [Poole et al. 2002, S. 8].

Das CWM dient im Laufe dieser Arbeit als Rahmen für die Verknüpfung der verhaltensorientierten Prozesssicht mit strukturorientierten Sichten auf das Metadatenmanagement und wird in Kapitel 5.4 ausführlich betrachtet.

3.7.1.4 Problematik von antizipatorischen Standards

Byrne und Golder charakterisieren die vorgestellten Standards als antizipatorische Standards (Anticipatory Standards) [Byrne/Golder 2003, S. 2]. Ein *antizipatorischer Standard* entsteht aus einer existierenden Technologie, zu der jedoch noch keine kommerziell verfügbare Referenz-Implementierung existiert. Hiervon lässt sich der *De-facto-Standard* (Implementing Standard) abgrenzen, der durch die Standardisierung einer ersten Implementierung entsteht, aber nicht zwingend auf einer formalen Spezifikation beruht [Byrne/Golder 2003, S. 2]. Interpretiert man den Begriff Standard im eigentlichen Wortsinne als allgemeingültige Norm, trifft die Bezeichnung Standardvorschlag das Wesen der vorgestellten Metadaten-Konzepte genauer. Hinter der Entwicklung eines Standardvorschlags steht allerdings üblicherweise die Absicht, den Vorschlag in einen allgemeingültigen Standard zu überführen. Der Erfolg eines Standardvorschlags ist aber i. d. R. keineswegs a priori gesichert, sondern hängt von einer Vielzahl von Faktoren ab. Im Bereich der IT-Standards lassen sich einige zentrale Probleme bei der Umsetzung von Standardvorschlägen identifizieren [Byrne/Golder 2003, S. 5f.]:

- Da noch keine (kommerziellen) Implementierungen existieren, gibt es auch noch keine installierte Basis, von der aus der Standard verbreitet werden könnte.
- IT-Standards tendieren häufig dazu entweder zu generell oder zu komplex für eine effiziente Implementierung zu sein.
- IT-Standards, insbesondere wenn sie komplex und daher schwierig zu implementieren sind, laufen Gefahr, von neuen Technologien überholt zu werden.

Byrne und Golder führen diese generellen Problemen neben einigen weiteren spezifischen Problemen als Ursachen für das Scheitern bzw. die Diffusion des IRDS-Standardvorschlags an [Byrne/Golder 2003, S. 5]. Auch der momentan von der OMG propagierte Standardvorschlag CWM hat mit diesen Problemen zu kämpfen [Wegener 2002, S. 11], [Dinter 2002, S. 5]. Ob sich das CWM trotzdem letztlich als Standard für das Metadatenmanagement durchsetzen wird, lässt sich daher nicht sicher vorhersagen (vgl. [Jung/Rowohl 2000, S. 132], [Joseph et al. 2002, S. 14]). Da aber eine Vielzahl von Herstellern die Unterstützung des CWM angekündigt oder bereits teilweise implementiert haben und es keine konkurrierenden Vorschläge gibt, sind die Erwartungen an die Etablierung als De-facto-Standard gross (vgl. [Marco 2000, S. 129], [Dinter 2002, S. 5]).

3.7.2 Architektur des Metadatenmanagementsystems

Im Mittelpunkt der Architektur eines Metadatenmanagementsystems steht in der Regel ein *Repository*, in dem Metadaten aus unterschiedlichen Quellen integriert werden (vgl. z. B. [Tannenbaum 1994, S. 263ff.], [Marco 2000, S. 47ff.], [Jennings 2001, S. 1]). Ein Repository ist eine spezielle Datenbankanwendung, die „Informationen über Objekte der Softwareproduktion (z. B. Programme, Datenfelder, Masken, Listen), deren Beschreibungen und Beziehungen untereinander verwaltet, auswertet und bereitstellt" [Habermann/Leymann 1993, S. 15]. Byrne und Golder führen als wichtige Eigenschaft eines Repository und als Unterscheidungsmerkmal gegenüber Data Dictionaries zusätzlich die Erweiterbarkeit des Datenschemas an, in dem ein Repository Metadaten ablegt [Byrne/Golder 2003, S. 3]. Die durch das Repository-Datenschema definierten Datenobjekte werden auch *Repository-Objekte* genannt [von Stülpnagel 1991, S. 13], das Datenschema eines Repository heisst in Anlehnung an die Bezeichnung im IBM-Produkt Repository Manager auch *Informationsmodell* [von Stülpnagel 1991, S. 13]. Teilweise werden in der Literatur auch Modellierungskomponenten für die Repository-Objekte zu den Bestandteilen eines Repository gezählt (z. B. [von Stülpnagel 1991, S. 18], [Ortner 1999, S. 236]).

Ein Metadaten-Repository im Sinne dieser Dissertation ist speziell zur Verwaltung und Auswertung von Metadaten für das DWH-System bestimmt. Es ist logisch unabhängig von der DWH-Datenbank, kann aber physikalisch dieselbe DBMS-Plattform nutzen [Vaduva/Dittrich 2001, S. 4].

Repositories können eigenständige Applikationen oder Bestandteile von Applikationen sein (vgl. [Tozer 1999, S. 129]). Eigenständige Repositories dienen, im Sinne eines Unternehmensrepository, zur übergreifenden Dokumentation und Verwaltung von Informationsressourcen und Softwareentwicklungsartefakten [Tannenbaum 1994, S. 275ff.], [von Stülpnagel 1991, S. 11-13]. Integrierte Repositories, wie sie häufig bei Data-Warehousing-Tools auftreten, werden von diesen zur automatischen Verwaltung ihrer Metadaten benutzt und sind nicht oder nur eingeschränkt für die direkte Nutzung durch Entwickler oder Anwender vorgesehen (vgl. [Seiner 1999, S. 1]). Ihnen fehlen sowohl Modellierungskomponenten als auch die Möglichkeit unter Umgehung des vorgelagerten Werkzeugs auf die im Repository gespeicherten Daten zuzugreifen.

Weiterhin lassen sich aktive und passive Repositories unterscheiden. Ein aktives Repository steht zur Laufzeit der Anwendungssoftware zu Verfügung, um andere Laufzeit-Komponenten mit Informationen zu versorgen. Zum Beispiel ist ein Metadaten-Repository bezogen auf ein ETL-Tool aktiv, wenn das ETL-Tool zur Laufzeit auf die Metadaten im Repository zugreift und der ETL-Prozess ansonsten nicht ausgeführt werden könnte. Ein passives Repository dient als reines Dokumentationsarchiv zur passiven Bereitstellung von Metadaten an menschliche Nutzer wie z. B. Entwickler oder über geeignete Schnittstellen auch Endanwender (vgl. [von Stülpnagel 1991, S. 12f.].

3.7.3 Realisierungsansätze für MDMS-Architekturen

Do und Rahm [Do/Rahm 2000, S. 8ff.] unterscheiden drei unterschiedliche Architektur-Ansätze für die Implementierung eines Metadaten-Repository im Rahmen eines integrierten Metadatenmanagementsystems.

3.7.3.1 Zentrale Architektur

In einer zentralen Architektur werden Metadaten ausschliesslich in einem einzigen zentralen Repository verwaltet. Das zentrale Repository speichert sowohl Metadaten, die für einzelne Komponenten spezifisch sind und von der übrigen DWH-Umgebung nicht benötigt werden (z. B. spezifische Datenstrukturen eines Reporting-Tools) als auch Metadaten, die von mehreren Komponenten gemeinsam genutzt werden (z. B. fachliche Begriffsdefinitionen). Die DWH-Komponenten verwalten keinerlei Metadaten lokal, sondern greifen auf das globale Metadaten-Repository zu.

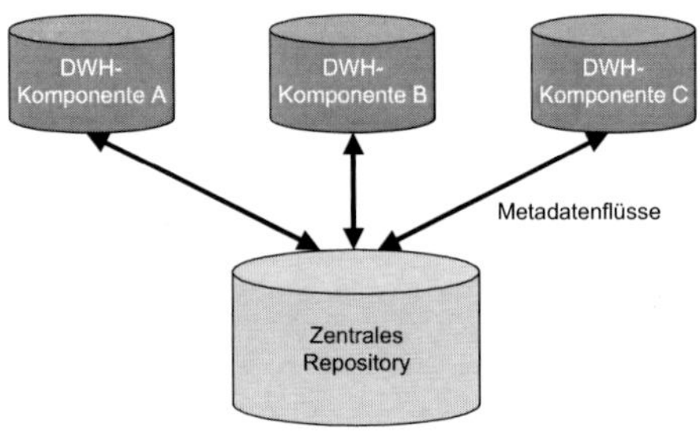

Abbildung 13: Zentrale Architektur für ein Metadaten-Repository
(in Anlehnung an [Do/Rahm 2000, S. 8])

Wichtigster Vorteil einer solchen Lösung ist die konsistente Verwaltung der Metadaten an einem Ort. Komplexe und fehleranfällige Replizierungsmechanismen für den Abgleich mehrerer Repositories sind nicht nötig.

In der Praxis wird beim Aufbau von DWH-Systemen i. d. R. auf kommerziell verfügbare Softwareprodukte zurückgegriffen, wodurch im Vergleich zu einer Eigenentwicklung eine deutliche Kostenersparnis erzielt wird. Obwohl eine Fülle von Herstellern Produkte für den Aufbau von DWH-Systemen anbieten, können nur wenige dieser Hersteller sämtliche Bereiche der DWH-Architektur mit ihrer Produktpalette abdecken [Buytendijk/Friedman 2001, S. 2]. Aus diesem Grund und um die oft beträchtlichen Investitionen in ein DWH-System besser zu schützen (keine Abhängigkeit von einem einzigen Hersteller), bauen die meisten Unternehmen ihre spezifischen DWH-Lösungen aus ausgewählten Produkten unterschiedlicher Hersteller auf (sog. Best-of-breed-Ansatz, vgl. [Bange/Güthlein 2001, S. 80]). In einer solchen heterogenen DWH-Architektur stellt sich die Implementierung eines zentralen Metadaten-Repository in Reinform jedoch bislang als nahezu unmöglich dar (vgl. [Tozer 1999, S. 129]). Insbesondere die vollständige Auslagerung von produktspezifischen Metadaten in ein zentrales Repository lässt sich nicht realisieren. Hierfür gibt es mehrere Gründe, die eng miteinander zusammenhängen:

- Die von kommerziellen DWH-Softwareprodukten genutzten Datenschemata und -strukturen sind nicht kompatibel, da Unterschiede bei Syntax und Semantik bestehen (vgl. [Melchert et al. 2002, S. 26]). In vielen Fällen sind Dokumentationen dieser Datenschemata und -strukturen nicht offen zugänglich, wodurch eine Schemaintegration weiter erschwert wird.

- Daten- und Funktionsteile kommerzieller DWH-Werkzeuge sind nicht hinreichend entkoppelt. Es ist nicht möglich, die Metadaten extern in einem Repository verwalten zu lassen.

- Es sind keine universellen Schnittstellen für Im- und Export von Metadaten verfügbar (vgl. [Eckerson/Manes 1999, S. 2]). Sind Schnittstellen verfügbar, erlauben diese lediglich den Austausch mit bestimmten anderen Produkten. Die Implementierung solcher Schnittstellen folgt zumeist nicht den Anforderungen des Kunden, sondern der Produkt-Strategie des Herstellers. Der Kunde gerät somit in eine potentielle Abhängigkeit vom Hersteller.

Neben rein technischen Problemen warnt Blechar [Blechar 2001, S. 3] aber auch vor unternehmenspolitischen und kulturellen Problemen wie der Festlegung der Verantwortlichkeit für die Pflege der Metadaten (Metadata ownership) oder der Verteilung der Kosten für Entwicklung und Betrieb.

3.7.3.2 Dezentrale Architektur

Do und Rahm sprechen von einer dezentralen Architektur, wenn die von einer DWH-Komponente benötigten Metadaten auch von dieser Komponente lokal verwaltet werden [Do/Rahm 2000, S. 8]. Um Metadaten über das gesamte DWH-System hinweg auszutauschen, verfügt jede DWH-Komponente über Schnittstellen zu den übrigen Komponenten.

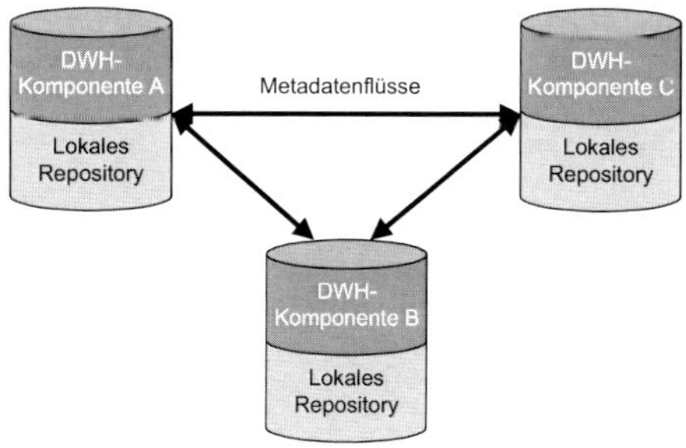

Abbildung 14: Dezentrale Architektur für ein Metadaten-Repository
(in Anlehnung an [Do/Rahm 2000, S. 8])

Die Probleme bei diesem Ansatz sind grundsätzlich die gleichen wie bei der zentralen Architektur. Schnittstellen zwischen Produkten unterschiedlicher Hersteller werden nur dann implementiert, wenn zumindest einer der beiden Hersteller sich einen wirtschaftlichen Vorteil davon verspricht. Eine der wenigen Ausnahmen ist der Hersteller Informatica, der für seine ETL-Produkte PowerCenter und PowerMart neben speziellen Metadaten-Bridges für den Metadatenaustausch mit bestimmten Produkten anderer Hersteller auch ein API anbietet, mit dem auf das Informatica-Repository sowohl lesend als auch schreibend zugegriffen werden kann (vgl. [Informatica 2001]). Hierüber lässt sich ein kundenspezifischer Metadaten-Austausch realisieren, falls auch die Metadatenbestände der übrigen eingesetzten DWH-Komponenten in ähnlicher Weise zugänglich sind.

3.7.3.3 Verteilte Architektur

Die in der momentanen Situation aussichtsreichste Architekturvariante ist die verteilte Architektur. Die DWH-Komponenten verwalten die für sie spezifischen Metadaten jeweils in einem lokalen Repository. Darüber hinaus existiert ein zentrales Repository, in dem gemeinsame Metadaten verwaltet werden.

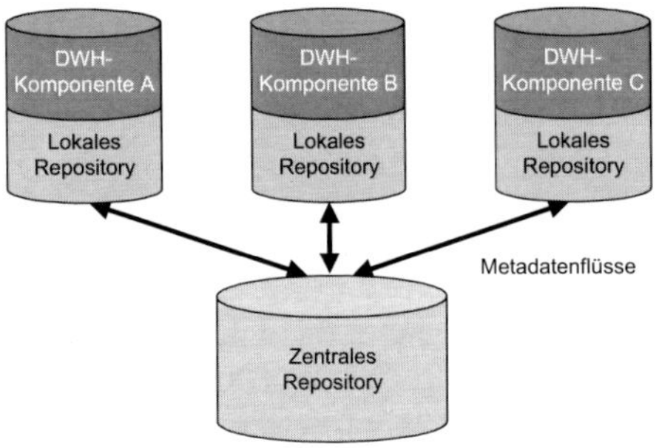

Abbildung 15: Verteilte Architektur für ein Metadaten-Repository
(in Anlehnung an [Do/Rahm 2000, S. 8])

Die DWH-Komponenten tauschen Metadaten mit dem zentralen Repository aus. Bspw. kann ein Reporting-Tool Felddefinitionen aus dem zentralen Repository beziehen, die eigentlich in einer anderen DWH-Komponente verwaltet werden. Das zentrale Repository enthält hierzu Kopien der lokalen Metadaten-Bestände und bekommt somit einen dem Data Warehouse ähnlichen Charakter.

3.7.4 Konzept einer integrierten MDMS-Architektur

Basierend auf dem Ansatz der verteilten Repository-Architektur im vorangegangenen Abschnitt wird im folgenden eine in das DWH-System integrierte MDMS-Architektur vorgeschlagen. Dabei wird der grundlegende Gedanke des DWH-Systems (vgl. Abschnitt 2.1) auf das Metadatenmanagement übertragen: (Meta)-

Daten aus unterschiedlichen Datenquellen werden in eine integrierte Datenbasis (Repository bzw. Data Warehouse) zusammengeführt (vgl. [Bauer/Günzel 2001, S. 325]). Auf konzeptioneller Ebene lassen sich daher auch ähnliche Schichten wie im DWH-Architektur-Modell (vgl. Kapitel 2.1) identifizieren.

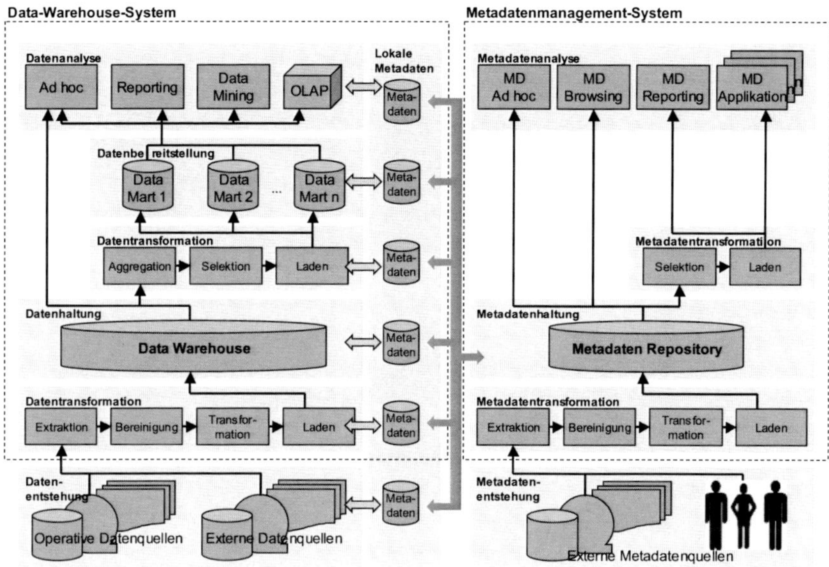

Abbildung 16: Architektur des integrierten Metadatenmanagementsystems (in Anlehnung an [Auth et al. 2002, S. 39])

Für ein Metadatenmanagementsystem zur Unterstützung des Data Warehousing sind primäre Metadatenquellen zunächst die Software-Komponenten (Werkzeuge, Datenbanken, Schnittstellen etc.), aus denen das DWH-System aufgebaut ist. Metadaten liegen hier bereits strukturiert und codiert vor (z. B. Tabellendefinitionen). Daneben existiert eine Fülle von Metadaten in Form von unstrukturierten Dokumenten (z. B. Anwenderhandbücher) und als Wissen der am Data Warehousing beteiligten Personen [Devlin 1997, S. 57], die für eine Verarbeitung im MDMS strukturiert und codiert werden müssen. Diese aus Sicht des DWH-Systems externen Metadatenquellen werden in der in Abbildung 16 dargestellten MDMS-Architektur auf der Schicht *Metadatenentstehung* eingeordnet. Über die Schicht *Metadatentransformation* werden die Metadaten in das zentrale Repository auf der Schicht *Metadatenhaltung* überführt. Die dazu genutzten Funktionen sind grundsätzlich mit denen der Datentransformationsschicht des DWH-Systems vergleichbar (vgl. Kapitel 2.1). Die Architekturkomponenten zur Nutzung der Metadaten orientieren sich an den grundlegenden Nutzungsaspekten *Unterstützung von Entwicklung und Betrieb des DWH-Systems* sowie *Unterstützung der Nutzung des DWH-Systems*. Entwicklung und Betrieb profitieren primär durch aktive Metadatennutzung der DWH-

Komponenten (vgl. Abschnitt 3.5). Für die Anwender werden analytische Applikationen bereitgestellt, die eine Auswertung des Metadaten-Repositories erlauben (vgl. [Bauer/Günzel 2001, S. 329]). Dabei wird unterschieden zwischen Zugriffsmethoden, die einen direkten Zugriff auf die Inhalte des Metadaten-Repository ermöglichen (Ad-hoc-Abfragen, Browsing, Reporting) und sich damit primär an Entwickler richten sowie spezifischen Metadaten-Applikationen, die den Anwendern für die Realisierung einer bestimmten Nutzform von Metadaten wie z. B. Terminologiemanagement oder Datenqualitätskontrolle bereitgestellt werden (vgl. [Singh 1998, S. 119]).

4 Fallstudien zum Metadatenmanagement

Nachdem im vorangegangenen Kapitel wesentliche Verwendungszwecke von Metadaten für das Data Warehousing erarbeitet wurden, ist es Ziel dieses Kapitels, Konzepte und deren Umsetzung zur Nutzung der Metadatennutzenpotentiale in der Praxis zu analysieren. Dabei wird der dauerhaften organisatorischen Etablierung der jeweiligen Lösung besondere Aufmerksamkeit gewidmet. Mit Hilfe von vier Fallstudien werden Beobachtungen und Erfahrungen aus Praxisprojekten im Bereich Metadatenmanagement analysiert und dokumentiert. Diese Fallstudien bilden anschliessend die empirische Grundlage für die Entwicklung eines ganzheitlichen Prozessmodells für das Metadatenmanagement in Kapitel 6.

Zur besseren Vergleichbarkeit der Fallstudien untereinander wurde für die Beschreibungen eine einheitliche Struktur gewählt, die im folgenden kurz erläutert wird. Nach einer kurzen Charakterisierung des jeweiligen Unternehmens werden die Gründe für die Auswahl der Fallstudie dargelegt. Danach wird das Fachkonzept beschrieben, das für die jeweilige Metadatennutzung entwickelt wurde.

In den ausgewählten Fallstudien werden organisatorische Prozesse des Metadatenmanagements untersucht. Im Verlauf der Untersuchungen konnte festgestellt werden, dass die konkrete Ausprägung der Prozessorganisation in hohem Masse von der bestehenden Informationssystemumgebung abhängig ist. In allen vier betrachteten Fällen wurde zunächst ein Fachkonzept und auf dessen Basis ein Softwaresystem für die Verarbeitung der jeweiligen Metadaten entwickelt. Erst nachdem das Fachkonzept für das zu entwickelnde System vorhanden war bzw. teilweise sogar erst nach Einführung des Systems wurde die Notwendigkeit einer organisatorischen Einbettung durch den Entwurf von Prozessen und Rollen erkannt. Beim Entwurf der Prozessorganisation waren daher Restriktionen und Vorgaben zu berücksichtigen, die durch die bereits bestehenden Systeme festgelegt waren. Die Beschreibung des jeweiligen Fachkonzepts für das Entwickeln einer Lösung nimmt vergleichsweise grossen Raum ein, da die Prozesse und Rollen im Hinblick auf eine organisatorische Umsetzung dieses Fachkonzepts entwickelt wurden. An die Beschreibung des Fachkonzepts schliesst sich die Beschreibung des zugehörigen Organisationskonzepts an.

Für die Beschreibung der Prozessorganisation werden einheitlich die Ergebnistypen der Prozessentwicklungsmethode *PROMET-BPR* genutzt, die im nachfolgenden Abschnitt beschrieben ist. Dadurch sind die Ergebnisse der Fallstudien direkt vergleichbar. Erarbeitet wurden die Ergebnisse durch Anwendung der von PROMET-BPR bereitgestellten Techniken. Von den Techniken wurde allerdings in unterschiedlichem Ausmass Gebrauch gemacht: Während die Fallstudien zum Terminologie- und zum Datenqualitätsmanagement aus der aktiven Teilnahme an Projekten entstanden sind, welche die (Neu-)Gestaltung eines Organisationskonzepts für den jeweiligen Aufgabenbereich zum Ziel hatten, resultieren die Fallstudien zur Ausnahmebehandlung und zum Datenstrukturmanagement aus Analysen der jeweils bestehenden Organisationsstruktur. Dabei konnte für das Datenstrukturmanagement auf ein bereits bestehendes Organisationskonzept mit explizit definierten Prozessen und Rollen zurückgegriffen werden, während bei der Ausnahmebehandlung aus Beobachtung der realen Abläufe sowie Expertengesprächen und Interviews unter Anwendung der PROMET-BPR-Techniken Prozesse und Rollen identifiziert wurden. Die Beschreibung aller vier Fallstudien endet jeweils mit einer Bewertung der Erfahrungen, die bei der Umsetzung von Fach- und Organisationskonzept gemacht wurden.

Forschungsmethodisch basieren alle vier Fallstudien auf Beobachtung, Dokumentenanalyse, Expertengesprächen und teilstrukturierten Interviews (siehe Gesprächsleitfaden im Anhang). Bei den Fallstudien zum Terminologie- und zum Datenqualitätsmanagement resultieren die Beobachtungen aus der aktiven Teilnahme am beschriebenen Projekt.

4.1 Prozessentwurf mit PROMET-BPR

Für den Entwurf von Prozessen existieren mittlerweile eine Reihe von Methoden, die sowohl dem wissenschaftlichen als auch dem praktischen Umfeld entstammen. Einen Überblick über die wichtigsten Prozessentwurfsmethoden bieten bspw. Bach et al. (vgl. [Bach et al. 1996]). Aus den dort beschriebenen Methoden wird für diese Arbeit die Methode PROMET-BPR ausgewählt. Im Vergleich zu den übrigen Methoden zeichnet sich PROMET-BPR vor allem durch eine konsequente Ausrichtung an den Leistungen beim Prozessentwurf und durch die Stellung der IT als wichtigem Enabler für die Prozessneugestaltung aus (vgl. [Bach et al. 1996, S. 268]). Die Ausrichtung an den Prozessleistungen entspricht dem grundlegenden Ansatz einer nutzenorientierten Prozessorganisation in dieser Arbeit. Die explizite Berücksichtigung von Einflüssen der IT ist ebenso ein wichtiger Faktor für den Entwurf von Prozessen des Informationswesens, wie dem Metadatenmanagement (vgl. Abschnitt 2.4).

Die Methodenfamilie PROMET (PROjektMEThode) wurde am Institut für Wirtschaftsinformatik der Universität St. Gallen entwickelt, um Unternehmen Methodenunterstützung für die Nutzung der Informationstechnologie beim Durchlaufen von Transformationsprozessen zu bieten (vgl. [Österle 1995], [Österle et al. 1995]). Die Informationstechnologie wird dabei einerseits als Auslöser des unternehmerischen Wandels und andererseits als wichtiges Hilfsmittel für die Bewältigung von Wandlungsprozessen gesehen [Österle 1995, S. 1-13], [Hess/Österle 1995, S. 122]. Ziel ist die Entwicklung von ganzheitlichen Lösungen im Rahmen des Business Engineering, die ausgehend von der Strategieentwicklung über die Prozessgestaltung zur Implementierung konkreter Anwendungssysteme führen [Österle 1995,

S. 14-22]. Innerhalb von PROMET ist PROMET-BPR (Business Process Redesign) die spezifische Methode für die Prozessentwicklung [Österle 1995, S. 31], [Hess 1996, S. 105]. Für die Prozessentwicklung werden in PROMET-BPR eine Reihe von Techniken bereitgestellt, von denen die wichtigsten als Kerntechniken bezeichnet werden [Hess/Brecht 1995, S. 106]. Es handelt sich dabei um die Techniken *Architekturplanung*, *Prozessvision*, *Leistungsanalyse*, *Ablaufplanung* und *Prozessführung* (vgl. [Österle 1995, S. 61ff.], [IMG 1995, S. TECH 1ff.]).[24] Für jede der Techniken werden von PROMET-BPR das Vorgehen und die Ergebnistypen spezifiziert.

Die Darstellung von Prozessen in dieser Dissertation beschränkt sich aus Gründen der Übersichtlichkeit auf diese Kerntechniken und deren zentrale Ergebnistypen. Eingesetzt wird die Methode zur Ermittlung und Beschreibung der Fallstudien-Prozesse in diesem Kapitel sowie für Entwurf und Beschreibung des ganzheitlichen Prozessmodells für das Metadatenmanagement in Kapitel 6. Im folgenden werden kurz die Kerntechniken von Promet-BPR erläutert. Darauf basierend wird im weiteren Verlauf die Kenntnis der Techniken vorausgesetzt, und die Ergebnisse stehen im Vordergrund.

4.1.1 Architekturplanung

Die *Architekturplanung* dient zur Identifizierung der zentralen Prozesse eines Unternehmens, welche die Leistungserstellung für die Kunden im Sinne der Wertschöpfungskette nach Porter ausführen (vgl. Abschnitt 2.3). Im Rahmen der Leistungserstellung tauschen die Prozesse Leistungen sowohl mit Geschäftspartnern als auch untereinander aus. Erfassung und Dokumentation dieser Leistungen gehören ebenfalls zu den Aufgaben der Architekturplanung. Kriterien für die Abgrenzung von Prozessen sind neben der Orientierung am Objektprinzip (vgl. Abschnitt 2.3) die Bedürfnisse der Leistungsempfänger, die allgemeine Prozesstypologie sowie Segmente wie Kunden- oder Produktsegmente. Identifizierte Prozesse und Leistungsbeziehungen auf oberster Modellierungsebene (in PROMET auch *Makroebene*) werden in einer *Prozesslandkarte* dargestellt. Die wichtigsten Aufgaben, Leistungen sowie verantwortliche Organisationseinheiten werden im *Prozessverzeichnis* beschrieben (vgl. [Österle 1995, S. 61-63.], [IMG 1995, S. TECH 3-24.]).

4.1.2 Prozessvision

Die *Prozessvision* legt die grundlegenden Prinzipien für die Leistungserstellung von Prozessen fest. Ausgangspunkte sind der Bedarf des Leistungsempfängers, die Un-

---

[24] Die Ausführungen beziehen sich auf Version 1.5 der Methode, wie sie in [IMG 1995] beschrieben ist. Diese Arbeit stützt sich auf Version 1.5, da für diese Version die meiste Literatur publiziert wurde, die im folgenden für eine fundierte Anpassung benötigt wird.

ternehmensstrategie sowie Verbesserungspotentiale durch IT-Unterstützung. Auf der anderen Seite können Prozessinnovationen aber auch zu einer Anpassung der Strategie führen. Die Ausrichtung der Prozessvision ist langfristig (3-5 Jahre) [IMG 1995, S. TECH 25]. Die Ergebnisse der Prozessvision werden in den *Prozessgrundsätzen* (vgl. [IMG 1995, S. ERGE 18]) festgehalten.

4.1.3 Leistungsanalyse

Die *Leistungsanalyse* dient zur Überprüfung der Effektivität eines Prozesses. Ziel ist es, die Leistungen auf die Anforderungen des Leistungsempfängers und die Vorgaben der Prozessvision abzustimmen. PROMET-BPR sieht hierzu die getrennte Analyse von Ist- und Soll-Leistungen sowie die Erstellung von *Qualitätsprofilen* für die wichtigsten Leistungen vor (vgl. [IMG 1995, S. TECH 37ff.]). Qualitätsprofile werden im Rahmen dieser Arbeit nicht erstellt, da es sich um einen optionalen Ergebnistyp handelt. Die Ergebnisse werden im *Leistungsverzeichnis* in Form von verbalen Beschreibungen der wichtigsten Prozessleistungen [IMG 1995, S. ERGE 20] dokumentiert.

4.1.4 Ablaufplanung

In der *Ablaufplanung* werden auf Grundlage der vorherigen Ergebnisse die einzelnen Aufgaben der Teilprozesse, deren Ablauffolge und die Zuordnung zu den Aufgabenträgern festgelegt. Dabei werden insbesondere auch Gestaltungsrestriktionen einbezogen, die z. B. durch die (Unternehmens-)IT oder die Aufbauorganisation vorhanden sind. Ziel ist es, effektive und effiziente Abläufe für die Erstellung der gewünschten Leistungen festzulegen. Die resultierende Ablaufspezifikation dient Mitarbeitern der Prozesse als Vorgabe für ihre Aufgabenverrichtung und bildet die Grundlage für die Gestaltung des Informationssystems. Zentrale Ergebnistypen der Ablaufplanung sind *Aufgabenkettendiagramme* auf verschiedenen Zerlegungsstufen, *Aufgabenverzeichnisse* zur verbalen Beschreibung der Aufgaben sowie Beschreibungen der zugehörigen personellen Aufgabenträger in Form eines *Rollenmodells* (vgl. [IMG 1995, S. TECH 48ff.]).

4.1.5 Prozessführung

Die *Prozessführung* beschreibt das Vorgehen für den Aufbau eines *Prozessführungssystems* und verbindet dabei die grundlegende Neugestaltung mit der kontinuierlichen Weiterentwicklung (vgl. [Hess 1996, S. 225]). Das Prozessführungssystem regelt die Prozesse mit Hilfe von *Führungsgrössen*, die systematisch aus kritischen Erfolgsfaktoren und Prozesszielen abgeleitet werden. Dazu wird sie durch das Einsetzen eines Prozessmanagers, eines Prozesszirkels und eines Prozessausschuss sowie durch den Aufbau eines Berichtswesens institutionalisiert (vgl. [IMG 1995, S. TECH 74ff.]).

Obwohl es sich bei der Prozessführung um eine wichtige Technik innerhalb von PROMET-BPR handelt wird die Prozessführung beim Entwurf des integrierten Prozessmodells in Kapitel 6 nicht einbezogen. Diese Entscheidung beruht auf drei Gründen:

- Die Bedeutung des Prozessführungssystems für das Metadatenmanagement konnte sich in den betrachteten Unternehmen bisher noch nicht durchsetzen, zumal zum Zeitpunkt der Fallstudiendurchführung lediglich die Winterthur Versicherungen bereits explizite Prozesse entworfen hatte. Daher konnten auch keinerlei empirische Anhaltspunkte für den Entwurf eines Prozessführungssystems gewonnen werden.
- Bei dem Prozessentwurf in dieser Arbeit handelt es sich um eine Neugestaltung. Der Fokus liegt daher hier nicht auf der Weiterentwicklung, für die das Prozessführungssystem besonders wichtig ist.
- Das Ermitteln von kritischen Erfolgsfaktoren und das Ableiten von Führungsgrössen stellen komplexe Aufgaben dar, die nur schwach strukturierbar sind. Brogli beschäftigt sich in [Brogli 1996] mit Führungsgrössen für Informatikprozessen unter Anwendung von PROMET-BPR und bietet eine geeignete Grundlage für die Übertragung auf das Metadatenmanagement. Eine ähnlich fundierte Betrachtung für das Metadatenmanagement würde den vorgesehen Rahmen dieser Arbeit sprengen.

Die Prozessführung wird jedoch nicht völlig beiseite gelassen. Im Rahmen des Entwurfs für das Rollenmodell in Abschnitt 6.5 werden Überlegungen zur Einführung von Prozessmanager, Prozesszirkel und Prozessausschuss angestellt.

An die Beschreibung der Kerntechniken schliesst sich im folgenden die Dokumentation und Analyse der Fallstudien an. Insgesamt wurden vier Fallstudien bei den drei Unternehmen *Swiss Re*, *Winterthur Versicherungen* und *Credit Suisse* durchgeführt. Die Fallstudien wurden so gewählt, dass jeweils ein anderer Nutzenschwerpunkt des Metadatenmanagements abgedeckt wird. Insgesamt sollten möglichst sämtliche der in Abschnitt 3.5 beschriebenen Nutzenpotentiale erfasst werden. Im Anschluss an diese Analyse wird in Kapitel eine Synthese vorgenommen, indem die gewonnenen Erkenntnisse in einem integrierten Prozessmodell zusammengeführt werden. illustriert diesen Zusammenhang.

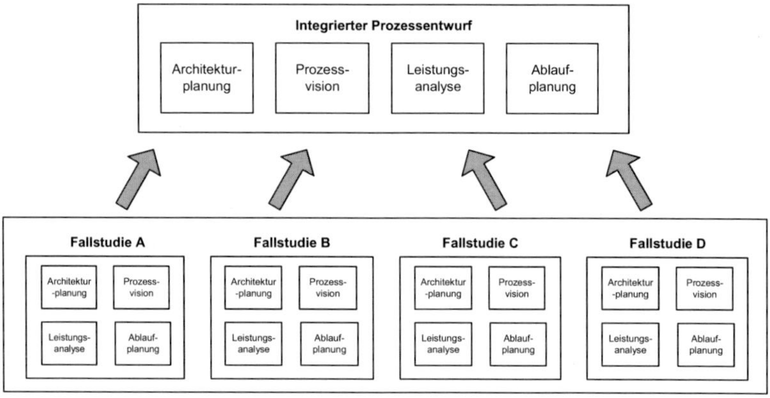

Abbildung 17: Einfluss der Fallstudienergebnisse auf den Prozessentwurf

4.2 Fallstudie A: Terminologiemanagement bei der Swiss Re

Die Swiss Re ist eine international tätige, in Zürich ansässige Rückversicherung, d. h. das Unternehmen versichert die Risiken von anderen Versicherungsgesellschaften, die gegenüber ihren Kunden als Erstversicherer auftreten. Das Angebot der Swiss Re umfasst die Absicherung von Versicherungen aus den Bereichen Leben und Nichtleben sowie Reserven- und Deckungskapitalfinanzierung [Swiss Re 2002].

4.2.1 Begründung für die Auswahl der Fallstudie

Für die Auswahl dieser Fallstudie waren zwei Beweggründe ausschlaggebend. Zunächst zeigt die Fallstudie die engen Beziehungen zwischen Fachbegriffen, die bei der Nutzung analytischer Applikationen auftreten, und den Daten des DWH-Systems. Insbesondere lassen sich Fachbegriffe auf Strukturelemente der Daten wie z. B. Entitäten oder Attribute zurückführen. Aus dieser Erkenntnis heraus nutzt das Terminologiemanagement der Swiss Re Metadaten zur Beschreibung von Datenstrukturen, um damit Fachbegriffe und deren Bedeutungen zu dokumentieren und zu vereinheitlichen. Wo diese Metadaten fehlen oder lückenhaft sind, werden sie im Rahmen des Terminologiemanagements ergänzt und zur Vervollständigung der Datendefinitionen genutzt. Die Bedeutung und der Nutzen eines in das Metadatenmanagement integrierten Terminologiemanagements wird somit in der Fallstudie deutlich.

Da ein erklärtes Ziel des Terminologiemanagements neben der Dokumentation von Fachbegriffen auch deren Vereinheitlichung ist, entsteht ein grosser Koordinationsbedarf für die Abstimmung von Begriffsbenennungen und –bedeutungen zwischen verschiedenen Anwendergruppen. Die Fallstudie zeigt wie diese Problematik bei der Swiss Re durch die Etablierung klar definierter Prozesse und Rollen gelöst wurde. Sie leistet damit einen wichtigen Beitrag zu einem integrierten Prozessmodell für das Metadatenmanagement, das in Kapitel 6 entwickelt wird.

4.2.2 Terminologiemanagement als Teilaufgabe des Metadatenmanagements

Die Kommunikation zwischen Mitarbeitern eines Unternehmens ist in der Regel durch die Verwendung einer Vielzahl von Fachbegriffen gekennzeichnet, die innerhalb des Unternehmens eine spezifische Bedeutung haben und in der Alltagssprache ausserhalb des Unternehmens oftmals nicht existieren. Hinzu kommen Akronyme für diese Fachbegriffe, die häufig nur aus zwei oder drei Buchstaben bestehen. Die geordnete Menge aller Fachbegriffe eines Unternehmens bzw. für einen bestimmten Gegenstandsbereich mit den ihnen zugeordneten Begriffsbenennungen heisst *Terminologie* (vgl. [Felber/Budin 1989, S. 5]).

Insbesondere bei grossen Unternehmen, in denen Aufgaben arbeitsteilig von Spezialisten durchgeführt werden, führt die uneinheitliche Verwendung von Fachbegriffen schnell zu Verständnisschwierigkeiten bei der Kommunikation. Ursachen für Verständnisprobleme werden auch als *Sprachdefekte* bezeichnet [Lehmann 2001, S. 126]. Sprachdefekte beziehen sich sowohl auf die syntaktische als auch auf die semantische Ebene von Begriffen. Um Sprachdefekte genauer analysieren und beschreiben zu können, wird deshalb allgemein zwischen der Benennung eines Begriffs (syntaktische Ebene) und seiner Bedeutung (semantische Ebene) unterschieden (vgl. z. B: [Ortner 1997, S. 31], [Faber/Sánchez 2001, S. 193], [Lehmann 2001, S. 124]). Sprachdefekte kommen typischerweise in den folgenden Ausprägungen vor [Lehmann 2001, S. 127], [Lehmann/Jaszewski 1999, Kap 7, S. 2f.], [Rowohl et al. 2000, S. 24f.]:

- *Synonyme* sind Begriffe mit unterschiedlichem Namen aber gleicher Bedeutung, z. B. die Begriffe „Eheschliessung“ und „Heirat“. Synonyme verursachen vor allem dann Probleme, wenn sie nicht explizit bekannt bzw. gekennzeichnet sind.
- *Homonyme* sind Begriffe mit gleichem Namen aber unterschiedlicher Bedeutung, z. B. die (Schrauben-)„Mutter“ und die „Mutter“ als Elternteil. Homonyme sind eine Hauptursache für Verständnisprobleme und sollten grundsätzlich vermieden werden. In der betrieblichen Realität sind Homonyme aber oft in Gebrauch und lassen sich nur schwer nachträglich bereinigen.
- *Äquipollenzen* beschreiben gleiche Objekte oder Sachverhalte aus verschiedenen Blickwinkeln, z. B. „Lagerbestand“ als mengenmäßige und „Hauptbuchkonto“

als wertmäßige Bewertung des Lagerbestandes des Unternehmens. Äquipollenzen sind aufzudecken, um zur Eindeutigkeit der Sprache beizutragen.

- *Vagheiten* treten auf, wenn der Begriffsumfang (die Extension) nicht scharf genug abgegrenzt ist und somit eine eindeutige Zuordnung von Objekten zu dem sie bezeichnenden Begriff nicht immer möglich ist.

- *Veraltete Begriffe*, deren ursprüngliche Bedeutung sich gewandelt hat. Dies führt bspw. zu Problemen der Eindeutigkeit, wenn diese Begriffe mit der ursprünglichen Bedeutung noch in alten Dokumenten verwendet werden.

Im Rahmen des Data Warehousing machen sich aus Sprachdefekten resultierende Probleme u. a. auch bei der Datenanalyse bemerkbar. Bei fehlenden, fehlerhaften und uneindeutigen Definitionen von Begriffen für Dateninhalte wird bspw. ein Vergleich von Berichtsdaten über einen Zeithorizont stark erschwert (vgl. [Strauch 2002, S. 197]). Lehmann bezeichnet die Klärung von Unternehmensbegriffen daher als kritischen Erfolgsfaktor für das Data Warehousing [Lehmann 2001, S. 123] und schlägt die Einführung eines eigenen *Terminologiemanagements* vor, das die Planung, Steuerung, Pflege und Organisation der Terminologie umfasst [Lehmann 2001, S. 133]. Besonders hervorgehoben wird von Lehmann der Prozesscharakter des Terminologiemanagements. Demnach ist Terminologiemanagement „ein kontinuierlicher Prozess der Neubildung, Umbenennung, Redefinition und Kontrolle von Fachbegriffen. [...] Deshalb ist sie explizit und systematisch als ständiger Prozess zu organisieren, da die Entwicklung des Begriffsystems andernfalls unkontrolliert läuft" [Lehmann 2001, S. 134].

Grundlegende Instrumente für das Terminologiemanagement sind das Glossar und die Taxonomie. Ein *Glossar*[25] ist eine Sammlung von Fachbegriffen und ihren zugehörigen Definitionen (vgl. [Strauch 2002, S. 199]). Glossare dienen primär zur Kontrolle der Semantik von Fachbegriffen. Syntaktische Beziehungen zwischen Begriffen eines Glossars werden in einer zugehörigen Taxonomie abgebildet. Eine *Taxonomie* stellt ein systematisches und hierarchisches Klassifikationsschema für Fachbegriffe dar [Faber/Sánchez 2001, S. 193].

Sprache und ihre Begriffe sind keine statischen Konstrukte sondern unterliegen im Zeitverlauf einem dynamischen Wandel. Begriffe verändern ihre Bedeutung und/oder ihre Schreibweise (also ihre Benennung), verschwinden aus dem Sprachgebrauch oder kommen neu hinzu (vgl. [Felber/Budin 1989, S. 123], [Devlin 1997, S. 278]). Während seines Gebrauchs durchläuft ein Begriff eine Reihe von Phasen, aus denen ein *Begriffslebenszyklus* resultiert (vgl. [Kremer/Riempp 2001, S. 59]). Abbildung 18 zeigt den bei der Swiss Re verwendeten Begriffslebenszyklus, der

---

25 Der Begriff Terminologie wird sowohl als Oberbegriff für einen Menge von zusammengehörigen Glossaren als auch als Synonym für ein einzelnes Glossar verwendet. In dieser Arbeit hat er durchgehend erstere Bedeutung.

speziell auf die Verwendung im Rahmen des Data Warehousing der Swiss Re angepasst wurde.

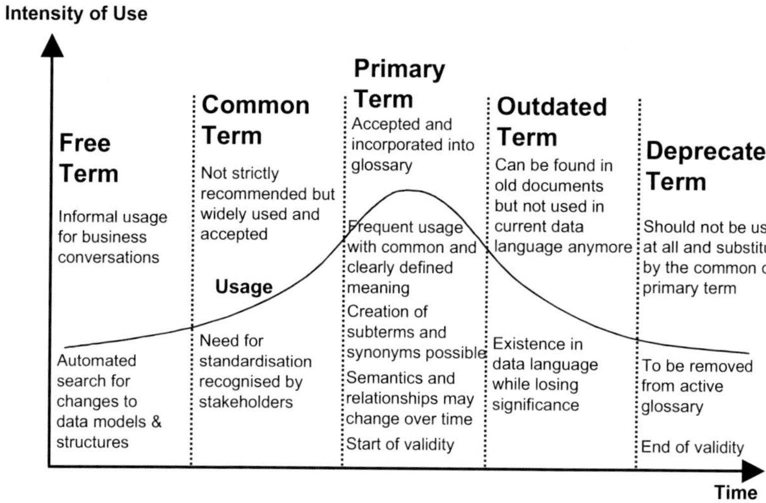

Abbildung 18: Begriffslebenszyklus der Swiss Re
[Wegener/Auth 2002, S. 3]

In der ersten Phase seiner Nutzung wird ein Begriff als *Free Term* klassifiziert. Der Begriff wird zunächst sporadisch und auf informelle Weise innerhalb der Unternehmenskommunikation genutzt. Free Terms können bspw. durch automatisiertes Verfolgen von Änderungen an Datenschemata und -strukturen identifiziert werden.

Steigt die Intensität des Gebrauchs in Konversationen im Unternehmenskontext an, wechselt der Begriff in den Status eines *Common Term*. Für einen Common Term existieren häufig Mitarbeiter, die in besonderer Weise an einer eindeutigen Festlegung von Syntax und Semantik dieses Begriffs interessiert sind, da sie bei ihrer Aufgabenverrichtung verstärkt mit dem Begriff arbeiten müssen (*Stakeholders*). Die Identifikation von Fachbegriffen kann somit auch durch Vorschlag eines Stakeholders erfolgen.

Mit der Aufnahme eines Begriffs in ein explizites Glossar innerhalb des Terminologiemanagements wird aus dem bisherigen Common Term ein *Primary Term*. Primary Terms werden bei der Kommunikation regelmässig benutzt, ihre Benennung und Bedeutung sind klar definiert und gemeinhin anerkannt. Im Terminologiemanagement der Swiss Re können Primary Terms genutzt werden, um durch Kombination mit anderen Begriffen neue Begriffe zu erzeugen. Primary Terms sind darüber hinaus in eine Taxonomie eingebunden und können in anderen Glossaren wiederverwendet werden.

Im Laufe der Zeit kann ein Primary Term seine Bedeutung und/oder seine Benennung ändern, wodurch er zum *Outdated Term* wird. Outdated Terms verbleiben zunächst in Glossar und Taxonomie, die Intensität ihrer Benutzung in Konversationen nimmt allerdings ab.

Schliesslich wird aus dem Outdated Term ein *Deprecated Term*, dessen Gebrauch im Unternehmen nicht mehr erwünscht ist. Ein Deprecated Term kann in Glossar und Taxonomie durch einen anderen Primary Term ersetzt werden, sollte aber aus Konsistenzgründen in einem passiven Glossar zur Erfassung nicht mehr gebrauchter Begriffe erhalten bleiben.

4.2.3 Vereinheitlichung von Fachbegriffen mit der Swiss Re Data Language

Als Grundlage für das Metadatenmanagement und insbesondere auch für das Terminologiemanagement wurde bei der Swiss Re die *Swiss Re Data Language* (SDL) als Teil einer konzeptionellen Informationslogistik zur Bereitstellung entscheidungsunterstützender Daten entworfen. Innerhalb des Architekturkonzepts ist die SDL die zentrale Komponente zur Beschreibung von applikationsübergreifenden Metadaten. Die Bezeichnung „Data Language“ deutet bereits auf den angestrebten Zweck hin, Syntax und Semantik von Begriffen zu definieren, die bei der Datenverarbeitung und insbesondere dem Berichtswesen der Swiss Re eine Relevanz haben.

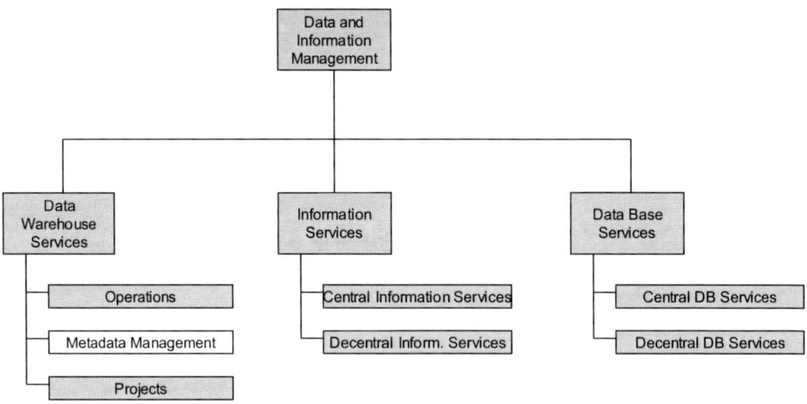

Abbildung 19: Aufbauorganisation des Bereichs Data and Information Management der Swiss Re

Die Entwicklung und Betreuung der SDL ist organisatorisch im Metadatenmanagement für das Data Warehousing der Swiss Re angesiedelt. Da dem Metadatenmanagement eine wichtige Bedeutung zugemessen wird, ist das zuständige Team direkt der Einheit *Data Warehouse Services* (DWS) zugeordnet, die wiederum zur übergeordneten Einheit *Data and Information Management* gehört (vgl. Abbildung 19). In einem ersten Projekt zur Umsetzung des SDL-Konzepts wurde damit begonnen, die bisher getrennten Begriffsysteme der Bereiche Finance (FDL) und Reinsurance (RDL) in der SDL zusammenzuführen. Im Zuge der Integration wurden die ebenfalls getrennten Applikationen zur Verwaltung von FDL und RDL von einer neuen SDL-Applikation abgelöst. Die wichtigsten Bestandteile der SDL-Applikation sind ein Repository zur Verwaltung von Glossaren und Taxonomien, eine Administrationskomponente sowie ein Web-Frontend für den Zugriff aus dem Intranet (vgl. Abbildung 20).

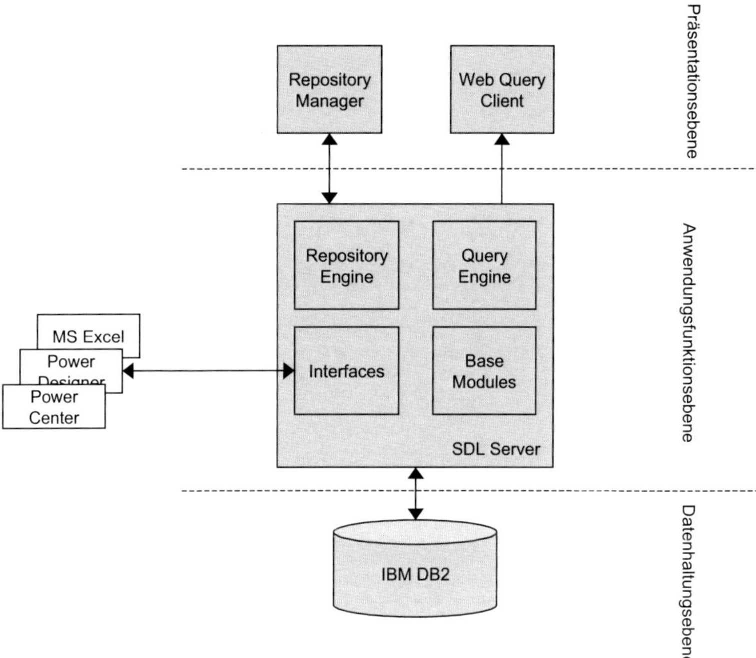

Abbildung 20: Architektur der SDL-Applikation

4.2.3.1 Elemente der SDL

Zentraler Bestandteil der SDL-Struktur ist das Konstrukt des *Business Terms*. Ein Business Term besteht aus einer Benennung und den folgenden Attributen:

Attribut	Beschreibung
`definition`	Bedeutung des Begriffs in prägnanter, klarer und umfassender Form.
`description`	Ausführlichere Beschreibung der Bedeutung des Begriffs.
`alias`	Andere existierende und oft benutzte Benennungen des Begriffs.
`owner`, `co_owner`	Verantwortliche Mitarbeiter für Benennung und Inhalt des Begriffs.
`valid_from`, `valid_to`	Angabe des Gültigkeitszeitraumes.
`code`	Automatisch generierter alphanumerischer Identifikationsschlüssel

Tabelle 13: Attribute zur Definition von SDL Business Terms

Der Gültigkeitszeitraum (`valid_from` und `valid_to`) dient zum Abbilden der Phasen des Begriffslebenszyklus. Ein Begriff wird in der SDL mit Aufnahme in die Sprache zum Primary Term, womit auch seine Gültigkeit beginnt. Der Zustand Outdated Term wird durch eine Markierung innerhalb der SDL-Applikation gekennzeichnet. Schliesslich wird der Begriff zum Deprecated Term, indem das `valid_to`-Datum erreicht wird oder sein Owner ihn manuell als Deprecated Term klassifiziert.

Für das Identifizieren von Begriffen für die SDL wurde ein Bottom-Up-Vorgehen gewählt. Die SDL wurde primär zur Unterstützung des Berichtswesens konzipiert, das einen Grossteil seiner Berichte auf der Basis eines DWH-Systems generiert. Die wichtigsten Quellen, aus denen Begriffe für die SDL stammen, sind daher die Datenschemata des DWH-Systems sowie Datenschemata und -strukturen anderer Applikationen, die für die Berichtserstellung genutzt werden. Aus diesem Grund wurde für die SDL eine Struktur gewählt, mit der sich die wichtigsten Elemente von Datenschemata und –strukturen abbilden lassen. Die SDL folgt damit dem Ansatz von Granda und Warburton, die dafür plädieren, Begriffsysteme als Datenressourcen und nicht als Textressourcen anzusehen und zu behandeln [Granda/Warburton 2001, S. 1].

Ein Business Term kann eine von drei konkreten Ausprägungen haben, die eng an die Datenmodellierung angelehnt sind:

1) *Entity* (z. B. Acceptance oder Global Loss Event)

2) *Attribut* (z. B. Treaty Number, Risk Description oder Currency)

3) *Attributwert* (z. B. Currency Code „CHF“)

Zur Verknüpfung von Begriffen zu einer Taxonomie stehen in SDL vier verschiedene Beziehungstypen zur Verfügung:

1) Beziehungstyp *Komposition*: Ein Term T_1 ist zusammengesetzt aus zwei Termen T_2 und T_3 (oder mehr).

2) Beziehungstyp *Assoziation*: Ein Term T_1 wird immer in Zusammenhang mit einem Term T_2 benutzt.

3) Beziehungstyp *Alias*: Ein Term T_2 ist ein Alias (Synonym) für einen Term T_1.

4) Beziehungstyp *Aggregation*: Ein Term T_1 (Entity) hat die Terme T_2 und T_3 als Attribute, T_3 hat T_4 bis T_{10} als Attributwerte.

Mit Hilfe dieser Beziehungen lassen sich mit der SDL auch die komplexen Begriffsverhalte des Rückversicherungsgeschäfts abbilden.

4.2.3.2 Qualitätssicherung in der SDL

Die SDL wird innerhalb der Swiss Re als zentrale Quelle für standardisierte Business Definitionen propagiert. Um die Anwender dazu zu bringen, diese Quelle konsequent zu nutzen und zu vermeiden, dass in einzelnen Bereichen doch wieder eigene Definitionen gepflegt werden, ist es unabdingbar, dass die Begriffe der SDL den Qualitätsanforderungen der Anwender genügen (vgl. [Lehmann 2001, S. 129ff.]). Die Sicherstellung der Metadatenqualität ist eine wichtige Voraussetzung für die Akzeptanz. Für die Qualität der SDL-Glossare und ihrer Begriffe wurden bei der Swiss Re auf der Grundlage der bei [Lehmann 2001, S. 129ff.] beschriebenen Qualitätskriterien und unter Einbeziehung der Anwender Qualitätsanforderungen für Begriffsdefinitionen der SDL festgelegt:

- *Genauigkeit*: Die Begriffsdefinition muss es dem Anwender ermöglichen, dem Begriff die damit bezeichneten Gegenstände der betrieblichen Realität (materielle und immaterielle) genau zuzuordnen.

- *Eindeutigkeit*: Die Bedeutung des Begriffs muss hinreichend eindeutig definiert sein, um eine klare Abgrenzung gegenüber inhaltlich verwandten Begriffen vornehmen zu können. Die Definition soll möglichst überschneidungsfrei zu anderen Definitionen sein.

- *Widerspruchsfreiheit*: Die Definition darf keine Widersprüche enthalten.

- *Vollständigkeit*: Die Definition muss die wesentlichen Merkmale des Begriffs beinhalten. Wesentliche Merkmale sind solche, die unmittelbar mit dem Zweck der Begriffsbenutzung zusammenhängen.

- *Aktualität*: Die Definition muss die jeweils aktuelle Bedeutung des Begriffs im Unternehmen wiedergeben.

- *Akzeptanz*: Die Begriffsbenennung und -definition soll von möglichst allen Anwendergruppen akzeptiert sein. Hierzu ist es erforderlich, jeder Anwendergruppe die Möglichkeit zu geben, bei der Begriffsfestlegung mitzuwirken.

Da die Einhaltung der Qualitätsanforderungen nicht durchgehend automatisierbar ist, müssen die an der Definition und Nutzung beteiligten Mitarbeiter eng in die Qualitätssicherung einbezogen werden. Dazu kann die Einführung klar definierter Prozesse für die Definition und Pflege der Glossare einen wesentlichen Beitrag leisten. Da die (meisten) Mitarbeiter das Terminologiemanagement nur als eine Nebenaufgabe wahrnehmen, müssen beim Entwurf der Prozesse auch gewisse Anforderungen an die Prozessqualität einbezogen werden:

- *Aufwandsbegrenzung*: Der Arbeitsaufwand für die am Terminologiemanagement beteiligten Mitarbeiter aus den Fachbereichen soll möglichst gering sein. Diese Anforderung steht zunächst im Widerspruch zu den Qualitätskriterien, die für die Begriffe festgelegt wurden, da deren Einhaltung durchaus einen gewissen Arbeitsaufwand erfordert. Es gilt deshalb, beim Prozessentwurf ein Gleichgewicht zwischen Aufwand und Qualität zu finden, das von wirtschaftlichen Kriterien geleitet werden sollte.

- *Offene Definitionsbildung*: Diese Anforderung bezieht sich auf die bereits angesprochene Akzeptanz und fordert einen offenen Prozessentwurf, der jedem am Begriff interessierten Mitarbeiter die Möglichkeit gibt, sich an der Definition zu beteiligen.

- *Klare Konfliktlösungsmechanismen*: Kann beim Definieren eines Begriffs zwischen den Anwendergruppen keine Einigung erzielt werden, muss ein Konfliktlösungsmechanismus existieren, der eine bindende Entscheidung herbeiführt.

4.2.4 Analyse und Neugestaltung von Prozessen für den Umgang mit der SDL

Auslöser für die Analyse und Neugestaltung der SDL-Prozesse war eine Umfrage mittels strukturierter Interviews unter ausgewählten Mitarbeitern von DWS und der Fachbereiche (vgl. [Wegener/Auth 2002, S. 10]). Ziel der Umfrage war es, mögliche Ansatzpunkte für einen weiteren Ausbau des Metadatenmanagements zu identifizieren und zu priorisieren, um so eine Reihenfolge für die Bearbeitung zu erhalten. Die Auswahl der Mitarbeiter erfolgte aufgrund des Wissenstands im Bereich Metadatenmanagement. Von den befragten Mitarbeitern kamen 55 % aus den Fachbereichen, während die übrigen Befragten einen IT-Hintergrund hatten. Die Mitarbeiter der Fachbereiche dominierten also leicht, was auch beabsichtigt war, da diese Mitarbeiter die primäre Zielgruppe des Metadatenmanagements sind. Von den ermittelten Ansatzpunkten wurden *Data Languages Reuse* und *Code Administration/Generation* insgesamt am höchsten priorisiert. Die Entscheidung fiel schliesslich für *Data Languages Reuse*, da dieser Bereich von den primär angesprochenen Fachvertretern höher bewertet wurde. Reuse bezieht sich dabei auf die Wiederverwendung von Begriffen bzw. Glossarteilen in den verschiedenen Teilsprachen bzw. den Glossaren innerhalb einer Teilsprache. Die Wiederverwendung von Begriffen zielt vor allem darauf, das Entstehen unnötiger Synonyme einzudämmen und so einem Wildwuchs in der SDL vorzubeugen. Um eine Wiederverwendung gezielt zu fördern, wurde daher unter Beteiligung des CC DW2 ein Projekt zur Analyse und Anpassung der SDL-Prozesse unter besonderer Berücksichtigung einer wiederverwendungsfreundlichen Gestaltung gestartet.

4.2.4.1 Vorgehen beim Prozessentwurf

Laut [Hess 1996, S. 14] ist beim Prozessentwurf grundsätzlich zwischen einer grundlegenden Neugestaltung und der inkrementellen Verbesserung von Prozessen zu unterscheiden. Dabei zielt die grundlegende Neugestaltung auf einen signifikanten Innovationsschub, der nur durch fundamentale Veränderungen erreicht werden kann. Hierbei können ganze Prozesse entweder liquidiert oder neu geschaffen werden. Hess spricht in diesem Zusammenhang von der Verbesserung erfolgsentscheidender Grössen (z. B. Durchlaufzeiten, Abwicklungskosten oder Fehlerraten) von über 30%. Bei einer inkrementellen Verbesserung bleibt der grundsätzliche Prozessaufbau dagegen weitgehend unangetastet. Angestrebt werden vielmehr Verbesserungen im Detail, die aber ebenso zur Steigerung von Effektivität und Effizienz führen können.

Auch [Österle 1995, S. 22f.] unterscheidet diese beiden Vorgehensrichtungen. Für seinen Ansatz des Business Engineering kombiniert er beide Ansätze allerdings zu einem integrierten Vorgehen. Demnach steht zu Beginn der Prozessgestaltung eine Revolution in Form eines Projekts und darauf folgend eine Evolution durch permanente Weiterentwicklung.

Die Neugestaltung der SDL-Prozesse bei der Swiss Re erfolgte als Evolution im Sinne einer Verbesserung und Weiterentwicklung. Da die SDL-Applikation bereits seit geraumer Zeit produktiv im Einsatz war, hatten sich in den drei vorhandenen Anwendergruppen bereits Prozesse für den Umgang mit der SDL herausgebildet. Bereits bei ersten Gesprächen mit Vertretern der Anwendergruppen zeigte sich, dass eine radikale Neugestaltung der Prozesse auf Widerstände stossen würde, da Kompetenzbeschneidungen und Kontrollverlust befürchtet wurden (vgl. [Wegener/Auth 2002, S. 20]). Für die Durchführung des Projektes wurde ein schrittweises Vorgehen gewählt:

1) *Formulierung der Ziele und Ergebnisse*. Primäres Ziel des Projekts war es, die Wiederverwendung innerhalb der SDL durch klare und effiziente Prozesse zu fördern. Dazu war es nötig, die bisher eher impliziten Prozesse für die Nutzung und Pflege der SDL zu explizieren und damit einer Analyse zugänglich zu machen.

2) *Analyse des Ist-Zustandes*. Hierzu wurden sowohl teilweise existierende Prozessdokumentationen für allgemeine Change-Management-Prozesse analysiert

als auch Gespräche mit Vertretern der Anwendergruppen und den auf IT-Seite für die SDL verantwortlichen Mitarbeitern geführt.

3) *Entwicklung eines Konzepts für die Begriffswiederverwendung auf Basis der SDL-Applikation.* Da Glossare und Taxonomien der SDL in einer eigenen Applikation verwaltet werden, muss auch die Wiederverwendung von der Applikation unterstützt werden. Hier stellte sich primär die Frage, ob Wiederverwendung mittels Wert- oder Referenzsemantik unterstützt werden sollte. Nach kurzer Diskussion fiel die Entscheidung auf die Wiederverwendung mittels Referenzsemantik, wobei der wiederverwendete Begriff lediglich einen Verweis und nicht eine vollständige Kopie des ursprünglichen Begriffes darstellt.

4) *Entwicklung von Vorschlägen für die Prozessgestaltung.* Unter Einbeziehung der Ergebnisse der Schritte 1-3 wurden graphische Prozessmodelle erstellt, die Aktivitäten, Leistungen und Zuordnungen zu Rollen spezifizieren.

5) *Bewertung des Prozessentwurfs hinsichtlich der eingangs formulierten Ziele und Beurteilung der Umsetzbarkeit durch die Anwender.* Die Prozessmodelle wurden sowohl mit Mitarbeitern von DWS als auch Vertretern der Anwendergruppen diskutiert. Sämtliche Anmerkungen und Verbesserungsvorschläge wurden in mehreren Durchläufen dieses Schrittes einbezogen.

6) *Auswahl eines Lösungsvorschlags bzw. Entscheidung für einen konkreten Prozessentwurf.* Als Ergebnis der wiederholten Anpassung und Verbesserung des Prozessentwurfs in Schritt 5 entstand ein allgemein akzeptiertes Prozessmodell, das daraufhin als in Zukunft bindend verabschiedet wurde.

4.2.4.2 Architekturplanung

Mittels der Architekturplanung wurden Teilprozesse für Aufbau und Pflege der SDL und deren Leistungsaustausch untereinander festgelegt. Ausgehend von dem Makroprozess Terminologiemanagement wurden durch einen Detaillierungsschritt die Prozesse der SDL auf Mikroebene aufgedeckt (vgl. [IMG 1995, S. TECH 3ff.]). Die zentrale Leistung ist die Bereitstellung von Fachbegriffen für Anwender. Für die Leistungsverwendung müssen jedoch u. a. auch das Ändern und das Entfernen von Begriffen aus der aktiven SDL berücksichtigt werden. Die Aufgaben, die zur Bereitstellung dieser Leistungen nötig sind, werden nun zu Prozessen zusammengefasst und ihren Aufgabenträgern zugeordnet. Die Prozesslandkarte zeigt überblicksartig die identifizierten Prozesse und deren Leistungsbeziehungen aus Sicht des Terminologiemanagements. Die Darstellung folgt der PROMET-BPR-Notation, d. h. Prozesse werden durch Knoten, Leistungen durch gerichtete Kanten repräsentiert [IMG 1995, S. ERGE 5], [Österle 1995, S. 137].

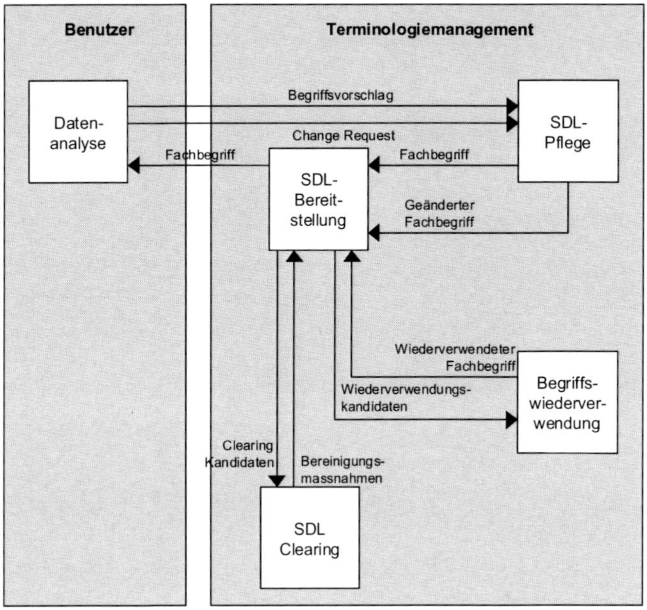

Abbildung 21: Prozesslandkarte Terminologiemanagement bei der Swiss Re

Die ermittelten Prozesse werden im Prozessverzeichnis (vgl. [IMG 1995, S. ERGE 6] zunächst kurz beschrieben:

Prozess	Wichtige Aufgaben	Aufgabenträger
Datenanalyse	Der Kundenprozess für das Terminologiemanagement. Begriffsbenutzung im Rahmen der Datenanalyse beinhaltet das Selektieren von Begriffen mit der SDL-Applikation und das Aufnehmen der gesuchten Informationen (z. B. genaue Schreibweise, Definition, Synonyme etc.).	Anwender, SDL-Applikation
SDL-Bereitstellung	Computergestützte Verwaltung von Glossaren und Taxonomie, d. h. Eintragen der Begriffe in das SDL-Repository, Taxonomie aktualisieren, Überprüfen der Qualitätskriterien.	Glossar Administrator, SDL-Applikation
SDL-Pflege	Umfasst sämtliche Aufgaben zur Pflege der SDL durch Einfügen, Ändern und Beenden der Gültigkeit von Begriffen. Daneben auch Möglichkeit der Wiederverwendung prüfen, Term Owner festlegen, Begriffsattribute festlegen, Einhalten der Qualitätskriterien	Anwender, Term Owner, Glossar Administrator
Begriffswiederverwendung	Durchführen der Wiederverwendung, dabei Begriffsverweis erzeugen, Taxonomie aktualisieren	Term Owner, Glossar Administrator
SDL Clearing	Über Problemfälle (z. B. Homonyme) entscheiden, Problemfälle bereinigen	Clearing Ausschuss, Term Owner, Glossar Administrator

Tabelle 14: Prozessverzeichnis Terminologiemanagement bei der Swiss Re

Die Ergebnisse Prozesslandkarte und Prozessverzeichnis sind die Grundlage für die Formulierung von Prozessleitlinien in der Prozessvision.

4.2.4.3 Prozessvision

Ausgangspunkte für die Prozessvision des Terminologiemanagements sind der Bedarf des Leistungsempfängers, die Strategie der Swiss Re für das Terminologiemanagement sowie Verbesserungspotentiale durch IT-Unterstützung. Die Ergebnisse der Prozessvision für das Terminologiemanagement der Swiss Re sind in den folgenden Prozessgrundsätzen festgehalten:

- Neue Synonyme sind möglichst zu vermeiden. Vielmehr sollen existierende Begriffe wiederverwendet werden.
- Neue Homonyme sind möglichst zu vermeiden. Neue Begriffsbezeichnungen müssen daher einmalig sein.
- Wiederverwendete Begriffe „gehören“ weiterhin ihrem ursprünglichen Owner.

- Wenn ein wiederverwendeter Begriff geändert werden soll, müssen die Anwender der Wiederverwendung die Möglichkeit haben, sämtliche Attribute des ursprünglichen Begriffes beizubehalten, wenn sie die Änderung nicht mitvollziehen wollen.
- Die Sicherung der Konsistenz und Integrität der SDL-Glossare und Taxonomie wird von einem Clearing-Ausschuss wahrgenommen.

Um eine strikt einheitliche Normsprache zu definieren, wäre es eigentlich erforderlich, Homonyme kategorisch auszuschliessen. In der SDL wurden Homonyme nicht ex ante ausgeschlossen, da sie bereits (verursacht durch Migration von externen Glossaren in die SDL) existieren. Ein Verbot von Homonymen scheint daher nicht umsetzbar und würde zudem einen Verlust an Flexibilität bedeuten.

Um die Wiederverwendung von Begriffen bzw. Teilglossaren zu fördern, ist es wichtig, die Wiederverwendung planbar zu gestalten. Änderung und Entfernung wiederverwendeter Begriffe dürfen nicht völlig ausserhalb der Kontrolle der wiederverwendenden Anwendergruppen liegen. Hierzu wurde im Swiss Re-Projekt eine pragmatische Lösung gewählt. Die SDL-Applikation verfügt über eine Funktion, um von einem Begriff eine Kopie zu erzeugen. Darüber können die wiederverwendenden Anwender den ursprünglichen Begriff unter Vergabe einer neuen Benennung sichern, wenn sie die Änderungen nicht akzeptieren wollen. Die Möglichkeit zum Kopieren eines Begriffs bezieht sich allerdings nur auf eine Änderung der Begriffssemantik. Wird lediglich die Benennung geändert, sind die wiederverwendenden Anwender gezwungen, die Änderung zu übernehmen, um der Entstehung unnötiger Synonyme vorzubeugen. Die Kopie des ursprünglichen Begriffs stellt somit weder ein Synonym noch ein Homonym dar.

4.2.4.4 Leistungsanalyse

Bei der Swiss Re wurden die Leistungen nicht wie in PROMET-BPR vorgesehen getrennt nach Ist und Soll analysiert, sondern bei der Spezifikation der Soll-Leistungen wurden die Ist-Leistungen einbezogen. Die wichtigsten Leistungen des Makroprozesses Terminologiemanagement sind im nachfolgenden Leistungsverzeichnis dokumentiert:

Leistung	Beschreibung
Fachbegriff	Die Leistung Fachbegriff besteht aus einem SDL-Business-Term und seinen Attributen. Ebenfalls eingeschlossen ist die Einordnung des Begriffs in die SDL-Taxonomie über seine Beziehungen zu anderen Begriffen.
Begriffsvorschlag	Ein Begriffsvorschlag besteht mind. aus der Begriffsbenennung und einer Definition. Optional kann er bereits sämtliche übrigen Attribute sowie Beziehungen umfassen.
Change Request	Ein Change Request besteht mind. aus der Begriffsbezeichnung und einem Vorschlag für eine Bezeichnungsänderung. Zusätzlich kann er Vorschläge für Attributsänderungen sowie Vorschläge für Beziehungsänderungen einschliessen.
Wiederverwendungskandidaten	SDL-Business-Term oder mehrere durch Beziehungen verbundene Business Terms.
Wiederverwendeter Fachbegriff	SDL-Business Term der in einem Glossar A definiert und mittels eines Verweises in ein Glossar B eingebunden wurde.
Clearing Kandidaten	SDL-Business Terms, die einzeln oder zusammengenommen einen der genannten Sprachdefekte aufweisen.
Bereinigungsmassnahmen	Im Teilprozess SDL-Clearing werden die Sprachdefekte der Clearing Kandidaten analysiert und Massnahmen zur Bereinigung festgelegt, z. B das Zusammenführen von unerwünschten Synonymen.

Tabelle 15: Leistungsverzeichnis Terminologiemanagement

Die Ergebnisse der Leistungsanalyse bilden den Ausgangspunkt für eine detaillierte Planung der Prozessabläufe mit Hilfe der Ablaufplanung.

4.2.4.5 Ablaufplanung

Bei der Ablaufplanung für das Terminologiemanagement flossen neben den zuvor dokumentierten Ergebnissen insbesondere auch die Restriktionen ein, die durch die SDL-Applikation, die Art der Wiederverwendung und die Qualitätsanforderungen vorgegeben waren. Hauptergebnisse waren Ablaufkettendiagramme und Aufgabenverzeichnisse für die identifizierten Teilprozesse sowie die folgenden Beschreibungen der beteiligten Rollen. Die Aufgabenkettendiagramme und Aufgabenverzeichnisse werden später in Kapitel 6 für die Ableitung des integrierten Prozessmodells für das Metadatenmanagement benötigt und dabei näher betrachtet.

Jede Anwendergruppe mit eigenem Glossar hat mindestens einen *Glossar Administrator*, der für die Pflege von Glossar und Taxonomie mit der SDL-Applikation verantwortlich ist. Alle anderen Anwender greifen lediglich lesend auf das SDL-Repository zu.

Glossar Administrator		
Aufgaben	**Kompetenzen**	**Verantwortlichkeiten**
- Glossarpflege - Taxonomiepflege - Überprüfung der Qualitätskriterien - Ermitteln von Wiederverwendungskandidaten - Ermitteln von Clearing Kandidaten - Informieren über Änderungen an wiederverwendeten Begriffen	- Hinzufügen und Ändern von Begriffen und Beziehungen nach Vorgabe des Term Owner - Ändern der Gültigkeitsdauer nach Vorgaben des Term Owner - Erzeugen von Wiederverwendungsverweisen nach Vorgabe des Term Owner	- Sicherstellen, dass wiederverwendende Anwendergruppen vor Änderungen reagieren können - Konsistenz und Integrität von Glossar und Taxonomie sicherstellen - Zusammen mit Term Owner die Einhaltung der Qualitätsanforderungen sicherstellen

Tabelle 16: Rollenbeschreibung Glossar Administrator

Term Owner kann eine einzelne Person oder auch eine Organisationseinheit sein. Der Term Owner trägt die inhaltliche Verantwortung für seine Begriffe und dessen Beziehungen. Die Rolle basiert auf dem verbreiteten Konzept des Data Owner (vgl. [Meyer 2000, S. 71f.]).

Term Owner		
Aufgaben	**Kompetenzen**	**Verantwortlichkeiten**
- Festlegen der Attribute und Beziehungen für verantwortete Begriffe - Einhalten der Qualitätsanforderungen - Entgegennehmen und überprüfen von Change Requests - Zusammenarbeit mit Glossar Administrator - Ermitteln von Clearing Kandidaten	- Inhaltliche Kompetenz für verantwortete Begriffe - Entscheidung über Change Requests	- Inhaltliche Verantwortung - Zusammen mit Glossar Administrator die Einhaltung der Qualitätsanforderungen sicherstellen

Tabelle 17: Rollenbeschreibung Term Owner

Der *Clearing Ausschuss* setzt sich aus kompetenten Vertretern der Anwendergruppen, des allgemeinen Metadatenmanagement-Teams und des Teams für die Entwicklung und Administration der SDL-Applikation zusammen. Der Ausschuss tritt möglichst regelmässig sowie nach Bedarf zusammen.

Clearing Ausschuss		
Aufgaben	**Kompetenzen**	**Verantwortlichkeiten**
- Zusammen mit jeweiligen Term Ownern Sprachdefekte beseitigen. - Konflikte bei der Definition von Begriffen klären (z. B. Meinungsverschiedenheiten bei der Semantik oder der Benennung)	- Entscheidung über Sprachdefekte - Entscheidung im Konfliktfall	- Evolution der SDL gemäss der SDL-Strategie sicherstellen

Tabelle 18: Rollenbeschreibung Clearing Ausschuss

Die *Anwender* der SDL gehören derzeit in erster Linie einer von drei Anwendergruppen der Bereiche Finance, Reinsurance und Life&Health an. Da die SDL über das Web-Frontend unternehmensweit verfügbar ist, zählt zu den Anwendern auch jeder andere Mitarbeiter der Swiss Re, der ein Interesse an Terminologie hat.

Anwender		
Aufgaben	**Kompetenzen**	**Verantwortlichkeiten**
Keine im Zusammenhang mit dem Terminologiemanagement	- Formulierung von Change Requests - Formulierung von Begriffsvorschlägen	Keine im Zusammenhang mit dem Terminologiemanagement

Tabelle 19: Rollenbeschreibung Anwender

Die beschriebenen Rollen sind so ausgelegt, dass sie von Mitarbeitern aus den Anwendergruppen und der IT-Abteilung zusätzlich zu ihren übrigen Aufgaben wahrgenommen werden können. Beabsichtigt war dabei, die Arbeitsbelastung durch das Terminologiemanagement möglichst gering zu halten, um so die Akzeptanz zu fördern.

4.2.5 Erfahrungen

Das Definieren einer einheitlichen Sprache oder auch nur eines einheitlichen Begriffsystems für ein Unternehmen steht immer vor dem Problem der bereits existierenden sprachlichen Vielfalt. Auch bei den Business Terms der SDL handelte es sich in den wenigsten Fällen um neu entstandene Begriffe. Vielmehr war es nötig, eine Einigung über eine einheitliche Benennung und eine scharf abgegrenzte Semantik existierender Begriffe herbeizuführen. Diese Aufgabe gestaltet sich mit zunehmender Unternehmensgrösse immer schwieriger, da mehr und mehr Personen ihren Standpunkt einbringen wollen. Bei der Swiss Re haben vor allem drei Elemente zur Akzeptanz der SDL im Unternehmen beigetragen:

Das konzeptionelle Modell zur Abbildung von Begriffen und ihren Beziehungen. Das Konzept des Business Terms unterscheidet zwischen Begriffsbenennung und Semantik, die über mehrere Attribute festgelegt wird. Mit Hilfe der Beziehungstypen der SDL lassen sich auch komplexe Sachverhalte in der SDL abbilden. Beim Umgang mit Homonymen und Synonymen wurde die Flexibilität höher bewertet als eine erzwungene Einheitlichkeit.

Die SDL-Applikation für die Verwaltung von Glossaren und Taxonomie. Für die Umsetzung des SDL-Konzepts wurde eine eigene Applikation entwickelt. Der Eigenentwicklung wurde gegenüber dem Einkauf eines Standardwerkzeuges der Vorzug gegeben, da die Konzepte kommerzieller Produkte nicht überzeugen konnten. Für die Akzeptanz im Unternehmen war vor allem ein anwenderfreundliches Web-Frontend für den Zugriff auf das SDL-Repository aus dem Intranet wichtig.

Die Gestaltung und Kommunikation klarer Prozesse. Die Organisation des Terminologiemanagements in Form von Prozessen bildete die Grundlage für einen effektiven und effizienten Ablauf, der die vorgegebenen Qualitätskriterien einhält.

4.3 Fallstudie B: Metadatenbasierte Ausnahmebehandlung bei der Swiss Re

Im gleichen organisatorischen und technischen Umfeld wie das Terminologiemanagement (vgl. Abschnitt 4.2) werden bei der Swiss Re unter der Bezeichnung *Data Quality Assurance* (DQA) Metadaten gezielt bei der Interpretation von Objektdaten im Rahmen der Datenanalyse und insbesondere des Berichtswesens genutzt.

4.3.1 Begründung für die Auswahl der Fallstudie

Neben der Bedeutung von Metadaten, die während Entwicklung und Betrieb des DWH-Systems erzeugt werden, wurde bereits auf die Möglichkeiten hingewiesen, die sich durch die Einbeziehung von unstrukturierten Informationen in das Metadatenmanagement ergeben (vgl. Abschnitt 3.6.1.2). Die Fallstudie zum DQA der Swiss Re beschreibt ein Konzept zur Transformation von Erfahrungswissen der Mitarbeiter in strukturierte Metadaten. Die so erzeugten Metadaten werden zur Automatisierung von Prüfprozessen genutzt. Dabei wird einerseits die Qualität der Daten im Vergleich zu ihrer Spezifikation durch Datenschemata geprüft. Andererseits werden die Datenwerte auf Abweichungen von vordefinierten Regeln überprüft, die sich auf den Dateninhalt beziehen. Wurde solche Abweichungen erkannt, werden diese von den zuständigen Analysten kommentiert, wodurch die Interpretierbarkeit für die Entscheidungsträger insgesamt verbessert und die Gefahr von Fehlinterpretationen verringert wird. Das Erkennen und Kommentieren von Ausnahmephänomenen in den Dateninhalten stellt im Vergleich zu anderen metadatenbasierten Qualitätsansätzen eine interessante Weiterentwicklung dar und ist ein wesentliches Unterscheidungsmerkmal des Swiss-Re-Ansatzes vom Datenqualitätsmanagement der Credit Suisse in Fallstudie D.

Da die Fallstudie eine zweite Anwendung von Metadaten im gleichen Unternehmen beschreibt, können darüber hinaus Synergien gezeigt werden, die durch die Verknüpfung von Metadaten in einem integrierten Metadatenmanagement erzielt werden können. Die Fallstudie liefert somit weitere Argumente für die Integration von Metadaten.

4.3.2 Das Data-Quality-Assurance-Konzept

Das DQA umfasst Softwarekomponenten sowie Prozesse, die eine frühzeitige Erkennung und anschliessende Kommentierung von Ausnahmen (Exceptions) in den Daten regelmässig durchgeführter Auswertungen ermöglichen. Als Ausnahmen werden Abweichungen von vordefinierten Regeln bezeichnet, die sich einerseits auf formale Eigenschaften der Daten als auch auf die Dateninhalte beziehen. Wie im Controlling allgemein üblich (vgl. [Küpper/Weber 1997, S. 52f.]), werden bei der Swiss Re Kennzahlen nicht nur auf der Grundlage vergangenheitsbezogener Daten berechnet, sondern es werden auch zukunftsorientierte Planzahlen erarbeitet. Diese dienen dazu, Zielgrössen für die zukünftige Entwicklung des Unternehmens festzulegen (vgl. [Küpper/Weber 1997, S. 172]). Das Nichterreichen einer Zielgrösse ist ein typisches Beispiel für das Auslösen einer Ausnahme, die sich auf den Dateninhalt bezieht. Die Festlegung der Grenzwerte basiert unmittelbar auf den Erfahrungen der Business Analysten, die regelmässig gleichartige Auswertungen auf dem gleichen Datensegment durchführen und somit die Fähigkeit erworben haben, die Einschätzungen von zu erwartenden Ergebnissen zu formulieren. Abweichungen, die von solchen betriebswirtschaftlichen Ursachen (z. B. veränderte Marktbedingungen) ausgelöst werden, heissen auch *Business Exceptions*. Im Unterschied dazu werden Abweichungen, die auf technischen Ursachen im Umfeld des DWH-Systems beruhen (z. B. fehlende Datenwerte wegen Systemausfall), als *ETL-Exceptions* bezeichnet.

4.3.3 Erkennen von Ausnahmen während der Datentransformation

Ausnahmen in einer Datenmenge werden entdeckt, indem zuvor definierte Prüfregeln (Rules) auf die Daten angewendet werden. Regeln sind eine weit verbreitete Form der Wissensrepräsentation in Expertensystemen (vgl. [Puppe 1991, S. 21ff.]). Beim DQA der Swiss Re dienen die Regeln dazu, das Expertenwissen von erfahrenen Mitarbeitern zu explizieren und so zu strukturieren, dass es in Form von Metadaten von den Komponenten der Datentransformationsschicht des DWH-Systems verarbeitet werden kann (vgl. Abschnitt 2.1). Analog zu der Unterscheidung in Business und ETL-Exceptions werden auch Regeln in Business- und ETL-Regeln eingeteilt. Bei den Regeln handelt es sich um einfache Regeln der grundlegenden Form „Wenn X, dann Y“[26]. Die Vorbedingung X spezifiziert die Situation, in der die Aktion Y ausgeführt wird [Puppe 1991, S. 21]. Die Aktion besteht im DQA aus dem Auslösen einer Ausnahme. Der Wissenserwerb für die Business-Regeln erfolgt derzeit in einem Diaolog zwischen Experten der Fachabteilungen und Mitarbeitern der Abteilung Data Warehouse Services (DWS). Hierbei werden ausgewählte Mitarbeiter der Fachbereiche von einem Mitarbeiter der Abteilung DWS befragt. Ziel dieser Befragung ist die Ermittlung relevanter Kennzahlen und zugehöriger Grenzwerte. Grenzwerte können absolute Zahlen, Prozentzahlen oder Verhältniszahlen sein. Für den Vergleich mit den individuellen Kennzahlenwerten stehen die gängigen Ver-

---

[26] Die Erstellung der Regeln basiert auf einer allgemeingültigen Regel zum Ableiten von Schlussfolgerungen aus der Logik, dem Modus ponens. Der Modus ponens besagt: Wenn eine Implikation gegeben ist und zugleich ihr Vordersatz, dann darf daraus auf den Nachsatz geschlossen werden [Bucher 1987, S. 88]. Folgendes Beispiel verdeutlicht dies:

Implikation:	„Wenn Urs Bundesrat ist, dann wohnt er in Bern.“
Vorsatz:	„Urs ist Bundesrat.“
Nachsatz:	„Also wohnt er in Bern.“

Der Eindruck der Selbstverständlichkeit des Schlusses entsteht durch die weithin anerkannte Allgemeingültigkeit der verwendeten Regel des Modus ponens [Bucher 1987, S. 88].

gleichsoperatoren zur Verfügung (vgl. Tabelle 80 im Anhang). Der Vergleich eines Grenzwerts mit einem konkreten Wert oder einem Berechnungsausdruck aus mehreren Werten heisst Bedingung (*Condition*). Regeln entstehen durch das Kombinieren von mehreren Bedingungen und der Festlegung der Kennzahl, für welche die Ausnahme ausgelöst wird (*Exception Figure*). Abbildung 22 zeigt exemplarisch den Aufbau von DQA-Regeln.

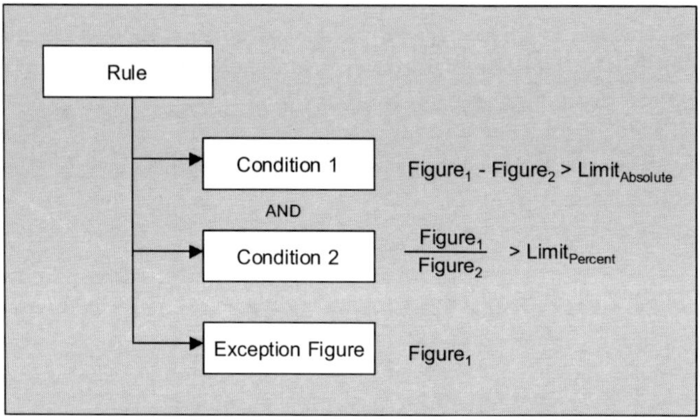

Abbildung 22: Bestandteile von DQA-Regeln

Das Ergebnis der Befragung wird in einem Konzept festgehalten, das dem befragten Mitarbeiter zur Kontrolle vorgelegt wird. Nach Zustimmung dieses Mitarbeiters zum Konzept, wird es von der Abteilung DWS formalisiert und in die DQA-Regelbasis implementiert. Eine solche Form des Wissenserwerbs wird von Kolb als indirekte Wissensakquisition bezeichnet [Kolb 1991, S. 148]. Neben der automatischen und der modellbasierten unterscheidet Kolb auch die direkte Wissensakquisition, bei der vom Experten selbst sein Wissen formalisiert und implementiert wird, wobei er direkt mit einer Wissenserwerbskomponente kommuniziert [Kolb 1991, S. 148ff.]. Direkte Wissensakquisition setzt eine leicht erlernbare und komfortabel bedienbare Wissenserwerbskomponente voraus, die momentan im DQA nicht verfügbar ist. Die Entwicklung einer solchen Komponente wird wegen der Komplexität der Regelformalisierung als vergleichsweise aufwendig eingeschätzt. Das DQA nutzt somit zwar geeignete Konzepte klassischer Expertensysteme für seine Zwekke, strebt jedoch keineswegs den Aufbau eines vollständigen Expertensystems an. Für die formale Spezifikation der Regelsyntax wird bei der Swiss Re die Erweiterte Backus-Naur Form[27] (EBNF) verwendet, die Notationssymbole für die Definition von Regeln zur Verknüpfung von Symbolen einer Sprache bereitstellt [Wirth 1977,

[27] Die ursprüngliche Version der Backus-Naur Form wurde zuerst für die Definition der Programmiersprache ALGOL 60 verwendet und erfreut sich seitdem in Varianten wie der EBNF grosser Beliebtheit für die Definition der Syntax von Programmiersprachen [Estier 2002, S. 1]

S. 6.]. Die vollständige Spezifikation der Syntax für die DQA-Regeln findet sich in Anhang D.

Das Abarbeiten der DQA-Regeln ist als Verarbeitungsschritt in den Ladeprozess des DWH-Systems integriert und besteht aus zwei Teilschritten. Im ersten Teilschritt werden die Daten hinsichtlich ihrer technischen Qualität überprüft, z. B. fehlende Datenwerte. Als Ergebnis dieses Schrittes wird eine Liste mit ETL-Exceptions erzeugt, die als Rückkopplung an die Quellsysteme übermittelt wird, um die Datenqualität mittelfristig zu verbessern.

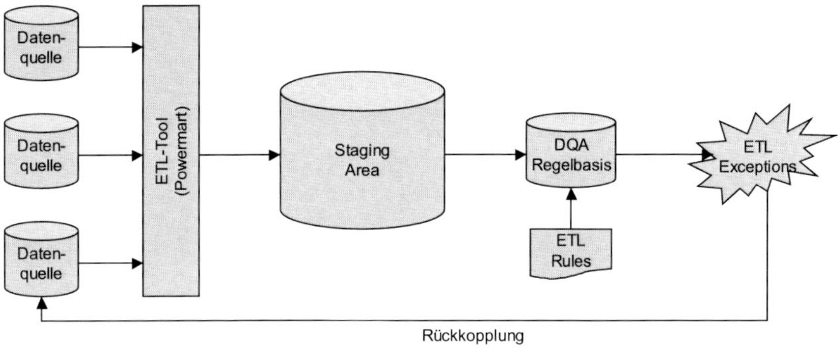

Abbildung 23: Regelbasiertes Auffinden von Abweichungen im ETL-Prozess

Abbildung 23 verdeutlicht das Auffinden von ETL-Exceptions durch die Darstellung der am Ladeprozess beteiligten Softwarekomponenten und des von ihnen gesteuerten Datenflusses. Nachdem die Daten mit Hilfe des ETL-Tools aus den Quellsystemen in einen temporären Zwischenspeicher, die sog. *Staging Area*[28], übertragen worden sind, werden sie anhand der Regeln der DQA-Regelbasis auf Abweichungen von den definierten Vorgaben hin geprüft. Die festgestellten Abweichungen (ETL-Exceptions) werden in einer Liste gesammelt und zurück an die Quellsysteme übermittelt.

Nach dem Ermitteln von ETL-Exceptions werden die Daten in einem zweiten Teilschritt auf inhaltliche Abweichungen (Business Exceptions) hin überprüft. Hierzu werden diejenigen Regeln verwendet, die das Erfahrungswissen der Analysten abbilden. Das Abarbeiten dieses zweiten Teilschrittes erfolgt durch die gleichen Softwarekomponenten wie das Auffinden von ETL-Exceptions (siehe Abbildung 24). Die identifizierten Business Exceptions werden anschliessend an das Berichtssystem der Swiss RE weitergeleitet und in den jeweiligen Berichten angezeigt.

[28] Vgl. hierzu das Drei-Schichten-Modell einer Transformationskomponente bei Müller [Müller 2000, S. 152f.] sowie die Erläuterungen zum Konzept der Staging Area bei Bartel, Schwarz und Strasser [Bartel et al. 2000, S. 53].

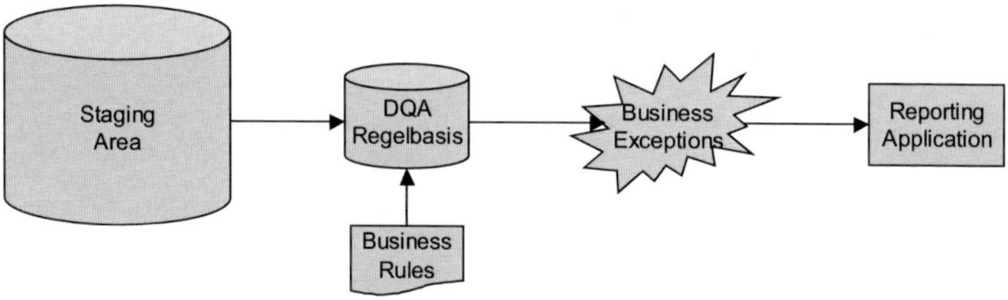

Abbildung 24: Regelbasiertes Auffinden von inhaltlichen Abweichungen im ETL-Prozess

Während die Regeln für die Ermittlung von Business Exceptions primär auf Erfahrungswissen von Experten aus den Fachbereichen beruhen, wird für die ETL-Regeln neben dem Erfahrungswissen der ETL-Experten und den Konsistenz- und Integritätsbedingungen der Datenschemata zusätzlich ein spezieller Metadatenbestand genutzt, der als *Reinsurance Reference Data Set* (R2D) bezeichnet wird. An dieser Stelle besteht eine Verbindung zum Terminologiemanagement aus der vorherigen Fallstudie (Abschnitt 4.2). Die R2D-Metadaten dienen als Referenz für die Auflösung und Zuordnung von Abkürzungen und Codes sowie die korrekte und standardkonforme Schreibweise von Begriffen. Diese Metadaten werden aus der SDL-Applikation für das Terminologiemanagement bezogen. Darüber hinaus umfasst der R2D-Bestand bspw. Definitionen von Dimensionen und Kennzahlen. Der Zusammenhang zwischen den Komponenten wird in Abbildung 25 ersichtlich, die einen Überblick über die konzeptionelle Gesamt-Architektur des DQA gibt.

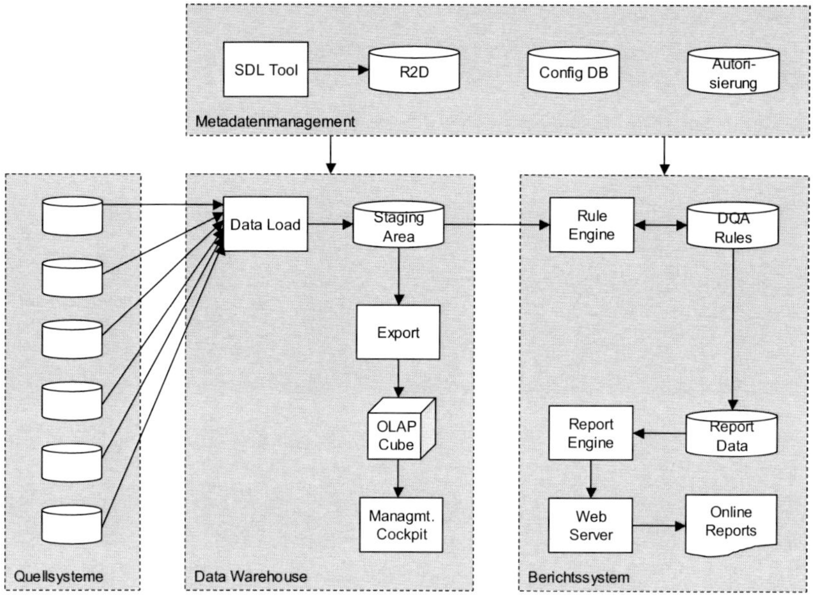

Abbildung 25: DWH-Architektur mit DQA-Komponenten

Der Datenfluss von den Quellsystemen über das DWH-System zum Berichtssystem mit den Berichtssystem- und DQA-Komponenten ist durch schwarze Pfeile dargestellt. Neben den DQA-Metadaten werden zusätzlich Metadaten aus der SDL-Applikation, der R2D-Datenbank, der Konfigurationsdatenbank und dem Autorisierungssystem bezogen.

4.3.4 Erklärung von Ausnahmen bei der Datenanalyse

Während die Behandlung von ETL-Exceptions innerhalb der Abteilung DWS erfolgt, richten sich Business Exceptions an die Analysten aus dem Berichtswesen im Bereich Reinsurance Reporting, der Analysen und Berichte für das Swiss Re Senior Management auf Konzernebene erstellt. Die Berichte werden nach Vorgaben des Reporting von der Abteilung DWS entworfen und vordefiniert (vgl. Abbildung 19). Die Analysten von Reinsurance Reporting haben beim Ausführen der vordefinierten Berichte die Möglichkeit, diese bspw. über Festlegung von Dimensionen und Einschränkung von Wertebereichen zu konfigurieren. Das Erstellen und Verteilen wird über eine Intranet-Applikation realisiert, mit der verschiedene OLAP-Tools integriert werden. Die Berichte können von berechtigten Mitarbeitern weltweit über das Intranet abgerufen werden. Ein Beispiel für die Darstellung eines solchen Berichts im Intranet zeigt Abbildung 26.

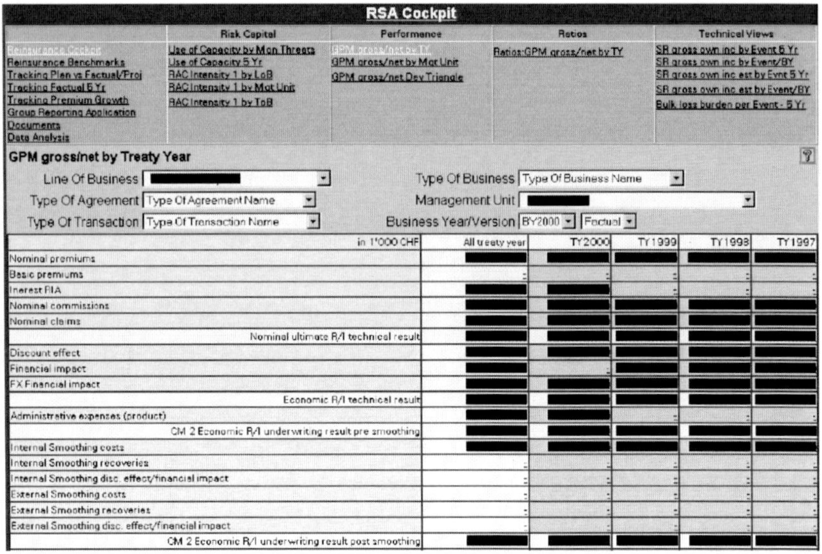

Abbildung 26: Erstellung des Berichts Group Performance Measures (GPM) über das Intranet

Um die Konsumenten der Berichte bei der Interpretation der darin enthaltenen quantitativen Informationen zu unterstützen und die Anzahl der Rückfragen an die Analysten einzudämmen, werden die Berichte mit zusätzlichen qualitativen Informationen ergänzt. Diese qualitativen Informationen werden von den Analysten in Form von verbalen Kommentaren zu einzelnen Kennzahlen bzw. Berichtselementen bereitgestellt. Die Aktivitäten und GRA-Komponenten für das Erfassen und Verarbeiten von Kommentaren werden bei der Swiss Re unter der Bezeichnung *Report-Commenting* zusammengefasst. Kommentiert werden insbesondere Kennzahlen, für die eine Business Exception vorliegt. Der Kommentar erklärt das Auftreten der Ausnahme durch prägnante Informationen über Markt- und Produktentwicklungen oder sonstige relevante Einflussfaktoren. Kommentare können aber auf freiwilliger Basis auch unabhängig von Ausnahmen als Erläuterungen zum Wert bzw. zur Veränderung einer Kennzahl verfasst werden.

Abbildung 27 zeigt die Darstellung einer Business Exception am Beispiel der Kennzahl *Nominal claims* (nominelle Schadensansprüche) in einem Fenster des Berichtssystems. Ein solches Fenster öffnet sich, wenn in einem Bericht ein Tabellenfeld mit einem Wert durch einen Mausklick ausgewählt wird (vgl. Abbildung 26).

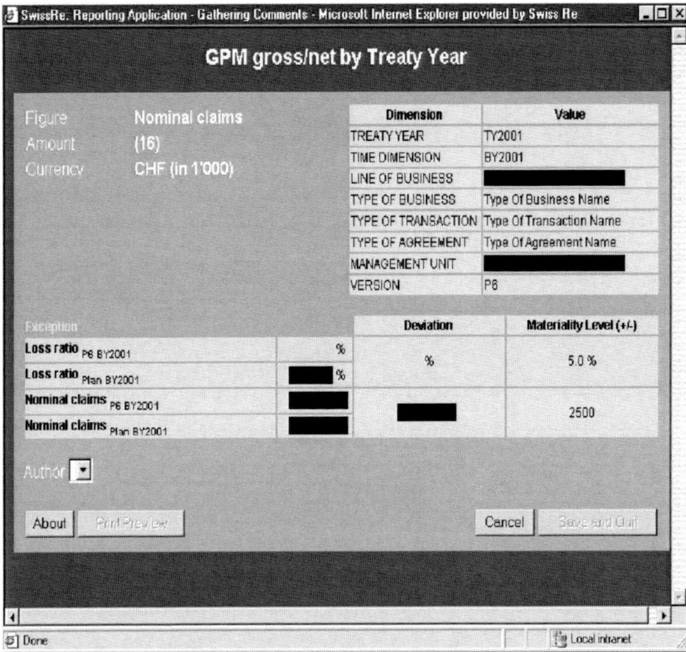

Abbildung 27: Darstellung einer Business Exception für die Kennzahl Nominal claims

Das Fenster zeigt in der linken oberen Hälfte die Bezeichnung, den Wert und die Einheit der Kennzahl. In der rechten oberen Hälfte sind die zugehörigen Dimensionswerte dargestellt. Die Daten der aufgetretenen Exception sind darunter in der unteren Fensterhälfte abgebildet. Die Regel für die Exception besteht aus zwei Bedingungen, die jeweils die Planzahl (Plan) und eine Zwischenzahl nach sechs Monaten (P6) vergleichen. Rechts neben der Bezeichnung der verglichenen Kennzahlen sind deren Werte dargestellt. Für diese Werte wird jeweils die Abweichung (Deviation) und der in der Regel vordefinierte Grenzwert (Materiality Level) angezeigt. Für die Kennzahl Loss ratio (Verlustrate) liegt der Zwischenwert P6 nicht vor, es kann daher auch keine Abweichung berechnet werden. Die Ausnahme wurde ausgelöst, da die Abweichung zwischen Nominal claims$_{\text{Plan}}$ und Nominal claims$_{\text{P6}}$ den Grenzwert von 2500 (+/-) überschreitet. Für diese Exception wird kein Kommentar angezeigt, da er noch nicht erfasst wurde.

Für das Erfassen von Kommentaren steht innerhalb des Berichtssystems eine Komponente zur Verfügung, die einfache Textverarbeitungsfunktionen bereitstellt, die der Standard-Textverarbeitung Microsoft Word nachempfunden wurden und daher von jedem Anwender, der mit Word vertraut ist, sofort genutzt werden kann. Die Textkomponente erlaubt auch einfache Textformatierungen wie z. B. nummerierte und unnummerierte Aufzählungen oder das Ändern von Schriftattributen.

Abbildung 28 zeigt die Textkomponente im Dialog zum Kommentieren von Ausnahmen.

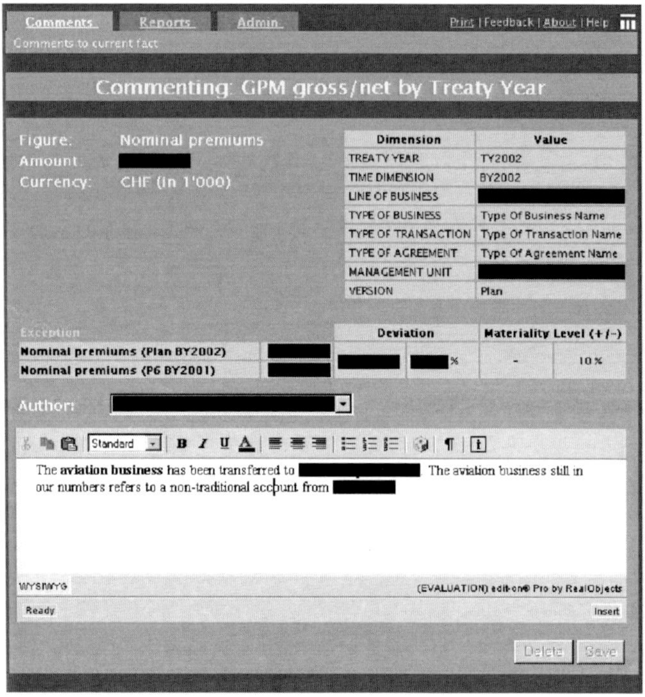

Abbildung 28: Dialog zum Kommentieren von Exceptions

Die Benutzerfreundlichkeit und die Funktionalität der Textkomponenten mag zunächst als eher unwesentlich für die Ausnahmebehandlung erscheinen. Die Erfahrungen bei der Swiss Re haben aber gezeigt, dass diese Faktoren, insbesondere wenn sie auf den Wünschen der Anwender beruhen, neben anderen Faktoren zur Akzeptanz und Motivation für die Ausnahmebehandlung beitragen. Dies gilt sowohl für die Analysten durch ein komfortableres Texterfassen als auch für die Berichtsverwender bzw. die Adressaten der Kommentare, die formatierten und strukturierten Text schneller aufnehmen können.

4.3.5 Analyse der organisatorischen Prozesse für die Ausnahmebehandlung

Die Vorgehensweise bei der Betrachtung der Prozesse unterscheidet sich von der Vorgehensweise der Fallstudie zum Terminologiemanagement, die sich nicht auf die Analyse beschränkte, sondern auch eine Neugestaltung der Prozesse umfasste. Für die Analyse der Prozesse des DQA wurden einerseits teilstrukturierte Interviews geführt und andererseits Dokumentationen, Konzepte und Handbücher zur Ausnahmebehandlung untersucht.

4.3.5.1 Architekturplanung

Mit Hilfe der Architekturplanung wurden die wesentlichen Prozesse bei der Ausnahmebehandlung aufgedeckt. Für die Erstellung der Regeln zum Erkennen von Ausnahmen ist eine enge Zusammenarbeit zwischen den Mitarbeitern der Abteilung DWS und den Analysten des Reinsurance Reporting erforderlich, um zu vermeiden das Aussagen der Analysten missverstanden oder nicht vollständig in Regeln umgesetzt werden. Um dies zu verhindern, sind im Prozess der Regelerstellung mehrfach Rückkopplungen zwischen Analyst und Regelersteller vorgesehen. Die Prozesslandkarte in Abbildung 29 zeigt die für das Erkennen und Behandeln von Ausnahmen erforderlichen Prozesse und deren Leistungsaustausch zwischen Reporting und DWS.

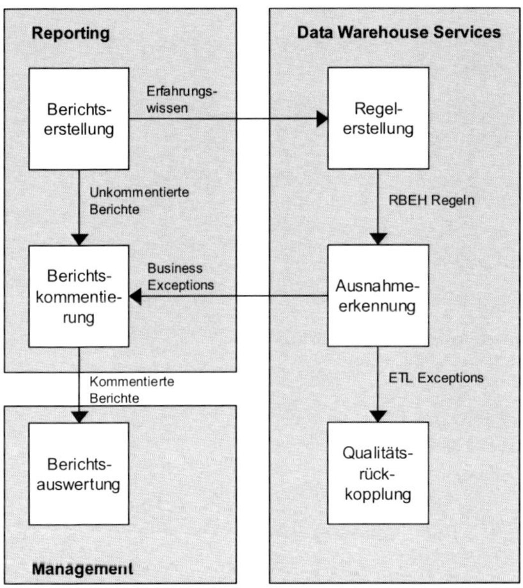

Abbildung 29: Prozesslandkarte für die metadatenbasierte Ausnahmebehandlung

Die Prozesse sind anhand ihrer wichtigsten Aufgaben und den zugehörigen Aufgabenträgern im folgenden Prozessverzeichnis beschrieben:

Prozess	Wichtige Aufgaben	Aufgabenträger
Berichts-erstellung	Dieser Prozess gehört nicht direkt zur Ausnahmebehandlung. Er ist lediglich aus Gründen der Vollständigkeit in die Prozesslandkarte aufgenommen, da bei seiner Durchführung das Erfahrungswissen entsteht, auf dem die DQA-Regeln basieren.	Business Analyst
Regel-erstellung	Die Regelerstellung umfasst das Befragen der Analysten, das Formalisieren der Befragungsergebnisse zu Regeln (Business Rules) sowie die Ableitung von Regeln aus den Spezifikationen der ETL-Prozesse (ETL Rules).	Regeladministrator
Ausnahme-erkennung	Automatisierte, regelbasierte Erkennung von Ausnahmen (ETL- und Business Exceptions) während des Ladevorgangs.	Regeladministrator, DQA-Software-komponenten
Qualitäts-rückkopplung	Ausnahmen, die durch ETL-Regeln erkannt wurden (ETL-Exceptions), werden an die DWH-Quellsysteme zurückgemeldet, um mittelfristig die Datenqualität zu verbessern.	Regeladministrator, DQA-Software-komponenten
Berichts-kommentie-rung	Ausnahmen, die durch Business-Regeln erkannt wurden (Business Exceptions), werden an den zuständigen Analysten weitergeleitet und von diesem mit einem erklärenden Kommentar versehen.	Business Analyst
Berichts-auswertung	Auch dieser Prozess gehört nicht direkt zum DQA. Er ist aber der Leistungsempfänger der Berichtskommentierung und vervollständigt somit die Prozesslandkarte.	Manager

Tabelle 20: Prozessverzeichnis für die metadatenbasierte Ausnahmebehandlung

4.3.5.2 Prozessvision

Die Gestaltung der Prozesse der Ausnahmebehandlung richtet sich nach den folgenden Prozessgrundsätzen:

- Das Erfahrungswissen der Experten für die Bereiche Business und ETL-Exceptions ist möglichst verlustfrei und abbildungstreu in DQA-Regeln zu überführen.

- Das Kommentieren von Business Exceptions ist für die zuständigen Analysten verpflichtend und im Sinne einer besseren Verständlichkeit der Berichte sorgfältig auszuführen. Kommentare können jedoch auch ohne eine vorliegende Exception auf freiwilliger Basis verfasst werden.

- Kommentare sollen Rückfragen vorweg nehmen, die nach der Erfahrung der Analysten in ähnlicher Form häufig vom Berichtsempfänger gestellt werden. Dadurch soll die Kommentierung sowohl für den Berichtsersteller als auch für den Berichtsempfänger zu einer Belastungsreduzierung führen.
- Die Ursachen von ETL-Exceptions werden nicht direkt korrigiert, sondern an die betreffenden Quellsysteme weitergeleitet, um deren Datenqualität mittelfristig zu verbessern. Dadurch verbessert sich wiederum die Datenqualität im DWH-System.

4.3.5.3 Leistungsanalyse

Als Ergebnis der Leistungsanalyse dokumentiert das Leistungsverzeichnis die für die Ausnahmebehandlung benötigten Prozessleistungen.

Leistung	Beschreibung
Erfahrungswissen	Im Rahmen der Berichtserstellung werden von den beteiligten Analysten Erfahrungen mit den von ihnen bearbeiteten Kennzahlen erworben, die es erlauben, Grenzwerte für deren Veränderung über die Zeit zu formulieren.
DQA-Regeln	Ergebnis der Formalisierung des Erfahrenswissens mit der EBNF (vgl. Abschnitt 4.3.3). Es wird unterschieden zwischen ETL-Regeln zur Entdeckung von Abweichungen im ETL-Prozess (ETL-Exception) und Business Regeln zur Entdeckung von Abweichungen einer Kennzahl von einem Wertebereich (Business Exception).
ETL-Exceptions	Ausnahme, die durch eine ETL-Regel erkannt wurde, z. B. nicht vorhandener Datenwert.
Business Exceptions	Ausnahme, die durch eine Business-Regel erkannt wurde, z. B. Nominal Premiums (Plan Business Year 2002) < 10.000 CHF.
Unkommentierte Berichte	Berichte ohne zusätzliche Kommentare.
Kommentierte Berichte	Berichte, die im Rahmen der Berichtskommentierung (Report Commenting) mit zusätzlichen, erklärenden Kommentaren versehen wurden.

Tabelle 21: Leistungsverzeichnis für die metadatenbasierte Ausnahmebehandlung

4.3.5.4 Ablaufplanung

Wie auch bei den übrigen Fallstudien werden die Ergebnisse der Ablaufplanung für die Ausnahmebehandlung zunächst in Form der Rollenbeschreibungen dokumentiert.

Der *Regeladministrator* ist der im Team von DWS für das DQA verantwortliche Mitarbeiter. Sinnvollerweise wird diese Rolle von einem Mitarbeiter wahrgenommen, der auch mit dem Ladeprozess gut vertraut ist. Kenntnisse über den Ladeprozess sind vor allem für die Formulierung von ETL-Regeln hilfreich.

Regeladministrator		
Aufgaben	**Kompetenzen**	**Verantwortlichkeiten**
– Befragt ausgewählte Business Analysten zum Zwekke der Wissensakquisition – Konsolidiert, verifiziert und formalisiert die Befragungsergebnisse zu DQA-Regeln – Leitet aus seinem Wissen über den Ladeprozess und die Quelldaten Regeln für das Auffinden von ETL-Exceptions ab – Sammelt und konsolidiert ETL-Exceptions und leitet diese an die jeweiligen Quellsysteme weiter	– Als einziger zur Umsetzung von Erfahrungswissen in DQA-Regeln berechtigt – Ändern von Business-Regeln nach Vorgaben eines Business Analysten – Löschen von Business-Regeln nach Vorgaben eines Business Analysten – Selbständiges Verwalten der ETL-Regeln	– Verantwortlich für die korrekte und vollständige Regel-Formalisierung – Verantwortlich für die korrekte Weiterleitung von Business Exceptions (normalerweise automatisiert) – Verantwortlich für die Rückkopplung von ETL-Exceptions an die Quellsysteme

Tabelle 22: Rollenbeschreibung Regeladministrator

Business Analysten sind als Mitarbeiter im Reinsurance Reporting für den Entwurf und die Erstellung von Berichten zuständig. Sie sind die Ansprechpartner des Regeladministrators für die Erstellung der Regeln. Dabei ist bei der Auswahl von Interview-Partnern auf eine möglichst grosse Erfahrung im Umgang mit dem Berichtswesen zu achten.

Business Analyst		
Aufgaben	**Kompetenzen**	**Verantwortlichkeiten**
– Entwurf und zeitgerechte Erstellung von Berichten – Auswahl von Kennzahlen bzw. anderen Berichtselementen, für die Exceptions erzeugt werden sollen – Bereitstellung von Erfahrungswissen für die Erstellung von Business Regeln – Sorgfältige Kommentierung von Business Exceptions	– Kennzahlen bzw. Berichtselemente für die Ausnahmebehandlung festlegen – Festlegen der Grenzwerte für Business Exceptions – Änderung der Grenzwerte	– Verantwortlich für die inhaltliche Korrektheit der Business Regeln – Verantwortlich für die inhaltliche Korrektheit der Kommentare

Tabelle 23: Rollenbeschreibung Business Analyst

4.3.6 Erfahrungen

Für die Entwicklung des DQA gab es bei der Swiss Re zwei unterschiedliche Auslöser: Auf der einen Seite sollte die Überprüfung der Datenqualität beim Laden der Daten in das DWH-System effizienter gestaltet werden, wenn möglich durch Automatisierung. Auf der anderen Seite formulierten die Verwerter der Berichte aus dem Management einen erhöhten Bedarf an qualitativen Informationen, um die teilweise stark verdichteten Kennzahlen besser interpretieren zu können. Die Bereitstellung dieser Informationen sollte möglichst in die Group Reporting Applikation integriert sein, um sie weltweit und integriert in den betreffenden Bericht abrufen zu können. Das Konzept der metadatenbasierten Ausnahmebehandlung leistet für beide Anforderungen einen wesentlichen Beitrag zur Zielerreichung. Das Erfahrungswissen der Mitarbeiter wird systematisch erfasst und in strukturierte Metadaten (DQA-Regeln) transformiert, um Abweichungen von Erwartungs- bzw. Grenzwerten zu erkennen. Das Erkennen von Abweichungen konnte durch den metadatenbasierten Ansatz weitgehend automatisiert werden. Das Akquirieren und Formalisieren von Erfahrungswissen sowie die sich an die Erkennung anschliessende Behandlung von Ausnahmen durch Kommentierung eignet sich dagegen weniger für eine Automatisierung und erfordert daher die Definition von organisatorischen Prozessen.

Für die mit der Kommentierung beauftragten Analysten ist das Verfassen der Kommentare zunächst eine unwillkommene Mehrbelastung. Um zu verhindern, dass dadurch die Durchführung und Qualität der Kommentierung leidet, ist es wichtig, den mittelfristigen Nutzen der Kommentierung auch für die Analysten deutlich zu machen. Insbesondere das spürbare Abnehmen von Rückfragen zu den Berichten ist hier ein wichtiges Argument.

Im Kommentierungsprozess werden derzeit Massnahmen zur Qualitätssicherung für die Kommentare diskutiert. Einerseits könnte eine Qualitätssicherung durch formale Vorgaben bzgl. Aufbau und Inhalt der Kommentare angestrebt werden, andererseits könnte der Prozess so gestaltet werden, dass Kommentare zunächst inhaltlich und formal von einem verantwortlichen Mitarbeiter überprüft werden müssen, bevor sie im Intranet freigegeben werden. Auch eine Rückkopplung seitens der Berichtsverwender wird dabei in Betracht gezogen. Denkbar ist hierzu bspw. eine Bewertungsfunktion, über welche die Berichtsverwender die Kommentare bzgl. ihrer Brauchbarkeit bewerten können. Eine solche Rückkopplung könnte zur Optimierung des Prozesses beitragen und die Akzeptanz der Kommentierungsaufgabe bei den Analysten erhöhen, da sie eine direkte Wertschätzung ihrer Arbeit erhalten.

Die bisherigen Erfahrungen haben gezeigt, dass Bestand und Aufbau der Regeln über die Zeit vergleichsweise stabil bleiben, während die in den Regeln definierten Limits abhängig von der Geschäftsentwicklung angepasst werden müssen. Dazu ist es wichtig, dass der Prozess der Regelerstellung auch auf das Erfassen von Veränderungen ausgerichtet ist. Insgesamt hat sich die metadatenbasierte Ausnahmebehandlung bei der Swiss Re bewährt und die angedachten Weiterentwicklungen befinden sich teilweise bereits in der Entstehung.

4.4 Fallstudie C: Datenstrukturmanagement bei den Winterthur Versicherungen

Die Winterthur Versicherungen sind eine international tätige Versicherungsgesellschaft mit Sitz in Winterthur. Die Produktpalette für Privat- und Unternehmenskunden gliedert sich in die beiden Sparten Leben und Nichtleben und umfasst z. B. Personen-, Sach-, Haftpflicht-, Fahrzeug- und Reiseversicherungen sowie über diverse Tochtergesellschaften auch Gesundheits-, Rechtsschutz- und Kredit-/Kautionsversicherungen) [Winterthur 2002].

4.4.1 Begründung für die Auswahl der Fallstudie

Bereits mit dem Aufkommen des Datenmanagements als zentralisiertem Aufgabenbereich für eine zielgerichtete Verwaltung von Informationsressourcen im Unternehmen wird die Entwicklung und Verwaltung standardisierter Datenelemente als eine zentrale Aufgabe des Datenmanagements gesehen. Ortner et al. beschreiben dies schon 1990 und weisen auf die Bedeutung von „Metadaten-Verwaltungssoftware“ zur Unterstützung dieser Aufgabe hin [Ortner et al. 1990, S. 17]. Die Bezeichnung *Datenelement* wird auch in der Praxis benutzt, um implementierungsunabhängige Einheiten von Daten zu bezeichnen. Ortner et al. definieren Datenelemente als „die kleinsten organisatorischen[29] Einheiten zur (semantischen) Strukturierung von Informationen zwecks ihrer Erfassung, Speicherung (Verwaltung), Verarbeitung und Bereitstellung (Nutzung)“ [Ortner et al. 1990, S. 18]. Anhand der in Abschnitt 3.4 entwickelten Kriterien können Beschreibungen solcher Datenelemente als Metadaten eingeordnet werden.

Mit zunehmender Komplexität des Datenmanagements infolge der sich ausweitenden Verbreitung der Informationstechnologie in Unternehmen finden auch im Datenmanagement Spezialisierungsprozesse statt, die dazu führen, dass die Verwaltung und Standardisierung von Metadaten in einem eigenen Bereich unter der Bezeichnung Metadatenmanagement zusammengefasst werden (vgl. Abschnitt 3.7). Die Fallstudie beschreibt ein in der Praxis erprobtes Konzept für die Verwaltung standardisierter Datenstrukturen. Neben einer Unterstützung durch geeignete Softwaresysteme bzw. -komponenten wird dabei vor allem auch die Bedeutung einer organisatorischen Einbeziehung in die Entwicklungsprozesse deutlich (vgl. [Ortner et al. 1990, S. 30]). Diese wurde auch bei den Winterthur Versicherungen früh erkannt und führten dazu, dass dem Fachkonzept ein organisatorisches Konzept zur Seite gestellt wurde. Die Fallstudie zeigt den Beitrag des Organisationskonzepts für eine erfolgreiche Umsetzung der Datenstrukturstandardisierung und beschreibt dabei gewonnene Erfahrungen.

4.4.2 Metadatenmanagement bei den Winterthur Versicherungen

Seit 1998 wird bei den Winterthur Versicherungen (WV) das Standardwerkzeug Platinum Repository MVS (PR/MVS) für die Metadatenverwaltung auf der Host-Plattform OS/390 eingesetzt. Auf Basis dieses Werkzeugs werden verschiedene, über ein Metaschema verbundene Anwendungen betrieben, wobei zur Zeit der Schwerpunkt auf der Dokumentation und Generierung von Datenstrukturen für die operativen Backend-Systeme der Winterthur liegt. Unter der Bezeichnung *WinRepository* ist das Gesamtsystem organisatorisch der Abteilung Softwareentwicklungssupport zugeordnet, die allgemeine Dienstleistungen für die Entwicklungsabteilungen des Informatikbereichs erbringt. Abbildung 30 zeigt die einzelnen Funktionsgruppen der Abteilung Softwareentwicklungssupport, wobei das WinRepository in der Verantwortung der Einheit Datenmanagement der Gruppe Softwareentwicklungsverfahren liegt.

[29] Das Attribut „organisatorisch“ ist hier in bezug auf eine Datenorganisation zu verstehen. Dem gegenüber wird der Begriff im Kontext dieser Arbeit im Sinne der Organisation als sozialem Gebilde verwendet.

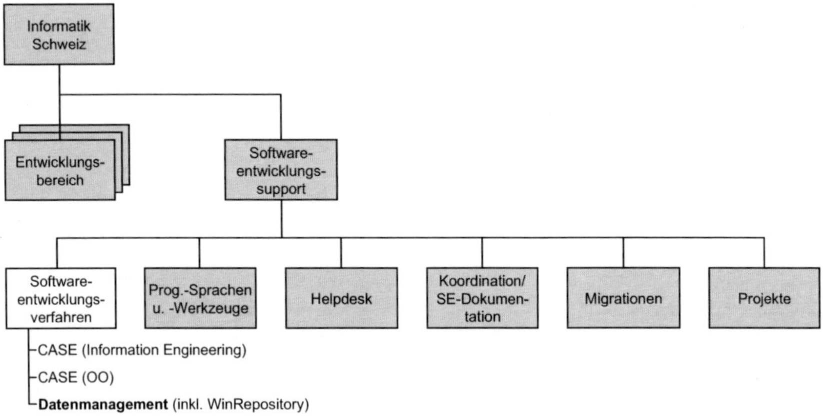

Abbildung 30: Aufbauorganisation des Bereichs Informatik bei den Winterthur Versicherungen

Zum Zeitpunkt des Projektstarts im Jahr 1998 wurde das Repository-Produkt von der Firma Platinum entwickelt und vertrieben. Mittlerweile gehört das Werkzeug nach Konsolidierungen im Markt für Repository-Produkte der Firma Computer Associates (CA), die es unter der neuen Bezeichnung Advantage Repository weiterentwickelt und explizit auch für die Verwaltung von Metadaten für DWH-Systeme vermarktet. Das Produkt wird mit einer Reihe von vorgefertigten Metadatenschemata (*Metadata Models* genannt) für verbreitete Standardsoftwareprodukte wie IBM- und Oracle-Datenbanken oder SAP R/3 ausgeliefert, die jedoch beliebig für die eigenen Zwecke angepasst werden können. Passend zu den verfügbaren Metadatenschemata gehören Scanner (Programme zum automatischen Auslesen von Metadaten aus Quellcode) und Importschnittstellen (z. B. für DB2-Datenbankkataloge) zum Funktionsumfang. Das Repository stellt ein API zur Verfügung, über das nahezu beliebig auf die Inhalte zugegriffen werden kann. Als vollwertiges Repository-Produkt werden darüber hinaus spezielle Funktionen für Versionierung, Auswirkungsanalysen (Impact Analysis) sowie standardisierte Benennungen (Naming Standards) angeboten.

Die Architektur, mit der das WinRepository bei den Winterthur Versicherungen betrieben wird, entspricht der eines verteilten Repository (vgl. Abschnitt 3.7.3.3). Metadaten werden aus den Quellsystemen in das Repository kopiert, verbleiben aber weiterhin auch in den sie produzierenden Systemen. Die Nutzung der Metadaten im WinRepository beschränkt sich allerdings nicht auf passive Dokumentationsfunktionen. Im Rahmen einer semi-aktiven Nutzung (vgl. Abschnitt 3.5) werden die Metadaten ab dem Zeitpunkt der Übernahme in das WinRepository zentral in diesem verwaltet und für die Generierung von Datenstrukturen bei der Softwareentwicklung genutzt.

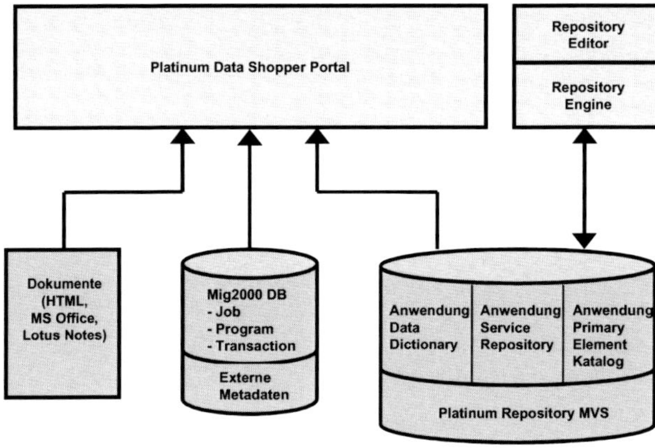

Abbildung 31: Architektur des WinRepository-Systems
(in Anlehnung an [Stäubli 2001, S. 8])

Wie in Abbildung 31 dargestellt können die Anwender über eine browserbasierte Schnittstelle lesend auf die Repository-Inhalte zugreifen. Hierzu wird die Komponente Platinum Data Shopper genutzt. Über den Data Shopper werden auch externe Metadaten integriert, die nicht über das WinRepository verfügbar sind (Mig2000 DB). Für die Administration und Pflege des WinRepository steht innerhalb der OS/390-Umgebung ein Editor zur Verfügung.

4.4.2.1 Repository-Anwendung WinDataDictionary

Bei der Einführung wurde die Anwendung *WinDataDictionary* als Pilot-Anwendung auf Basis des Repository-Systems entwickelt. Das WinDataDictionary dient im Sinne eines klassischen Data Dictionary dazu, Datenschemata und -strukturen der wichtigsten DB2-basierten Applikationen für das Versicherungsgeschäft zu katalogisieren und zu dokumentieren. Dabei wurden zunächst existierende Dokumentationen aus den bereits bestehenden, dezentralen Data Dictionaries in das Repository übernommen. Applikationen, für die keine Dokumentationen ausserhalb des Programmcodes vorliegen, werden nach und nach übernommen, wenn Anpassungen ausgeführt werden müssen. Die Integration der bisherigen Data Dictionaries war der erste Schritt zur Umsetzung einer Strategie, mit der das Metadatenmanagement unternehmensweit integriert und zentralisiert werden soll. Mit dieser Strategie werden bei den WV folgenden Ziele verfolgt:

- Projektübergreifende Abstimmung und Nutzung von Entwicklungsergebnissen,
- Vereinfachung der Kommunikation zwischen den verschiedenen Applikationen bzw. Entwicklungsprojekten und
- Bereitstellung einer zentralen Wissensbasis für die Entwickler, das Datenmanagement und sonstige Interessenten.

Für die Anwendung WinDataDictionary wurden diese allgemeinen Ziele folgendermassen konkretisiert:

- Die DB2-bezogenen Entwicklungsergebnisse sollen zentral verwaltet und für alle Entwickler zugänglich gemacht werden.
- Die Wiederverwendung geeigneter Resultate soll gefördert werden.

Übertragen auf die in Abschnitt 3.3 beschriebene ANSI/SPARC-Architektur für Datenbanksysteme deckt das WinDataDictionary die Ebene Datenbankschema vollständig und die Ebenen Datenschema und internes Schema teilweise ab. Auf Ebene Datenbankschema gehören hierzu sämtliche Metadaten, die zur Erstellung einer DB2-Datenbankinstanz benötigt werden, also z. B. Metadaten über *Databases*, *Tablespaces*, *Tables* und *Columns*, *Primary* und *Foreign Keys*, *Indices* etc. Auf Ebene Datenschema werden Beschreibungen der fachlichen Bedeutungen der Tabellen und ihrer Spalten hinterlegt. Es besteht allerdings noch keine direkte Verbindung zu den ER-Schemata, die in einem eigenständigen Modellierungswerkzeug verwaltet werden. Ausserdem werden zu den fachlichen Beschreibungen Datentypen und Feldlängen geführt.

Neben den eher passiven Nutzungsaspekten im Rahmen von Dokumentation und Wiederverwendung wird das WinDataDictionary auch aktiv für die Generierung der DB2-Datenbankinstanzen über SQL-DDL sowie dazugehöriger Datenstrukturen für Programm-Module genutzt. Abbildung 32 zeigt eine graphische Übersicht über den Ablauf von Erfassung und Generierung aus einer internen Dokumentation der WV.

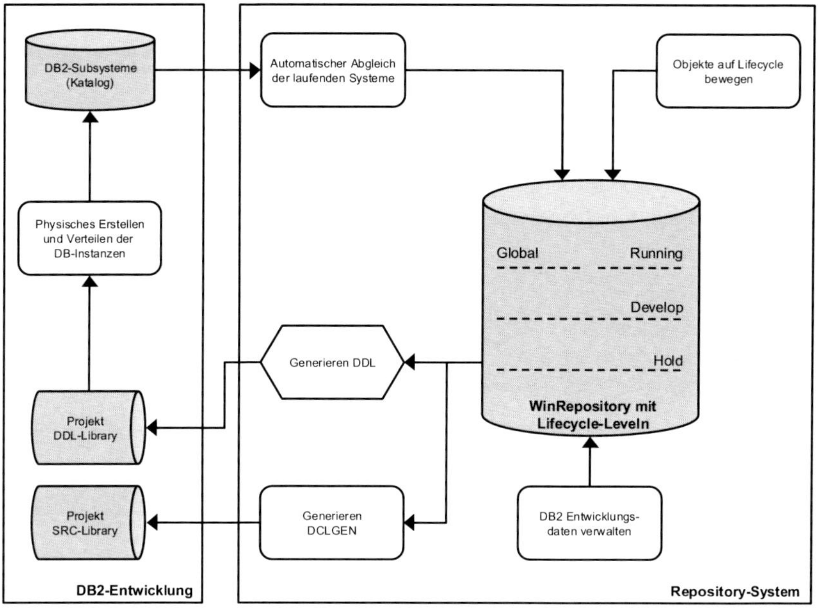

Abbildung 32: Zusammenspiel zwischen DB2-Entwicklung und WinRepository/DataDictionary

Dargestellt ist der Kreislauf zwischen Repository-System und DB2-Entwicklung. Die Metadaten der WinDataDictionary-Anwendung werden dazu genutzt, SQL-DDL-Anweisungen zu generieren, die den Aufbau der DB2-Datenbankschemata definieren. Passend zu den DB2-Strukturen werden hierbei auch Deklarationen für die Datenstrukturen der Programme generiert, die später auf die Datenbank zugreifen (DCLGEN). Die DDL-Module werden für jedes Projekt getrennt von den Quelltext-Modulen in einer eigenen Library verwaltet. Aus dieser Library werden die physischen Datenbankschemata erzeugt und verteilt. Änderungen an den Datenbankschemata, die im laufenden Betrieb der Datenbanksysteme anfallen, werden automatisch mit den Metadaten im WinDataDictionary abgeglichen. Zur besseren Kontrolle der Veränderungen an Metadaten im WinRepository liegt dem System ein Lebenszyklus-Konzept zugrunde, das bei den WV für sämtliche Softwareentwicklungsergebnisse gilt. Dabei durchläuft ein Metadatenobjekt während seiner Existenzperiode verschiedene Zustände, beginnend mit seiner Entstehung bis hin zu seiner Löschung nach Ausserbetriebnahme seiner Applikation[30]. Im WinRepository werden momentan vier Zustände des Lebenszyklus abgebildet:

[30] Vgl. in diesem Zusammenhang auch das Konzept des Begriffslebenszyklus in der Fallstudie zum Terminologiemanagement in Abschnitt 4.2.

- Der Zustand *HOLD* stellt die Phase dar, in der ein Metadatenelement erstellt und bearbeitet wird. Metadatenelemente im Repository können nur in diesem Zustand manipuliert werden.
- In den Zustand *DEVELOP* gelangen Ergebnisse nach Abschluss der Bearbeitung und dem Abgleich mit anderen Metadatenelementen. Sie stehen dann als Basis für weitere Entwicklungsschritte, wie z. B. Generierung der DB2-Strukturen oder COBOL-Copy-Strecken, Design und Realisierung der Programme, zur Verfügung.
- Den Zustand *RUNNING* tragen Metadatenelemente, deren Entwicklung im Rahmen des jeweiligen Projekts beendet wurde. Sie treten dann als Bestandteile einer in Betrieb genommenen Applikation auf.
- Mit dem Zustand *GLOBAL* werden standardisierte Elemente des Datenmanagements gekennzeichnet. Diese Elemente sind projektübergreifend abgestimmt und stellen somit eine Gesamtsicht auf sämtliche Datenstrukturen dar. Elemente mit dem Status GLOBAL sind für die Wiederverwendung vorgesehen und dürfen nur unter ausdrücklicher Zustimmung des Datenmanagements geändert werden.

Die Zustände sowie die erlaubten Übergänge lassen sich wie folgt graphisch darstellen:

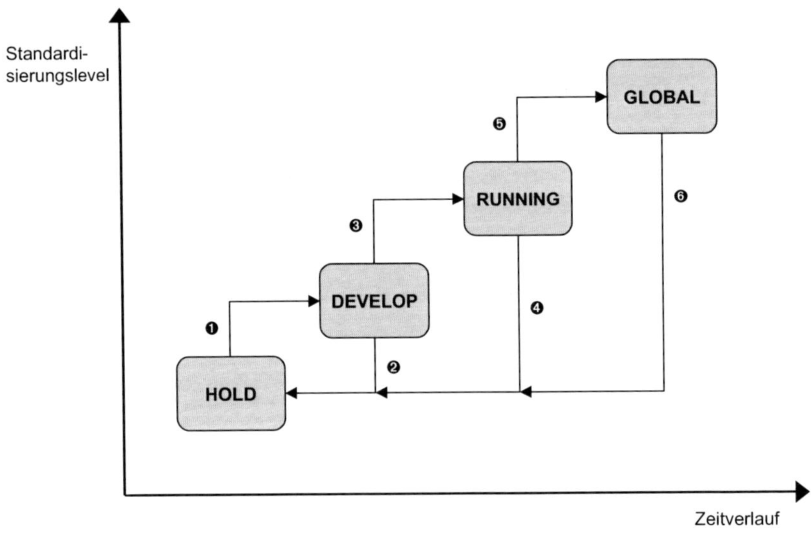

Abbildung 33: Erlaubte Zustandsübergänge im WinRepository-Lebenszyklus

Die Übergänge zwischen den Zuständen sind definiert und in Tabelle 24 beschrieben.

Nr.	Ausgangszustand	Zielzustand	Beschreibung
1	HOLD	DEVELOP	Übergabe der Metadatenelemente in die Phase Detailanalyse/Realisierung nach Abschluss der Qualitätssicherung.
2	DEVELOP	HOLD	Bereitstellung bereits bearbeiteter und geprüfter Metadatenelemente im Status HOLD für nachträgliche Änderungen.
3	DEVELOP	RUNNING	Übergabe der definitiven Metadatenelemente in den produktiven Status (Synchronisationsprozess).
4	RUNNING	HOLD	Bereitstellung der Basisinformationen zur Bearbeitung einer neuen Anforderung.
5	RUNNING	GLOBAL	Kennzeichnung der Metadatenelemente, die projektübergreifend abgestimmt sind.
6	GLOBAL	HOLD	Bereitstellung globaler Metadatenelemente zur Überarbeitung.

Tabelle 24: Zustandsübergänge im WinRepository-Lebenszyklus

Die Bearbeitung der Attribute erfolgt über einen Editor mit zeichenorientierten Bildschirmmasken, der über ein Menü sowie über eine Kommandozeile gesteuert werden kann. Abbildung 34 zeigt die Darstellung des Datenelements POLNR (Policennummer) in einer Bildschirmmaske der Anwendung WinElementRepository.

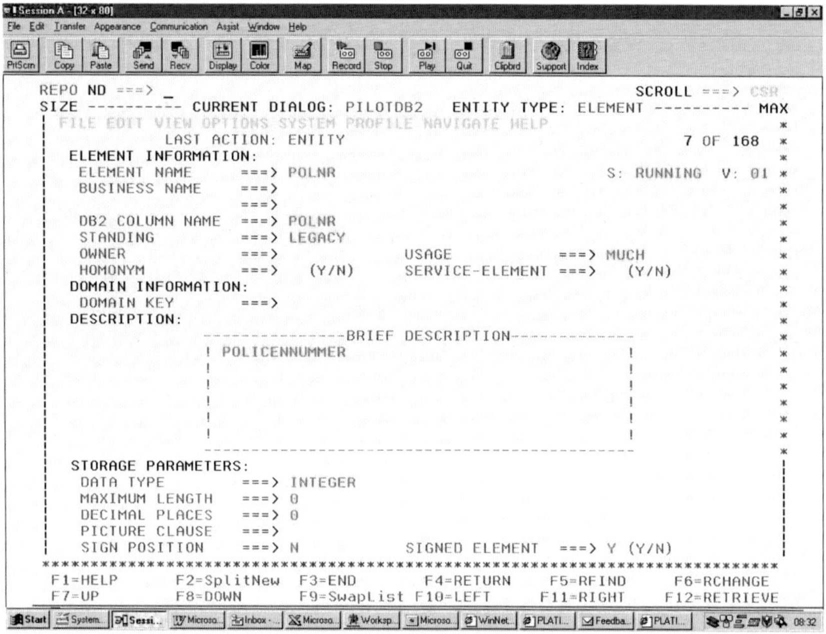

Abbildung 34: Bildschirmmaske der Anwendung WinElementRepository

4.4.2.2 Repository-Anwendung WinServiceRepository

Nach erfolgreicher Einführung der Pilot-Anwendung WinDataDictionary wurde in einem Nachfolgeprojekt die Anwendung *WinServiceRepository* realisiert. Das WinServiceRepository umfasst technische und fachliche Beschreibungen von CORBA-Services[31], die bei den WV zur losen Kopplung von verteilten Applikationen eingesetzt werden. Die Servicedefinitionen umfassen insbesondere Schnittstellenspezifikationen, Datenstrukturen der Services und Beziehungen zu Elementen des WinDataDictionary. Darüber hinaus sind unstrukturierte Metadaten, wie z. B. Word- und Lotus-Notes-Dokumente, eingebunden. Für die Verwaltung der Servicedefinitionen werden geeignete Entwickler als Service-Coaches bestimmt.

4.4.2.3 Repository-Anwendung WinElementRepository

Momentan befindet sich eine dritte Repository-Anwendung in der Entwicklung, das *WinElementRepository*. Die Erfahrungen mit dem WinDataDictionary haben ge-

[31] Die Common Object Request Broker Architecture (CORBA) ist ein Konzept für die transparente Kommunikation lose gekoppelter Objekte in verteilten Applikationen und wird von der OMG als offener Industriestandard entwickelt [Ferstl/Sinz 2001, S. 400].

zeigt, dass mit dieser Anwendung zwar ein erster Schritt zur Erreichung der eingangs beschriebenen Ziele gemacht werden konnte, aber insbesondere das Ziel einer systematischen Wiederverwendung von Datenstrukturen nicht zufriedenstellend erreicht werden konnte. Als Ursache für die niedrige Wiederverwendungsquote wurden bei den WV zwei Eigenschaften des WinDataDictionary ausfindig gemacht:

- Komplexe Datenstrukturen, die aus einer Vielzahl von Elementen zusammengesetzt sind, werden oftmals für einen ganz spezifischen Verwendungszweck bestimmt und eignen sich daher nicht besonders gut für eine Wiederverwendung.
- Für eine systematische Wiederverwendung von Datenstrukturen waren die bisher vom WinDataDictionary erfassten Metadaten nicht ausreichend. Das WinDataDictionary beinhaltet in erster Linie technische Metadaten, die für die Generierung von Datenstrukturen benötigt werden. Für die Wiederverwendung benötigen die Entwickler darüber hinaus jedoch Metadaten der Kategorien Organisations- und Systembezug wie z. B. Angaben über Verantwortliche für einzelne Datenelemente (Ownership).

Die Anwendung WinElementRepository zielt darauf, diese Hindernisse bei der Wiederverwendung zu beseitigen. Um das Problem der Zweckgebundenheit komplexer Datenstrukturen zu umgehen, betrachtet das WinElementRepository ausschliesslich atomare Datenelemente aus dem Platinum Metadatenschema. Um einerseits die plattformunabhängige Verwaltung von Metadaten und andererseits auch die Generierung von Datenstrukturen für konkrete Zielplattformen zu ermöglichen, enthält das DB2-Metadatenschema den grundlegenden Entitätstyp ELEMENT, der als Baustein für die Erstellung von spezifischen Datenstrukturen z. B. für DB2- oder Oracle-Datenbanken dient. Der Ausschnitt aus dem DB2-Metadatenschema von Platinum in Abbildung 35 zeigt den Zusammenhang zwischen den Generalisierungstypen SUB_ELS, der ELEMENT, ALIAS und GROUP zusammenfasst sowie COLUMNS, der zur Beschreibung von DB2-spezifischen Typen von Tabellenattributen dient.

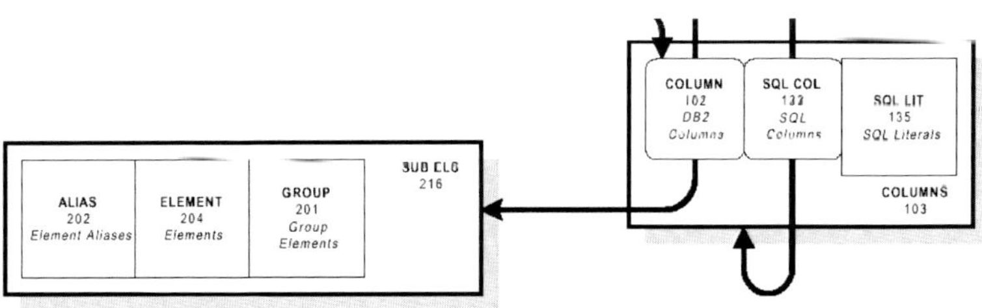

Abbildung 35: Ausschnitt aus dem DB2-Metadatenschema
[Platinum 1998, Kap. 2, S. 15]

Während bei der Pilot-Anwendung WinDataDictionary die vordefinierten Metadatenschemata unverändert übernommen wurden, nutzten die WV die von Platinum vorgesehenen Erweiterungsmöglichkeiten, um zusätzliche Metadaten bei den Beschreibungen der Datenelemente aufzunehmen. Für jedes Datenelement können im WinElementRepository zusätzlich zu den Beschreibungen des WinDataDictionary folgende Attribute angegeben werden:

Attribut	Beschreibung
`reuse_standing`	Zusätzlich zu den Zuständen des Lebenszyklus wurde das Attribut STANDING eingeführt, um den Entwicklungsstand eines Datenelements aus Sicht des WinElementRepository zu dokumentieren und dadurch eine bessere Einschätzung der Wiederverwendbarkeit zu ermöglichen. Das Attribut STANDING kann folgende Ausprägungen annehmen: • `legacy` – Bei der Übernahme von Datenelementen aus bestehenden Applikationen erhalten diese standardmässig den Status `legacy`. • `approved` – Nach erfolgreicher Überprüfung der übernommenen Datenelemente durch das Datenmanagement wird der Status auf `approved` gesetzt und das Datenelement damit zur Wiederverwendung freigegegeben. • `obsolete` – Soll ein Datenelement zukünftig nicht mehr verwendet werden, kann der Owner den Status auf `obsolete` setzen. Solchermassen markierte Datenelemente werden später von einem Wartungsprozess automatisch gelöscht, wenn keine Verwendungen mehr vorhanden sind. • `import` – Dieser Status markiert Datenelemente, die durch den Abgleich mit laufenden Applikationen neu in das Repository aufgenommen werden (vgl. Abbildung 32).
`data_owner`	Organisationseinheit, welche die Applikation betreut, für die das Datenelement ursprünglich erstellt wurde. Der Data Owner trägt die inhaltliche Verantwortung für die Beschreibung des Datenelements.
`usage`	Erlaubter Verwendungsbereich innerhalb der Organisation, z. B. `much` (Market Unit Switzerland). Das Attribut Usage wird ebenfalls vom Owner festgelegt.
`alias`	Gibt andere Datenelemente mit gleicher fachlicher Bedeutung aber unterschiedlichem Namen (`logical_alias`) oder Implementierungsdetails (`physical_alias`) an.

Tabelle 25: Zusätzliche Beschreibungsmöglichkeiten im WinElementRepository

Um die Übersichtlichkeit über die vorhandenen Datenelemente sowie die Auffindbarkeit einzelner Datenelemente zu verbessern, kann jedes Datenelement hinsichtlich seiner Bedeutung im Zusammenhang mit anderen Datenelementen klassifiziert werden.

Ein *Primary-Datenelement* ist ein fachlich wichtiges Datenelement. Primary-Datenelemente entstehen durch den Übergang von Elementen des Status RUNNING auf den Status GLOBAL, durch Generalisierung von ähnlichen Datenelementen über Alias-Beziehungen, auf Vorschlag des Owner oder des Datenmanagements.

Ein *Service-Datenelement* ist ein Element, das für die Wiederverwendung durch CORBA-Services freigegeben ist. Durch die Service-Datenelemente werden Verbindungen zu den Inhalten des WinServiceRepository hergestellt. CORBA-Services können jedoch auch Datenelemente verwenden, die nicht als Service-Element gekennzeichnet sind.

Die Bedeutung der *ALIAS-Kennzeichnung* wurde bereits in Tabelle 25 beschrieben. In Abbildung 36 wird am Beispiel des Datenelements *Branche* gezeigt, wie mehrere zunächst unabhängige, aber inhaltlich zusammengehörige Ausprägungen dieses Elements im Status RUNNING durch Definieren von Alias-Beziehungen und Festlegen eines Primary-Datenelements *Branche* strukturiert werden.

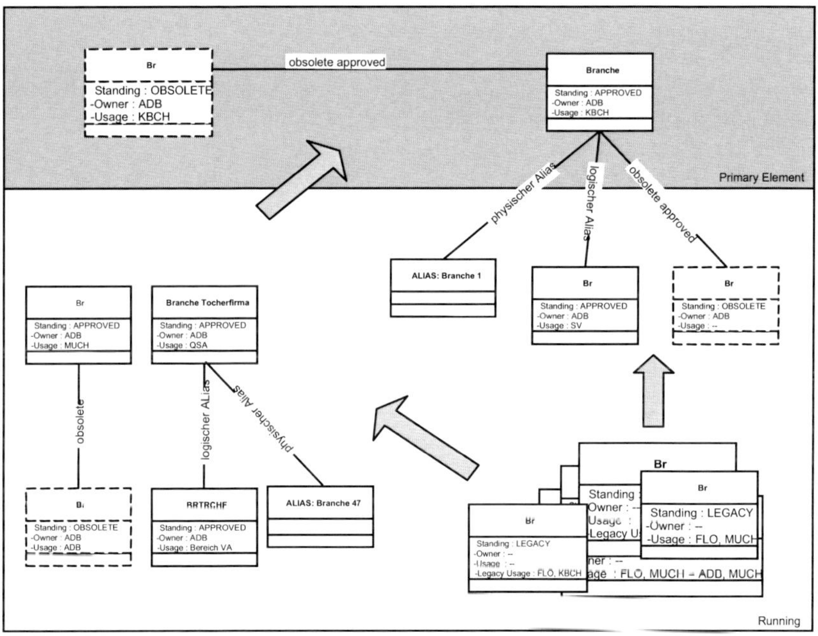

Abbildung 36: Strukturierung von mehreren Datenelementen zur Abbildung der Branche [Stäubli 2001, S. 7]

Die drei Anwendungen WinDataDictionary, WinServiceRepository und WinElementRepository bilden die Basis für das zentrale Metadatenmanagement bei den WV. Alle drei Anwendung arbeiten auf dem selben physischen Datenbestand innerhalb des Repository-Systems. Die Anwendungen WinServiceRepository und WinElementRepository ergänzen den Kern-Datenbestand des WinDataDictionary um spezifische Metadaten für das Management der CORBA-Services und eine systematische Wiederverwendung von Softwareentwicklungsergebnissen.

Schon bei der Entscheidung für die Einführung des Repository-Systems und der Konzeption der Pilot-Anwendung wurde bei den WV erkannt, dass nicht allein die Gestaltung des Repository-Systems der kritische Faktor für eine erfolgreiche Etablierung in der Softwareentwicklung sein würde. Vielmehr war man sich bewusst, dass gerade das Ziel, die Wiederverwendungsrate zu steigern, eine Anpassung der Softwareentwicklungsprozesse erfordern würde. Im folgenden Abschnitt werden daher unter Nutzung der in Abschnitt 4.1 beschriebenen PROMET-BPR-Techniken die Prozesse und Rollen beschrieben, die bei den WV für den Einsatz des WinRepository entworfen wurden.

4.4.3 Analyse der organisatorischen Prozesse für den Einsatz des WinRepository

Die Beschreibung der Fallstudie konzentriert sich im folgenden auf die organisatorischen Prozesse für die Nutzung des WinRepository unter besonderer Berücksichtigung der Anwendungen WinDataDictionary und WinElementRepository. Das WinServiceRepository wird bewusst ausgeklammert, da die spezielle Ausrichtung auf die Unterstützung von CORBA-Services nicht im Fokus der Arbeit liegt.

Bei den WV war man sich bereits zu einem frühen Zeitpunkt bewusst, dass die organisatorische Einbindung des Repository in den Softwareentwicklungsprozess wichtigen Anteil an einer erfolgreichen Einführung haben würde. Konnten die Entwickler bisher nahezu beliebig Datenstrukturen erstellen und die Dokumentation (insbesondere unter Zeitdruck) auf einen späteren Zeitpunkt verschieben, sollten mit der Einführung des WinRepository in Zukunft Datenstrukturen nur noch im Rahmen eines definierten Prozesses erstellt werden können. Ziel des Prozesses ist es, die Konsistenz der Systemdokumentation sicherzustellen sowie die Wiederverwendung bereits vorhandener Softwareentwicklungsergebnisse zu fördern. Dazu enthielt bereits das erste Konzept zum WinRepository eine Beschreibung von zusätzlichen Aktivitäten und deren Einordnung in den standardisierten Softwareentwicklungsprozess der WV. Zudem wurden Verantwortlichkeiten und Kompetenzen durch Beschreibung von Rollen für die Arbeit mit dem WinRepository festgelegt. Mit der Einführung der Pilot-Anwendung wurden dann auch das zugehörige Organisationskonzept umgesetzt. Mit der Entwicklung des WinElementRepository, das sich momentan noch in der Testphase befindet, wurden die bisherigen Erfahrungen mit dem Organisationskonzept gesammelt und auf dieser Grundlage das Konzept überarbeitet. Die Vorgehensweise unterscheidet sich daher von der Vorgehensweise der Swiss-Re-Fallstudie A, bei der es nicht nur um die Analyse eines bestehenden Konzepts sondern auch um eine Neugestaltung der Prozesse ging. Für die Analyse der Prozesse bei den WV wurden einerseits teilstrukturierte Interviews geführt und andererseits Dokumentationen, Konzepte und Handbücher aus dem Umfeld des WinRepository untersucht.

4.4.3.1 Architekturplanung

Als zentrales Ergebnis der Architekturplanung sind die Prozesse des Datenstrukturmanagements bei den Winterthur Versicherungen und ihre gegenseitigen Leistungsbeziehungen in der in Abbildung 37 dargestellten Prozesslandkarte aus Sicht des für das WinRepository zuständigen Datenmanagements zusammengefasst.

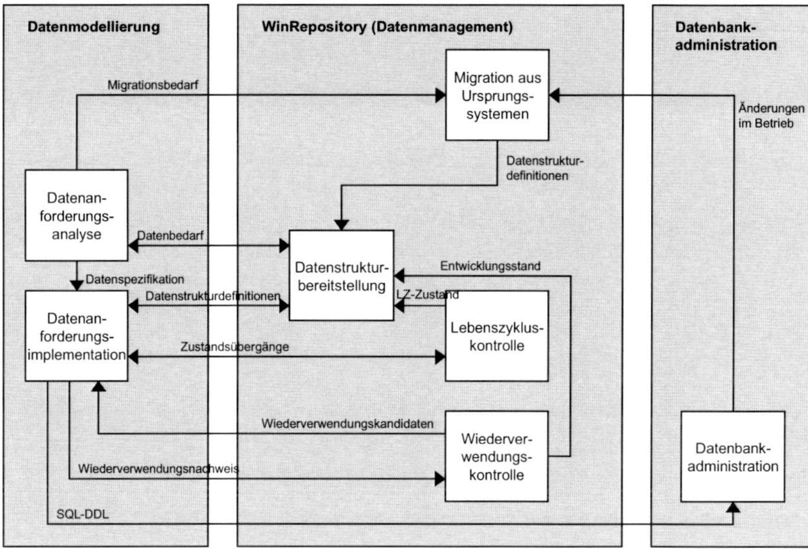

Abbildung 37: Prozesslandkarte Datenstrukturmanagement bei den Winterthurer Versicherungen

Die vom Datenmanagement bereitgestellten Leistungen werden im Rahmen der Softwareentwicklung vor allem bei sämtlichen Aufgaben im Zusammenhang mit der Datenmodellierung in Anspruch genommen. Unter Datenmodellierung soll hier neben der Erstellung konzeptioneller und interner Datenschemata auch die Erstellung von Datenstrukturen in Programmen verstanden werden. Auf Basis der bei der Datenmodellierung erstellten Schemata werden anschliessend von der Datenbankadministration die physischen Datenbank-Instanzen generiert und bereitgestellt.

Nach der Übernahme von Datenstrukturen aus allen Applikationen und Datenbanken bei der Einführung des WinDataDictionary werden nun neue bzw. noch nicht übernommene Datenstrukturen jeweils nach Bedarf in das WinRepository migriert. Ein Bedarf besteht dann, wenn Änderungen an den betroffenen Systemen gemacht werden müssen. Mit bereits in das Repository migrierten Systemen wird regelmässig ein Abgleich durchgeführt, um Änderungen in den laufenden Systemen nachzuvollziehen. Die einzelnen Prozesse sind im folgenden Prozessverzeichnis aufgelistet und beschrieben:

Prozess	**Wichtige Aufgaben**	**Aufgabenträger**
Migration aus Ursprungs-systemen	Erstmalige Übernahme von Datenstrukturen aus Ursprungssystemen in das WinRepository, regelmässiger Abgleich zwischen WinRepository und laufenden Systemen.	Datenadministrator, Datenverantwortlicher, Datenbankadministrator
Lebenszyklus-kontrolle	Anwenden des Lebenszyklus auf die Repository-Objekte, d. h. die Objekte werden überprüft und ihr Zustand festgelegt. Zustandsänderungen können auf Anfrage aus der Softwareentwicklung ausgeführt werden.	Datenverantwortlicher, Datenadministrator
Wieder-verwendungs-kontrolle	Kontrolle des Entwicklungsstands von Repository-Objekten und Zuordnung der entsprechenden STANDING-Ausprägung (vgl. Tabelle 25), Ermittlung von Wiederverwendungskandidaten, Dokumentation von Wiederverwendungsbeziehungen.	Datenverantwortlicher, Datenadministrator
Datenstruktur-bereitstellung	Computergestützte Verwaltung von Datenstrukturen im WinRepository, d. h. Import, manuelle Erfassung und Aktualisierung der Beschreibungen. Bereitstellung von Datenstrukturdefinitionen für die Softwareentwicklung.	Datenverantwortlicher
Datenanforde-rungsanalyse	Aus den allgemeinen Anforderungen für ein Entwicklungsprojekt werden spezielle Anforderungen hinsichtlich der benötigten Daten abgeleitet. Mit Hilfe des WinRepository lässt sich ermitteln, welche Datenstrukturen in einer Applikation bereits bestehen und welche für die Erfüllung der neuen Anforderungen noch erstellt werden müssen.	Datenverantwortlicher
Datenanforde-rungs-implementati-on	Umsetzen der ermittelten Datenanforderungen, d. h. auf der Basis der vom WinRepository bereitgestellten Metadaten werden Datenstrukturen generiert oder manuell codiert. Für Datenbanken wird SQL-DDL generiert und an die Datenbankadministration übermittelt.	Datenverantwortlicher, Programmierer
Datenbankad-ministration	Physisches Erstellen und Bereitstellen der Datenbank-Instanzen. Abgleich der im Betrieb angfallenden Änderungen mit dem WinRepository.	Datenbankadministrator

Tabelle 26: Prozessverzeichnis Datenstrukturmanagement bei den WV

Auf der Grundlage von Prozesslandkarte und Prozessverzeichnis und den allgemeinen Zielen des Datenstrukturmanagements kann folgende Prozessvision formuliert werden.

4.4.3.2 Prozessvision

Für das Datenstrukturmanagement der WV sind zwei Konzepte wesentlich. Erstens der Ansatz, sämtliche Datenstrukturen und ihre Datenelemente zentral im WinRepository zu verwalten und für die Verwendung aus dem WinRepository zu generieren. Darauf aufbauend wird zweitens bei einem Bedarf an Datenstrukturen im Rahmen der Softwareentwicklung die Wiederverwendung als Standardvorgehen festgelegt. Datenelemente sollen nur dann neu erstellt werden, wenn eine Wiederverwendung nicht möglich ist. Die Prozessvision expliziert diese Eckpunkte in den Prozessgrundsätzen:

- Datenstrukturen werden zentral im WinRepository verwaltet. Aktualität, Konsistenz und Integrität werden durch regelmässigen Abgleich mit den Ursprungssystemen gewährleistet.
- Das WinRepository ist die zentrale Quelle für das Generieren von Datenstrukturen. Datenstrukturen, die nicht aus dem WinRepository generiert werden können, sind bei ihrer Erstellung unverzüglich in das WinRepository zu übernehmen.
- Tritt im Rahmen der Softwareentwicklung Bedarf nach Datenstrukturen bzw. Datenelementen auf, ist zunächst die Möglichkeit der Wiederverwendung von Datenstrukturen aus dem WinRepository zu überprüfen. Nur wenn eine Wiederverwendung auch nach Rücksprache mit dem Datenadministrator ausgeschlossen ist, dürfen neue Datenelemente oder -strukturen erstellt werden.
- Im Rahmen der Softwareentwicklung ist der Entwicklungsstand der Datenstrukturen ständig über den Lebenszykluszustand sowie die Beschreibungsattribute des WinRepository zu dokumentieren.
- Softwareentwickler arbeiten insbesondere bei der Datenmodellierung eng mit dem Datenverantwortlichen ihres Projekts sowie einem Datenadministrator zusammen.

4.4.3.3 Leistungsanalyse

Im Rahmen der Leistungsanalyse wurden die Ist-Leistungen des Datenstrukturmanagements bei den WV aufgenommen. Die grundlegenden Leistungen des Datenstrukturmanagements sind die Bereitstellung von Datenstrukturdefinitionen für die Wiederverwendung und das Generieren von konkreten Datenstrukturen auf physischer Ebene. Leistungsempfänger sind die Softwareentwicklungsbereiche der WV.

Für die Bereitstellung dieser Leistungen werden im Rahmen der Prozesse die folgenden Einzelleistungen benötigt.

Leistung	Beschreibung
Datenstrukturdefinition	Beschreibung von Datenstrukturen zur Verwendung im Softwareentwicklungsprozess und insbesondere der Datenmodellierung.
Datenbedarf	Beschreibung der Daten, die gemäss den Anforderungen eines Softwareentwicklungsprojektes von einer darin zu entwickelnden Applikation bearbeitet werden sollen. Falls es sich um die Anpassung einer bereits bestehenden Applikation handelt, kann über das WinRepository ermittelt werden, welche Daten bereits von der Applikation verwaltet werden.
Datenspezifikation	Ergebnis der Datenanforderungsanalyse. Die Datenspezifikation beschreibt detailliert die Datenstrukturen bzw. -schemata, die vom Programmierer erstellt bzw. wiederverwendet werden sollen.
Migrationsbedarf	Der Migrationsbedarf bezeichnet eine Menge von Datenstrukturen und deren Ursprungssysteme, die neu in das WinRepository zu übernehmen sind.
Wiederverwendungs-kandidaten	Beschreibungen von Datenstrukturen, die im Rahmen der Datenanforderungsimplementation wiederverwendet werden.
Wiederverwendungs-nachweis	Angaben zur Wiederverwendung von Datenstrukturen im Rahmen der Datenanforderungsimplementation, die wiederum im WinRepository dokumentiert werden.
Änderungen im Betrieb	Angaben zu Änderungen an Datenstrukturen bzw. -schemata während des laufenden Betriebs der zugehörigen Systeme.
Zustandsübergang	Benachrichtigung über den Übergang einer Datenstruktur von einem Zustand des Lebenszyklus in einen anderen.
Lebenszykluszustand	Aktueller Zustand einer Datenstruktur im Lebenszyklus.
Entwicklungsstand	Aktuelle Ausprägung des Attributs STANDING zur Kennzeichnung des Entwicklungsstands.

Tabelle 27: Leistungsverzeichnis Datenstrukturmanagement

4.4.3.4 Ablaufplanung

Innerhalb der Organisationseinheit Datenmanagement, die zentral Dienstleistungen für die Softwareentwicklungsbereiche bereitstellt, ist der *Datenadministrator* der Ansprechpartner der Entwicklungsprojekte für alle Belange rund um das WinRepository.

Datenadministrator		
Aufgaben	**Kompetenzen**	**Verantwortlichkeiten**
- Unterstützt Entwicklungsprojekte bei Fragen der Nutzung der Datenanforderungen (Nutzung projektexterner Datenquellen, allgemeine Fragen der Datenanalyse und des Datenentwurfs etc.) - Fördert aktiv die Wiederverwendung der Inhalte des WinRepository - Prüft die Projektergebnisse auf Kompatibilität mit den bereits vorhandenen Datenstrukturen und Regeln, bevor das Projekt in die Realisierungsphase übertritt	- Hinzufügen und Ändern von Repositoryobjekten unter Abstimmung mit jeweiligem Data Owner - Ändern des Lebenszykluszustands gemäss Zustandsübergangsdefinition unter Abstimmung mit jeweiligem Data Owner - Überprüfung und Freigabe von Repositoryobjekten für die Wiederverwendung - Strukturierung der Datenelemente durch Festlegung von Primary- und ServiceElementen sowie Alias-Beziehungen	- Verantwortlich für die projektübergreifende Abstimmung von mehrfach verwendeten oder verwendbaren Datenstrukturen auf logischer (Datenelemente) und physischer Ebene (DB2-Objekte). - Verantwortlich für Konsistenz und Integrität der Win-Repository-Datenbasis - Zusammen mit Data Owner verantwortlich für die Einhaltung von Qualitätsanforderungen - Prozessverantwortung WinElementRepository

Tabelle 28: Rollenbeschreibung Datenadministrator

Innerhalb eines Entwicklungsprojekts ist jeweils mind. ein *Datenverantwortlicher* explizit für die Verwaltung der Datenstrukturen im Zusammenhang mit Modellierung, Entwurf und Umsetzung der Datenanforderungen zuständig. In Zusammenarbeit mit dem Datenadministrator ist er für die Verwaltung der Projektdaten im WinRepository zuständig.

Datenverantwortlicher		
Aufgaben	**Kompetenzen**	**Verantwortlichkeiten**
- Analyse und Umsetzung der Projektanforderungen aus Datensicht - Übermittlung und Abstimmung der Projektanforderungen an Datenadministrator - Bereitstellung der Basisinformationen für die Generierung von DB2-Datenbanken - Projektinterne Abstimmung der Entwicklungsaktivitäten im Datenbereich	- Lesender Zugriff auf alle Entwicklungsdaten im WinRepository - Erfassung und Bearbeitung von Repositoryobjekten im Status HOLD - Überführung von Objekten im Status RUNNING oder DEVELOP nach HOLD zur Bearbeitung bzw. Generierung - SQL-DDL-Generierung - Vertretung des Projektes gegenüber externen Stellen im Sinne eines projektinternen Datenmanagements	- Verwaltung der projektbezogenen Daten im WinRepository unter Beachtung der Regeln und Standards des Datenmanagements - Abstimmung der gemeinsamen Nutzung von Datenstrukturen mit anderen Projekten (unterstützt durch Datenadministrator)

Tabelle 29: Rollenbeschreibung Datenverantwortlicher

Der *Data Owner* von Datenstrukturen ist i. d. R. das Entwicklungsprojekt bzw. die Organisationseinheit, die für die Applikation zuständig ist, in der eine Datenstruktur erstmals erzeugt wurde. Der Data Owner trägt die inhaltliche Verantwortung für seine Datenstrukturen und entscheidet insbesondere über Änderungen. Im Zusammenhang mit dem WinRepository ist der Data Owner weniger eine eigentliche Rolle sondern eher eine Kompetenz (daher auch die Bezeichnung Ownership). Die Kompetenzen des Data Owner werden sinnvollerweise in vielen Fällen vom Datenverantwortlichen des entsprechenden Projekts wahrgenommen.

Data Owner		
Aufgaben	**Kompetenzen**	**Verantwortlichkeiten**
Keine im Zusammenhang mit dem WinRepository	Entscheidet über Änderungen der ihm zugeordneten Datenelemente und -strukturen	- Verantwortlich für die im Rahmen der Zweckbestimmung wirklichkeitsgetreue Abbildung von betrieblichen Sachverhalten über die ihm zugeordneten Datendefinitionen - Verantwortlich für die Korrektheit und Vollständigkeit der ihm zugeordneten Datendefinitionen

Tabelle 30: Rollenbeschreibung Data Owner

Innerhalb eines Entwicklungsprojekts sind i. d. R. mehrere *Programmierer* für die Implementierung der funktionalen Anforderungen zuständig und erstellen bzw. verwenden bei dieser Tätigkeit Datenstrukturen.

Programmierer		
Aufgaben	**Kompetenzen**	**Verantwortlichkeiten**
- Analyse und Umsetzung der Projektanforderungen aus Funktionssicht - Umsetzung der Funktionsanforderungen in Programme und dabei Nutzung der im WinRepository bereitstehenden Datenstrukturen	- Lesender Zugriff auf alle Entwicklungsdaten im WinRepository - Formulierung von technischen Datenanforderungen gegenüber Datenverantwortlichem	- Umgang mit projektbezogenen Datenstrukturen unter Beachtung der Regeln und Standards des Datenmanagements

Tabelle 31: Rollenbeschreibung Programmierer

Der *Datenbankadministrator* ist für die Generierung und den Betrieb der DB2-Datenbanken zuständig. Organisatorisch ist er weder dem Datenmanagement noch der Softwareentwicklung direkt zuzuordnen, sondern gehört bei den WV zu einer eigenen Organisationseinheit Systemadministration.

Datenbankadministrator		
Aufgaben	**Kompetenzen**	**Verantwortlichkeiten**
- Ergänzen der aus dem Projekt kommenden Basisinformationen zur Erstellung der benötigten DB2-Datenbanken - Erstellung der Datenbanken in der gewünschten Zielumgebung - Abstimmung mit den Rollen Datenverantwortlicher und Datenadministrator	Keine im Zusammenhang mit dem WinRepository	Beachtung der Regeln und Standards des Datenmanagements

Tabelle 32: Rollenbeschreibung Datenbankadministrator

4.4.4 Erfahrungen

Durch die stufenweise Einführung des zentralisierten Datenstrukturmanagements bei den WV ab 1998 konnte bereits eine Reihe von Erfahrungen gesammelt werden, die im folgenden zusammengefasst sind.

Laut Aussage der interviewten Gesprächspartner hat sich der Einsatz des WinRepository grundsätzlich gut bewährt. Mittlerweile ist es zu einem festen Bestandteil bei der Softwareentwicklung im Host-Bereich geworden (vgl. [Joseph et al. 2002, S. 3f.]). Von den gesteckten Zielen konnten die vereinfachte Kommunikation zwischen den Entwicklungsprojekten und das Bereitstellen einer zentralen Dokumentationsquelle für die Systementwicklung in zufriedenstellendem Masse erreicht werden. Die Verbesserung der Wiederverwendungsquote sowie die dazu nötige projektübergreifende Abstimmung und Nutzung von Softwareentwicklungsergebnissen wird nun mit der Einführung des WinElementRepository adressiert, das sich allerdings momentan noch in der Testphase befindet. In diesem Bereich hat auch die Anwendung WinServiceRepository für CORBA-bezogene Projekte eine Verbesserung gebracht.

Einer vollumfänglichen Realisierung der angestrebten Ziele stehen momentan aber noch Probleme im Weg. Einerseits leidet die Akzeptanz des Repository-Systems an der mangelnden Benutzerfreundlichkeit der zur Verfügung stehenden Anwendungen. Abbildung 34 zeigt die zeichenorientierte Benutzeroberfläche des Repository-Editors, die über eine Kommandozeile und Funktionstasten gesteuert wird. Diese Art der Darstellung und Bedienungsführung entspricht nicht den Bedienungsstandards graphischer Benutzeroberflächen, die heute im Bereich der Personal Computer üblich sind. Mitarbeiter, die mit dem System arbeiten sollen (z. B. Datenadministrator und Datenverantwortliche) müssen erst aufwendig geschult werden. Während dies für Mitarbeiter, die regelmässig mit dem System arbeiten, noch hinnehmbar ist, wird für Mitarbeiter, die das System nur sporadisch benötigen, die Motivation für die Nutzung des Systems herabgesetzt. Dieser Problematik wurde teilweise durch den Einsatz des Platinum Data Shopper gelöst, der einen Zugriff über Standard-Webbrowser aus dem Intranet ermöglicht. Der Funktionsumfang der Data-Shopper-Komponente ist allerdings stark eingeschränkt. Insbesondere ist kein schreibender Zugriff auf die Daten möglich, wodurch der Data Shopper für eine Reihe von Aufgaben nicht verwendbar ist.

Andererseits erwachsen Probleme aus der Rolle des Datenverantwortlichen in den Entwicklungsprojekten. Der Datenverantwortliche ist als Schnittstelle zwischen Projekt und WinRepository bzw. Datenmanagement gedacht und soll die Interessen des Projekts gegenüber dem Datenmanagement vertreten. Andererseits ist er auch verantwortlich für die Einhaltung der Prozesse und Richtlinien, die für den Umgang mit Datenstrukturen bei den WV festgelegt wurden. In der Realität gelingt es dem Datenverantwortlichen allerdings häufig nicht, seine Aufgaben wie vorgesehen auszuführen. Häufig werden vom Datenverantwortlichen lediglich bereits realisierte Änderungen im Repository nachträglich dokumentiert. Der Wiederverwendungsgedanke wird in den Projekten also nur ungenügend umgesetzt. Ursache dafür ist nach Meinung von Mitarbeitern des Datenmanagements eine Überforderung des Datenverantwortlichen, der seine Aufgaben häufig zusätzlich zu anderen Aufgaben im Projekt wahrnehmen muss. Zusätzlich wird die Arbeit mit dem WinRepository durch Redundanzprobleme erschwert, da insbesondere durch Migrationen immer wieder Datenelemente mehrfach geführt werden. Dadurch entstehen Verzögerungen für die Programmierer, die mit den Datenstrukturen arbeiten. Die Programmierer, die es bisher gewohnt waren, Datenstrukturen eigenständig nach Bedarf zu erstellen, sind oftmals nicht bereit, diese Datenstrukturen erst mit dem Datenverantwortlichen abzuklären oder von ihm anzufordern. Sie empfinden dieses Vorgehen eher als zusätzliche Arbeitsbelastung, da der Nutzen von standardisierten, wiederverwendbaren Datenstrukturen sich nicht unmittelbar für den einzelnen Programmierer einstellt.

4.5 Fallstudie D: Metadatenbasiertes Datenqualitätsmanagement bei Credit Suisse Financial Services

Die Credit Suisse Group ist ein internationaler Finanzdienstleister mit Sitz in Zürich, der im Sinne des Allfinanzgedankens Vermögensverwaltung für Privat- und Firmenkunden im weitesten Sinne (z. B. Spar-, Lebensversicherungs- und Anlageprodukte) sowie Investment Banking für institutionelle Kunden anbietet. Die *Credit Suisse Financial Services* ist der für die Vermögensverwaltung zuständige Konzernbereich, während das Investment Banking von der *Credit Suisse First Boston* betreut wird [Credit Suisse 2002]. Die Fallstudie wurde im Data Warehousing der Credit Suisse Financial Services durchgeführt.

4.5.1 Begründung für die Auswahl der Fallstudie

Für das zielgerichtete Verbessern der Qualität einer individuellen Datenmenge ist zunächst das Erheben der aktuellen Datenqualität dieser Datenmenge nötig. Aus der Strukturierung und Formatierung der Daten ergeben sich grundlegende Konsistenz- und Integritätsbedingungen, deren Einhaltung für die Verwendbarkeit der Daten (d. h. für ihre Qualität) wichtig ist. Metadaten zur Beschreibung solcher Konsistenz- und Integritätsbedingungen, wie z. B. Schemadefinitionen, sind eine geeignete Ausgangsbasis zur Ermittlung der Datenqualität. Die folgende Fallstudie beschreibt ein Konzept für das Datenqualitätsmanagement, welches zusätzlich zu den genannten Metadaten weitere Metadaten einbezieht, die den aufgabenspezifischen Qualitätsanspruch der Anwender beschreiben. Darüber hinaus werden die Informationen über die Datenqualität wiederum als Metadaten gespeichert. Durch den metadatenbasierten Ansatz können bestimmte Aufgaben des Datenqualitätsmanagements, wie z. B. die Qualitätsprüfung, automatisiert werden. Die Fallstudie verdeutlicht, dass automatisierte und nicht-automatisierte Aufgaben zu Prozessen verknüpft werden müssen, um ein metadatenbasiertes Datenqualitätsmanagement für das Data Warehousing zu etablieren.

4.5.2 Datenqualität als Leistung des Metadatenmanagements

Das Datenqualitätsmanagement (DQM) für das Data Warehousing der Credit Suisse Financial Services (CSFS) basiert auf dem Konzept eines in die Metadatenverwaltung integrierten, proaktiven Datenqualitätsmanagements von Helfert [Helfert 2002, S. 131ff.].[32] Dieses Konzept wurde im Rahmen des CC DW2 in einem Forschungsprojekt für die Credit Suisse erarbeitet und anschliessend umgesetzt. Auslöser für das Projekt waren häufig wiederkehrende Beschwerden der Verwender der DWH-Daten über falsche bzw. unbrauchbare Daten. Da die Datenqualität vor Einführung des DQM nicht eigens ermittelt wurde, liess sich auch die Frage der Datenverwender nach der Nutzbarkeit der Daten oftmals nicht beantworten. Von Endanwenderseite wurde deshalb eine leicht verständliche Darstellung der Qualität von Daten und Berichten gewünscht, wie z. B. eine an die Symbolik einer Verkehrsampel angelehnte farbliche Kennzeichnung für die Qualitätsausprägungen „gut“, „ausreichend“ und „nicht zu verwenden“. Mittels einer Analyse von Fehlerprotokollen wurden folgende zentrale Datenqualitätsprobleme identifiziert

[32] Das Konzept und seine Umsetzung bei der CSFS sind in der Dissertation von Helfert ausführlich beschrieben (siehe [Helfert 2002]). Im folgenden wird das Konzept deshalb nur vereinfacht erläutert. Die Darstellung konzentriert sich auf die für das Verständnis der Fallstudie nötigen Aspekte.

wurden folgende zentrale Datenqualitätsprobleme identifiziert [Helfert 2002, S. 137f.]:[33]

- Interpretationsprobleme bei Auswertungen aus verschiedenen Analysesystemen, die entgegen der Erwartung nicht übereinstimmende Ergebnisse enthielten;
- Uneinheitliche Definitionen von Datenelementen auf physischer Ebene;
- Nicht eingehaltene Datenspezifikationen;
- Unvollständige und inkorrekte Datenwerte und Datenbeziehungen;
- Dynamisch schwankende Datenqualitätsniveaus.

Das Forschungsprojekt zielte einerseits auf die kontinuierliche Verbesserung der Datenqualität (insbesondere hinsichtlich der identifizierten Problemstellungen) und andererseits auf die Bereitstellung geeigneter Qualitätsaussagen für die Datenverwender. Langfristiges Ziel war die Verankerung des Datenqualitätsmanagements sowohl in der DWH-Systemumgebung als auch in der damit verbundenen Organisationsstruktur. Für die Erreichung dieser Ziele wurde das Konzept des proaktiven Datenqualitätsmanagements entwickelt, das auf drei Säulen basiert [Helfert 2002, S. 101f.]:

- Etablierung des DQM als Teil der allgemeinen Qualitätsphilosophie und Unternehmenskultur. Dazu Ableitung von DQ-Strategien aus der Unternehmensstrategie und Operationaliserung der Strategien durch Zielvorgaben für das Informations- und Datenqualitätsmanagement bis hin zur Ebene von einzelnen IS-Komponenten und Prozessen.
- Gestaltung des organisatorischen Rahmens des DQM, d. h. Festlegen von Aufbau- und Ablauforganisation, Kompetenzen und Verantwortlichkeiten. Integration und permanente Verbesserung der DQM-Organisation in die existierende Organisationsstruktur.
- Bereitstellung geeigneter Methoden, Verfahren und Werkzeuge für die Ausführung der Qualitätsprozesse.

Voraussetzung für das Entwickeln von Massnahmen zur Verbesserung der Datenqualität ist das Konkretisieren des Datenqualitätsbedarfs der unterschiedlichen Anwendergruppen sowie der Vergleich der dadurch ermittelten Soll-Datenqualität mit der Ist-Datenqualität (vgl. [English 1999, S. 137ff.]). Sollen die Ermittlung der Ist-Datenqualität und die Durchführung von Ist/Soll-Vergleich automatisiert werden, sind Kennzahlen zur quantitativen Beschreibung der Datenqualität hilfreich. Nach-

[33] Eine detaillierte Analyse der Datenqualitätsforderungen in den betrachteten Projekten der CSFS findet sich bei Helfert [Helfert 2002, S. 141ff.].

folgend sind exemplarisch einige der für die CSFS erarbeiteten Qualitätskennzahlen aufgeführt [Helfert 2002, S. 185]:

$$Vollständigkeit = \frac{Gesamtzahl\ der\ Datentupel - Anzahl\ von\ Nullwerten}{Gesamtzahl\ der\ Datentupel}$$

$$Glaubwürdigkeit = \frac{Anzahl\ widerspruchsfreier\ Werte}{Gesamtzahl\ der\ Datentupel}$$

$$Widerspruchsfreiheit = 1 - \frac{Gesamtzahl\ verletzter\ Bedingungen}{Anzahl\ spezifizierter\ Bedingungen}$$

$$Aktualität = \frac{Anzahl\ erfolgreicher\ Transferprozesse}{Anzahl\ geplanter\ Transferprozesse}$$

$$Datenqualitätsrate = \frac{Aktuelle\ Qualitätskennzahl}{Akzeptierte\ Qualitätskennzahl}$$

Die somit ermittelten DQ-Daten werden gemeinhin als Metadaten betrachtet (z. B. [Rothenberg 1996, S. 3ff.], [Marco 2000, S. 31ff.], [Helfert/Herrmann 2002, S. 100]) und besitzen auch die in Abschnitt 3.4 beschriebenen Charakteristiken von Metadaten. Wegen der engen Beziehung zwischen DQM und MDM wurde beim Entwurf der Systemkomponenten zur Unterstützung des DQM bei der CSFS von vorne herein eine Integration mit den Komponenten zur Metadatenverwaltung angestrebt. Das hierzu entwickelte Konzept für ein metadatenbasiertes Datenqualitätssystem illustriert folgende Abbildung:

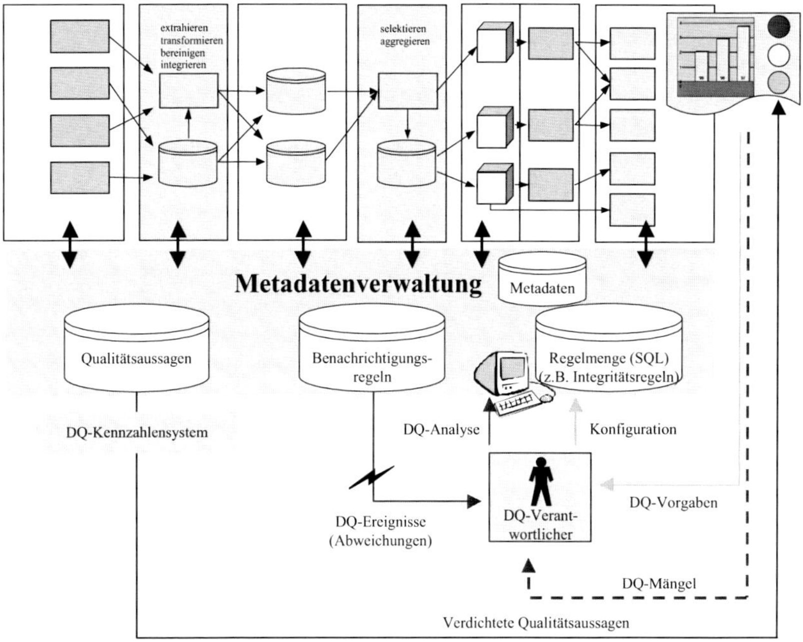

Abbildung 38: Konzept eines metadatenbasierten Datenqualitätssystems [Helfert 2002, S. 140]

Ausgehend vom DWH-System der CSFS, das im grundlegenden Aufbau weitgehend mit der in Abschnitt 2.1 vorgestellten Schichtenarchitektur übereinstimmt,[34] werden spezifische Qualitätsmetadaten im Metadatenmanagementsystem verwaltet. Diese lassen sich in drei Typen von Qualitätsmetadaten unterscheiden: *Qualitätsaussagen* werden durch die Verknüpfung von Qualitätskennzahlen gebildet und geben die Qualität einer Datenmenge zu einem Zeitpunkt an. Zur (teil)automatisierten Prüfung der Datenqualität werden *Prüfregeln* eingesetzt, die in einer Regelmenge zusammengefasst sind. Der Einsatz von Regeln erfolgt hier in analoger Weise wie bei der Ausnahme-Erkennung der Swiss Re (vgl. Abschnitt 4.3.3). Im Unterschied zur Swiss Re werden bei der CSFS die Regeln in SQL formuliert. Treten kritische Qualitätsverletzungen durch Über- oder Unterschreiten von Grenzwerten auf, werden über vordefinierte *Benachrichtigungsregeln* die zuständigen Personen bspw. per E-Mail oder Textnachricht über Funktelefon informiert, die dann problemadäquate Massnahmen einleiten.

Die Regelerstellung und -validierung basiert neben grundlegenden Konsistenz- und Integrationsbedingungen, die aus dem verwendeten Datenbankmodell (z. B. Rela-

34 Eine detailliertere Beschreibung der DWH-Architektur der CSFS bietet [Wegener 2000].

tionenmodell) resultieren, vor allem auch auf dem Expertenwissen von Fachexperten, Datenanalysten und Datenqualitätsexperten (vgl. dazu auch die Beschreibung der Regelerstellung im DQA der Swiss Re in Abschnitt 4.3.3). Aus dem jeweiligen Anwendungszusammenhang werden durch Befragung der zuständigen Experten Bedingungen spezifiziert, die wiederum zu Regeln zusammengesetzt werden. Für die Spezifikation der Regeln wird der Datenmanipulationsteil von SQL benutzt, d. h. über das SELECT-Kommando werden Daten ermittelt, die gegen die im WHERE-Teil der Anweisung angegebenen Bedingungen (nicht) verstossen. Dies soll anhand einiger Beispiele verdeutlicht werden:

Qualitätsmerkmal	**Bedingung**	**Beschreibung**
Wertebereichs- und Attributbedingungen	`geburtsdatum IS date`	Attributwert entspricht dem festgelegten Datentyp/-format.
	`'01.01.1950' <= geburtsdatum <= today`	Attributwert befindet sich in den angegebenen Wertebereichen.
	`geburtsdatum NOT NULL`	Für Pflichtfelder sind keine Nullwerte eingetragen.
Tupel- und Relationenbedingungen	`kontonummer NOT NULL AND UNIQUE`	Schlüsselwerte sind eindeutig.
Referentielle Integrität	`konto.kundennnummer IN kunde.kundennummer`	Fremdschlüsselbeziehungen sind vollständig.
Sonstige Integritätsbedingungen	Summe der Guthaben von System A entspricht altem Guthaben + Kontenbewegungen	Beziehungen zwischen Attributen und Strukturen in den Datenbeständen sind konsistent.
	Durchschnittliches Kreditvolumen verhält sich annähernd linear zur Anzahl der Kunden (d. h. das Kreditvolumen entspricht einem prognostizierten Wert- bzw. Plausibilitätsintervall)	
	`100.000 <= (COUNT (*) FROM konto WHERE transaktion_date = today) <= 110.000`	Datenvolumen wird über ein Plausibilitätsintervall geprüft.

Qualitäts-merkmal	**Bedingung**	**Beschreibung**
Aktualität	`geplanter_zeitpunkt = start_zeitpunkt AND status = 'completed'`	Prüfung auf Ausführung geplanter Transferprozesse, z. B. Transferprozess T ist erfolgreich und vollständig zum geplanten Zeitpunt t abgeschlossen.

Tabelle 33: Beispiele für Bedingungen zur Qualitätsspezifikation und -prüfung (in Anlehnung an [Helfert 2002, S. 182])

Mit einer ausreichenden Anzahl von Prüfregeln lässt sich die Qualitätsprüfung weitgehend automatisieren. Bei der CSFS wird die Qualitätsprüfung im Rahmen des Transformationsprozesses nach der Übernahme der Daten in eine der DWH-Datenbasis vorgelagerten Pufferzone (Staging Area, vgl. auch die Ausführungen zur Staging Area der Swiss Re in Abschnitt 4.3.3) ausgeführt, bevor die Daten in die eigentliche DWH-Datenbasis geladen werden (vgl. [Kaminsky 2000, S. 10]). Mit Hilfe der Benachrichtigungsregeln wird überprüft, ob kritische Regelverletzungen vorliegen, die sofortiger Massnahmen bedürfen. Die Ergebnisse der Qualitätsprüfung werden zu Qualitätsaussagen aufbereitet und als Metadaten gespeichert, die anschliessend von den Datenverwendern abgerufen werden können. Der prinzipielle Ablauf der Qualitätsprüfung für beliebige Datenmengen wird durch Abbildung 39 verdeutlicht.

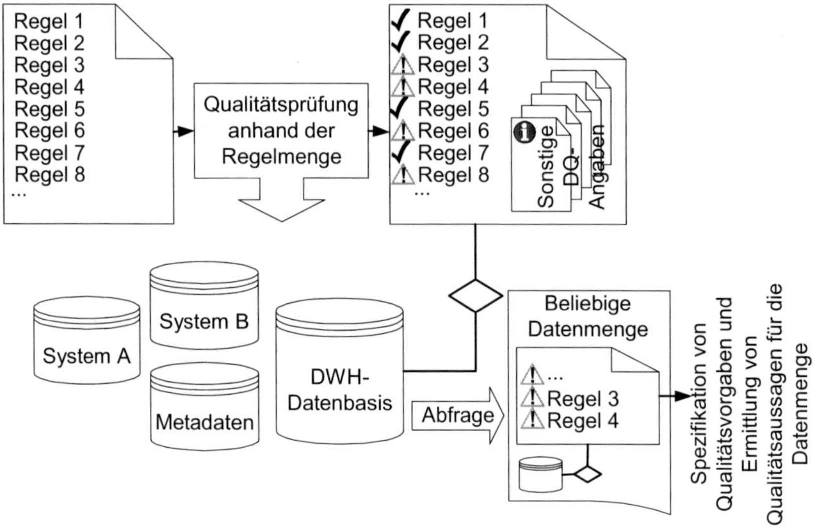

Abbildung 39: Ablauf der regelbasierten Qualitätsprüfung
[Helfert 2002, S. 184]

Das Projekt konzentrierte sich zunächst auf den Entwurf des Konzepts und die Entwicklung der Systemkomponenten. Bereits bei der Erstellung des Konzepts wurde jedoch die Bedeutung einer Organisationsstruktur für die erfolgreiche Etablierung des DQM im Unternehmen deutlich, weshalb die organisatorische Gestaltung zu einem zentralen Bereich des proaktiven DQM erklärt wurde [Helfert 2002, S. 101]. Nach Abschluss des Ursprungsprojekts wurde daher im Rahmen der Einführung des Datenqualitätssystems in einem Folgeprojekt ein organisatorisches Konzept zur Verankerung des DQM in der Organisationsstruktur der CSFS durchgeführt, dessen Ergebnisse im folgenden dokumentiert sind.

4.5.3 Analyse der organisatorischen Prozesse für das metadatenbasierte Datenqualitätsmanagement

Hinter dem Konzept des proaktiven DQM steht grundsätzlich die Idee, das DQM als fortlaufenden Prozess dauerhaft im Unternehmen zu etablieren [Helfert 2000, S. 68]. Der Ablauf des DQM-Prozesses umfasst die vier Aufgabenbereiche

- Definition und Festlegung von DQ-Zielen und DQ-Standards,
- Einschätzung und Messung der Datenqualität,
- Analyse der Ursachen, Erscheinungsformen und Auswirkungen von Qualitätsdefekten sowie

- Umsetzung von Massnahmen zur kontinuierlichen DQ-Verbesserung,

die hintereinander in einem Kreislauf ausgeführt werden [Helfert 2000, S. 66ff.].

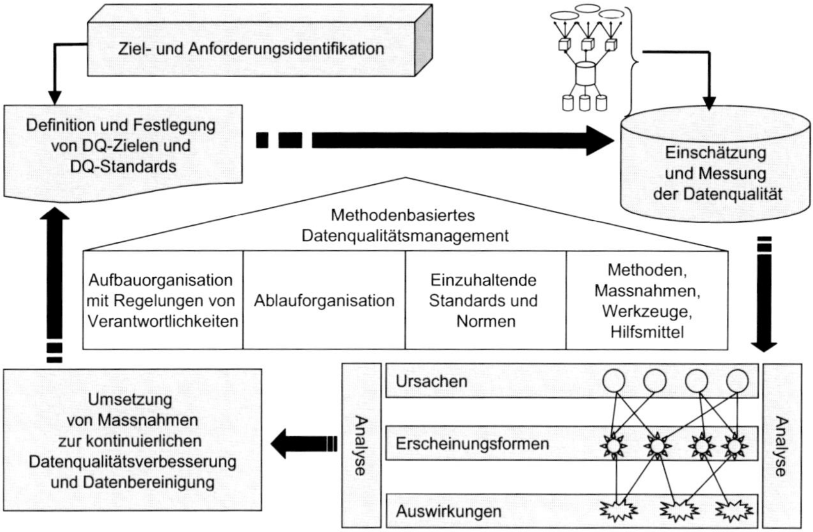

Abbildung 40: DQM-Kreislauf
[Helfert 2000, S. 68]

Zur Verankerung dieses generischen Prozesses muss unter Beachtung unternehmensspezifischer Rahmenbedingungen und Restriktionen eine individuelle Umsetzung für die Bereiche Aufbau- und Ablauforganisation, Standards und Normen sowie Methoden und Werkzeuge entworfen und realisiert werden (vgl. Abbildung 40). Im folgenden wird die konkrete Umsetzung der Aufbau- und Ablauforganisation bei der CSFS beschrieben. Die Teilprozesse des DQM werden jedoch zunächst nur aus Aussensicht betrachtet. Eine detaillierte Behandlung der Aufgabenketten erfolgt in Kapitel 6, in welchem ein integriertes Prozessmodell für das Metadatenmanagement entwickelt wird.

4.5.3.1 Architekturplanung

Der in Abbildung 40 dargestellte DQM-Kreislauf wurde bei der CSFS als Ausgangsbasis für den Entwurf konkreter Prozesse verwendet. Die Abgrenzung der Prozesse erfolgte durch die Analyse der Leistungen, die innerhalb des Kreislaufes ausgetauscht werden müssen, sowie der Art und Weise wie diese Leistungen erstellt und verwendet werden können. Zusätzlich wurden Prozesse aus den Bereichen der DWH-Anwender und -Entwickler einbezogen, die sowohl Leistungen an das DQM erbringen als auch die vom DQM bereitgestellten Leistungen konsumieren. Die

Prozesslandkarte in Abbildung 41 gibt einen Überblick über die identifizierten Prozesse und deren Leistungsaustausch.

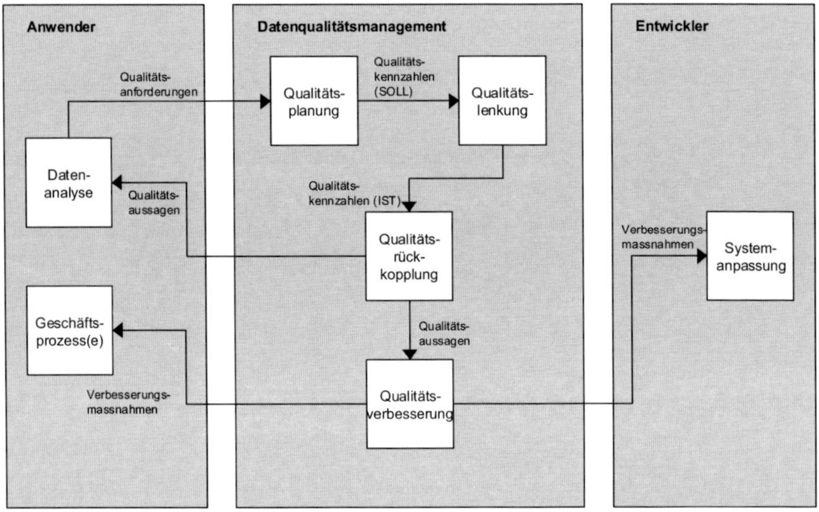

Abbildung 41: Prozesslandkarte für das Datenqualitätsmanagement

Der generische Kreislauf des DQM-Konzepts spiegelt sich in der Prozesslandkarte durch die Abfolge der konkreten Prozesse wieder. Im Zuge der Datenanalyse entstehen Qualitätsanforderungen, die vom DQM in Qualitätskennzahlen zum Messen und Kontrollieren der Qualität umgesetzt werden. Die gemessene Datenqualität wird dann einerseits zu Informationszwecken an die Datenanalyse zurückübermittelt und andererseits als Anhaltspunkt für die Qualitätsverbesserung verwendet. Verbesserungen werden direkt durch Datenbereinigung und indirekt durch Optimierung von Prozessen und Systemen realisiert, in denen die Daten erzeugt werden. Das DQM erhält somit den Charakter eines Regelkreises, in dem die Ist-Datenqualität der Regelgrösse und die Soll-Datenqualität der Führungsgrösse entspricht (vgl. [Helfert 2002, S. 106ff.]). Das Prozessverzeichnis listet die DQM-Prozesse mit ihren wichtigsten Aufgaben auf und ordnet diesen Aufgabenträger zu:

Prozess	**Wichtige Aufgaben**	**Aufgabenträger**
Qualitäts-planung	Erhebung und Analyse der Qualitätsanforderungen, Auswahl von Qualitätsmerkmalen, Ableitung von Qualitätskennzahlen, Festlegen von Sollwerten, Formulierung von Prüfregeln.	Qualitätsadministrator, Qualitätsexperte
Qualitäts-lenkung	Verknüpfen der Kennzahlen mit den zugehörigen Transformationsprozessen, Messen der Datenqualität, Bereitstellung von Messwerten (Ist-Kennzahlen).	Qualitätsadministrator

Prozess	Wichtige Aufgaben	Aufgabenträger
Qualitäts-rückkopplung	Aufbereiten von Qualitätsaussagen, Beliefern der Datenverwender mit Qualitätsaussagen, Identifizieren von Schwachstellen in DWH-Transformationsprozessen und –komponenten	Qualitätsadministrator
Qualitätsver-besserung	Datenbereinigung im Rahmen des DWH-Transformationsprozesses, Analysen von Schwachstellen im Bereich Geschäftsprozesse und Quellsysteme, Massnahmen zur Beseitigung von Schwachstellen.	Qualitätsadministrator, Qualitätsexperte

Tabelle 34: Prozessverzeichnis für das Datenqualitätsmanagement

4.5.3.2 Prozessvision

Die Prozessvision für das Datenqualitätsmanagement der CSFS zielt darauf, das DQM dauerhaft zu etablieren. Dazu umfasst sie folgende Prozessgrundsätze:

- Im Vordergrund steht der konkrete Qualitätsbedarf der Anwender. Verbesserungsmassnahmen werden nur durchgeführt, wenn der Qualitätsanspruch der Anwender nicht erfüllt ist.
- Ist ein ausreichendes Qualitätsniveau erreicht, muss dieses dauerhaft sichergestellt werden. Insbesondere ist eine regelmässige Überprüfung notwendig, um Abweichungen zu entdecken.
- Im Bereich des DWH-Systems ist ein Mitarbeiter verantwortlich für die Umsetzung des DQM-Konzepts (Qualitätsadministrator). Er ist Ansprechpartner für die Qualitätsverantwortlichen der Anwendergruppen in sämtlichen Qualitätsfragen.
- Auf Anwendungsseite werden Qualitätsanspruchsniveaus abgegrenzt (z. B. für ein Projekt), die von je einem Qualitätsexperten gegenüber dem Qualitätsadministrator vertreten werden.
- Die Regelmenge wird sukzessiv erweitert, so dass eine umfassende Qualitätsprüfung für alle Qualitätsanspruchsniveaus gewährleistet ist.
- Die Anwender werden regelmässig mit aktuellen Qualitätsaussagen versorgt. Für kritische Qualitätsverletzungen können besondere Reaktionen festgelegt werden.
- Qualitätsprobleme werden nicht nur identifiziert, sondern auch dauerhaft durch Beseitigung der Ursachen behoben.

4.5.3.3 Leistungsanalyse

Die Prozesse des DQM stehen über einen Leistungsaustausch miteinander in Beziehung. Die Leistungen, die dabei erstellt und verarbeitet werden, sind im folgenden Leistungsverzeichnis beschrieben:

Leistung	Beschreibung
Qualitätsanforderungen	Qualitätsanforderungen in Abhängigkeit von der jeweiligen Anspruchsgruppe und dem Aufgabenfokus des DWH-(Teil)Systems.
Qualitätskennzahlen (Soll/Ist)	Operationalisierung der Qualitätsanforderungen durch aussagekräftige und quantifizierbare Qualitätskennzahlen. Diese dienen sowohl zur Spezifikation der geforderten Datenqualität (Soll) als auch zur Darstellung der gemessenen Datenqualität (Ist).
Messwerte	Konkrete Ausprägungen der Qualitätskennzahlen zu einem definierten Zeitpunkt.
Qualitätsaussagen	Für die Information der Anwender über die Datenqualität werden die Kennzahlen aufbereitet und zu leicht verständlichen Qualitätsaussagen verdichtet.
Verbesserungs-massnahmen	In Abhängigkeit von der Diskrepanz zwischen gemessener und geforderter Datenqualität sowie nach Analyse von Ursachen und Auswirkungen werden vom DQ-Administrator zusammen mit Prozess- und Systemverantwortlichen Verbesserungsmassnahmen entwickelt. Diese beziehen sich auf die Datenentstehung und -verarbeitung und können sowohl organisatorische (Geschäfts)Prozesse als auch Informationssysteme betreffen.
Daten	Daten, die bei der Ausführung der Geschäftsprozesse entstehen und im DWH-System für die Entscheidungsunterstützung transformiert und integriert werden. Auf die DWH-Daten beziehen sich die Qualitätsanforderungen. Es handelt sich nicht um eine Leistung des DQM für das Data Warehousing. Die Auflistung erfolgt lediglich aus Gründen der Vollständigkeit.

Tabelle 35: Leistungsverzeichnis Datenqualitätsmanagement

4.5.3.4 Ablaufplanung

Der *Qualitätsadministrator* ist für die Betreuung des Datenqualitätssystems zuständig und erledigt alle Aufgaben, die mit Kontrolle und Verbesserung der Datenqualität zusammenhängen. Die Rolle ist in der Aufbauorganisation der Organisationseinheit zur Betreuung des DWH-Systems zugeordnet. Die Aufgaben des Qualitätsadministrators umfassen das Definieren von Prüfregeln in Zusammenarbeit mit den Qualitätsexperten der Benutzergruppen, das Messen der Datenqualität, das Aufbereiten von Qualitätsaussagen und das Einleiten von Verbesserungsmassnahmen. Diese Aufgaben hängen eng mit dem ETL-Prozess zusammen und erfordern entsprechendes Fachwissen. Daher ist es sinnvoll, diese Rolle einem Mitarbeiter zuzuordnen, der auch an der Durchführung des ETL-Prozesses beteiligt ist.

Qualitätsadministrator		
Aufgaben	**Kompetenzen**	**Verantwortlichkeiten**
– Konkretisieren von Qualitätsanforderungen durch Kennzahlen – Erstellung und Pflege von Prüfregeln auf Basis der Kennzahlen – Messen der Datenqualität durch Ausführen der Prüfregeln – Aufbereiten der Messergebnisse zu Qualitätsaussagen – Kommunizieren der Qualitätsaussagen – Datenbereinigung und andere Massnahmen zur Qualitätsverbesserung. Diese können auch delegiert werden.	– Festlegen von bindenden Qualitätsrichtlinien und -standards – Definition und Auswahl von Qualitätskennzahlen auf Basis der Anforderungen – Definition und Verwaltung von Prüfregeln – Erstellen von Qualitätsaussagen – Einleiten von Verbesserungsmassnahmen in den Bereichen Prozesse und Systeme	– Verantwortlich für die korrekte und vollständige Umsetzung der Qualitätsanforderungen in Prüfregeln – Verantwortlich für die Verfügbarkeit von Qualitätsaussagen für definierte Qualitätsanspruchsbereiche – Verantwortlich für rechtzeitiges Reagieren auf kritische Qualitätsverletzungen

Tabelle 36: Rollenbeschreibung Qualitätsadministrator

Ob Daten von hinreichender bzw. guter Qualität sind, hängt subjektiv vom jeweiligen Verwendungszweck ab. Bei der CSFS können daher von Anwendergruppen für ihre Datenverwendungszwecke sogenannte *Qualitätsanspruchsniveaus* definiert werden, die spezifische Qualitätsanforderungen und zugehörige Zielgrössen festlegen. Die Definition der Qualitätsanspruchsniveaus auf Basis der jeweiligen Anforderungen ist Aufgabe des *Qualitätsexperten* der Anwendergruppe, der als Ansprechpartner auf Business-Seite für den Qualitätsadministrator fungiert.

Qualitätsexperte		
Aufgaben	**Kompetenzen**	**Verantwortlichkeiten**
– Ermitteln von relevanten Qualitätsmerkmalen in Zusammenarbeit mit Anwendern sowie Qualitätsadministrator – Konsolidierung der Qualitätsanforderungen der Anwender in einem Qualitätsanspruchsniveau – Übermittlung und Abstimmung des Qualitätsanspruchniveaus an Qualitätsadministrator	– Vertretung der Anwender gegenüber Qualitätsadministrator	– Verantwortlich für vollständige und korrekte Erfassung der Qualitätsanforderungen im Anspruchsniveau

Tabelle 37: Rollenbeschreibung Qualitätsexperte

Unabhängig von weiteren Verwendungen der Daten ausserhalb seines Aufgabenbereichs hat der *Data Owner* die Berechtigung, DQ-Anforderungen für die von ihm verantworteten Daten zu formulieren. Hierzu wird dem Data Owner (i. d. R. eine Organisationseinheit wie bspw. ein Projekt oder eine Abteilung) ebenfalls ein Qualitätsexperte zugeordnet. Den Qualitätsanforderungen des Data Owner kommt höhere Priorität wie denen der übrigen Datenverwender zu. Der Qualitätsadministrator hat dies bei der Umsetzung zu berücksichtigen.

4.5.4 Erfahrungen

Für die Umsetzung des DQM-Konzepts der CSFS nimmt das Metadatenmanagement eine entscheidende Rolle ein. Die wesentlichen Daten des DQM-Systems, die Prüfregeln, die Benachrichtigungsregeln und die Qualitätsaussagen, werden als Metadaten zielgerichtet genutzt. Das DQM wird bei der CSFS als wichtiger Aufgabenbereich eines integrierten Metadatenmanagements gesehen. Neben den technischen Systemkomponenten ist für den Erfolg des DQM insbesondere die organisatorische Verankerung von grosser Bedeutung. Ausgangspunkt sind dabei die konkreten Qualitätsbedürfnisse der Anwendergruppen. Diese finden in ihrem Qualitätsexperten einen Kollegen, der einerseits mit den fachlichen Anforderungen des jeweiligen Aufgabenbereichs vertraut ist und andererseits die Möglichkeiten des Datenqualitätssystems zur Erfüllung dieser Anforderungen kennt. In Zusammenarbeit mit dem Qualitätsadministrators, der seinerseits über detaillierte Kenntnisse der Datentransformationsprozesse des DWH-Systems verfügt, können so die Qualitätsanforderungen der Datenverwender für das Datenqualitätssystem operationalisiert werden.

5 Modellierung von organisatorischen Prozessen im Metadatenmanagement

In Kapitel 1 wurden Handlungsbedarf und Vorteile einer prozessorientierten Organisationsgestaltung des Metadatenmanagements gezeigt. Da es sich bei Prozessen um gedankliche Strukturierungen von Arbeitsabläufen handelt, werden in der Praxis Prozessmodelle als Medium eingesetzt, um den beteiligten Mitarbeitern die Art und Weise ihrer Aufgabenverrichtung zur Umsetzung des Prozesses zu vermitteln. Ziel des vorliegenden Kapitels ist die Entwicklung eines Modellierungsansatzes für organisatorische Prozesse des Data Warehousing, wobei die speziellen Anforderungen des Metadatenmanagements im Vordergrund stehen. Ausgehend von dem in Kapitel 2 beschriebenen, allgemeinen Prozessverständnis werden in Abschnitt 5.1 zunächst der Begriff des Prozessmodells geklärt und der Nutzen solcher Modelle untersucht. Anschliessend wird in Abschnitt 5.2 ein allgemeiner Ordnungsrahmen für Qualitätsanforderungen an Modelle auf Prozessmodelle übertragen und im Hinblick auf Prozessmodelle für das Metadatenmanagement operationalisiert. Mit Hilfe des Ordnungsrahmens wird die Verwendung der UML als Modellierungssprache sowie die Einordnung des Modellierungsansatzes in das CWM begründet. Um die hohe Komplexität des Gesamtmodells beherrschbar zu machen, wird in Abschnitt 5.3 eine dreistufige Modellhierarchie eingeführt. Anschliessend gibt Abschnitt 5.4 einen Überblick über das CWM und untersucht die vorhandenen Modellelemente hinsichtlich ihrer Eignung zur Prozessmodellierung. Da die Untersuchung zu dem Ergebnis kommt, dass das CWM in seiner momentanen Form die Modellierung organisatorischer Prozesse nicht in geeigneter Weise unterstützt, wird schliesslich in Abschnitt 5.5 eine Erweiterung des CWM für diesen Zweck beschrieben und mit einem kurzen Beispiel demonstriert.

5.1 Prozessmodelle und ihr Nutzen

Bei Prozessmodellen handelt es sich um eine spezielle Klasse von Modellen, die anhand der spezifischen Ausprägungen der Modelleigenschaften nach Stachowiak abgegrenzt werden kann (in Anlehnung an [Stachowiak 1973, S. 131-133]):

- Prozessmodelle sind Abbildungen von Prozesstypen bzw. Prozessklassen (*Abbildungsmerkmal*). Prozesstypen entstehen durch die Abstrahierung von konkreten Prozessen mit übereinstimmenden Zielen und Verhaltensmustern, die in der Realität ablaufen (vgl. [Rosemann 1996, S. 39], [Bider 2000, S. 3]). Das Bilden von Prozesstypen ist vergleichbar mit dem Bilden von Entitätstypen bei der konzeptionellen Datenmodellierung mit dem ER-Modell.
- Prozessmodelle enthalten jeweils nur die aus Sicht des Modellierers wichtigen Elemente und Beziehungen der Prozesstypen (*Verkürzungsmerkmal*).

- Die Abbildung von Prozesstypen erfolgt stets bezogen auf den Modellierer (und den Modellverwender) zu einem bestimmten Zweck und ist daher zeitlich begrenzt (*Pragmatisches Merkmal*).

Aus dem Verkürzungsmerkmal und dem pragmatischen Merkmal lässt sich folgern, dass über die Bestandteile und den Detaillierungsgrad von Prozessmodellen stets nur zweckbezogen entschieden werden kann (vgl. [Rosemann 1996, S. 39]). Die Betrachtung von Prozessmodellen in dieser Arbeit folgt somit eher einem konstruktionsorientierten als abbildungstheoretischen Modellverständnis, d. h. Bewertungskriterien für die Modellgüte richten sich vor allem nach dem Modellierungszweck (vgl. [Schütte 1998, S. 46ff.], [Leist 2002, S. 5f.]). Prozessmodelle haben sich insbesondere auch zur (formalen) Darstellung der Ablauforganisation von Unternehmen durchgesetzt [Rosemann 1996, S. 39], [Rolf 1998, S. 176ff.]. Aus dem allgemeinen Modellierungszweck *Erklärung und Gestaltung der Ablauforganisation* lassen sich eine Reihe von konkreten Verwendungszwecken für Prozessmodelle ableiten (in Anlehnung an [Curtis et al. 1992, S. 77]):

- Prozessmodelle bilden eine Kommunikationsgrundlage, auf deren Basis die an Prozessen beteiligten Personen diese verstehen und diskutieren können.
- Prozessmodelle helfen bei der Analyse von momentan bestehenden Ist-Prozessen und erlauben die Beschreibung von Prozessoptimierungen in Form von Soll-Prozessen.
- Prozessmodelle stellen eine Verrichtungsanleitung zur Prozessdurchführung für Prozessbeteiligte dar.
- Für das Prozessmanagement ermöglichen Prozessmodelle den Vergleich von derzeitiger Prozessausführung und geplanter Prozessausführung.
- Für die rechnergestützte Prozessautomatisierung ist eine formale Prozessbeschreibung nötig, die in Form von Prozessmodellen dargestellt werden kann.

Diese allgemeinen Verwendungszwecke von Prozessmodellen dienen auch bei der Prozessmodellierung im Rahmen des Entwurfs einer prozessorientierten Organisation für das Metadatenmanagement als grundlegende Motivation und Bestandteile des Modellierungszwecks.

5.2 Operationalisierung der Grundsätze ordnungsmässiger Modellierung für die Prozessmodellierung

In der Literatur existiert eine Reihe von Ansätzen für die Qualitätssicherung von Modellen (vgl. [Schütte 1998, S. 156-175]). Aus den verschiedenen Konzepten wurden die *Grundsätze ordnungsmässiger Modellierung*[35] (GoM) für diese Arbeit ausgewählt. Die GoM bilden einen Ordnungsrahmen zur Steigerung der Qualität von Modellen durch Reduzierung bzw. Beherrschung der mit der Modellierung einhergehenden Komplexität [Rosemann 1998, S. 3]. Unter Qualität wird dabei der Grad an Deckungsgleichheit des Modells mit den Anforderungen des Modellnutzers verstanden [Rosemann 1996, S. 85]. Die GoM bestehen aus sechs Grundsätzen, die für die drei Konkretisierungsstufen *Allgemeine Grundsätze*, *Sichtenspezifische Gestaltungsempfehlungen* und *Methodenspezifische Gestaltungsempfehlungen* spezialisiert werden [Rosemann 1996, S. 86]. Basierend auf diesem generischen Ansatz hat Rosemann Grundsätze für eine ordnungsmässige Prozessmodellierung entwikkelt, die Gestaltungsempfehlungen zur bedarfsgerechten (Prozess-)Modellerstellung beinhalten [Rosemann 1996, S. 85]. Zunächst empfehlen sich die GoM für das Modellierungsvorhaben in dieser Arbeit, da sie ebenfalls auf einem konstruktionsorientierten Modellverständnis [Schütte 1998, S. 55ff.] beruhen. Weiterhin wird die Auswahl damit begründet, dass es sich bei den GoM um den derzeit umfassendsten Ansatz handelt [Schlagheck 2000, S. 58], für den darüber hinaus neben den Arbeiten von Rosemann bereits weitere Vorschläge und Erfahrungen bei der Operationalisierung für die Prozessmodellierung vorliegen. Zu nennen sind hier die Operationalisierung für die Prozesssicht bei Schütte selbst [Schütte 1998, S. 150-156] sowie die Ausgestaltung und Anwendung für die Prozessmodellierung eines konkreten Projekts im Umfeld des Retail Banking [Schütte/Zellner 2002, S. 258-263].

Für eine Annäherung an den Qualitätsbegriff in der (Prozess-)Modellierung werden nun zunächst Qualitätsanforderungen an Modelle betrachtet. Auf das in der Wirtschaftsinformatik weit verbreitete abbildungstheoretische Modellverständnis (vgl. z. B. [Schütte 1998, S. 53], [Leist 2002, S. 5]) beziehen sich die Forderungen von Ferstl und Sinz, die für die Beurteilung der Modellqualität die Betrachtung von zwei Eigenschaftspaaren vorschlagen [Ferstl/Sinz 2001, S. 123]:

- *Konsistenz* und *Vollständigkeit* des konkreten Modells in bezug auf sein Metamodell, d. h. das individuelle Modell muss den Gesetzmässigkeiten des Metamodells genügen [Ferstl/Sinz 2001, S. 123].

- *Struktur-* und *Verhaltenstreue* des konkreten Modells in bezug auf das von ihm abgebildete Objektsystem. Das Objektsystem kann wiederum ein Modell oder ein Ausschnitt der Realität sein. Ein Modell ist strukturtreu, wenn die Modellabbildung homomorph bezüglich der Struktur ist. Es ist verhaltenstreu, wenn die Modellabbildung homomorph bezüglich des Verhaltens ist [Dinkelbach 1973, S. 161]. *Homomorphie* bedeutet in diesem Zusammenhang, dass die Modellabbildung nur in eine Richtung vollständig und eindeutig durchführbar ist [Niemann 1995, S. 59].

[35] Name und Intention der GoM wurden bewusst in Analogie zu den Grundsätzen ordnungsmässiger Buchführung gewählt. Mit der Namensanalogie soll auf die übereinstimmende Zielsetzung der Eingrenzung von Freiheitsgraden hingewiesen werden [Rosemann 1996, S. 85f.].

Während das erste Eigenschaftspaar von den GoM aufgegriffen und insbesondere im Grundsatz der Sprachadäquanz weiterentwickelt wird, ordnet Schütte in seiner Neufassung der GoM die abbildungstheoretisch motivierte Forderung nach Struktur- und Verhaltenstreue im Grundsatz der Konstruktionsadäquanz dem Konstruktionszweck unter [Schütte 1998, S. 111ff.]. Wesentliche Aspekte der GoM nach Schütte sind die Ziele der Modellierung und daraus abgeleitete Modellierungskonventionen. Schütte unterscheidet zwischen Modellierungszweck und Modellierungsziel.[36] Die Unterscheidung der (Qualitäts-)ziele vom Modellierungszweck bei den GoM erlaubt es, Massnahmen zur Einhaltung konkreter Qualitätsziele zu entwickeln. Die GoM ordnen jedem Grundsatz eine Zielklasse zu, die sich wiederum in Zielunterklassen und darin zusammengefasste Einzelziele gliedert. Für die Qualitätssicherung der Prozessmodellierung in dieser Arbeit wurden die neuen GoM unter Einbeziehung der Erkenntnisse von Schütte und Zellner sowie Rosemann für die Modellierung von Prozessen des Metadatenmanagements wie folgt ausgestaltet:

5.2.1 Grundsatz der Konstruktionsadäquanz

Konstruktionsadäquanz dient zur Sicherung der problemangemessenen Nachvollziehbarkeit der Modellkonstruktion [Schütte 1998, S. 113]. Ausgehend von der Erkenntnis, dass Modelle wegen ihrer Subjektivität nie gegen die Realität geprüft werden können, wird die Problemangemessenheit als Kriterium herangezogen. Für die Prozessmodellierung lässt sich die Problemangemessenheit durch einen Konsens zwischen Modellierer und Modellnutzer über den Problembereich und den Betrachtungszweck operationalisieren [Schütte 1998, S. 150]. Ergänzt wird dies durch die Auswahl und Priorisierung der zu modellierenden Prozesse, für die Schütte die Kriterien Prozessergebnisbeitrag und Reorganisationsbedarf vorschlägt [Schütte 1998, S. 150f.]. Neben Konsens über die Problemdefinition bedarf es darüber hinaus Konsens über die Modelldarstellung, um die Freiheitsgrade bei der Wahl der Modellelemente und deren Detaillierungsgrad auf ein sinnvolles Mass einzuschränken [Schütte 1998, S. 151].

Das Erzielen eines Konsens ist im Rahmen eines praktischen Modellierungsprojektes möglich, kann jedoch in dieser Arbeit wegen der zeitlichen und räumlichen Trennung von Modellierer und Modellnutzer nicht geleistet werden. Die Ausprägungen der beschriebenen Konsenskriterien werden aber nachfolgend aus Sicht des Modellierers angegeben, um so einem zukünftigen Modellverwender das Nachvollziehen zu ermöglichen.

---

[36] Schütte orientiert sich damit an einer Unterscheidung, die auch in allgemeinen Zielsystemen von Unternehmen anzutreffen ist [Heinen 1976, S. 89f.]. Solche Zielsysteme unterscheiden zwischen Sachzielen und Formalzielen. Dabei beziehen sich *Sachziele* auf Art und Zweck bspw. der Leistungserstellung, während sich *Formalziele* auf Qualitätsmerkmale von Produkten oder Produktionsprozessen beziehen (vgl. [Heinen 1976, S. 90]).

Als *Problembereich* wird die organisatorische Gestaltung des integrierten Metadatenmanagements für das Data Warehousing abgegrenzt. Es handelt sich um ein Entscheidungsproblem, für dessen Lösung zwischen Alternativen für Ablauf- und Aufbauorganisation ausgewählt werden muss.

Daraus ergibt sich der *Betrachtungszweck*, der im Ermitteln einer „optimalen" Alternative liegt. Wichtiges Entscheidungskriterium sind dabei die ermittelten Nutzenpotentiale des Metadatenmanagements. Die „optimale" Alternative realisiert alle Nutzenpotentiale in effektiver und effizienter Weise.

Das Kriterium der *Prozessidentifikation* spielt vor allem bei der unternehmensweiten Betrachtung von Prozessen eine Rolle. In dieser Arbeit ergeben sich die zu betrachtenden Prozesse durch den abgegrenzten Problembereich; es sind die Prozesse des Metadatenmanagements.

Für die *Modelldarstellung* wird das Prozessverständnis von Österle zugrundegelegt, auf das bereits in Abschnitt 2.3 eingegangen wurde. Es wird die Perspektive des Organisationsgestalters eingenommen und somit stehen primär die organisatorische Schnittstellen und Optimierungsmöglichkeiten im Mittelpunkt der Betrachtung (vgl. [Schütte 1998, S. 151]).

5.2.2 Grundsatz der Sprachadäquanz

Die Sprachadäquanz betrachtet die Relation zwischen dem Modell und der verwendeten Modellierungssprache anhand der Spracheignung und der Sprachrichtigkeit [Schütte 1998, S. 124]. Die Zielklasse *Spracheignung* fordert eine problembezogene Auswahl der Modellierungstechnik und der relevanten Modellierungskonstrukte und umfasst die Einzelziele semantische Mächtigkeit, Formalisierungsgrad und Sprachverständlichkeit. Die *Sprachrichtigkeit* wird bestimmt durch die korrekte Anwendung der Syntax, wie sie durch das Metamodell der Sprache festgelegt ist. Dies betrifft primär die am Anfang von Abschnitt 5.2 beschriebenen Eigenschaften Konsistenz und Vollständigkeit.

Für die Zwecke der Organisationsgestaltung angemessen sind nach Schütte bspw. die *Ereignisgesteuerte Prozesskette*[37] (EPK). Aus dem Problembereich des Metadatenmanagements ergeben sich allerdings besondere Anforderungen an den Formalisierungsgrad der verwendeten Modellierungssprache. Im Metadatenmanagement gelten Prozessmodelle selbst als Metadaten (vgl. bspw. [Devlin 1997, S. 52], [Tozer 1999, S. 265-266] sowie Abschnitt 3.6.3.5 in dieser Arbeit), so dass eine Modellierungssprache zu wählen ist, die eine Verarbeitung der Modellrepräsentation in Form

[37] Die Ereignisgesteuerte Prozesskette ist eine Modellierungstechnik für Prozesse, die aus Petri-Netzen abgeleitet wurde. Es handelt sich um gerichtete Graphen, die zur Modellierung des Kontrollflusses Funktionen und Ereignisse über logische Konnektoren miteinander verknüpfen. Eine Beschreibung der Modellierungselemente, der Notationsregeln und ein Metamodell enthält [Rosemann 1996, S. 66ff.].

von strukturierten Metadaten erlaubt. Dies bedeutet, dass die verwendete Notation möglichst formal spezifiziert sein sollte. Sind nämlich Syntax und Semantik der Modellierungssprache möglichst vollständig beschrieben, besteht die Möglichkeit, die Modelle neben ihrer Dokumentationsfunktion auch automatisiert weiterzuverarbeiten. Beispielsweise lassen sich mit formalen Prozessmodellen automatisierte Auswirkungsanalysen durchführen, die bei einer Änderung der Prozesse die möglichen Auswirkungen auf die verarbeiteten Metadaten ermitteln. Eine weitere Einsatzform ist die Durchführung von Simulationen um Zeit- und Ressourcenverbrauch zu ermitteln. Für die EPK sind sowohl Metamodelle, die Syntax und Semantik beschreiben (z. B. [Rosemann 1996, S. 66ff.]), als auch Modellierungswerkzeuge, welche die genannten Verwendungszwecke unterstützen (z. B. ARIS Toolset), verfügbar. Das Aufgabenkettendiagramm, das von PROMET-BPR für die Prozessmodellierung vorgesehen wird ([Österle 1995, S. 95f.], [IMG 1995, S. TECH 49f.]), erfüllt diese Anforderungen nur teilweise bzw. über Umwege. Existierende Beschreibungen von Syntax und Semantik sind weniger formal als bei der EPK, und auch die Unterstützung durch Modellierungswerkzeuge ist geringer.

Die *Unified Modeling Language* (UML) erscheint für die Prozessmodellierung im Metadatenmanagement besser geeignet, da sie über ein Metamodell verfügt, das Syntax und Semantik weitgehend vollständig spezifiziert. Unter Verwendung der OMG-Standards *Meta Object Facility* (MOF) und *XML Metadata Interchange* (XMI) ist es möglich, aus UML-Modellen XML DTDs sowie zugehörige XML-Dokumente zu generieren (vgl. [UML 2001], [XMI 2002]). XML-Dokumente können sowohl mit speziellen XML-Abfragesprachen (z. B. XML Query) als auch mit gängigen Programmiersprachen (Java, C++ etc.) über ein API weiterverarbeitet werden.

UML bietet mit den Diagrammtypen *Zustandsdiagramm* und *Aktivitätsdiagramm* bereits die wesentlichen Modellkonstrukte für die Modellierung organisatorischer Prozesse und wird seit geraumer Zeit auch für die Modellierung von Geschäftsprozessen eingesetzt (vgl. z. B. [Oestereich 1998], [Eriksson/Penker 2000]). Fehlende Modellelemente, die spezielle Semantik von Prozessen des Metadatenmanagements abbilden (z. B. die Verknüpfung mit Metadaten), lassen sich über die von UML bereitgestellten Erweiterungsmechanismen *Stereotypen*, *Tagged Values* und *Constraints* einfach und nachvollziehbar ergänzen (vgl. [UML 2001]).

Für die Verwendung von UML spricht weiterhin die fortschreitende Verbreitung des Common Warehouse Metamodel (CWM) in der Praxis (vgl. [Frankel/Iyengar 2000, S. 3-5], [Bange/Güthlein 2001, S. 83], [Poole et al. 2002, S. 253]). Das CWM ist ebenfalls ein Teil der OMG Standardfamilie und nutzt sowohl die MOF, UML als auch XMI/XML (vgl. [CWM 2001a, Kap. 3, S. 1ff.]). Die Verwendung von UML als Sprache für die Modellierung von Prozessen des Metadatenmanagements erlaubt die Erstellung CWM-konformer Modelle, die direkt als Erweiterung in den Standard übernommen werden können. Dadurch kann eine Verbindung der verhaltensorientierten Prozessmodelle mit den eher strukturorientierten CWM-Modellen erreicht werden (vgl. auch die Forderung nach Inter-Modellkonsistenz beim Grundsatz des systematischen Aufbaus). Weitere Gründe für die Verwendung von UML erwachsen aus den Grundsätzen der Wirtschaftlichkeit und der Vergleichbarkeit und werden dort erläutert.

5.2.3 Grundsatz der Wirtschaftlichkeit

Dieser Grundsatz beinhaltet das Ziel, bei der Modellierung die allgemeinen betriebswirtschaftlichen Zielsetzungen des Unternehmens zu beachten. Unter der Annahme, dass oberstes Ziel des Unternehmens die Gewinnmaximierung ist, müssen Kosten und Erlöse der Modellierung bewertet werden. Für die Prozessmodellierung lassen sich daraus folgende Forderungen ableiten [Schütte 1998, S. 127ff.]:

Das Prozessmodell muss über längere Zeit die *Zustimmung der Modellnutzer* finden, d. h. die Wirtschaftlichkeit hängt von der Lebensdauer des Modells ab. Für die Zustimmung der Modellnutzer lässt sich wiederum eine Reihe von Einflussfaktoren identifizieren. Gerade Prozessmodelle, die eine verhaltensorientierte Sicht darstellen, sind im Vergleich zu strukturorientierten Modellen einem höheren Änderungsrisiko ausgesetzt. Gefordert sind deshalb *flexible Modelle*, wobei Prozessmodelle insbesondere anpassungsfähig in bezug auf sich wandelnde Anforderungen der Organisation und der Informationssysteme sein sollten (vgl. [Schütte 1998, S. 128]). Einen Beitrag kann hier die verwendete *Modellierungssprache* leisten, da verständliche Sprachen eine schnellere Modellierung erlauben (vgl. [Schütte 1998, S. 129]). Die Sprache kann die Wirtschaftlichkeit auch dadurch positiv beeinflussen, dass sie in andere Sprachen *übersetzt* werden kann. Je nach Anforderungen bspw. in eine formale(re) Sprache zur Automatisierung von Prozessen oder für die Nutzung durch fremdsprachige Modellnutzer. Im Umfeld der Prozessmodellierung ist oftmals die Mitarbeit der Fachabteilungen erforderlich, so dass auf einfache *Verständlichkeit* der Sprache zu achten ist [Schütte 1998, S. 153]. Andererseits sollten die Ergebnisse der Modellierung auch für die Informationssystemgestaltung verwendbar sein [Schütte 1998, S. 153]. Falls nicht eine Sprache gefunden werden kann, die beide Forderungen erfüllt, müssen mehrere Sprachen verwendet werden, die (wirtschaftlich) ineinander übersetzbar sind [Schütte 1998, S. 153]. Positive Auswirkungen hat hier eine *Werkzeugunterstützung*, die auch langfristig gewährleistet ist (Marktposition des Anbieters) (vgl. [Rosemann 1996, S. 99]). Schliesslich ist der Faktor der *Multiperspektivität* zu berücksichtigen, d. h. je nach Modellierungszweck und Problembereich sollte die Prozesssicht mit anderen Sichten wie bspw. einer Funktionssicht und einer Datensicht in Beziehung gesetzt werden können (vgl. [Schütte 1998, S. 130]).

Eine Bewertung des Wirtschaftlichkeitsgrundsatzes wird durch eine fehlende Modellkosten- und -leistungsrechnung erschwert [Rosemann 1996, S. 99], zudem ist sie nur für konkrete Modellierungsprojekte überhaupt möglich. Das Ziel der Wirtschaftlichkeit wird daher im Rahmen dieser Arbeit durch die Wahl der Modellierungssprache UML adressiert.

5.2.4 Grundsatz der Klarheit

Mit dem Grundsatz der Klarheit werden die Aspekte Verständlichkeit und Eindeutigkeit von Modellen adressiert. Der Grundsatz lässt sich über die Ziele Hierarchisierung, Layoutgestaltung und Filterung operationalisieren [Schütte 1998, S. 131]. *Hierarchisierung* wird bei der Modellierung oftmals genutzt, um die Komplexität von Modellen mit einer Vielzahl unterschiedlicher Modellelemente zu bewältigen (vgl. [Schütte 1998, S. 131]). Das Ziel der *Layoutgestaltung* bezieht sich auf die graphische Darstellung des Modells, insbesondere die Anordnung der Modellelemente im Diagramm (vgl. [Schütte 1998, S. 132]). Prozessmodelle werden zumeist als gerichtete Graphen dargestellt, die es ermöglichen den zeitlich-sachlogischen Aufgabenzusammenhang zum Ausdruck zu bringen (vgl. [Rosemann 1996, S. 136]). Aus dem Layoutgestaltungsziel leitet Schütte die Forderung nach grundsätzlichen Gestaltungsregeln ab, welche die Anordnungsbeziehungen der Modellelemente zueinander festlegen [Schütte 1998, S. 132]. Positiv wirkt sich darüber hinaus die Begrenzung der Anzahl von Modellierungselementen aus. Entsprechend führt eine Ausweitung der Modellierungstechnik aus Sicht des Modellnutzers i. d. R. zu einer abnehmenden Modellverständlichkeit [Schütte 1998, S. 132]. Unter *Filterung* wird die adressatengerechte Aufbereitung des Modells zur besseren Verständlichkeit verstanden [Schütte 1998, S. 132]. Bei der Filterung werden die potentiellen Aussagen eines Modells reduziert, es wird eine bewusste Einschränkung der enthaltenen Semantik vorgenommen. Bspw. kann ein Filter den dargestellten Detaillierungsgrad in Abhängigkeit vom Modellnutzer bestimmen [Schütte 1998, S. 133].

Das Hilfsmittel der Hierarchienbildung wird auch für die Prozessmodellierung in dieser Arbeit genutzt. Abschnitt 5.3 beschreibt die Ebenen der verwendeten Hierarchie sowie Kriterien zur Detaillierung der Modellelemente. Die Layoutgestaltung richtet sich im wesentlichen nach den Notationsregeln und -konventionen für die Prozesslandkarte von PROMET-BPR (vgl. [Österle 1995, S. 137], [IMG 1995, S. ERGE 5]) sowie das Aktivitätsdiagramm der UML [UML 2001, Kap. 3, S. 156ff.]. Über die Unterscheidung verschiedener Hierarchie-Ebene hinaus werden keine weiteren Konventionen für die Filterung eingeführt, da der beabsichtigte Detaillierungsgrad damit bereits erreicht wird.

5.2.5 Grundsatz des systematischen Aufbaus

Das Ziel des systematischen Aufbaus bezieht sich auf die allgemein akzeptierte Unterscheidung verschiedener Sichten auf Modelle [Schütte 1998, S. 130]. In Modellen der Wirtschaftsinformatik wird häufig zwischen struktur- und verhaltensorientierten Sichten unterschieden (vgl. z. B. [Ferstl/Sinz 2001, S. 183ff.]). Schütte leitet hieraus die Forderung nach *Inter-Modellkonsistenz* zwischen Struktur- und Verhaltensmodellen ab, zu deren Erfüllung ein sichtenübergreifendes Metamodell angegeben werden muss [Schütte 1998, S. 130f.].

Inter-Modellkonsistenz wird in dieser Arbeit erreicht, indem das Metamodell für die Prozessmodellierung, das eine Verhaltenssicht auf das Metadatenmanagement darstellt, in das Common Warehouse Metamodel der OMG integriert wird, das strukturorientierte Sichten auf das Metadatenmanagement beinhaltet. Dies wird durch den Umstand erleichtert, dass das CWM auf der UML basiert, die auch für die Prozessmodellierung als Sprache dient. Das CWM sowie dessen Erweiterung für die Prozessmodellierung sind Gegenstand der Betrachtungen in Abschnitt 5.4.

5.2.6 Grundsatz der Vergleichbarkeit

Der Grundsatz der Vergleichbarkeit zielt auf den semantischen Vergleich von Modellen, der den Grad der Deckungsgleichheit von verschiedenen Modellen zur Beschreibung des gleichen Sachverhalts untersucht [Schütte 1998, S. 133]. Modelle sind vergleichbar, wenn für die verglichenen Modelle Äquivalenzrelationen angegeben werden können [Schütte 1998, S. 133]. Prozessmodelle sind äquivalent, wenn sie unter Verwendung eines gemeinsamen Metamodells bei gleichen Anfangszuständen zu gleichen Ergebniszuständen führen (Ergebnisäquivalenz) und dabei das gleiche Modellverhalten aufweisen (Prozessäquivalenz) [Schütte 1998, S. 155]. Äquivalenzrelationen ermöglichen bspw. einen Vergleich von Prozessmodellen, die mit unterschiedlichen Sprachen beschrieben wurden, und darauf basierend eine Überführung des einen Modells in die Beschreibungsform des anderen Modells (bei gleicher semantischer Mächtigkeit der verwendeten Sprachen) [Schütte 1998, S. 155].

Im Kontext dieser Arbeit erhält der Vergleichbarkeitsgrundsatz eine Bedeutung, wenn die beschriebenen Prozessmodelle mit realen Prozessabläufen in konkreten Unternehmen verglichen werden sollen. Dazu ist es erforderlich die realen Prozessabläufe im Sinne eines Ist Prozessmodells unter Verwendung des gleichen Metamodells abzubilden. Durch die Beschreibung des in dieser Arbeit verwendeten Metamodells wird dies ermöglicht.

5.2.7 Zusammenfassung und Konsequenzen

Die in den vorangegangenen Abschnitten ausführlich beschriebene Operationalisierung der GoM-Grundsätze für die Prozessmodellierung sind zur besseren Übersichtlichkeit in Tabelle 38 noch einmal überblicksartig zusammengestellt.

Zielklasse	Zielunterklassen/Ziele	Operationalisierung für diese Arbeit
Konstruktions-adäquanz	Konsens über Problem-definition	Organisatorische Gestaltung des integrierten Metadatenmanagements für das Data Warehousing.
	Konsens über Modelldarstellung	Prozessverständnis nach Österle (Abschnitt 2.3).
Sprachadäquanz	Sprachrichtigkeit - Konsistenz - Vollständigkeit	Metamodelle von UML und CWM.
	Spracheignung - Semantische Mächtigkeit - Verständlichkeit der Sprache - Formalisierung der Sprache	Spezialisierung der Semantik für den Problembereich, hoher Bekanntheitsgrad von UML als De-facto-Standard, explizites Metamodell verfügbar.
Wirtschaftlichkeit	Konsensfindung	De-facto-Standard UML.
	Sprachverständnis u. -anwendung	
	Übersetzbarkeit	Nicht relevant.
	Sichtenübergreifend	Einordnung in CWM (vgl. systematische Aufbau in dieser Tabelle).
Klarheit	Eindeutigkeit der Hierarchisierung	Beschreibung der Modellhierarchie (Abschnitt 5.3)
	Verständlichkeit des Layouts	Notationsregeln und -konventionen für PROMET-BPR-Prozesslandkarte und UML-Aktivitätsdiagramm
Systematischer Aufbau	Inter-Modellsichtbeziehung	CWM dient als integrierendes Metamodell für Struktur- und Verhaltenssicht (Abschnitt 5.5).
Vergleichbarkeit	Semantische Vergleichbarkeit	Wird durch explizites Metamodell für Prozessmodellierung ermöglicht (Abschnitt 5.5.2).

Tabelle 38: Operationalisierung der GoM für die Prozessmodellierung

Zusammenfassend lassen sich vier wesentliche Massnahmen zur Umsetzung der GoM für diese Arbeit formulieren:

- Als Modellierungssprache für den Prozessablauf wird das Aktivitätsdiagramm der UML verwendet.
- Die Verständlichkeit der Modellierung wird durch eine Modellhierarchie verbessert.
- Beziehungen zu einer strukturorientierten Sicht auf das Metadatenmanagement werden durch die Einordnung in das CWM abgebildet.
- Die allgemeine Semantik der Aktivitätsdiagramme wird für den konkreten Problembereich Metadatenmanagement erweitert.

Die Ausgestaltung dieser Massnahmen wird in den folgenden Abschnitten detailliert beschrieben. Zunächst wird dazu im nächsten Abschnitt die Modellhierarchie für die Prozessmodellierung in Kapitel 6 behandelt.

5.3 Hierarchische Prozessmodellierung

Neben der Differenzierung in verschiedene Sichten (z. B. Struktur- und Verhaltenssicht) lässt sich die Verständlichkeit komplexer Modelle durch die Aufteilung in Hierarchie-Ebenen verbessern (vgl. [Hess 1996, S. 103], [Schütte 1998, S. 131], [Ferstl/Sinz 2001, S. 191f.]). Die Hierachisierung erfolgt i. d. R. durch eine schrittweise Detaillierung des Modells, bei der Kompositionsbeziehungen aufgedeckt werden. Bei der Bildung der Hierarchie-Ebenen ist auf Eindeutigkeit sowie die Angabe von Kriterien zu achten. Die GoM formulieren daher im Grundsatz der Klarheit das Ziel „Eindeutigkeit der Hierarchisierung" [Schütte 1998, S. 131]. Schütte nennt als Beispiele für mögliche Kriterien organisations- oder informationssystembezogene Betrachtung, struktur- oder verhaltensorientierte Betrachtung, Konzentration auf Güter- oder Informationsflüsse sowie Ausrichtung auf spezifische Modellnutzer [Schütte 1998, S. 131]. Auch PROMET-BPR unterscheidet zwei Hierarchie-Ebenen für den Prozessentwurf und die Modellierung, die als Makro- und Mikroebene bezeichnet werden [Österle 1995, S. 49]. Dabei können Darstellungen auf Mikroebene nach Bedarf weiter verfeinert werden. Diese Flexibilität wird insbesondere zur Bewältigung der Komplexität eines unternehmensweiten Prozessentwurfs benötigt. Allerdings werden dafür Abstriche bei der formalen Strenge der Zerlegung in Kauf genommen. So sind bspw. die Beziehungen zwischen Aufgabenketten auf Makroebene und zugehörigen Aufgabenketten auf Mikroebene nicht eindeutig spezifiziert. Da der Untersuchungsbereich dieser Arbeit mit dem Metadatenmanagement stark fokussiert ist und eine weitergehende formale Strenge erfordert, wird von der Unterscheidung in Makro- und Mikroeben Abstand genommen und stattdessen eine dreistufige Modellhierarchie eingeführt. Ferstl und Sinz machen den Detaillierungsgrad grundsätzlich von der Modellierungszielsetzung abhängig

[Ferstl/Sinz 2001, S. 195]. Diese Sichtweise wird im folgenden übernommen, indem eine Modellhierarchie mit drei Ebenen beschrieben wird, die jeweils eine eigene Zielsetzung verfolgen. Diese Modellhierarchie dient in Kapitel 6 zur Strukturierung des integrierten Prozessmodells für das Metadatenmanagement.

- *Modellebene der Prozesse M2*: Auf der obersten Ebene M2 werden Prozesse sowie der Austausch von Leistungen zwischen diesen Prozessen modelliert. Auf dieser Ebene werden Prozesse aus Aussensicht in Art einer Black-Box[38] betrachtet, die innere Struktur ist zunächst irrelevant. Die Ebene beschreibt, welche Prozesse existieren und welche Input-Output-Beziehungen zwischen diesen Prozessen bestehen. Dadurch wird ein Überblick über die Prozesse des Metadatenmanagements gegeben, von dem aus einzelne Prozesse weiter untersucht werden können. Es werden keine Aussagen über eine Reihenfolge gemacht, in der die Prozesse ablaufen. Zur Darstellung der Ebene M2 wird die Prozesslandkarte aus PROMET-BPR genutzt (vgl. Abschnitt 4.1.1).

- *Modellebene der integrierten Teilprozesse M1*: Mit einem ersten Detaillierungsschritt werden auf der Ebene M1 die Interdependenzen zwischen den Prozessen der Ebene M2 durch die erstellten Leistungen näher betrachtet. Dazu werden die Leistungen jedes Prozesses der Ebene M2 in Teilleistungen zerlegt. Dies führt zur Aufdeckung von Teilprozessen, welche die Teilleistungen erstellen (vgl. [Hess 1996, S. 111]). Teilleistungen werden zwischen Teilprozessen sowohl innerhalb der Grenzen des betrachteten M2-Prozesses als auch mit Teilprozessen anderer M2-Prozesse ausgetauscht. Durch die Darstellung von Teilleistungen und Teilprozessen auf Ebene M1 wird besser sichtbar, an welcher Stelle eines Prozesses der Ebene M1 Leistungen anderer Prozesse benötigt werden. Anhand des Leistungsaustausches zwischen den Teilprozessen werden diese in Kapitel 6 zu einem ganzheitlichen Prozessmodell des Metadatenmanagements integriert. Der Detaillierungsgrad der Ebene M1 ermöglicht die systematische Auswahl von Teilprozessen bei der schrittweisen Etablierung des Metadatenmanagements in einem Unternehmen. Für die Darstellung der Ebene M1 wird ebenfalls die Prozesslandkarte von PROMET-BPR genutzt

- *Modellebene der Aufgabenketten M0*: Anschliessend werden mit einem zweiten Detaillierungsschritt auf der Ebene M0 die Aufgaben aufgedeckt, die im Rahmen der Teilprozesse der Ebene M1 ausgeführt werden. Für jeden Teilprozess der Ebene M1 werden die zugehörigen Aufgaben, deren Reihenfolge sowie die verantwortliche Organisationseinheit dargestellt. Dieser Zerlegungsschritt ist notwendig, um im Rahmen der Aufgabensynthese Aufgaben einem personellen Aufgabenträger (bzw. einer Organisationseinheit) zuordnen zu können und so Rollen zu bilden. Ziel der Ebene M0 ist also die rollen- und reihenfolgebezogene

---

[38] Das Modell der Black-Box dient zur Beschreibung von Systemen, deren innere Struktur unbekannt oder irrelevant ist. Die Beschreibung erfolgt ausschliesslich über die Beziehung zwischen Eingabemenge (Input) und Ausgabemenge (Output) (vgl. [Ferstl/Sinz 2001, S. 14]).

Aufgabenspezifikation. Aufgaben werden dabei so detailliert beschrieben, dass ihr Inhalt für die Aufgabenträger klar wird und als Arbeitsanweisung dienen kann [Österle 1995, S. 93]. Für die Darstellung der Ebene M0 wird eine eigene Variante des UML-Aktivitätsdiagramms benutzt, die in Abschnitt beschrieben 5.5.2 wird.

Die Hierachiebeziehungen zwischen den Modellebenen sind in Abbildung 42 graphisch dargestellt. Ausgehend von der obersten Ebene M2 handelt es sich bei jeder darunterliegenden Ebene um eine direkte Detaillierung der nächsten darüberliegenden Ebene. Anders herum ist ausgehend von der untersten Ebene M0 jede darüberliegende Ebene eine direkte Verdichtung der nächsten darunterliegenden Ebene.

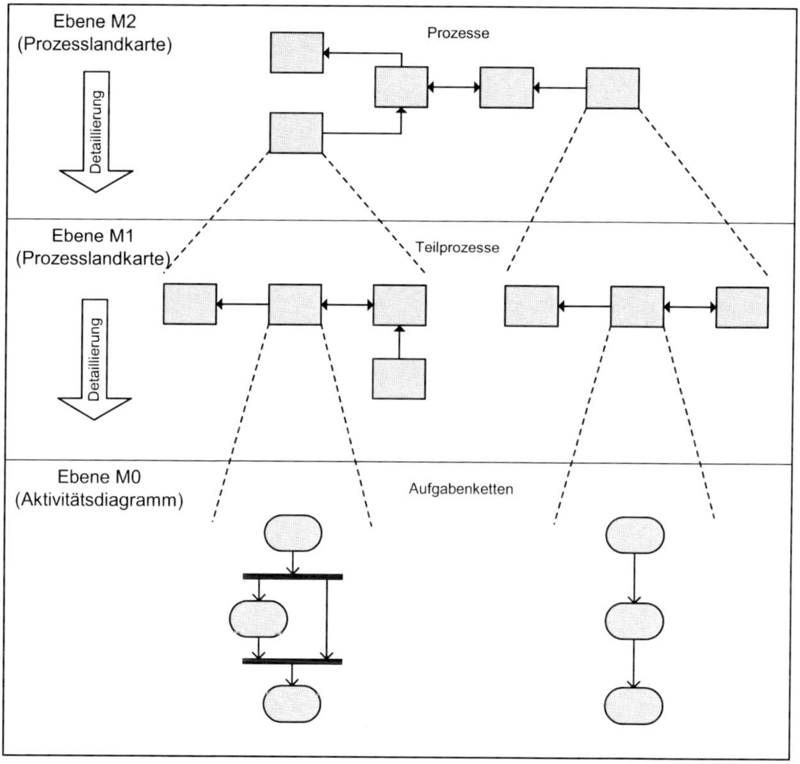

Abbildung 42: Hierarchie-Ebenen des Prozessmodells

5.4 Prozessmodellierung im Common Warehouse Metamodel

Die Entstehungsgeschichte und die Zielsetzung des CWM wurden bereits in Abschnitt 3.7.1.3 behandelt. Nachfolgend wird das Modell selbst beschrieben und auf

Möglichkeiten zur Modellierung von organisatorischen Prozessen hin untersucht. Es wird gezeigt, dass das CWM keine Modellelemente für die Prozessmodellierung im organisatorischen Sinne enthält.

Ziel des CWM-Vorschlags ist es, den Austausch von Metadaten zwischen den Komponenten eines DWH-Systems zu standardisieren [CWM 2001a, S. XVI]. Ein direkter Austausch von Metadaten innerhalb eines DWH-Systems ist derzeit i. d. R. nicht möglich, da u. a. Syntax und Semantik der Metadatenrepräsentation von DWH-Komponenten nicht übereinstimmen (vgl. Abschnitt 3.7.3.1). Das CWM ist ein Metamodell, das Syntax und Semantik für die einheitliche Modellierung von Metadaten für Entwicklung, Betrieb und Nutzung von DWH-Systemen bereitstellt. Das Gesamt-Metamodell ist in Teil-Metamodelle gegliedert, die jeweils eine Sicht auf das DWH-System beschreiben. Diese Sichten wurden von der Entwicklungsgruppe so festgelegt, dass möglichst sämtliche Metadaten erfasst werden, die von mehreren Komponenten eines DWH-Systems gemeinsam verarbeitet werden, so dass ein Austausch erforderlich wird (vgl. [Poole et al. 2002, S. 80f.]). Das CWM dient zur Erstellung eines gemeinsamen Metadatenschemas für das gesamte DWH-System, über das sämtliche Komponenten, die den Standard implementieren, Metadaten austauschen können. Neben dem Metamodell für die Modellierung von Metadaten, umfasst der Standard hierzu einen XMI-basierten Mechanismus zum Austausch von Metadaten zwischen DWH-Komponenten. Darüber hinaus wird ein API zum Zugriff auf die gemeinsamen Metadaten definiert. Das CWM wird bereits von einer Anzahl von Software-Herstellern unterstützt (z. B. IBM, Oracle, SAS) und weitere Hersteller haben eine Unterstützung für die nächste Version ihrer DWH-Produkte angekündigt. Unterstützung findet das CWM auch in der *Java Community*, die im Rahmen des *Java Community Process* Java-Bibliotheken für den Zugriff auf Metadaten entwickelt (z. B. Java Metadata Interface, vgl. [Eckerson/Manes 1999], [Mosher 2002]). In Fachkreisen wird daher erwartet, dass sich das CWM auf breiter Basis als Standard für die Modellierung und den Austausch von Metadaten im Data Warehousing durchsetzt (z. B. [Bange/Güthlein 2001, S. 83], [Marco 2000, S. 129], [Poole et al. 2002, S. 253]).

5.4.1 Beziehungen des CWM zur UML und zur MOF

Das zugrundeliegende Fundament des hier betrachteten CWM 1.0 bildet die Modellierungssprache UML in der Version 1.3 ([Poole et al. 2002, S. 48]). UML nimmt im CWM drei grundlegende Funktionen wahr (vgl. [CWM 2001a, Kap. 1, S. 6f.]):

- UML ist das zugrunde liegende Metamodell, das Syntax und Semantik für die Beschreibung der CWM-Teilmodelle bereitstellt. Die CWM-Teilmodelle sind als UML-Klassendiagramme modelliert. Einschränkungen, die graphisch nicht darstellbar sind (z. B. Vor- und Nachbedingungen für Operationen), werden mit der zu UML gehörenden *Object Constraint Language* (OCL) spezifiziert.

- Eine Teilmenge der UML bildet das *Object Model*[39] des CWM, das die Basiselemente für die übrigen CWM-Teilmodelle bereitstellt. Das Object Model enthält nur diejenigen UML-Elemente, die auch tatsächlich im CWM verwendet werden und trägt so zur Komplexitätsreduzierung bei.
- Das Object Model dient gleichzeitig als CWM-Teilmodell für die Beschreibung objektorientierter Datenquellen. UML ist somit selbst wiederum Teil des CWM.

Sowohl die UML als auch das CWM gehören zu den Modellspezifikationen der OMG, die zusammen die *Model Driven Architecture* (MDA) bilden. Die MDA ist die Vision der OMG für eine umfassende Modell-Architektur zur objektorientierten Beschreibung heterogener, verteilter Software-Architekturen und -systeme (vgl. [MDA 2001, S. 3]). Ziel ist die Integration heterogener Applikationen und der Entwurf homogener Applikationen durch Bereitstellung einer gemeinsamen Modellbasis, die Beziehungen zwischen konkreten Modellen einzelner Applikationen explizit definiert. Ermöglicht wird die modellbasierte Integration durch die Verwendung eines gemeinsamen Meta-Metamodells für die MDA-Modellspezifikationen, die *Meta Object Facility* (MOF). Die MOF stellt einen Gestaltungsrahmen mit einer abstrakten Sprache zur Spezifikation, Konstruktion und Verwaltung plattformunabhängiger Metamodelle bereit [MOF 2002, S. XI]. Ähnlich wie bei den in Abschnitt 3.7.1 beschriebenen Modellspezifikationen werden die Beziehungen zwischen der MOF und den übrigen Modellspezifikationen über eine vierstufige Modellhierarchie festgelegt (vgl. Abbildung 43).

---

[39] Sämtliche Spezifikationen der OMG, also auch diejenigen des CWM, der UML und der MOF sind in Englisch verfasst. In dieser Arbeit werden für englische Begriffe und Bezeichnungen dann deutsche Übersetzungen verwendet, soweit diese in der deutschen Literatur gängig sind. Auf eine deutsche Übersetzung wird verzichtet, wenn die Übersetzung zu schwerfällig ist, Verwechselungsgefahr mit Begriffen aus einem anderem Kontext vorliegt oder es sich um ein reserviertes Wort der betreffenden Spezifikation handelt. In solchen Fällen wird stattdessen der englische Originalbegriff beibehalten.

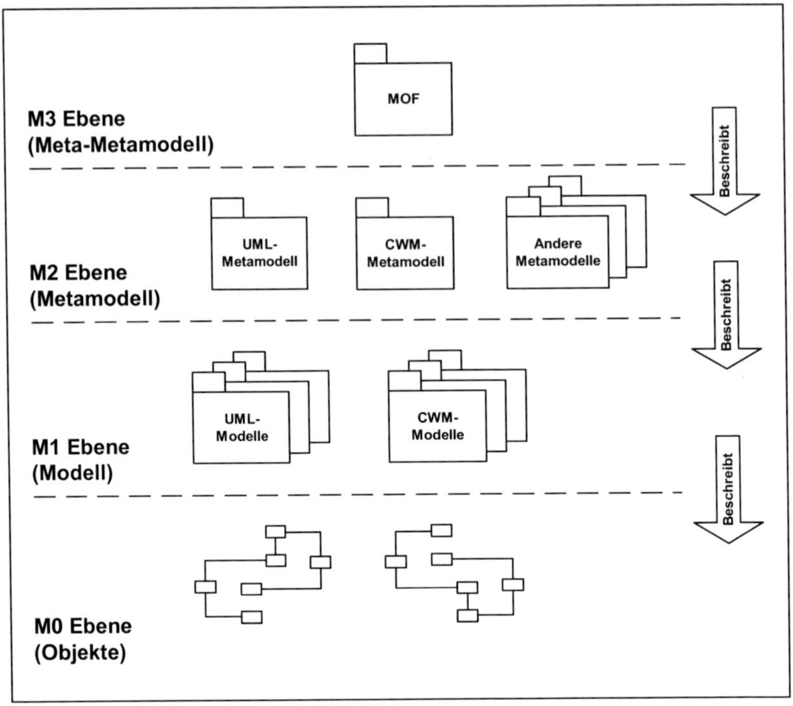

Abbildung 43: Vierstufige Modellhierarchie der OMG
(in Anlehnung an [Jeckle 2000, S. 13])

Auf der obersten Ebene, der mit *M3* bezeichneten Ebene des Meta-Metamodells spezifiziert die MOF die Sprache für die Erstellung von Metamodellen. Metamodelle wie das der UML oder des CWM werden auf der Metamodell-Ebene *M2* eingeordnet. Die Metamodelle stellen wiederum die Sprache für die Erstellung konkreter Modelle auf der Ebene *M1* bereit, die reale oder abstrakte Objekte auf der Ebene *M0* beschreiben. Abbildung 43 verdeutlicht diese Zusammenhänge graphisch.

5.4.2 Metadatenaustausch im CWM mit XMI

Für den Austausch von Metadaten zur Beschreibung von MOF-basierten Modellen bzw. Metamodellen hat die OMG eine eigene Spezifikation entwickelt. Die *XML Metadata Interchange* (XMI) Spezifikation nutzt die Metasprache XML, um Modelle in ein strukturiertes Textformat zu überführen, das werkzeug- und plattformunabhängig ist. XMI transformiert MOF-Modelle auf der Grundlage vorgegebener Regeln in ein XML-Format und ermöglicht dadurch eine weitgehende Automatisierung der Umwandlung (vgl. [Auth/von Maur 2002, S. 149], [Melchert et al. 2002,

S. 29]). Die XMI-Spezifikation gliedert sich in zwei Hauptbestandteile [XMI 2002, Kap. 1, S. 1]:

- Die *XML DTD Production Rules* definieren die uni-direktionale Abbildung eines MOF-Metamodells in eine XML-DTD und beschreiben somit die Struktur von Textdateien zum Metadatenaustausch.
- Die *XML Document Production Rules* definieren eine bi-direktionale Abbildung zwischen einem XML-Dokument mit der zuvor festgelegten Struktur und MOF-basierten Metadaten (d. h. Modellbeschreibungen).

Da es sich beim CWM um ein MOF-konformes Metamodell handelt, wird XMI vom CWM als Austauschmechanismus für Metadaten genutzt [CWM 2001a, Kap. 1, S. 8], [Poole et al. 2002, S. 69ff.].

5.4.3 Aufbau und Inhalt des CWM

Die Abgrenzung von Sichten oder Teilmodellen eines umfangreichen Modells erfolgt in UML über sog. *Packages* oder *Pakete*, die Modellelemente eines Teilmodells zusammenfassen [UML 2001, Kap. 2, S. 190]. Auch im CWM wird jedes der 21 Teilmodelle als UML-Paket dargestellt. Um die Verwendbarkeit des Gesamt-Modells zu vereinfachen, sind Teilmodelle, die logisch zusammenhängende Aspekte einer DWH-Architektur beschreiben, wiederum in einem von fünf übergeordneten Paketen zusammengefasst. Diese übergeordneten Pakete werden auch als *Layer* bzw. *Schichten* bezeichnet [Poole et al. 2002, S. 81]. Zusammen bilden Pakte und Schichten des CWM eine Hierarchie, die in Abbildung 44 graphisch dargestellt ist.

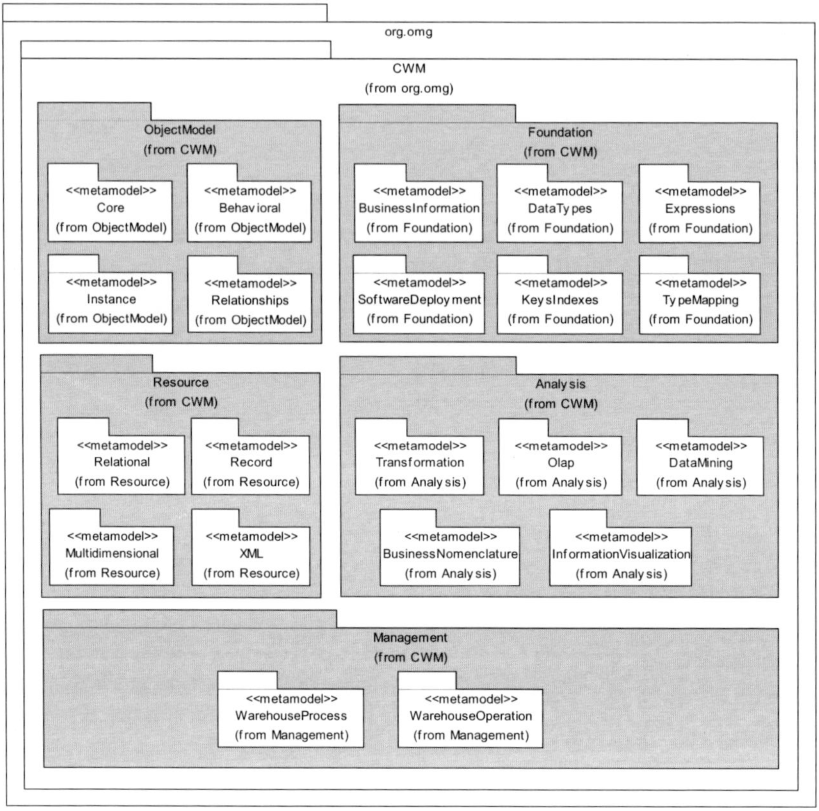

Abbildung 44: Pakethierarchie des CWM im Überblick

Die oberste Hierachie-Ebene wird durch das Paket CWM repräsentiert, das auf der zweiten Ebene die fünf CWM-Schichten umfasst (in der Abbildung ebenfalls als Pakete modelliert):

- ObjectModel-Layer,
- Foundation-Layer,
- Resource-Layer,
- Analysis-Layer und
- Management-Layer.

Jede der fünf Schichten enthält auf der dritten Ebene die Pakete mit den einzelnen Teilmodellen. Erst auf der Ebene der Teilmodelle werden Meta-Klassen und Meta-

Beziehungen spezifiziert. Der Aufbau und Inhalt der fünf Schichten wird im folgenden kurz beschrieben (vgl. [CWM 2001a, Kap. 4, S. 1ff.]).[40]

5.4.3.1 ObjectModel-Layer

Der *ObjectModel*-Layer beinhaltet Pakete, die grundlegende Elemente von Metamodellen spezifizieren (Metaobjekttypen, Metabeziehungstypen und Integritätsbedingungen). Diese Elemente werden von allen anderen Paketen des CWM durch Vererbung direkt oder indirekt wiederverwendet. Der ObjectModel-Layer enthält die Pakete *Core*, *Behavioral*, *Instance* und *Relationships* (vgl. Abbildung 44). Die meisten Elemente des ObjectModel-Layer wurden unverändert aus dem UML-Metamodell übernommen (vgl. [Poole et al. 2002, S. 84f.]). Dabei wurden auch die in UML vorgesehenen Erweiterungsmechanismen übernommen, die es erlauben das CWM-Metamodell zu erweitern.

5.4.3.2 Foundation-Layer

Grundlegende Strukturelemente und Konzepte, die von mehreren Teilmodellen gemeinsam genutzt werden, sind der Schicht *Foundation* zugeordnet. Die Pakete des Foundation-Layer unterscheiden sich von denen des ObjectModel-Layer dadurch, dass sie eigens für die spezifischen Zwecke des CWM entwickelt wurden, während die ObjectModel-Pakete allgemeingültige Konzepte repräsentieren. Neben generischen Modellelementen für technische Metadaten wie Datentypen, Ausdrücke, Indizies etc. und zur Beschreibung der eingesetzten Softwaresysteme enthält der Foundation-Layer auch Modellelemente für fachliche Metadaten. Mit den Elementen des *BusinessInformation*-Pakets können Informationen über verantwortliche Personen, Kontaktmöglichkeiten, Dokumentationen etc. erfasst werden. Neben dem BusinessInformation-Paket besteht der Foundation-Layer aus den Paketen *DataTypes*, *Expressions*, *KeysAndIndexes*, *TypeMapping* und *SoftwareDeployment*.

5.4.3.3 Resource-Layer

Der *Resource*-Layer umfasst Teilmodelle zur Beschreibung der Struktur von operativen Datenspeichern, die sowohl Quelle als auch Ziel von DWH-Prozessen sein können. Hierzu steht jeweils ein Teilmodell für objektorientierte, relationale, satzorientierte, multidimensionale und XML-Datenquellen zur Verfügung (*Object*-Paket, *Relational*-Paket, *Record*-Paket, *Multidimensional*-Paket und *XML*-Paket). Für die Beschreibung von objektorientierten Datenspeichern werden innerhalb des CWM die Pakete des ObjectModel-Layer wiederverwendet.

[40] Für eine ausführliche Beschreibung sämtlicher CWM-Pakete sei verwiesen auf [Poole et al. 2002, S. 84ff.].

5.4.3.4 Analysis-Layer

Im *Analysis*-Layer sind Teilmodelle zur Erfassung von Metadaten für die Transformation und Analyse der Objektdaten des DWH-Systems enthalten. Transformation ist hier ein Oberbegriff für sämtliche Arten von Extraktions-, Transformations- und Lade-Prozessen. Dabei werden sowohl Informationen über Datenquellen und -senken als auch über die zwischen diesen verlaufenden Datenflüsse berücksichtigt. Die Transformationsprozesse können auf verschiedenen Detaillierungsstufen beschrieben werden (*Transformation*-Paket). Für die Analyse stehen Teilmodelle mit Konstrukten für OLAP, Data Mining und Daten-Visualisierung zur Verfügung (Pakete *OLAP*, *DataMining* und *InformationVisualization*). Schliesslich enthält das Analysis-Paket das *BusinessNomenclature*-Paket. Bei diesem Paket handelt es sich um das zentrale Paket für fachliche Metadaten. Es bietet Konstrukte für die Modellierung von Begriffsystemen wie Taxonomien und Glossare.

5.4.3.5 Management-Layer

Die beiden Teilmodelle des *Management*-Layer dienen zur Modellierung des DWH-Betriebs. Das *WarehouseProcess*-Teilmodell enthält Konstrukte zur Beschreibung des Ablaufs von Transformationsprozessen mit Hilfe von Ereignissen und Triggern. Ereignisse werden hierzu einer der drei Kategorien *Scheduled* (Zeitpunkt oder Intervall), *Internal* (ein Transformationsprozess terminiert innerhalb des DWH-Systems) und *External* (ausserhalb des Data Warehouses) zugeordnet. Es handelt sich hierbei um DWH-Prozesse aus produktorientierter Sicht im Sinne von Abschnitt 2.5.3. Das *WarehouseOperation*-Teilmodell enthält Metaklassen zur Dokumentation des tagtäglichen Warehouse-Betriebs. Insbesondere werden die Bereiche Ausführung von Transformationen, Messungen und Systemänderungen abgedeckt.

5.4.4 Prozessmodellierung im CWM

Für die Modellierung von Prozessen stellt das CWM ein eigenes Paket zur Verfügung, das *WarehouseProcess*-Paket, welches zum Management-Layer gehört. Zentrales Element des Pakets ist die *WarehouseProcess*-Metaklasse, die den ereignisgesteuerten Prozessablauf einer Datentransformation repräsentiert. Für die Modellierung von Datentransformationen enthält das CWM ein eigenes Paket (Transformation-Paket im Analysis-Layer), das in enger Beziehung zum WarehouseProcess-Paket steht. Ein WarehouseProcess besteht aus einer oder mehreren *WarehouseActivities*, die wiederum einen oder mehrer *WarehouseSteps* enthalten können. Jede WarehouseActivity ist einer *TransformationActivity* aus dem Transformation Paket zugeordnet, jeder WarehouseStep gehört zu einem *TransformationStep*. Zu einem WarehouseProcess gehören ein oder mehrere *WarehouseEvents*, die auch den zeitlichen Ablauf eines WarehouseProcess abbilden können.

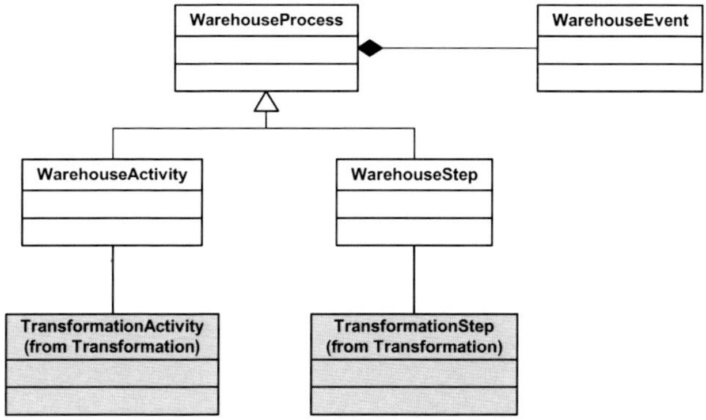

Abbildung 45: Aufbau des WarehouseProcess-Pakets
(vereinfachte Darstellung nach [CWM 2001a, Kap. 15, S. 2])

Abbildung 45 zeigt den Zusammenhang zwischen den Metaklassen des originären WarehouseProcess-Pakets (weiss) und den wiederverwendeten Metaklassen des Transformation-Pakets (grau), die zur besseren Unterscheidung farblich abgesetzt sind. Aus der Verknüpfung der beiden Pakete wird deutlich, dass das WarehouseProcess-Paket zur Modellierung von technischen DWH-Prozessen im Sinne von Abschnitt 2.5.1 dient. Diese Prozesse beschreiben den dynamischen Ablauf von Datentransformationen, d. h. das Verhalten des DWH-Systems aus Innensicht (vgl. Abschnitt 2.5.1). Dagegen eignet sich das WarehouseProcess-Paket nicht zur Modellierung von organisatorischen Data-Warehousing-Prozessen (vgl. Abschnitt 2.5.1), da mit den verfügbaren Modellelementen weder ein Leistungsaustausch zwischen den Prozessen noch die Beziehungen zur Aufbauorganisation abgebildet werden können. Aus diesem Grund wird im folgenden das Management Paket des CWM um ein Paket *WarehousingProcess* erweitert, das es ermöglicht, organisatorische Prozesse mit ihren wesentlichen Elementen zu modellieren (vgl. die Beschreibung des zugrundegelegten Prozessverständnisses in Abschnitt 2.3). Dabei werden sowohl die allgemeinen Anforderungen der GoM als auch die besonderen Anforderungen des Metadatenmanagement berücksichtigt, die in Abschnitt 5.2 und seinen Unterabschnitten eruiert wurden.

5.5 Erweiterung des CWM für die Modellierung organisatorischer Prozesse

Eines der wichtigsten Entwurfsziele bei der Entwicklung des CWM war die Wiederverwendung der UML. Das CWM sollte möglichst viele UML-Konzepte wiederverwenden und möglichst wenig neue Konzepte spezifizieren (vgl. [CWM 2001a, Kap. 1, S. 8]). Diese Entwurfsziel wurde auch bei der Entwicklung des WarehousingProcess-Metamodells verfolgt, indem das zur UML gehörende Aktivitätsgraphen-Metamodell als Grundlage für das WarehousingProcess-Paket verwendet wird. Das *Aktivitätsgraphen-Metamodell* ist ein Unterpaket des *BehavioralElements*-Pakets und gehört damit zu den verhaltensorientierten Modellen der UML (vgl. [Schlagheck 2000, S. 33], [UML 2001, Kap. 2, S. 94]). Das Aktivitätsgraphen-Metamodell definiert Syntax und Semantik von ereignisgesteuerten Aktivitätsketten, die auf dem Modell des endlichen Automaten[41] basieren. Dabei repräsentiert eine Aktivität einen Zustand mit einer internen Aktion. Der Abschluss der Aktion ist das implizite Ereignis, welches den Übergang zur nächsten Aktivität auslöst. Ein *Aktivitätsdiagramm* ist die graphische Repräsentation einer konkreten Instanz des Metamodells [UML 2001, Kap. 3, S. 156] und dient zur Beschreibung eines Ablaufs, wobei spezifiziert werden kann,

- was die einzelnen Schritte des Ablaufs tun,
- wie und welche Objekte sie manipulieren,
- in welcher Reihenfolge sie ausgeführt werden und
- wer für ihre Ausführung verantwortlich ist [Hitz/Kappel 1999, S. 152].

Die einzelnen Modellelemente und ihre Beziehungen untereinander können dem in Abbildung 46 dargestellten Metamodell entnommen werden. Zur besseren Unterscheidung sind darin die originären Modellelemente der Aktivitätsgraphen (weiss) von den aus Zustandsmaschinen- und anderen UML-Paketen wiederverwendeten Paketen (grau) farblich unterschieden.

[41] Ein endlicher Automat ist formal als 3-Tupel von Eingabe *E*, Zustandsmenge *S* und Ausgabe *Z* definiert. Der Automat verarbeitet eine Folge von Eingaben in eine Folge von Ausgaben, wobei er intern eine Reihe von Zuständen annimmt. Ein Automat heisst endlich, wenn die für ihn definierten Mengen *E*, *S* und *Z* endlich sind [Sander et al. 1992, S. 26-28].

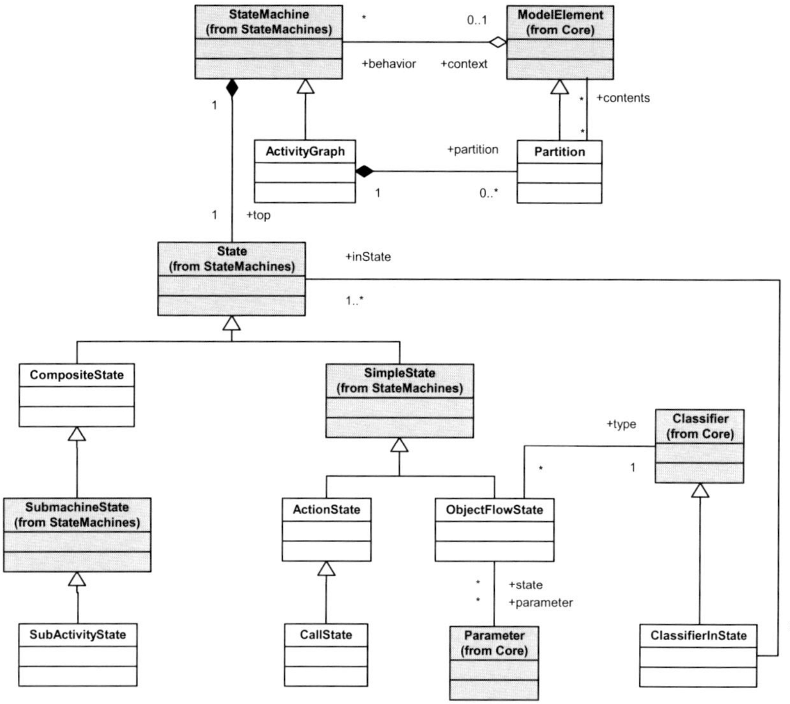

Abbildung 46: Aktivitätsgraphen-Metamodell der UML
[UML 2001, Kap. 2, S. 177]

Für die Modellierung von konkreten Aktivitätsdiagrammen werden den Modellelementen graphische Symbole zugeordnet, so dass eine graphische Notation entsteht. Die Zuordnung der Symbole zu den Modellelementen, deren Ursprungspaket (auch Kontext) sowie eine kurze Beschreibung der Semantik kann Tabelle 39 entnommen werden.[42] Diejenigen Modellelemente, die nicht im Metamodell in Abbildung 46 vorkommen, sind im Zustandsmaschinen-Metamodell spezifiziert und werden von diesem geerbt, z. B. *InitialState* und *FinalState* (vgl. [UML 2001, Kap. 2, S. 145ff.]).

[42] Für eine umfassendere Beschreibung der Semantik sei auf [UML 2001, Kap. 2, S. 177ff.] verwiesen.

Modell-element	**Kontext**	**Semantik**	**Darstellung**
InitialState	from State-Machines	Auslöser der Aktivitätskette mit genau einer ausgehenden Transition.	
FinalState	from State-Machines	Abschluss der Aktivitätskette mit genau einer eingehenden Transition.	
ActionState	SimpleState:: StateMachines	Durchführung einer atomaren Aktivität.	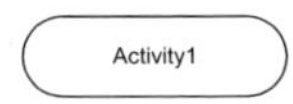
Composite-State	State::State-Machines	Durchführung einer Aktivität, die Sub-Aktivitäten enthält.	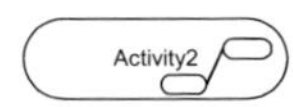
Transition	from State-Machines	Übergang zwischen einer Aktivität und einer nachfolgenden Aktivität.	
Decision	from State-Machines	Bedingung für den Übergang zwischen zwei oder mehr Aktivitäten. Die Bedingung für jede ausgehende Transition kann verbal in eckigen Klammern spezifiziert werden.	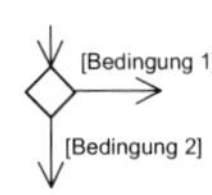
Transition-Split/Tran-sitionSync	from State-Machines	Aufsplittung und Zusammenführung neben-läufiger Übergänge.	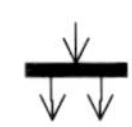
Object-FlowState	SimpleState:: StateMachines	Beliebiges Objekt, das im Sinne eines Auf-gabenobjektes mit Aktivitäten verknüpft werden kann. Wird durch Classifier näher bestimmt.	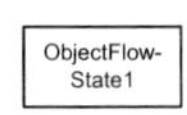
Partition	Model-Element::Core	Zuordnung von Aktivitäten zu Organisa-tionseinheiten über sog. Swimlanes.	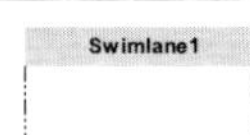

Tabelle 39: Modellelemente für UML-Aktivitätsdiagramme

Verwendet werden Aktivitätsdiagramme zur Beschreibung der Realisierung von Operationen in Programmen, zur Detaillierung von UML-Anwendungsfällen zur Beschreibung des Zusammenspiels mehrerer Anwendungsfälle sowie auch zur Beschreibung von Geschäftsprozessen [Hitz/Kappel 1999, S. 152]. Neben der Syntax, die aus dem Metamodell hervorgeht, beschreibt die UML-Spezifikation die Semantik von Aktivitätsgraphen in Form von natürlicher Sprache und der formalen *Object Constraint Language*. Obwohl neben der Softwareentwicklung auch das „business modeling“ und die Modellierung anderer „non-software systems“ als Verwendungszwecke der UML genannt werden [UML 2001, Kap. 1, S. 1], erfolgt die Spezifikation der Semantik hauptsächlich aus Sicht von Software-Systemen [UML 2001, Kap. 2, S. 74]. Aus diesem Grund werden für die Verwendung der UML in anderen Domänen oftmals die vorhandenen Erweiterungsmechanismen genutzt, um

Syntax und Semantik der UML-Modellelemente an die jeweilige Domäne anzupassen. Beispielsweise spezifiziert Oestereich eine Erweiterung der Aktivitätsgraphen für die Modellierung von Geschäftsprozessen (vgl. [Oestereich 1998]).

5.5.1 Erweiterungsmechanismen des CWM

Um dem allgemeinen, über die Softwareentwicklung hianusgehenden Modellierungsanspruch gerecht zu werden, sind im UML-Metamodell Erweiterungsmechanismen vorgesehen, die dazu verwendet werden können, die Semantik bestehender Modellelemente zu erweitern oder der UML neue Modellelemente hinzuzufügen (vgl. [Hitz/Kappel 1999, S. 69ff.], [UML 2001, Kap. 2, S. 74ff.]). Das zentrale Erweiterungskonzept ist das Stereotyp, das durch die Metaklasse *Stereotype* des ExtensionMechanism Pakets repräsentiert wird. Stereotypen klassifizieren beliebige UML-Metaklassen hinsichtlich ihrer Verwendung in einem bestimmten Kontext, der nicht explizit von der ursprünglichen Semantik abgedeckt wird [UML 2001, Kap. 2, S. 75]. Es handelt sich also um eine Erweiterung der Semantik, die durch eine natürlichsprachliche Beschreibung sowie zusätzliche Meta-Attribute (*Tagged Values*) und Bedingungen (*Constraints*) ausgedrückt wird. Stereotypen werden mit doppelten spitzen Klammern gekennzeichnet (z. B. <<Stereotyp1>>). Für die graphische Notation kann ein eigenes Symbol definiert werden (vgl. zu Stereotypen [Berner et al. 1999, S. 249ff.]).

Die Verwendung von Stereotypen, Tagged Values und Constraints wird auch als „lightweight extension mechanism" bezeichnet [OMG 1999], da es sich letztlich nur um eine Parametrisierung von bereits im UML-Metamodell enthaltenen Elementen handelt. Stereotypen, Tagged Values und Constraints für einen bestimmten Modellierungszweck können in einem *UML-Profil* zusammengefasst werden. Ein UML-Profil ist ein spezielles Paket zum Bündeln von Erweiterungen des UML-Metamodells [UML 2001, Kap. 2, S. 75].

Bei der Verwendung des „heavyweight extension mechanism" wird dagegen das Metamodell selbst verändert, indem durch Spezialisierung neue Metaklassen hinzugefügt werden. Beim Austausch von Metadaten zwischen verschiedenen DWH-Tools stellt sich schnell das Problem unterschiedlicher interner Metamodelle, die aufeinander abgebildet werden müssen (vgl. Abschnitt 3.7.3). Das CWM zielt genau auf diese Problematik. Eine Erweiterung des CWM sollte daher möglichst wenig Gebrauch von Erweiterung durch Spezialisierung machen. Da das CWM auf UML basiert, umfasst es auch die Erweiterungsmechanismen der UML. CWM-konforme DWH-Komponenten müssen daher auch mit diesen Erweiterungen umgehen können. Um neue Inkompatibilitäten durch Erweiterungen zu vermeiden, sollte daher auf eine Erweiterung durch Hinzufügen neuer Metaklassen weitestmöglich verzichtet werden. Stattdessen ist einer Erweiterung mittels UML-Profilen, die auf Spezialisierungen verzichten, der Vorzug zu geben. Im folgenden wird daher ein UML-Profil „WarehousingProcess" beschrieben, das die Semantik des Activity-

Graphs-Metamodells erweitert und somit Modellelemente für die Modellierung von organisatorischen DWH-Prozessen bereitstellt, wobei der spezielle Einsatzzweck Metadatenmanagement im Vordergrund steht.

5.5.2 Syntax und Semantik für Data-Warehousing-Prozesse

Das UML-Profil zur Modellierung von DWH-Prozessen zielt primär darauf ab, die enge Verzahnung der organisatorischen Abläufe mit den Komponenten des DWH-Systems einerseits sowie die zwischen diesen verlaufenden Datenflüsse andererseits explizit abzubilden. Das CWM beinhaltet zur Darstellung von DWH-Komponenten und Datenelementen eine Vielzahl von Modellelementen, zu denen die organisatorischen Prozesse in direkter Beziehung stehen.

Das Profil besteht aus einer Reihe von Stereotypen, welche die Semantik der Modellelemente des ActivityGraphs-Metamodells erweitern, sowie zugehörigen Tagged Values und der graphischen Notation. Grundlage ist das in Abschnitt 2.3 dargestellte konzeptionelle Prozessmodell, dessen Bestandteile vollständig abgedeckt werden.

Abbildung 47 zeigt zunächst die Abhängigkeiten des WarehousingProcess-Profils von den Metamodellen und Teil-Metamodellen der UML und des CWM.

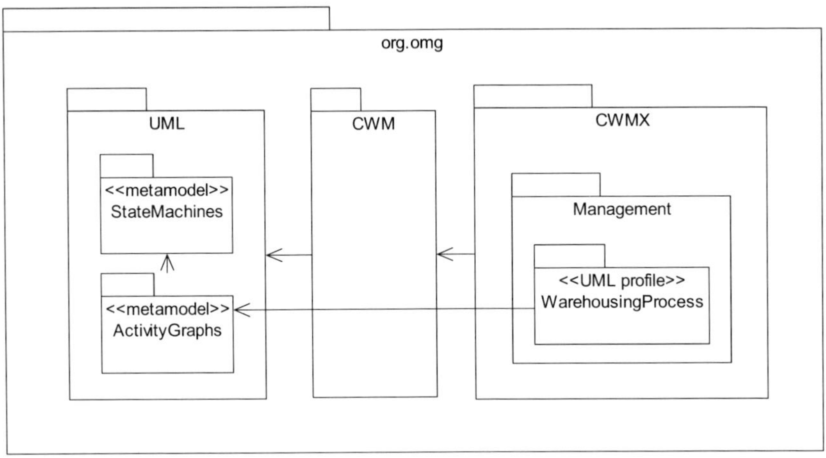

Abbildung 47: Abhängigkeiten von UML und CWM

Demnach ist das CWM eine Erweiterung des UML-Metamodells, und das Package CWMX definiert seinerseits wieder Erweiterungen des CWM. CWMX ist bereits in der CWM-Spezifikation enthalten und bietet spezielle Anpassungen für DWH-Softwarehersteller [CWM 2001b, S. XII]. So enthält CWMX bspw. Metamodelle für die Modellierung von Datenstrukturen aus dem Data-Division-Abschnitt von

COBOL-Programmen [CWM 2001b, Kap. 2, S. 2ff.] oder Essbase-Datenbanken des Herstellers Hyperion [CWM 2001b, Kap. 5, S. 1ff.]. Das WarehousingProcess-Profil wird als verhaltensorientierte CWM-Erweiterung dem Management-Package des CWMX zugeordnet. Die Stereotypen werden nachfolgend tabellarisch beschrieben. Ausserdem sind in der Tabelle die graphischen Symbole und die Metaklassen aus dem ActivityGraphs-Metamodell angegeben, auf die sich das jeweilige Stereotyp bezieht:

Stereotyp	Parent	Semantik	Darstellung
<<Warehousing-Process>>	Composite-State::Activity-Graphs	Teilprozesse des Data Warehousing auf Makroebene, z. B. Metadatenmanagement.	
<<Warehousing-Activity>>	ActionState:: ActivityGraphs	Aktivität im Zusammenhang mit dem Gesamtprozess Data Warehousing. Darstellung der Mikroebene von DWH-Prozessen.	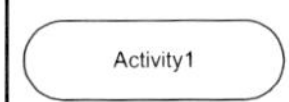
<<Warehousing-Actor>>	Partition:: ActivityGraphs	Organisationseinheit bzw. Rolle im Data Warehousing.	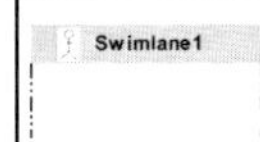
<<Data-Element>>	ObjectFlow-State::Activity-Graphs	Datenelement, das von einem DWH-Prozess verarbeitet wird.	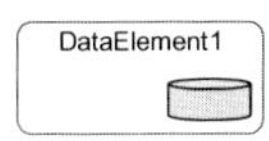

Tabelle 40: Stereotypen des UML-Profils für DWH-Prozesse

Um die Semantik der Prozessarchitektur für das Metadatenmanagement zu definieren, wird für die Modellierung von Prozessen das Stereotyp <<WarehousingProcess>> eingeführt. <<WarehousingProcess>> basiert auf dem Modellelement CompositeState. Beim Übergang auf die Aufgabenebene werden die Aktivitäten aufgedeckt, aus denen ein Prozess besteht. Zur Modellierung von Aktivitäten wird das Stereotyp <<WarehousingActivity>> eingeführt, welches ActionState klassifiziert. Eine <<WarehousingActivity>> wird von einem <<WarehousingActor>> ausgeführt und manipuliert dabei ein <<DataElement>>, welches z. B. auf ein CWM-Element verweist.

Input und Output eines Prozesses werden über gleichnamige Tagged Values beschrieben, die jeweils dem InitialState und dem FinalState zugeordnet sind. <<WarehousingAvtivity>> verfügt über ein Tagged Value DWComponent, welches die Zuordnung zu einer DWH-Komponente (bspw. ein ETL-Tool) herstellt.

Tagged Value	Parent	Semantik
Input	InitialState	Beschreibt oder verweist auf den Prozess-Input bei Auslösen des InitialState.
Output	FinalState	Beschreibt oder verweist auf den Prozess-Output bei Erreichen des FinalState.
DWComponent	Warehousing-Activity	Beschreibt oder verweist auf eine DWH-Komponente aus dem SoftwareDeployment-Paket des CWM.

Tabelle 41: Tagged Values des UML-Profils für DWH-Prozesse

Um die Anwendung des Profils zu demonstrieren, wird im folgenden die Modellierung mit dem WarehousingProcess-Profil an einem kurzen Beispiel demonstriert. Aus Platzgründen ist die Darstellung vereinfacht, deckt aber die wesentlichen Elemente des Profils ab.

5.5.3 Modellierungsbeispiel

Modelliert wird ein fiktiver Prozess zur Codierung von unstrukturierten Informationen in strukturierte Metadaten, an dem fünf organisatorische Einheiten beteiligt sind. Das *DataOffice* ist ein Gremium, das sich sowohl aus Vertretern des Data-Warehousing-Teams als auch sämtlicher DWH-Anwendergruppen im Business zusammensetzt. Bei der Rolle *Fachexperte* handelt es sich um einen Vertreter eines bestimmten Unternehmensbereiches mit fundierten Kenntnissen über Struktur und Abläufe seines Bereichs. Der Fachexperte arbeitet eng mit dem Datenmodellierer bei der Strukturierung der Metadaten zusammen. Der *Datenmodellierer* ist für die Abbildung der Metadaten auf das bestehende Datenschema des Metadaten-Repository verantwortlich und muss hierzu das Schema gegebenenfalls anpassen. Das physische Einfügen der Daten in das Repository wird vom *Datenadministrator* ausgeführt. Hierbei kann eine manuelle Dateneingabe erforderlich sein, falls eine automatisierte Konvertierung und Übertragung nicht möglich ist. Der *DataOwner* hat die Verantwortung für die Semantik der Metadaten, überwacht die Einhaltung von Datenqualitätsanforderungen und hat die Berechtigung seine Metadaten zu ändern. Der DataOwner kann sowohl eine einzige Person als auch eine Gruppe von Personen sein. Nachfolgend ist der Prozessablauf unter Verwendung des UML-Profils modelliert.

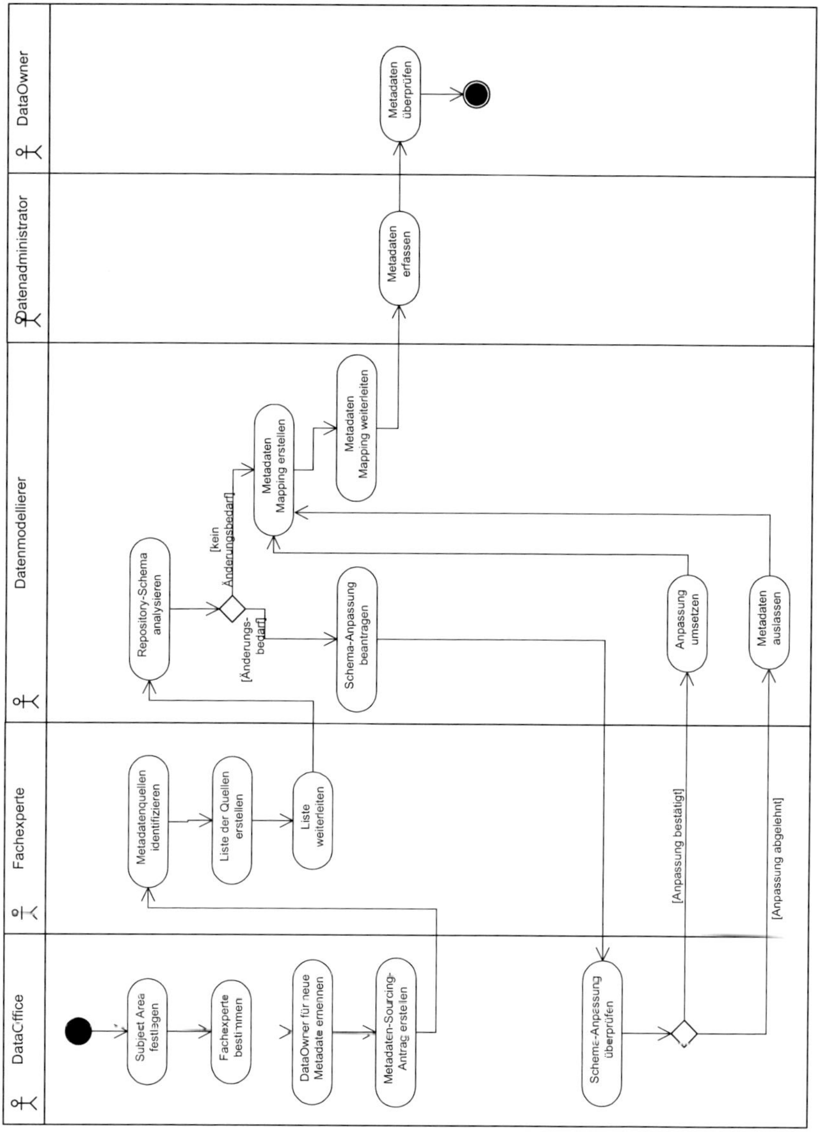

Abbildung 48: Modellierungsbeispiel Metadaten-Sourcing-Prozess

Zunächst legt das DataOffice inhaltlich Bereiche fest, für die Metadaten erschlossen werden sollen. Für diese Bereiche wird je ein Fachexperte und ein DataOwner bestimmt. Diese Informationen werden in einem formellen Antrag für einen neuen Metadaten-Sourcing-Vorgang festgehalten. Dieser Antrag wird an alle übrigen Beteiligten weitergeleitet. Der Fachexperte analysiert auf dieser Grundlage teiligten weitergeleitet. Der Fachexperte analysiert auf dieser Grundlage mögliche Metadatenquellen wie z. B. Word-Dokumente oder Lotus-Notes-Datenbanken. Er erstellt eine Liste mit einer kurzen Beschreibung der ausgewählten Quellen sowie den nötigen Zugriffsinformationen. Mit Hilfe dieser Liste und in Zusammenarbeit mit dem Fachexperten analysiert der Datenmodellierer die Metadatenquellen und bildet die im Antrag spezifizierten Metadaten auf das Datenschema des Metadaten-Repository ab. Dazu kann eine Änderung des Datenschemas erforderlich werden, die aber zuvor vom DataOffice genehmigt werden muss. Die Zuordnungen zum Datenschema werden in einem Metadaten-Mapping-Dokument für den Datenadministrator spezifiziert, der das eigentliche Überführen der Metadaten in das Repository erledigt. Schliesslich werden die neuen Metadaten vom DataOwner auf inhaltliche Richtigkeit sowie ausreichende Qualität überprüft und nach bestandener Überprüfung zum Gebrauch freigegeben. Die Rolle des DataOwner kann dabei von der gleichen Organisationseinheit übernommen werden, die auch als Fachexperte fungiert. Der Prozess endet, indem der DataOwner den Metadaten-Sourcing-Antrag als ausgeführt an das DataOffice zurückleitet.

6 Ein prozessorientiertes Organisationskonzept für das Metadatenmanagement

Nachdem in Kapitel 5 wichtige Rahmenbedingungen für eine Prozessmodellierung in der Domäne Metadatenmanagement abgesteckt wurden, sind die Voraussetzungen für den nun folgenden Prozessentwurf geschaffen. Kapitel 6 beschreibt Vorgehen und Entwurf des integrierten Prozessmodells für das Metadatenmanagement und stellt damit den Kern dieser Arbeit dar. Der Prozessentwurf wird systematisch entlang der in Abschnitt 5.3 beschriebenen Modellhierarchie entwickelt. Ausgehend von Modellebene M2 wird für jede Ebene zunächst das Vorgehen und dann der Entwurf beschrieben. Abschnitt 6.1 fasst die Vorgehensschritte in einem übergeordneten Vorgehen zusammen und gibt damit einen Überblick über den gesamten Prozessentwurf. Im Anschluss an die Gestaltung der Ablauforganisation, wird in Abschnitt 6.5 ein Rollenmodell entwickelt und Alternativen für eine zugehörige Aufbauorganisation werden diskutiert. Prozessmodell und Rollenmodell bilden zusammen ein prozessorientiertes Organisationskonzept für das Metadatenmanagement.

6.1 Allgemeines Vorgehen beim Prozessentwurf

Beim Entwurf der Prozesse für das Metadatenmanagement wird ein Top-Down-Vorgehen angewandt, das sich an der in Abschnitt 5.3 beschriebenen Modell-Hierarchie orientiert. Beginnend mit der Ebene M2 werden zunächst Prozesse identifiziert und modelliert, die im nächsten Schritt auf Ebene M1 in Teilprozesse detailliert werden. Auf Ebene M0 werden schliesslich Teilprozesse in ihre Aufgaben zerlegt, wobei die Aufgabenreihenfolge und die Aufgabenträgerzuordnung festgelegt werden. Diese Vorgehensweise entspricht weitgehend dem Vorgehen von PROMET-BPR, das ebenfalls in einem Top-Down-Vorgehen die Prozesse schrittweise detailliert (vgl. [IMG 1995, S. AKTI 4ff.], [Hess 1996, S. 158]). Die allgemeine Abfolge des Prozessentwurfs entlang der Modell-Hierarchie kann anhand der Darstellung in Abbildung 49 nachvollzogen werden.

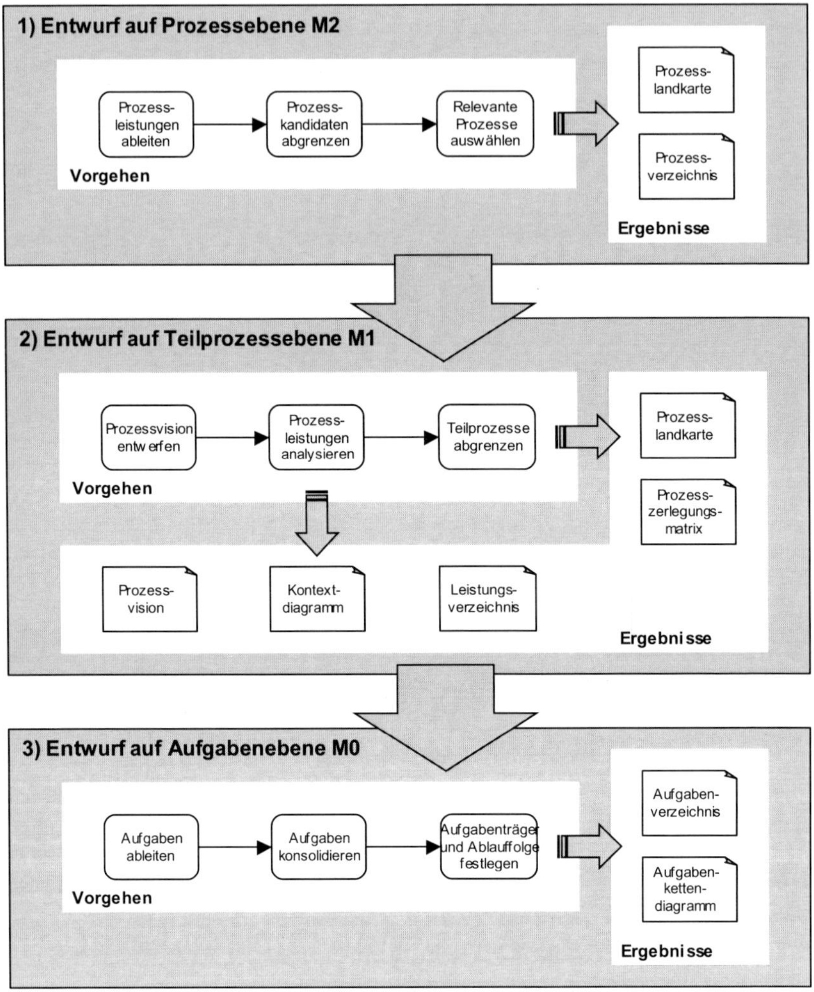

Abbildung 49: Vorgehen beim Prozessentwurf für das Metadatenmanagement

Wegen der grundsätzlichen Übereinstimmung von Entwurfsschritten und deren Reihenfolge, lassen sich auch die Entwurfstechniken von PROMET-BPR für den Prozessentwurf in dieser Arbeit adaptieren. Die Einordnung der PROMET-Entwurfstechniken in die allgemeine Vorgehensweise kann Tabelle 42 entnommen werden.

Vorgehensschritt	PROMET-BPR-Technik	Beschreibung
Entwurf auf Prozessebene M2	Architekturplanung	Abgrenzen von Prozessen und Leistungsbeziehungen.
Entwurf auf Teilprozessebene M1	Prozessvision, Leistungsanalyse	Festlegen grundlegender Rahmenbedingungen des Prozessentwurfs, Detaillieren der Leistungsbeziehungen, Abgrenzen von Teilprozessen.
Entwurf auf Aufgabenebene M0	Ablaufplanung	Identifizieren von Aufgaben, Festlegen der Aufgabenreihenfolge, Zuordnung von Aufgabenträgern.

Tabelle 42: Einordnen der PROMET-BPR-Techniken in das allgemeine Vorgehen

Die Entwurfstechniken von PROMET-BPR fokussieren primär auf die Gestaltung der wettbewerbsrelevanten Leistungsprozesse eines Unternehmens (vgl. z. B. [Österle 1995, S. 33], [IMG 1995, S. GRUN 37], [Hess 1996, S. 165]). Obwohl die Anwendung der Methode grundsätzlich auch für Führungs- und Unterstützungsprozesse vorgesehen ist [Hess 1996, S. 173], wird die konkrete Anwendung für diese Prozesstypen nicht beschrieben. Vielmehr wird von einer weitgehend problemlosen Übertragbarkeit ausgegangen [Hess 1996, S. 173]. Bei der Übertragung ergeben sich jedoch Probleme insbesondere bei Entwurfsentscheidungen, für die Alternativen nach vorgegebenen Kriterien bewertet werden müssen. In den Techniken, die Alternativen durch Bewertung vergleichen, werden problembezogene Bewertungskriterien aus der Sicht von Leistungsprozessen vorgegeben. Diese Kriterien lassen sich aber nicht immer auf Unterstützungsprozesse übertragen. Im folgenden wird daher für jede Entwurfsebene ein angepasstes Vorgehen beschrieben und genutzt, das die zugrundeliegenden PROMET-BPR-Techniken für die Anwendung im Kontext von Unterstützungsprozessen und insbesondere Prozessen des Metadatenmanagements adaptiert und operationalisiert (vgl. Abbildung 49).

6.2 Prozessentwurf auf Ebene M2

Auf der obersten Modellebene M2 werden Prozesse und deren Leistungsbeziehungen gestaltet. Das Vorgehen orientiert sich an der PROMET-BPR-Technik Architekturplanung. Die Ergebnisse des Prozessentwurfs auf Ebene M2 werden in einer Prozesslandkarte und einem Prozessverzeichnis dokumentiert.

6.2.1 Vorgehen und Entwurf auf Ebene M2

Für das Identifizieren der Prozesse und Leistungen auf Ebene M2 wird das allgemeine Vorgehen der Architekturplanung von PROMET-BPR so angepasst, dass die

Ergebnisse der Fallstudien sowie die Vorarbeiten in Kapitel 2 berücksichtigt werden.

6.2.1.1 Schritt 1: Ableiten der Prozessleistungen

Den Ausgangspunkt zur Bestimmung der Prozesse bilden die Bedürfnisse der Leistungsempfänger, die durch die Prozessleistungen befriedigt werden sollen [Österle 1995, S. 128]. Leistungen, die aus Sicht des Empfängers zusammenhängen und nicht unabhängig voneinander erbracht werden können, werden zu *Leistungsbündeln* zusammengefasst [Hess 1996, S. 168]. Da die Prozessleistungen noch nicht bekannt sind, müssen sie zunächst ermittelt werden. Als Hilfsmittel für die Ableitung der Prozessleistungen orientiert sich PROMET-BPR am *Customer Resource Life Cycle* nach Ives und Learmonth[43] (vgl. [Österle 1995, S. 155], [Hess 1996, S. 167f.]). Eine Übertragung auf die Gestaltung von Unterstützungsprozessen wie dem Metadatenmanagement erscheint jedoch problematisch, da im PROMET-Ansatz die Beziehungen zu unternehmensexternen Kunden im Mittelpunkt stehen (vgl. [Hess 1996, S. 167f.]). Die Leistungsabgrenzung für Unterstützungsprozesse wird in der PROMET-BPR-Literatur nur am Rande erwähnt. Die empfohlene Vorgehensweise beschränkt sich auf den allgemeinen Hinweis, dass Leistungen von Unterstützungsprozessen für die kontinuierliche Durchführung der Leistungsprozesse notwendig sind [Hess 1996, S. 173]. Beispielhaft werden Bereitstellung von Ressourcen und Infrastruktur sowie Entwicklung und Pflege von Produkten und Dienstleistungen angeführt [Hess 1996, S. 173]. Ein weiterer Hinweis auf die Prozessleistungen ergibt sich aus der Einordnung des Metadatenmanagements als Prozess des Informationswesens nach Rüegg-Stürm. Aufgabe dieser Kategorie von Unterstützungsprozessen ist die Aufbereitung und Bereitstellung von Daten (vgl. Abschnitt 2.4). Daten werden von den Leistungsempfängern der Informationswesenprozesse nachgefragt, um spezifische Bedürfnisse zu befriedigen. Dies lässt sich auf das Metadatenmanagement als konkreten Informationswesenprozess übertragen: Für das Metadatenmanagement stellen die Prozesse der Anwender und Entwickler des DWH-Systems die Leistungsempfänger dar. Die Leistungen, die sie nachfragen, sind die Aufbereitung und Bereitstellung der Metadaten, die zur Realisierung der in Abschnitt 3.5 identifizierten Nutzenpotentiale benötigt werden. Anwender und Entwickler werden als Kunden des Metadatenmanagements aufgefasst, deren Kundenbedürfnisse durch die bereitgestellten Metadaten zu befriedigen sind. In Abschnitt 3.6.3 wurden Metadatenkategorien gebildet, indem einzelne Metadatenobjekte nach ihrem Verwendungszweck zu Kategorien zusammengefasst wurden. Aus Sicht der Leistungsempfänger entspricht der Verwendungszweck dem Kundenbedürfnis, das zur Nachfrage von Metadaten führt. Die am Verwendungszweck orien-

[43] Der Customer Resource Life Cycle beschreibt eine Folge von Aufgaben beim Kunden, die in Verbindung mit der Nutzung eines Produkts oder einer Dienstleistung stehen (vgl. [Hess 1996, S. 167f.] sowie die dort angegebene Literatur).

tierten Metadatenkategorien bilden somit die bedarfsorientierten Leistungsbündel der Metadatenmanagementprozesse.

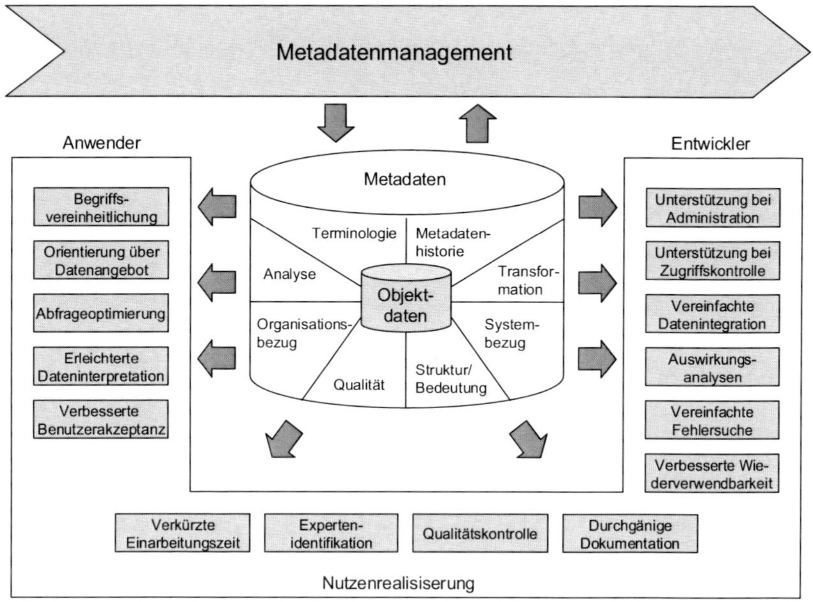

Abbildung 50: Leistungen des Metadatenmanagements

Abbildung 50 zeigt die Bereitstellung von Metadaten gemäss der zweckorientierten Kategorien durch das Metadatenmanagement. Die Leistungserstellung orientiert sich am Bedarf an Metadaten, der sich aus den Verwendungszwecken bei Anwendern und Entwicklern ergibt.

6.2.1.2 Schritt 2: Abgrenzen von Prozesskandidaten

In diesem Schritt werden die Leistungsbündel dazu genutzt, um potentielle Prozesse abzuleiten. Diese *Prozesskandidaten* dienen im nächsten Schritt zur Ermittlung der relevanten Prozesse. Bei PROMET-BPR werden Leistungsbündel anhand der Prozesstypologie (vgl. Abschnitt 2.4) sowie von Segmenten (z. B. Kundensegmente wie Privat- und Firmenkunden) weiter differenziert [Österle 1995, S. 128-133]. Dies führt zu einfachen, gut optimierbaren Prozessen, da eine Spezialisierung die Vielfalt möglicher Abläufe reduziert [Österle 1995, S. 132]. Die Prozesstypologie beschreibt Klassen betrieblicher Teilprozesse, die zur Erstellung von Marktleistungen (d. h. Ergebnisse der betrieblichen Wertschöpfung) unabhängig von der Branche notwendig sind [Österle 1995, S. 132]. Da es sich beim Metadatenmanagement nach dieser Typologie nur um einen Teilprozess innerhalb einer Typenklasse handelt, kann die Prozesstypologie keine Unterstützung bei der weiteren Ausdifferenzierung der Prozesse bieten. Ähnlich verhält es sich mit der Segmentbildung, die bei PROMET-BPR vor allem für die Unterstützung bei der ganzheitlichen Betrachtung von Unternehmensprozessen gedacht ist (vgl. [IMG 1995, S. TECH 9]).

Als weitere Unterstützung bei der Abgrenzung von Prozesskandidaten werden daher bestehende Prozesse aus der Unternehmenspraxis herangezogen, die in Form der Ergebnisse der Fallstudien vorliegen.

Leistungsbündel (Metadatenkategorie)	**Prozesskandidat**	**Leistungs-empfänger**	**Prozesskunde**	**Fall-studie**
Terminologie	Terminologiemanagement	Anwender	Datenanalyse	A
Datenanalyse	Analysedokumentation	Anwender	Datenanalyse	-
	Ausnahmeinterpretation	Anwender	Datenanalyse	B
Organisationsbezug	Organisationsdokumentation	Anwender	Datenanalyse	-
	Zugriffskontrolle	Entwickler	Systementwicklung	-
Datenqualität	Datenqualitätsmanagement	Anwender	Datenanalyse	B, D
Datenstruktur/ -bedeutung	Datenstrukturmanagement	Entwickler	Systementwicklung	C
Systembezug	Systemdokumentation	Entwickler	Systementwicklung	-
Transformation	Transformations-dokumentation	Entwickler	Systementwicklung	-
Metadatenhistorie	Metadatenhistorisierung	Anwender, Entwickler	Datenanalyse, Systementwicklung	A, B, C

Tabelle 43: Ableiten von Prozesskandidaten für das Metadatenmanagement

Tabelle 43 zeigt die Zuordnung von Prozesskandidaten zu Leistungsbündeln. Weiterhin wird jedem Leistungsbündel der primäre Leistungsempfänger zugeordnet. Dabei handelt es sich um eine eher grobe Zuordnung, da die meisten Metadaten sowohl für Anwender als auch Entwickler von Nutzen sein können (vgl. Abschnitt 3.5). Da Prozesse ihre Leistungen immer an andere Prozesse und nicht an Organisationseinheiten erbringen (vgl. Abschnitt 2.3), wird zu jedem Prozesskandidat der sog. *Prozesskunde* angegeben. Dabei wird analog zur Zuordnung der Leistungsempfänger wieder nur grob zwischen Datenanalyseprozess und (DWH-)Systementwicklungsprozess unterschieden. Schliesslich wird für jeden Prozesskandidaten die Fallstudie angegeben, in der ein solcher Prozess identifiziert wurde. Dies ist nicht bei allen Prozesskandidaten möglich, während andere Prozesskandidaten in mehreren Fallstudien beobachtet werden konnten.

6.2.1.3 Schritt 3: Auswählen der relevanten Prozesse

Im dritten Schritt wird überprüft, ob es sich bei den identifizierten Prozesskandidaten wirklich um relevante Prozesse handelt. PROMET-BPR zielt auf den Entwurf von Kernprozessen, welche die Umsetzung der Kernkompetenzen eines Unternehmens beschreiben, um so seine Wettbewerbsfähigkeit zu verbessern [Hess 1996, S. 170f.]. Daher bewertet PROMET die Prozesskandidaten zunächst anhand der drei Kriterien *strategische Bedeutung*, *Kernkompetenz* und *Ressourcenbindung* [IMG 1995, S. TECH 11]. Die strategische Bedeutung fragt nach dem Einfluss auf die kritischen Erfolgsfaktoren des Unternehmens, die Kernkompetenz nach Abläufen, die im Mittelpunkt der Leistungserstellung stehen, und die Ressourcenbindung danach, ob eine ausreichende Bindung von Mitarbeitern und Sachmitteln vorhanden ist, die eine explizite Ausgestaltung des Prozesses rechtfertigt [Hess 1996, S. 171]. Es wird deutlich, dass diese Kriterien nicht einfach auf das Metadatenmanagement übertragbar sind, da hier ein anderes Entwurfsziel verfolgt wird. Im Vordergrund steht die Umsetzung der Nutzenpotentiale bei der Unterstützung des Data Warehousing. Die Kriterien zur Bewertung der Wettbewerbsrelevanz werden deshalb durch die Bewertung der *Nutzenpotentialrealisierung* ersetzt.

Allerdings lässt sich nicht jeder relevante Prozess systematisch gestalten. Zum Beispiel werden schwach strukturierte Prozesse, deren Ablauf sich zudem häufig ändert, nicht weiter betrachtet. Daher wird von PROMET neben der Wettbewerbsrelevanz die Organisierbarkeit bewertet [Hess 1996, S. 171]. Hierzu werden die Prozesskandidaten anhand weiterer fünf Kriterien überprüft (vgl. [IMG 1995, S. TECH 11f.]):

- *Standardisierbarkeit*: Es wird überprüft, ob die Änderungshäufigkeit der Prozessleistungen und -aufgaben hinreichend gering ist, um allgemeingültig festgelegt werden zu können.
- *Geschlossenheit*: Untersucht wird, ob jeder Prozess über sein Leistungsbündel mindestens ein Kundenbedürfnis abdeckt. Zusammenhängende Leistungen sollten nicht von mehreren Prozessen erbracht werden.
- *Führbarkeit*: Es werden Faktoren wie die Aufbauorganisation und im Falle des Metadatenmanagements die vorhandene DWH-Systemumgebung betrachtet, um zu beurteilen, ob der Prozess führbar ist (auch bei Veränderungen der Faktoren, z. B. Reorganisation). Darüber hinaus muss es möglich sein, Führungsgrössen für die Prozessführung zu definieren.
- *Prozessmanager*: Der Prozessmanager führt den Prozess als autonome Einheit. Er ist eine von allen Prozessbeteiligten akzeptierte Führungspersönlichkeit. Hier wird beurteilt, ob es eine solche Persönlichkeit gibt bzw. ob es sie geben kann.
- *Beherrschbarkeit*: Es wird die Komplexität des Prozesses betrachtet. Diese muss für den Prozessmanager im Routinebetrieb zu bewältigen sein, d. h. er muss die

Zusammenhänge verstehen, die beteiligten Interessen koordinieren und den Prozess weiterentwickeln können.

Anhand der beschriebenen Kriterien werden die Prozesskandidaten im folgenden einzeln beurteilt. Dabei wird in Anlehnung an PROMET-BPR bei den Kriterien Nutzenpotentialrealisierung und Standardisierbarkeit eine abgestufte Bewertung mit den Bewertungsstufen *schwach*, *mittel* und *stark ausgeprägt* verwendet, während bei den übrigen Kriterien nur zwischen *erfüllt* und *nicht erfüllt* unterschieden wird (vgl. [Österle 1995, S. 136]). Um als für den weiteren Entwurf relevanter Prozess bewertet zu werden, müssen Nutzenpotentialrealisierung und Standardisierung zumindest mittel ausgeprägt sein. Darüber hinaus müssen die übrigen Kriterien alle erfüllt werden. Ist eines der Kriterien nicht erfüllt, wird der Prozess nicht weiter betrachtet.

Terminologiemanagement: Der Prozess lässt sich aufgrund der in der Fallstudie gemachten Erfahrungen insgesamt als relevant beurteilen. Die Nutzenpotentialrealisierung ist in ausgeprägtem Masse gegeben, da die Prozessleistung *Vereinheitlichung des Begriffsystems* ein entsprechendes Bedürfnis von Anwendern und Entwicklern erfüllt. Die Standardisierbarkeit ist gegeben (vgl. Fallstudie A), wird aber nur mittel bewertet, da es häufig zu Interessenkonflikten kommt. Der Prozess sollte daher einen Mechanismus zur Konfliktbewältigung beinhalten. Geschlossenheit ist ebenfalls gegeben, da sämtliche Leistungen im Zusammenhang mit der Begriffsvereinheitlichung von diesem Prozess erbracht werden. Es kann für den Prozess ein Prozessmanager eingesetzt werden, Beherrschbarkeit ist durch eine überschaubare Komplexität gegeben.

Analysedokumentation: Dieser Prozess wird in Form eines eigenen Prozesses nicht als relevant erachtet, da die von ihm erbrachten Leistungen eng mit denen des Prozesses Systemdokumentation zusammenhängen. Dadurch ist die Geschlossenheit nicht gegeben.

Ausnahmeinterpretation: Das Leistungsbündel dieses Prozesses umfasst Metadaten, die dem Entscheidungsträger helfen, bei der Datenanalyse erkannte Ausnahmephänomene in den Geschäftskontext einzuordnen. Bei der Beurteilung des Prozesses konnte auf die Erfahrungen aus Fallstudie B zur Ausnahmebehandlung zurückgegriffen werden. Die Prozessleistung stellt einen Beitrag zur Realisierung des Nutzenpotentials *Erleichterte Dateninterpretation* dar, sodass der Prozess als relevant bewertet wird. Andererseits bestehen jedoch Leistungsverflechtungen mit der Datenqualitätskontrolle, zu deren Aufgaben die Ausnahmeerkennung zählt. Die Geschlossenheit wird daher als nicht gegeben beurteilt, der Prozess nicht weiter betrachtet.

Organisationsdokumentation: Von diesem Prozess werden die Beziehungen zwischen den Daten und der Aufbauorganisation in Form von Verantwortlichkeiten und Kompetenzen umfassend dokumentiert. Analog zur Bewertung der Analysedokumentation wird auch dieser Prozess nicht als geschlossen betrachtet und damit von einer weiteren Gestaltung als eigenständigem Prozess Abstand genommen.

Zugriffskontrolle: Die Zugriffskontrolle, d. h. insbesondere die Vergabe und Überprüfung von Zugriffsrechten, wird im Rahmen des Metadatenmanagements für das Data Warehousing nicht weiter als eigener Prozess gestaltet, da aufgrund vielfältiger Interdependenzen mit Anwendungsbereichen ausserhalb des Data Warehousing weder Geschlossenheit noch Beherrschbarkeit gegeben sind und daher auch das Einsetzen eines Prozessmanagers problematisch ist.

Datenqualitätsmanagement: Aus dem Erfassen der Qualitätsanforderungen und dem Messen der Ist-Qualität entstehen wichtige Metadaten, die Anwendern und Entwicklern das Beurteilen der Verwendbarkeit von Objektdaten erlauben. Wird eine nicht ausreichende Datenqualität festgestellt, bilden die Qualitätsmetadaten eine wichtige Grundlage für die Verbesserung der Qualität. Aus Fallstudie D geht hervor, dass damit ein wichtiges Bedürfnis gedeckt werden kann. Das Datenqualitätsmanagement ist ein relevanter Prozess, der auch die Kriterien bezüglich der Organisierbarkeit erfüllt.

Datenstrukturmanagement: Standardisierte Datenstrukturen erleichtern die Datenintegration sowie die Fehlersuche und sind die Grundlage für eine erfolgreiche Wiederverwendung. Der Prozess erreicht daher eine stark ausgeprägte Nutzenpotentialrealisierung insbesondere für Entwickler. Es handelt sich um einen relevanten Prozess, dessen Organisierbarkeit in Fallstudie C gezeigt werden konnte.

Systemdokumentation: Die Systemdokumentation ist der Prozess zur Bereitstellung von architektur- und systembezogenen Metadaten und befriedigt somit ein zentrales Bedürfnis von Anwendern und Entwicklern. Es handelt sich aus Sicht des Metadatenmanagements um einen relevanten Prozess, der zudem gut strukturierbar ist. Der Prozess kann über Führungsgrössen geführt werden und seine mässige Komplexität machen ihn für den Prozessmanager beherrschbar. Geschlossenheit erreicht der Prozess allerdings nur in Zusammenhang mit den drei anderen Dokumentationsprozesskandidaten.

Transformationsdokumentation: Der Prozess Transformationsdokumentation wird in gleicher Weise wie die Prozesse Analyse- und Organisationsdokumentation bewertet. Die Leistungen hängen eng mit denen des Prozesses Systemdokumentation zusammen, der Prozess Transformationsdokumentation soll nicht eigenständig gestaltet werden.

Metadatenhistorisierung: Die Metadatenhistorisierung lässt sich nicht sinnvoll als eigener Prozess gestalten, da Metadaten in allen Prozessen historisiert werden müssen. Geschlossenheit ist somit nicht gegeben, der Prozess wird nicht weiter eigenständig betrachtet.

Tabelle 44 fasst die Ergebnisse der Bewertung im Überblick zusammen:

	Bewertungskriterien					
Prozesskandidaten	Nutzenpotentialrealisierung	Standardisierbarkeit	Geschlossenheit	Führbarkeit	Prozessmanager	Beherrschbarkeit
Terminologiemanagement	+++	++	✓	✓	✓	✓
Analysedokumentation	++	+++		✓	✓	✓
Ausnahmeinterpretation	++	++				✓
Organisationsdokumentation	++	+++		✓	✓	✓
Zugriffskontrolle	++	+		✓		
Datenqualitätsmanagement	+++	++	✓	✓	✓	✓
Datenstrukturmanagement	+++	++	✓	✓	✓	✓
Systemdokumentation	++	+++		✓	✓	✓
Transformationsdokumentation	++	+++		✓	✓	✓
Metadatenhistorisierung	++	+++				✓

Legende:

+ schwach ausgeprägt

++ mittel ausgeprägt

+++ stark ausgeprägt

✓ erfüllt

Tabelle 44: Bewertung der Prozesskandidaten

Bei den als nicht relevant bewerteten Prozesskandidaten deuten die engen Leistungsverknüpfungen darauf hin, dass es sich um Teilprozesse eines übergeordneten Prozesses handelt. Die Leistungen Analyse-, Organisations- und Transformationsmetadaten können mit dem Leistungsbündel Systemmetadaten zusammengefasst werden und bilden dadurch den Kontext der Datenerstellung und -verarbeitung. Die zugehörigen Prozesse werden bei der weiteren Ausgestaltung in einem Prozess *Datenkontextmanagement* integriert. Das Datenkontextmanagement basiert auf dem Konzept des *Business Context* von Devlin, das in Form von Metadaten die Beziehung der Objektdaten zu ihrer fachlichen und technischen Umgebung beschreibt (vgl. Abschnitt 3.6.2.2). Devlin konzentriert sich auf die Beschreibung von Systemkomponenten zur Verarbeitung von Metadaten, betont daneben aber auch die Notwendigkeit einer organisatorischen Unterstützung (vgl. [Devlin 1997, S. 298]). Der

Business Context entsteht durch die Integration der Metadaten, die organisatorisch durch den Leistungsaustausch der Prozesse des Metadatenmanagements gestaltet werden muss. Der Prozess Datenkontextmanagement stellt dabei die für die Context-Dimensionen *Organization* und *Application function* benötigten Metadaten bereit. Terminologie- und Datenqualitätsmanagement decken die Dimension *Business activity* ab, das Datenstrukturmanagement stellt den gemeinsamen Ausgangspunkt für die Betrachtung der Objektdaten anhand der Dimensionen bereit. Der Datenkontext stellt somit eine Teilmenge des Business Context dar, der erst im Zusammenspiel mit den übrigen Prozessen vervollständigt wird. Die Organisierbarkeit des neugebildeten Prozesses kann als gegeben betrachtet werden, da die zugehörigen Kriterien bereits von den zusammengeführten Prozesskandidaten erfüllt wurden.

Schliesslich wird der Prozess Metadatenhistorisierung dezentralisiert, d. h. jeder Prozess führt eine eigene Historisierung durch, die auf seine spezifischen Metadaten abgestimmt ist. Aufgrund der Bewertung der Prozesskandidaten und der anschliessenden Konsolidierung ergeben sich auf der obersten Modellierungsebene vier relevante Prozesse für das Metadatenmanagement:

- Terminologiemanagement,
- Datenqualitätsmanagement,
- Datenstrukturmanagement und
- Datenkontextmanagement.

Die identifizierten Prozesse des Metadatenmanagements können nun zusammen mit ihren Leistungen in einer Prozesslandkarte dokumentiert und in einem Prozessverzeichnis näher spezifiziert werden. Prozesslandkarte und -verzeichnis bilden zusammen die Ebene M2 des hierarchischen Prozessmodells für das Metadatenmanagement.

6.2.2 Prozesslandkarte für das Metadatenmanagement

Die Prozesslandkarte stellt die Prozesse aus Sicht des Metadatenmanagements dar. Zu beachten ist, dass die Darstellung ausschliesslich Elemente einer Ablauforganisation darstellt. Es wird noch keine Aussage über die Aufbauorganisation des Metadatenmanagements gemacht. Die grau hinterlegten Flächen der Graphik zeigen die Grenzen der Prozesse und nicht die Grenzen von organisatorischen Einheiten. Auf aufbauorganisatorische Aspekte wird im Zusammenhang mit dem Entwurf des Rollenmodells in Abschnitt 6.5 eingegangen. Zusammen mit den Ergebnissen des Prozessentwurfs auf Ebene M2 ergibt sich für das Metadatenmanagement folgende Prozesslandkarte:

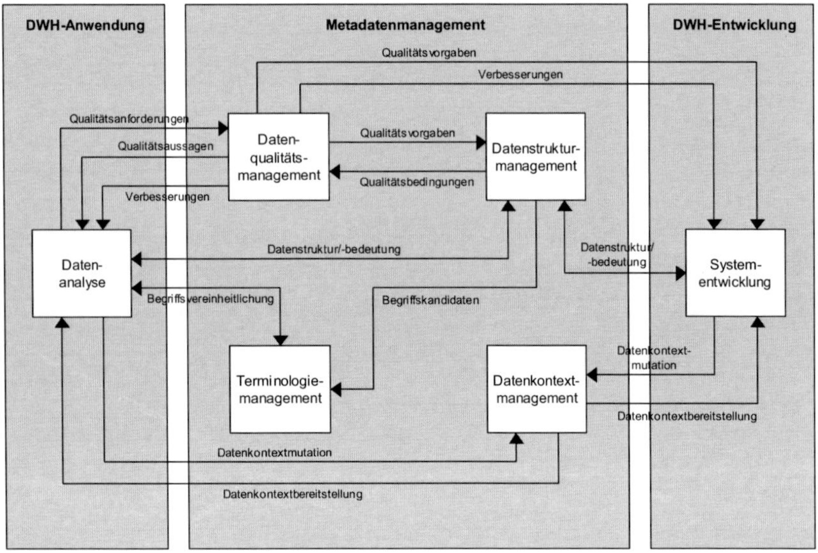

Abbildung 51: Prozessmodellebene M2: Prozesslandkarte des Metadatenmanagements

Die Leistungen des Metadatenmanagements werden für das Data Warehousing erbracht und erfüllen die Bedürfnisse sowohl von Anwendern als auch Entwicklern. Die Prozesse von Anwendern und Entwicklern werden daher als Prozesskunden mit in die Prozesslandkarte aufgenommen. Da der Fokus der Darstellung auf dem Metadatenmanagement liegt, werden die Prozesskunden DWH-Anwendung und DWH-Entwicklung hier nicht weiter detailliert. Die Bezeichnungen sind jedoch jeweils umfassend zu sehen, d. h. die Datenanalyse subsummiert die gängigen Analysemethoden wie OLAP und Reporting. Die Systementwicklung umfasst neben der Erstentwicklung auch die Weiterentwicklung, den Betrieb und die Administration.

6.2.3 Prozessverzeichnis für das Metadatenmanagement

Im Prozessverzeichnis werden für jeden Prozess in einer kurzen Beschreibung seine wichtigsten Aufgaben sowie die von ihm erbrachte Prozessleistung aufgeführt. Weiterhin werden diejenigen Prozesse angegeben, die Leistungen vom betrachteten Prozess empfangen (Leistungsempfänger) bzw. Leistungen an diesen erbringen (Leistungserbringer).

6.2.3.1 Terminologiemanagement

Beschreibung: Das Terminologiemanagement umfasst alle Aufgaben zum Aufbau und zur Vereinheitlichung einer unternehmensweit gültigen Terminologie. Hierzu gehören die Katalogisierung von Begriffen in einem oder mehreren Glossaren, der Aufbau und die Pflege von Taxonomien sowie die Etablierung eines Begriffslebenszyklus.

Prozessleistung:
1) Metadaten der Kategorie Terminologie.
2) Historisierung dieser Metadaten.

Leistungsempfänger:
1) *Datenanalyse* zur Intepretation von Objektdaten.
2) *Datenstrukturmanagement* zur Dokumentation der Bedeutung von Datenelementen und -strukturen.
3) *Systementwicklung* für eindeutige Kommunikation mit Anwendern.

Leistungserbringer:
1) *Datenanalyse* erbringt Begriffs- und Änderungsvorschläge von Anwenderseite.
2) *Datenstrukturmanagement* erbringt Begriffs- und Änderungsvorschläge von Entwicklerseite.

6.2.3.2 Datenstrukturmanagement

Beschreibung: Im Datenstrukturmanagement werden alle Aufgaben zur Katalogisierung und Vereinheitlichung der Datenstrukturen sowohl des DWH-Systems als auch der operativen Systeme zusammengefasst. Um den angestrebten Nutzen zu erzielen, muss die Standardisierung alle geschäftskritischen Systeme erfassen. Neben Katalogisierung und Vereinheitlichung sind wichtige Aufgaben die Etablierung eines Lebenszyklus sowie die Kontrolle der Wiederverwendung.

Prozessleistung:
1) Metadaten der Kategorie Datenstruktur/-bedeutung.
2) Historisierung dieser Metadaten.

Leistungsempfänger:
1) *Datenanalyse* zum Auffinden von Objektdaten.
2) *Terminologiemanagement* zum Identifizieren von Begriffen und Begriffsbeziehungen.
3) *Systementwicklung* zur Interpretation und Wiederverwendung.
4) *Datenkontextmanagement* zum Dokumentieren von Beziehungen zwischen Daten und Systemkomponenten.
5) *Datenqualitätsmanagement* zur Integritäts- und Konsistenzprüfung.

Leistungserbringer:
1) *Systementwicklung* erbringt originäre Datenstrukturen sowie Veränderungen an Datenstrukturen.
2) *Terminologiemanagement* erbringt fachliche Beschreibungen von Datenstrukturen.

3) *Datenkontextmanagement* erbringt Beschreibung von Systemkomponenten.
4) *Datenqualitätsmanagement* erbringt Qualitätsvorgaben und -richtlinien.

6.2.3.3 Datenqualitätsmanagement

Beschreibung: Der Prozess Datenqualitätsmanagement hat die Kontrolle der geforderten Datenqualität, die Bereitstellung von Informationen über die Qualität der Daten und das Initiieren von Verbesserungsmassnahmen zur Aufgabe.

Prozessleistung:
1) Metadaten der Kategorie Datenqualität.
2) Historisierung dieser Metadaten.

Leistungsempfänger:
1) *Datenanalyse* zur Bewertung der Datenverwendbarkeit.
2) *Systementwicklung* zur Spezifikation von Qualitätsvorgaben und -richtlinien.
3) *Datenstrukturmanagement* zur Spezifikation von Qualitätsvorgaben und -richtlinien.
4) *Systementwicklung* zur Verbesserung der Datenqualität.
5) *Leistungsprozess(e)* zur Verbesserung der Datenqualität.

Leistungserbringer:
1) *Datenanalyse* erbringt Qualitätsanforderungen der Anwender.
2) *Datenstrukturmanagement* erbringt Integritäts- und Konsistenzbedingungen.

6.2.3.4 Datenkontextmanagement

Beschreibung: Der Prozess stellt den Datenkontext bereit, der die Beziehungen der Objektdaten zu ihrer fachlichen und technischen Umgebung beschreibt. Der Datenkontext dokumentiert Systembezug, Organisationsbezug, die Aufbereitung der Objektdaten im Rahmen der Datentransformation sowie die Verwendung im Rahmen der Datenanalyse. Mit seiner Hilfe lassen sich Daten lokalisieren und Datenflüsse nachvollziehen. Dabei werden sowohl die Bedürfnisse von Entwicklern als auch Anwendern befriedigt.

Prozessleistung:
1) Metadaten der Kategorie Systembezug.
2) Metadaten der Kategorie Organisationsbezug.
3) Metadaten der Kategorie Datentransformation.

4) Metadaten der Kategorie Datenanalyse.
5) Historisierung dieser Metadaten.

Leistungsempfänger:
1) *Datenanalyse* zum Auffinden, Analysieren und Interpre tieren von Objektdaten.
2) *Systementwicklung* für Analyse, Entwurf und Implementierung von Systemkomponenten.
3) *Systementwicklung* für die Änderung von Systemkomponenten.
4) *Systementwicklung* für Betrieb und Konfiguration von Systemkomponenten.
5) *Systementwicklung* für die Fehlersuche.

Leistungserbringer:
1) *Datenanalyse* erbringt Begriffs- und Änderungsvorschläge von Anwenderseite.
2) *Datenstrukturmanagement* erbringt Begriffs- und Änderungsvorschläge von Entwicklerseite.

6.3 Prozessentwurf auf Ebene M1

Aufbauend auf den Ergebnissen des Prozessentwurfs auf Ebene M2 werden auf dieser Ebene die Leistungen detailliert und Teilprozesse aufgedeckt. Das Vorgehen basiert auf den PROMET-BPR-Techniken Prozessvision und Leistungsanalyse. Dokumentiert wird der Entwurf für jeden Prozess der Ebene M2 in Form einer Prozessvision, eines Kontextdiagramms, eines Leistungsverzeichnisses sowie einer Prozesszerlegungsmatrix. Schliesslich werden sämtliche Teilprozesse mit ihren Leistungsbeziehungen in einer verfeinerten Prozesslandkarte dargestellt.

6.3.1 Vorgehen auf Ebene M1

6.3.1.1 Schritt 1: Prozessvision entwerfen

Die Prozessvision beschreibt einen über mehrere Jahre gültigen Rahmen für die Gestaltung eines Prozesses und ist damit ein wichtiger Einflussfaktor bei der nachfolgenden Detaillierung der Leistungen und dem Entwurf von Aufgabenketten (vgl. [Hess 1996, S. 179]). In PROMET-BPR wird die Prozessvision in enger Abstimmung mit der allgemeinen Geschäftsstrategie entwickelt [Österle 1995, S. 74f.]. Da die Geschäftsstrategie auf das Metadatenmanagement nur indirekt über die abgeleitete Informatikstrategie einen Einfluss hat, wird sie im folgenden nicht weiter miteinbezogen. Bei der Erhebung der Fallstudien wurde dagegen ein anderer Einflussfaktor auf die Gestaltung der Metadatenmanagementprozesse beobachtet: Das Metadatenmanagementsystem steht in enger Beziehung zu der Art der Leistungserstellung und damit auch zur Prozessgestaltung. Ein MDM-System wird für die maschinelle Speicherung und Verarbeitung von Metadaten benötigt und stellt ein wesentliches Hilfsmittel für die Gesamtleistung *Aufbereitung und Bereitstellung von Metadaten* dar. Die Prozesse des Metadatenmanagements dienen zur Steuerung der Metadatenflüsse durch die sie verarbeitenden Systemkomponenten. Unter Berücksichtigung technologischer, ökonomischer und organisatorischer Grenzen sollte das MDM-System zu einer möglichst weitgehenden Automatisierung des Metadatenmanagements führen. Umgekehrt ergeben sich aus der Systemkonzeption direkte Konsequenzen für die Leistungserstellung. So impliziert bspw. der dem DQM-System zugrundeliegende DQM-Kreislauf in Fallstudie D erforderliche Leistungen und Aufgaben für das Messen und Kommunizieren der Datenqualität. Ein weiteres Beispiel ist das Konzept des Business Terms und dessen informationstechnische Realisierung in der Fallstudie A zum Terminologiemanagement. Durch die Festlegung der Bestandteile eines Business Terms werden gleichzeitig Leistungsbestandteile des Terminologiemanagements festgelegt (vgl. Abschnitt 4.2). Für die Prozesse des Metadatenmanagements werden daher im folgenden wichtige konzeptionelle Rahmenbedingungen mit in die Prozessgrundsätze der Prozessvision aufgenommen.

6.3.1.2 Schritt 2: Analyse der Prozessleistungen

Die Leistungsanalyse zielt auf die systematische Gestaltung der Prozessleistungen in Abhängigkeit von den Anforderungen der Kunden (vgl. [Österle 1995, S. 78]). Für die Analyse von Geschäftsprozessleistungen schlägt Hess den Ansatz der Gemeinkostenwertanalyse durch Instrumente der Marktforschung vor [Hess 1996, S. 192]. Im Rahmen der Gemeinkostenwertanalyse werden Kosten und Nutzen von Leistungen bewertet, um unrentable bzw. überflüssige Leistungen zu eliminieren [Hess 1996, S. 192]. Neben der bereits von Hess zitierten Kritik an diesem Ansatz – unzureichende Berücksichtigung strategischer Überlegungen und oft ausbleibender Langzeiterfolg [Hess 1996, S. 192] – spricht auch die schwierige Nutzenquantifizierung von Leistungen des Data Warehousing bzw. des Metadatenmanagements (vgl. [Jung/Winter 2001, S. 54]) gegen eine Übertragung dieses Ansatzes auf den vorliegenden Problembereich. Einfache Instrumente der Marktforschung zur Analyse von Kundenbedürfnissen und -zufriedenheit wie bspw. Befragung und Beobachtung können dagegen auch bei der Leistungsanalyse für Prozesse des Informationswesens eingesetzt werden. Der höhere Aufwand für die Anwendung komplexerer Methoden wird i. d. R. als nicht lohnend bewertet (vgl. [Hess 1996, S. 194]). In den Fallstudien wurde die Leistungsanalyse primär mittels Befragung unterstützt durch Dokumentenanalyse durchgeführt (vgl. Gesprächsleitfaden im Anhang). Ausgangspunkt sind die bereits auf Ebene M2 identifizierten Leistungsbündel, die nun im Rahmen der Leistungsanalyse auf ihre wesentlichen Bestandteile hin untersucht werden. Dabei wird für jeden Prozess auf Ebene M2 ein Kontextdiagramm erarbeitet, dass den Leistungsaustausch aus Sicht des betrachteten Prozesses darstellt. Wie in der Prozesslandkarte werden Prozesse durch Knoten und Leistungen durch gerichtete Kanten repräsentiert. Abbildung 52 zeigt zur Veranschaulichung ein Kontextdiagramm für einen Prozess, der mit drei anderen Prozessen über den Austausch von Leistungen kooperiert. Für Leistungsprozesse kann oft ein kooperierender Prozess als wichtigster Prozesskunde ausgemacht werden. Dem Charakter von Unterstützungsprozessen entspricht es eher, dass mehrere Prozesskunden mit gleichen oder ähnlichen Leistungen beliefert werden (vgl. Abschnitt 2.4). In den Fallstudien zeigte sich, dass dies auch für Prozesse des Metadatenmanagements gilt.

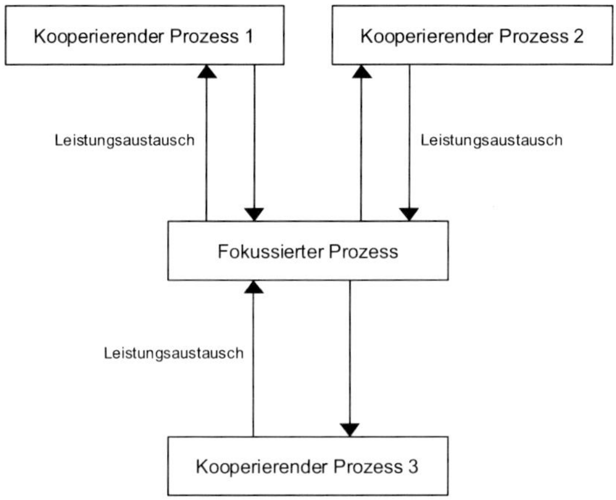

Abbildung 52: Grundsätzlicher Aufbau des Kontextdiagramms

Bei der Detaillierung der Leistungsbündel müssen darüber hinaus auch Leistungen berücksichtigt werden, die für die Umsetzung des Fachkonzepts für das MDM-System erforderlich sind. Die im Kontextdiagramm identifizierten Leistungen werden anschliessend verbal im Leistungsverzeichnis beschrieben (vgl. [Österle 1995, S. 80]).

6.3.1.3 Schritt 3: Abgrenzen von Teilprozessen

Bei der Abgrenzung von Teilprozessen unterscheidet PROMET-BPR zwischen vertikaler und horizontaler Abgrenzung (vgl. [IMG 1995, S. TECH 21ff.]). Zunächst werden mittels *vertikaler Abgrenzung* unabhängige Sequenzen, die zusammengehörige Leistungen erbringen, als Teilprozesse identifiziert. Als Beispiel für eine vertikale Abgrenzung lassen sich in einem Verkaufsprozess die Teilprozesse „Kunden akquirieren", „Kunden pflegen", „Auftrag akquirieren" und „Auftrag anpassen" voneinander abgrenzen (vgl. [IMG 1995, S. TECH 21]). Anschliessend können mittels *horizontaler Abgrenzung* weitere Teilprozesse abgegrenzt werden, die sich bspw. aus der Nutzung unterschiedlicher Kommunikationskanäle bei der Leistungserstellung ergeben. Bezogen auf das Beispiel des Verkaufsprozesses könnte mittels horizontaler Abgrenzung zwischen Auftragsakquisition über Vertreter, über Telefon/Fax sowie über Internet unterschieden werden (vgl. [IMG 1995, S. TECH 23]). Zur Dokumentation der Zerlegung von Prozessen in Teilprozesse sieht PROMET-

BPR eine tabellarische Zuordnung von Leistungen zu ihrem jeweiligen Teilprozess in einer sog. *Prozesszerlegungsmatrix* vor (vgl. [IMG 1995, S. TECH 23]). Aus der Prozesszerlegungsmatrix geht jedoch nicht der Leistungsaustausch zwischen den Teilprozessen hervor, der auf dieser Ebene ebenfalls stattfindet (vgl. Prozesslandkarten der Fallstudien). Die Teilprozesse und ihr Leistungsaustausch auf Ebene M1 werden daher im folgenden für jeden Prozess der Ebene M2 wiederum in einer Prozesslandkarte aus Sicht des übergeordneten Prozesses dargestellt.

6.3.2 Entwurf auf Ebene M1

Unter Anwendung der in Abschnitt 6.3.1 beschriebenen Vorgehensschritte werden nachfolgend die Leistungen der Metadatenmanagementprozesse der Ebene M2 analysiert und mit Kontextdiagrammen und Leistungsverzeichnissen dokumentiert. Darauf aufbauend lassen sich Teilprozesse identifizieren, die für jeden Prozess zunächst in einer eigenen Prozesslandkarte dargestellt werden. Abschliessend werden sämtliche Teilprozesse zu einer integrierten Prozesslandkarte zusammengefasst, die einen Überblick über die Teilprozesse und deren Leistungsaustausch auf Ebene M1 vermittelt.

6.3.2.1 Terminologiemanagement

6.3.2.1.1 Prozessvision

Ein wichtiger Eckpfeiler für die Gestaltung des Terminologiemanagements ist das zugrundeliegende Verständnis von Begriffen. Als Hilfsmittel zum Herbeiführen eines einheitlichen Begriffsverständnisses im Unternehmen eignet sich ein einfaches Begriffsmodell, das die Bestandteile eines Begriffs festlegt. Dieser Ansatz wurde auch bei der Swiss Re mit dem Konzept des Business Terms verfolgt. Darin wurde die allgemeine Unterscheidung in Begriffsdefinition und Begriffsbenennung aus der Theorie der Terminologie übernommen und mit Hilfe weiterer Attributen konkretisiert (vgl. Tabelle 13).[44] Ein allgemeines Begriffsmodell wie das Business-Term-Modell lässt sich später in ein konzeptionelles Datenschema überführen, das zur rechnergestützten Speicherung und Verarbeitung von Begriffen dient.[45] Bei der Gestaltung der Terminologieprozesse wird im folgenden von einem einfachen generischen Begriffsmodell ausgegangen. Als grundlegende Bestandteile nennen Felber und Budin neben Begriffsdefinition und -benennung eine eindeutige Begriffsnum-

[44] Das Begriffsmodell sollte flexibel genug sein, um neben einer verbalen Definition bspw. auch die Berechnungsvorschrift einer Kennzahl abbilden zu können. Gerade im Data Warehousing, das Daten integriert und aggregiert, spielen berechnete bzw. zusammengesetzte Begriffe eine wichtige Rolle (vgl. [Strauch 2002, S. 134f.]).

[45] Das Konzept des Business Terms wurde bei der Swiss Re erfolgreich in ein konzeptionelles Datenschema für die SDL-Applikation überführt. Ebenfalls mit diesem Ansatz wurde im Rahmen des CC DWS ein Prototyp für die Begriffsverwaltung der Württembergischen Versicherung erstellt (vgl. [Rowohl et al. 2000]).

mer, Erfassungs- und Änderungsdatum sowie die Zuordnung zu einem Verantwortlichen [Felber/Budin 1989, S. 196]. Weitere Attribute sind nach Bedarf zu ergänzen. Die detaillierte Ausgestaltung des Begriffsmodells ist auf die Anforderungen einer automatisierten Verarbeitung abzustimmen.[46] Für den weiteren Verlauf des Prozessentwurfs genügt die Annahme, dass ein Begriffsmodell verwendet wird. Die Rolle des Begriffsmodells wird im ersten Prozessgrundsatz festgehalten:

Prozessgrundsatz 1
Das Terminologiemanagement verwaltet Begriffe anhand eines Begriffsmodells, dessen Bestandteile klar definiert sind.

Ebenfalls aus der Fallstudie A wird das Konzept des Begriffslebenszyklus übernommen, um die Entwicklung von Begriffen im Sprachgebrauch nachzuvollziehen. Aus den gleichen Gründen wie beim Begriffsmodell wird auch von einem konkreten Begriffslebenszyklus abstrahiert. Die weiteren Ausführungen orientieren sich bei Bedarf am Begriffslebenszyklus der Fallstudie. Die grundlegende Bedeutung des Lebenszyklus führt jedoch zu einem weiteren Prozessgrundsatz:

Prozessgrundsatz 2
Veränderungen im Gebrauch und der Bedeutung von Begriffen werden über einen Begriffslebenszyklus kontrolliert.

Der Hauptnutzen des Terminologiemanagements im Rahmen des Data Warehousing wird in einer Vereinheitlichung der verwendeten Begriffe gesehen. Für eine Vereinheitlichung müssen Sprachdefekte beseitigt werden, insbesondere der Umgang mit Synonymen und Homonymen ist festzulegen. Die Bereinigung von Sprachdefekten ist daher der Gegenstand des dritten Prozessgrundsatzes:

Prozessgrundsatz 3
Sprachdefekte sind zu erfassen, zu kennzeichnen und gegebenenfalls zu beseitigen. Synonyme sind erlaubt, wenn sie als solche gekennzeichnet sind. Homonyme sind zu beseitigen.

Die Verwaltung von Begriffen zielt nicht nur auf die Begriffssemantik, sondern auch auf die Syntax, d. h. auf die Art und Weise, wie Begriffe miteinander kombiniert werden können. Zur Kontrolle der Semantik werden Begriffe in einem Glossar verwaltet. Ein Glossar ist eine Sammlung von Begriffen und den zugehörigen Aus-

---

[46] Felber und Budin beschreiben auf der Grundlage der allgemeinen Terminologielehre ein Schema zum Aufbau von terminologischen Datenbanken, das an die Anforderungen eines Terminologiemanagements für das Data Warehousing angepasst werden kann (vgl. [Felber/Budin 1989, S. 194ff.]).

prägungen der Merkmale aus dem Begriffsmodell. Die syntaktischen Beziehungen der Begriffe eines Glossars werden in einer zugehörigen Taxonomie verwaltet (vgl. Abschnitt 4.2.2). Die Instrumente des Terminologiemanagements werden ebenfalls in einem Prozessgrundsatz dokumentiert:

Prozessgrundsatz 4
Das Terminologiemanagement arbeitet mit den Instrumenten Glossar und Taxonomie. Glossare beschreiben die Begriffssemantik gemäss Begriffsmodell. Eine Taxonomie ergänzt ein Glossar um die syntaktischen Beziehungen zwischen Begriffen. Zur besseren Handhabbarkeit kann die Unternehmensterminologie mehrere Glossare und Taxonomien umfassen.

Der Sprachgebrauch in Unternehmen ist oft über viele Jahre gewachsen und aufgrund fehlender Standards für die Begriffsbildung durch eine Vielzahl von Sprachdefekten geprägt. Die Beseitigung sämtlicher Sprachdefekte und ein unternehmensweit einheitlicher Sprachgebrauch würde den Aufbau und die Verwendung eines einzigen Glossars und einer einzigen Taxonomie durch ein zentrales Terminologiemanagement erfordern. In Fallstudie A stiess der Vorschlag eines solchen Ansatzes auf teilweise heftigen Widerstand der am Entwurf beteiligten Mitarbeiter, die nicht bereit waren, den einhergehenden Kontrollverlust hinzunehmen (vgl. [Wegener/Auth 2002, S. 20]). Ohne die Bereitschaft der Mitarbeiter, die durch das Terminologiemanagement bereitgestellten Begriffe auch zu nutzen, kann eine Initiative zur Begriffsvereinheitlichung nicht zum Erfolg gelangen. Daher wird im folgenden von einer Begriffsvereinheitlichung durch ein zentrales Glossar abgesehen und stattdessen eine Koordination mehrerer lokaler Glossare propagiert. Mitarbeitern, die in einem gemeinsamen Aufgabenbereich zusammenarbeiten, wird der Aufbau eines lokalen Glossars samt zugehöriger Taxonomie gestattet, die den aufgabenspezifischen Sprachgebrauch festlegen. Für die Bildung lokaler Glossare bietet sich eine Orientierung an der Aufbauorganisation an, d. h. organisatorischen Einheiten wie Abteilungen oder Projekten wird jeweils ein Begriffsystem zugeordnet, das aus Glossar und Taxonomie besteht. Das Terminologiemanagement hat hierbei insbesondere die Aufgabe, die lokalen Glossare und Taxonomien übergreifend zu koordinieren und durch Dokumentieren der Beziehungen zwischen den Begriffsystemen den Sprachgebrauch transparent zu machen. Identifizierte Sprachdefekte werden in Zusammenarbeit zwischen Mitarbeitern des Terminologiemanagements und Vertretern der lokalen Glossare sukzessiv bereinigt. Die Begriffsvereinheitlichung ist das Ergebnis eines flexiblen und evolutionären Prozesses. Auch bei der Swiss Re führte dieser Ansatz schliesslich zum gewünschten Erfolg. Der dezentrale Ansatz wird in einem weiteren Prozessgrundsatz dokumentiert:

Prozessgrundsatz 5
Für den Sprachgebrauch innerhalb eines abgeschlossenen Aufgabenbereichs kann ein lokales Begriffsystem gebildet werden, das aus einem Glossar und einer zugehörigen Taxonomie besteht. Die Beseitigung von Sprachdefekten zwischen lokalen Glossaren wird von einem Terminologieausschuss geregelt, der sich aus Mitarbeitern des Terminologiemanagements sowie Vertretern der lokalen Glossare zusammensetzt.

6.3.2.1.2 Kontextdiagramm

Auf Ebene M2 wurde als Leistungsbündel des Terminologiemanagements die Bereitstellung eines einheitlichen Begriffsystems identifiziert. Die Prozesskunden für diese Leistung sind sowohl die Datenanalyse und als auch die Systementwicklung. Die Prozesskunden werden mit der Leistung Begriff beliefert, die sämtliche Begriffsbestandteile wie z. B. Benennung, Definition und Beziehungen zu anderen Begriffen einschliesst.

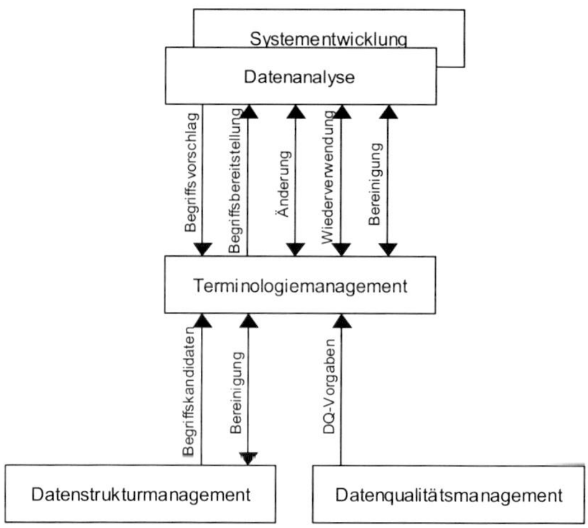

Abbildung 53: Kontextdiagramm Terminologiemanagement

Das Terminologiemanagement empfängt aber auch Leistungen von den Kundenprozessen in Form von Begriffsvorschlägen und Änderungsanträgen. Weiterhin arbeiten die Prozesse bei der Wiederverwendung von Begriffen und der Bereinigung des Begriffsystems eng zusammen. Schliesslich ist als dritter kooperierender Prozess das Datenstrukturmanagement zu betrachten, der das Terminologiemanagement mit aus Datenschemata abgeleiteten Begriffskandidaten versorgt und bei der Bereinigung Orientierungshilfen in Form der Datenschemata bietet. Insgesamt orientiert sich das Terminologiemanagement an Qualitätsvorgaben aus dem DQM. Aus diesen Überlegungen heraus lässt sich das in Abbildung 53 dargestellte Kontextdiagramm aufstellen. Zusätzlich werden die Beschreibungen der Leistungen textdiagramm aufstellen. Zusätzlich werden die Beschreibungen der Leistungen im Leistungsverzeichnis dokumentiert.

6.3.2.1.3 Leistungsverzeichnis

Nr.	Leistung	Beschreibung
1	Begriffsvorschlag	Begriffe werden nicht direkt in das Begriffsystem eingefügt, sondern zunächst von einem Verantwortlichen auf ihre Eignung und Qualität hin überprüft. Vorschläge für neue Begriffe können von allen Mitarbeitern eingereicht werden. Ein Begriffsvorschlag bezieht sich auf ein bestimmtes Glossar und umfasst mindestens eine Begriffsbenennung sowie eine zugehörige Beschreibung. Die Begriffsbenennung darf im Glossar noch nicht vorhanden sein, ansonsten handelt es sich um einen Änderungsvorschlag. Darüber hinaus können auch die Ausprägungen für die übrigen Attribute des Begriffsmodells sowie Beziehungen zu anderen Begriffen bereits enthalten sein.
2	Begriffskandidaten	Begriffskandidaten beschreiben ebenfalls potentielle neue Begriffe, werden allerdings nicht von Mitarbeitern direkt vorgeschlagen, sondern durch Analyse von Datenschemata und -strukturen identifiziert. Die Beschreibung des Begriffsvorschlags gilt analog.
3	Begriffsbereitstellung	Begriffe werden den Anwendern als Leistung zur Verfügung gestellt. Dies kann theoretisch in Form von gedruckten Verzeichnissen geschehen. Im betrachteten Umfeld ist allerdings davon auszugehen, dass Begriffe als Metadaten in einer Metadatenbasis verwaltet und über eine Zugriffskomponente als Teil eines MDM-Systems zur Verfügung gestellt werden.
4	Änderung	Änderungen werden ebenfalls nicht direkt durchgeführt, sondern zuerst durch einen Verantwortlichen überprüft. Die Leistung Änderung wird bei Bedarf von Anwendern durch einen Änderungsvorschlag ausgelöst und bezieht sich auf sämtliche Begriffsbestandteile, Begriffsbeziehungen sowie den Begriffslebenszyklus.
5	Wiederverwendung	Wiederverwendung bezieht sich auf die Verwendung eines Begriffs in mehreren Glossaren. Diese Leistung wird in Zusammenhang mit Vorschlägen für neue Begriffe erbracht. Sind bereits Begriffe mit gleicher oder ähnlicher Bedeutung erfasst, können diese unter Umständen wiederverwendet werden.

Nr.	Leistung	Beschreibung
6	Bereinigung	Durch das nebenläufige Verwalten mehrerer Glossare und Taxonomien aber auch durch Migration von Glossaren, die bisher unabhängig gepflegt wurden, entsteht Bedarf nach Bereinigung des Begriffsbestands. Im Zuge der Bereinigung werden bspw. Synonyme markiert und Homonyme beseitigt.

Tabelle 45: Leistungsverzeichnis für das Terminologiemanagement

6.3.2.1.4 Prozesszerlegungsmatrix

Im dritten Schritt werden nun mittels vertikaler Abgrenzung Teilprozesse des Terminologiemanagements abgegrenzt. Das Erfassen, Konsolidieren und Umsetzen von Begriffsvorschlägen und -kandidaten wird einem Teilprozess *Begriffserfassung* zugeordnet. Für die Leistungen Änderung, Wiederverwendung und Bereinigung wird jeweils ein eigener Teilprozess mit analoger Bezeichnung abgegrenzt. Die Leistung Begriffsbereitstellung wird über das MDMS erbracht. Der Anwender kann bei Bedarf über die Zugriffskomponente auf die Attribute des Begriffsmodells zugreifen und Beziehungen zwischen Begriffen nachvollziehen. Leistungserstellung und -verwendung werden durch die Speicherung der Begriffe zeitlich entkoppelt. Der Leistungserstellungsprozess endet mit dem Einbringen des Begriffs in die Metadatenbasis. Die Leistung Begriffsbereitstellung entsteht als Summe der übrigen Leistungen und wird daher keinem eigenen Teilprozess zugeordnet. Damit ergibt sich die nachstehende Prozesszerlegungsmatrix:

Leistungen	Teilprozess
Begriffsvorschlag	Begriffserfassung
Begriffskandidat	
Änderung	Begriffsänderung
Wiederverwendung	Begriffswiederverwendung
Bereinigung	Begriffsbereinigung

Tabelle 46: Prozesszerlegungsmatrix Terminologiemanagement

6.3.2.2 Datenstrukturmanagement

6.3.2.2.1 Prozessvision

Das Datenstrukturmanagement hat die Katalogisierung und Standardisierung der Datenstrukturen im Bereich des DWH-Systems zum Ziel. Damit werden einerseits

Dokumentationszwecke erfüllt und andererseits die Wiederverwendung von bestehenden Datenstrukturen gefördert. In der Prozessvision wird daraus der erste Grundsatz abgeleitet:

Prozessgrundsatz 1
Das Datenstrukturmanagement katalogisiert und standardisiert Datenstrukturen für die DWH-Entwicklung. Wichtige Ziele sind eine verbesserte Dokumentation und eine erhöhte Wiederverwendungsrate.

Für die Standardisierung der Datenstrukturen ist der Prozess insbesondere auf die Unterstützung durch ein Metadaten-Repository angewiesen, das eine Versionierung der Repository-Objekte ermöglicht. Um eine Durchsetzung des zentralen Datenstrukturmanagements mit Nachdruck voranzutreiben, wird das Repository im zweiten Prozessgrundsatz zur zentralen Quelle für Datenstrukturen erklärt:

Prozessgrundsatz 2
Das Metadaten-Repository ist die zentrale Quelle für das Generieren von Datenstrukturen. Datenstrukturen, die nicht aus dem Repository generiert werden können, sind bei ihrer Erstellung unverzüglich in das Repository zu übernehmen.

Der dritte Prozessgrundsatz zielt auf eine aktive Förderung der Wiederverwendung. Dazu muss die Standardvorgehensweise beim Erstellen von Datenstrukturen so abgeändert werden, dass Wiederverwendung zur Regel und Neuerstellung zur Ausnahme wird:

Prozessgrundsatz 3
Tritt im Rahmen der Softwareentwicklung Bedarf an Datenstrukturen bzw. Datenelementen auf, ist zunächst die Möglichkeit der Wiederverwendung von Datenstrukturen aus dem Repository zu überprüfen. Nur wenn eine Wiederverwendung nicht möglich ist, dürfen neue Datenelemente oder -strukturen erstellt werden.

Ähnlich wie die Begriffe des Terminologiemanagements durchlaufen Datenelemente und -strukturen einen Lebenszyklus, der Auswirkungen auf ihre Wiederverwendbarkeit hat. Ein solcher Lebenszyklus ist für den Einsatz im Datenstrukturmanagement zu entwickeln. Für das Entwickeln eines unternehmensspezifischen Lebenszyklus kann die Beschreibung in Fallstudie D als Grundlage genutzt werden (vgl. Abbildung 33). Das Abbilden der Lebenszyklusphasen im Metadaten-Repository ist eine wichtige Voraussetzung für eine erfolgreiche Wiederverwendung. Der Lebenszyklus ist deshalb Gegenstand des vierten Prozessgrundsatzes:

Prozessgrundsatz 4
Im Rahmen der Softwareentwicklung ist der Entwicklungsstand der Datenstrukturen ständig über den Lebenszykluszustand sowie die Beschreibungsattribute des Metadaten-Repository zu dokumentieren.

Die Erfahrungen mit dem Datenstrukturmanagement bei den WV in Fallstudie C zeigen, dass bei der Einführung eines rigoros geregelten Prozesses unter Umständen mit Widerständen von Seiten der Entwickler zu rechnen ist. Dem kann grundsätzlich mit drei Massnahmen begegnet werden: Zunächst ist sicherzustellen, dass der vorgesehene Prozess effektiv und effizient abläuft. Gibt es Prozessengpässe, die zu Verzögerungen und Leerlauf führen, muss auch mit unzufriedenen Mitarbeitern gerechnet werden. Weiterhin ist für eine ausführliche Information der betroffenen Mitarbeiter über Zweck und Vorteile des Prozesses zu sorgen. Eventuell kann dies durch Schulungen zum Prozess und zum Repository ergänzt werden. Schliesslich ist über Wege nachzudenken, wie die Mitarbeiter durch Anreize zur Verhaltensänderung geführt werden können. Thiesse beschreibt verschiedene Anreize und eine Vorgehensweise für die Konzeption von Anreizsystemen, die sich auch auf das Datenstrukturmanagement und das Metadatenmanagement insgesamt übertragen lassen [Thiesse 2001, S. 177f.]. Die Bedeutung der Kooperation der Mitarbeiter führt zu einem weiteren Prozessgrundsatz:

Prozessgrundsatz 5
Für den Erfolg des Datenstrukturmanagements ist die Kooperation der Mitarbeiter wesentlich. Beim Entwurf der zugehörigen Prozesse ist deshalb der Motivation der Mitarbeiter besondere Beachtung zu schenken, z. B. durch Aufklärung, Schulung und Anreizsysteme.

Trotz motivierter Mitarbeiter und effektiver Prozesse lassen sich auf Dauer Probleme wie redundante und inkonsistente Metadaten kaum ausschliessen. Ähnlich wie im Terminologiemanagement sollte daher der Bestand an Datenstrukturen periodisch von auftretenden Problemen bereinigt werden. Gerade für die Standardisierung der Datenstrukturen ist es wichtig, Probleme wie Homonyme und Synonyme bei den Bezeichnungen von Datenelementen zu behandeln. Dies kann bspw. in einem Ausschuss der Data Owner geschehen. Die Bereinigung von Datenproblemen bildet den letzten Prozessgrundsatz:

Prozessgrundsatz 6
Auftretende Datenprobleme sind zu erfassen, zu kennzeichnen und regelmässig zu bereinigen. Für die Behandlung von Homonymen und Synonymen sind verbindliche Richtlinien zu entwerfen.

6.3.2.2.2 Kontextdiagramm

Die wichtigsten Prozesskunden des Datenstrukturmanagements sind wiederum die Systementwicklung und die Datenanalyse. Die Systementwicklung erzeugt und verändert Datenstrukturen, wobei Vorgaben des Datenstrukturmanagements beachtet werden müssen. Insbesondere sind alle Entwicklungstätigkeiten unter dem Aspekt der Wiederverwendung zu überprüfen, die vom Datenstrukturmanagement gefördert und gesteuert wird. Bestehende Datenstrukturen aus Alt-Applikationen und Datenbanken sind sukzessiv in die Verantwortlichkeit des Datenstrukturmanagements zu migrieren. Während die Systementwicklung insbesondere mit Datenstrukturen der operativen Quellsysteme und des DWH-Systems arbeitet, werden für die Datenanalyse insbesondere analysespezifische Strukturen wie Dimensionen, Dimensionselemente oder auch vordefinierte Reports und deren Elemente verwaltet. Zur Überprüfung und Sicherstellung der Konsistenz der Datenstrukturen sind insbesondere nach Migrationen Massnahmen zur Bereinigung durchzuführen. Bei der Verarbeitung der Datenstrukturen sind darüber hinaus Qualitätsvorgaben aus dem DQM zu beachten. Für das DQM werden wiederum Qualitätsbedingungen wie z. B. Konsistenz- und Integritätsbedingungen bereitgestellt. Zusammenfassend lässt sich der Leistungsaustausch wie in Abbildung 54 darstellen:

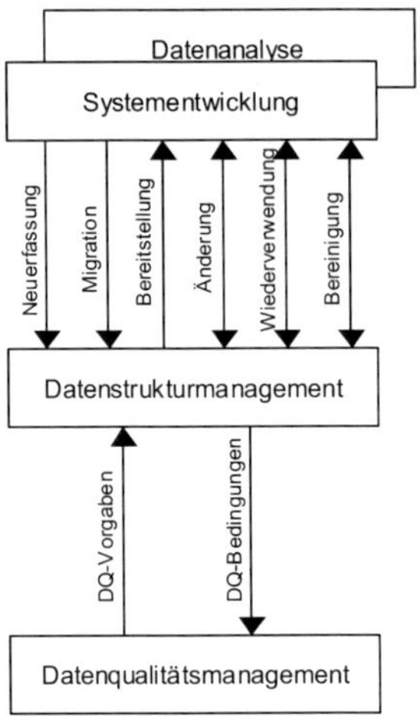

Abbildung 54: Kontextdiagramm Datenstrukturmanagement

6.3.2.2.3 Leistungsverzeichnis

Nr.	Leistung	Beschreibung
1	Neuerfassung	Werden im Zuge der Softwareentwicklung neue Datenstrukturen benötigt, die bisher noch nicht vorhanden sind, müssen sie neu erfasst werden. Dazu sind die vorgeschriebenen Attribute möglichst vollständig zu erfassen, sowie Namenskonventionen und sonstige Vorgaben aus dem DQM zu beachten.
2	Migration	Bei Änderungen an DWH-Komponenten, die bisher noch nicht vom Datenstrukturmanagement erfasst sind, werden die betreffenden Datenstrukturen zunächst in das MDMS migriert. Dies kann sowohl automatisiert als auch manuell geschehen.
3	Bereitstellung	Die Bereitstellung von Datenstrukturmetadaten erfolgt über das MDMS. Dabei kann das MDMS sowohl passiv zu Dokumentationszwecken genutzt werden, semi-aktiv Datenstrukturen für Applikationen generieren oder vollaktiv Datenstrukturmetadaten für die Ausführung anderer Applikationen bereitstellen.
4	Änderung	Änderungen an Datenstrukturen wie z. B. das Vergrössern einer Feldlänge müssen ebenfalls über das MDMS erfasst werden. Datenstrukturen, die im MDMS erfasst oder migriert wurden, sind nach Möglichkeit nur noch dort zentral zu pflegen. Die Änderungen werden anschliessend über die Generierung an die betroffenen Applikationen ausgebreitet.
5	Wiederverwendung	Die Wiederverwendung ist eine zentrale Leistung des Datenstrukturmanagements. Einmal im MDMDS erfasste Datenstrukturen werden wiederverwendet, indem aus den hinterlegten Metadaten der Programmcode für die benötigte Datenstruktur generiert wird (z. B. SQL-DDL, COBOL Copy-Strecke). Vor einer Neuerfassung sollte immer der Versuch einer Wiederverwendung stehen. Diese Reihenfolge wird direkt in der Ablaufplanung auf Ebene M0 umgesetzt.
6	Bereinigung	Besonders nach der Migration von grösseren Applikationen sollte eine Bereinigung des Datenstrukturbestandes durchgeführt werden, um die Standardisierung aufrecht zu erhalten. Bereinigungen sollten aber auch unabhängig von Migrationen durchgeführt werden, da durch manuelle Neuerfassungen und Änderungen ebenfalls Redundanzen und Inkonsistenzen entstehen können.

Tabelle 47: Leistungsverzeichnis Datenstrukturmanagement

6.3.2.2.4 Prozesszerlegungsmatrix

Das Datenstrukturmanagement muss vor allem über Anpassungen des Vorgehens in Softwareentwicklungsprozessen etabliert werden. Mittels vertikaler Abgrenzung werden die den Entwicklungsprozess betreffenden Leistungen Neuerfassung, Änderung und Wiederverwendung daher in einem Prozess mit der Bezeichnung Entwicklung zusammengefasst. Dieser Prozess ist als Teilprozess in den herkömmlichen Entwicklungsprozess für DWH-Komponenten einzubinden. Für die Migration von bestehenden Applikationen wird ein eigener Teilprozess Migration definiert, ebenso für die periodische Bereinigung des Datenstrukturbestands. Der Leistungsaustausch mit dem Datenqualitätsmanagement wird von dessen Prozessen kontrolliert und daher dort betrachtet. Die Teilprozesse des Datenstrukturmanagements werden in folgender Prozesszerlegungsmatrix dokumentiert:

Leistungen	**Teilprozess**
Neuerfassung	Entwicklung
Änderung	
Wiederverwendung	
Migration	Migration
Bereinigung	Bereinigung

Tabelle 48: Prozesszerlegungsmatrix Datenstrukturmanagement

6.3.2.3 Datenqualitätsmanagement

6.3.2.3.1 Prozessvision

Im Mittelpunkt der Prozessversion für das DQM steht das Konzept des proaktiven DQM (vgl. Abschnitt 4.5.2). Der DQM-Prozess zielt in erster Linie auf die Bereitstellung qualitativer Daten durch Sicherung der Qualität der Bereitstellungsprozesse und Etablierung unternehmensweit gültiger DQ-Standards. Erst in zweiter Linie wird die Datenqualität durch nachträgliches Bereinigung von Datenqualitätsproblemen verbessert. Metadaten werden genutzt, um die Qualitätsprüfung weitgehend zu automatisieren und um die Datenverwender mit Informationen über die Datenqualität zu beliefern. Der proaktive Ansatz wird durch den ersten Prozessgrundsatz betont:

Prozessgrundsatz 1
Das Datenqualitätsmanagement verfolgt einen proaktiven Ansatz, der primär auf das Vermeiden und erst sekundär auf das Beseitigen von Datenqualitätsproblemen zielt. Qualitätsprobleme werden nicht nur kurzfristig beseitigt, sondern auch dauerhaft durch Beseitigung der Ursachen behoben.

Informationen über die Qualität der DWH-Daten sind eine Grundvoraussetzung für eine verlässliche Datenanalyse. Diese Informationen werden vom DQM in Form von Metadaten bereitgestellt. Neben Metadaten über den Zustand der Objektdaten (wie z. B. Aktualität, Vollständigkeit, Korrektheit) liefert das DQM aber auch Begründungen für den Objektdatenzustand. Die Ursachen von technischen Datenproblemen werden von Experten des DQM in Form von Kommentaren beschrieben. In gleicher Weise beschreiben Fachexperten die geschäftlichen Ursachen von Ausnahmephänomenen in den Dateninhalten. Dies wird im zweiten Prozessgrundsatz festgehalten:

Prozessgrundsatz 2
Das Datenqualitätsmanagement beliefert die Datenverwender sowohl mit Metadaten über den Zustand der Objektdaten als auch mit Begründungen für diesen Zustand. Begründungen werden für technische Qualitätsprobleme von ETL-/DQM-Experten geliefert, inhaltliche Abweichungen in den Datenwerten werden von Fachexperten kommentiert.

Grundsätzlich orientiert sich das DQM am konkreten Qualitätsbedarf der Datenverwender. Verbesserungsmassnahmen werden nur durchgeführt, wenn der Qualitätsanspruch der Datenverwender nicht erfüllt ist. Ziel ist es, das DQM durch die Ausrichtung auf den Datenverwender sowohl effektiv als auch effizient zu gestalten. Die Orientierung am Qualitätsbedarf wird zum dritten Prozessgrundsatz:

Prozessgrundsatz 3
Das DQM erhebt den Qualitätsbedarf der Datenverwender und entwickelt Konzepte und Vorgaben, um diesen dauerhaft zu sichern.

Um den Qualitätsbedarf der Anwender zu sichern, sind permanente Kontrollen der Datenqualität erforderlich. Für die Automatisierung dieser Qualitätsprüfungen eignet sich insbesondere die Formalisierung der Qualitätsanforderungen mit Regeln. Regeln eignen sich gut zur Automatisierung durch eine Applikation. Der regelbasierte Ansatz wird als weiterer Grundsatz in die Prozessvision aufgenommen:

Prozessgrundsatz 4
Das DQM nutzt formale Regeln, um die regelmässige Prüfung der Datenqualität mit einer regelbasierten Applikation zu automatisieren.

6.3.2.3.2 Kontextdiagramm

Im Sinne eines ganzheitlichen Datenqualitätsmanagements entwickelt der DQM-Prozess für alle übrigen Prozesse Qualitätsvorgaben und -richtlinien. Der Hauptprozesskunde ist aber die Datenanalyse, die vom DQM mit verdichteten Qualitätsaussagen über die Objektdaten versorgt wird. Diese Qualitätsaussagen werden auf der Grundlage der Benutzeranforderungen erstellt, die im Rahmen der Datenanalyse entstehen. Darüber hinaus können Analysten besonders bedeutungsvolle Qualitätsaussagen (z. B. besonders hohe Abweichungen realer Datenwerte von Erwartungswerten) kommentieren, um so den Verwendern der Analyse-Ergebnisse die Interpretation zu erleichtern. Die Kommentare werden ebenfalls vom DQM verwaltet. Abbildung 55 zeigt die Leistungen des DQM im Überblick.

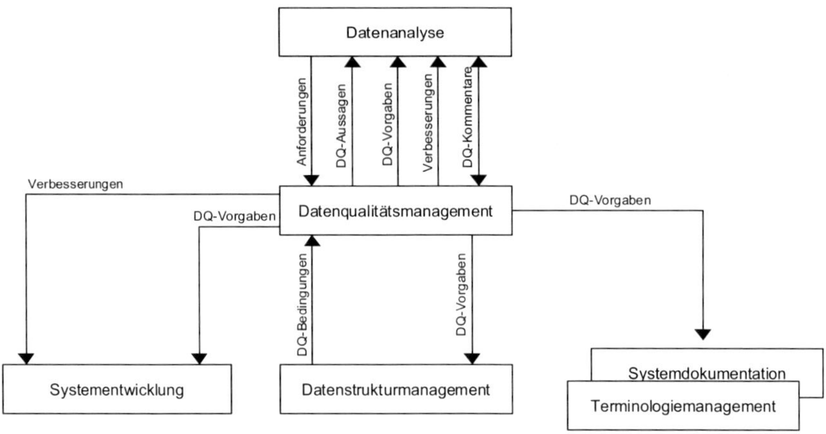

Abbildung 55: Kontextdiagramm Datenqualitätsmanagement

6.3.2.3.3 Leistungsverzeichnis

Nr.	Leistung	Beschreibung
1	Anforderungen	Zum Spezifizieren der Anforderungen der Verwender an die Datenqualität sind geeignete Qualitätsmerkmale auszuwählen sowie zugehörige Sollwerte festzulegen. Aus Qualitätsmerkmalen und Sollwerten werden Regeln gebildet, die eine Automatisierung der Qualitätsprüfung ermöglichen. Ziel ist es, die Anforderungen an die Datenqualität möglichst exakt zu spezifizieren.
2	DQ-Aussagen	Qualitätsaussagen werden durch die Verknüpfung und Verdichtung von Qualitätskennzahlen gebildet und beschreiben die Qualität einer Datenmenge zum Messzeitpunkt. Qualitätsaussagen werden je nach Empfänger in unterschiedlichen Detailstufen gebildet. Endanwender haben häufig den Wunsch nach hochverdichteten und leicht verständlichen Qualitätsaussagen, bspw. mittels Farbcodierung.
3	DQ-Vorgaben	Unter DQ-Vorgaben werden verbindliche Richtlinien, Standards und Vorgaben zusammengefasst, die vom DQM entwickelt werden, um die Datenqualität durch Vorbeugung langfristig zu sichern. DQ-Vorgaben können sich sowohl auf den Prozess der Datenerstellung als auch auf die Spezifikation der Daten als Produkt beziehen. Beispiele sind Namenskonventionen, Checklisten für die Vollständigkeit von Datenobjekten, Konventionen für Abkürzungen oder Anforderungen an das Verfassen von Definitionen und Beschreibungen (vgl. [English 1999, S. 87ff.]).
4	Verbesserungen	Verbesserungen sind die Reaktion auf Qualitätsprobleme. Grundsätzlich ist zwischen Verbesserungen am Datenbereitstellungsprozess, die indirekt auf die Datenqualität wirken, und Verbesserungen an den Daten selbst z. B. durch Korrektur und Vervollständigung zu unterscheiden. Verbesserungen können entweder von DQM-Mitarbeitern selbst ausgeführt werden oder müssen bspw. als Verbesserungsantrag an die Datenzulieferer delegiert werden. Im Zuge von Verbesserungen können auch DQ-Vorgaben für den Umgang mit Daten angepasst werden.
5	DQ-Kommentare	Kommentare können von Datenanalysten verfasst werden, um den fachlichen Hintergrund eines Ausnahmephänomens in den Datenwerten zu erklären. Ziel ist es, im Informationsfluss nachgeordneten Entscheidungsträgern das Interpretieren der Analyseergebnisse zu erleichtern. Ebenso können Kommentare von DQM-Mitarbeitern verfasst werden, um technische Hintergründe für Datenprobleme zu erklären (z. B. Systemausfall).

Nr.	Leistung	Beschreibung
6	DQ-Bedingungen	In ähnlicher Weise wie das DQM allgemeine DQ-Vorgaben festlegt, werden durch das Datenstrukturmanagement Richtlinien und Standards für den Umgang mit Datenstrukturen entwickelt. Diese müssen vom DQM miteinbezogen werden, wobei insbesondere darauf zu achten ist, dass es nicht zu Widersprüchen kommt. Die technisch orientierten DQ-Bedingungen werden von Datenstrukturmanagement als Leistung an das DQM erbracht.

Tabelle 49: Leistungsverzeichnis Datenqualitätsmanagement

6.3.2.3.4 Prozesszerlegungsmatrix

Anhand der Leistungen und des metadatenbasierten DQM-Konzepts von Helfert (vgl. Fallstudie D) lassen sich vier Teilprozesse abgrenzen: Die *Qualitätsplanung* erhebt die Anforderungen der Anwender und entwickelt auf dieser Grundlage allgemeine DQ-Vorgaben für das Metadatenmanagement. Ebenfalls auf Grundlage der Anwenderanforderungen werden Kennzahlen sowie Prüf- und Benachrichtigungsregeln entwickelt. Dabei werden auch DQ-Bedingungen aus dem Datenstrukturmanagement einbezogen. Die *Qualitätslenkung* implementiert die Kennzahlen und Regeln in einem konkreten Mess-System für die vorhandenen Transformationsprozesse und DWH-Komponenten. Über das Mess-System werden systematisch Messungen durchgeführt und Messwerte bereitgestellt. Diese werden von der *Qualitätsrückkopplung* verdichtet und zu Qualitätsaussagen aufbereitet, die den Datenverwendern bereitgestellt werden. Qualitätsaussagen können von den Anwendern mit Kommentaren versehen werden, die ebenfalls von der Qualitätsrückkopplung verwaltet werden. Die Verarbeitung der Messwerte dient darüber hinaus der Identifikation von Schwachstellen bei der Datentransformation. Erkannte Schwachstellen werden von der *Qualitätsverbesserung* analysiert, um Massnahmen zu deren Beseitigung zu erarbeiten. Weiterhin werden Qualitätsprobleme in den Objektdaten bereinigt und so Verbesserungen der Datenanalyse erreicht. Mit diesen Teilprozessen ergibt sich die Prozesszerlegungsmatrix wie folgt:

Leistungen	Teilprozess
Anforderungen	Qualitätsplanung
DQ-Vorgaben	
DQ-Messwerte	Qualitätslenkung
DQ-Aussagen	Qualitätsrückkopplung
Kommentare	
Verbesserungen	Qualitätsverbesserung

Tabelle 50: Prozesszerlegungsmatrix DQM

6.3.2.4 Datenkontextmanagement

6.3.2.4.1 Prozessvision

Im Mittelpunkt des Datenkontextmanagements steht die Bereitstellung des Datenkontexts. Um allen Prozessbeteiligten das Konzept des Datenkontexts verständlich zu machen, wird daraus der erste Prozessgrundsatz abgeleitet:

Prozessgrundsatz 1
Das Datenkontextmanagement verwaltet Metadaten zur (Re)konstruktion des Datenkontexts. Der Datenkontext beschreibt den Bezug der Objektdaten des DWH-Systems zu ihrer fachlichen und technischen Umgebung entlang der vier Dimensionen System, Organisation, Transformation und Analyse. Der Datenkontext richtet sich sowohl an Anwender als auch an Entwickler.

Das Bereitstellen des Datenkontexts ist in besonderem Masse auf die Integration der erforderlichen Metadaten in einem zentralen Metadaten-Repository angewiesen. Der sich der Datenkontext an ein breites Spektrum von Anwendern richtet, ist insbesondere auf die Benutzerfreundlichkeit der Benutzerschnittstelle zu achten. Dies soll im zweiten Prozessgrundsatz festgehalten werden:

Prozessgrundsatz 2
Der Datenkontext wird durch die Integration von Metadaten in einer zentralen Metadatenbasis beschrieben. Für die Anwender ist ein einfacher und komfortabler Zugriff auf die Metadatenbasis zu realisieren.

Dem Datenkontext liegt ein breites Spektrum unterschiedlicher Metadaten zugrunde. Der Beschaffung dieser Metadaten nach dem Pull-Prinzip, d. h. durch explizite

Nachfrage durch einen Verantwortlichen, ist daher eine Bereitstellung nach dem Push-Prinzip vorzuziehen.[47] Dabei werden für jede Metadatenquelle Verantwortliche bestimmt, welche die Metadaten nach definierten Prozessen bereitstellen. Die Anwendung des Push-Prinzips wird in einem dritten Prozessgrundsatz festgehalten:

Prozessgrundsatz 3
Die Anlieferung der Kontextmetadaten an die zentrale Metadatenbasis erfolgt nach dem Push-Prinzip durch Verantwortliche, die für jede Metadatenquelle bestimmt werden. Für jede Metadatenquelle wird ein Anlieferungsprozess definiert.

Der Datenkontext kann die Anwender nur dann wirkungsvoll unterstützen, wenn die zugrundeliegenden Metadaten aktuell und konsistent sind. Dies erfordert wiederum eine pünktliche und zeitnahe Anlieferung der Metadaten. Erfahrungsgemäss haben Aufgaben im Zusammenhang mit Metadaten häufig eher niedrige Priorität gegenüber anderen Aufgaben. Das Bereitstellen der Kontextmetadaten sollte daher ebenfalls durch ein Anreizsystem unterstützt werden. Dies führt zum vierten Prozessgrundsatz:

Prozessgrundsatz 4
Die Motivation für die pünktliche und zeitnahe Anlieferung der Kontextmetadaten wird durch die Konzeption eines Anreizsystems unterstützt.

6.3.2.4.2 Kontextdiagramm

Der Prozess Datenkontextmanagement erbringt seine Leistungen wiederum in erster Linie für die Systementwicklung und die Datenanalyse. Die Gesamtleistung besteht in der Bereitstellung einer durchgängigen konsistenten Dokumentation des Datenkontexts. Die Grundstruktur des Datenkontexts wird durch die Metadatenkategorien Systembezug, Organisationsbezug, Datentransformation und Datenanalyse festgelegt. Die konkreten Metadatenelemente innerhalb der Kategorien sind jedoch in Abhängigkeit von den angestrebten Verwendungszwecken der Metadaten auszugestalten. Insbesondere ist es möglich, zunächst nur den benötigten Teil des Datenkontexts zu realisieren und diesen dann schrittweise zu ergänzen.[48] Die konkrete Bereitstellung des Datenkontexts erfolgt wiederum über das MDMS. Hierzu ist der Datenkontext im Metadatenschema des MDMS abzubilden. Im Rahmen der Modellierung sind die Anforderungen von Anwendern und Entwicklern zu berücksichtigen. Darüber hinaus müssen Metadatenquellen identifiziert und erschlossen werden,

---

[47] Zu Pull- vs. Push-Prinzip vgl. auch [Kimball et al. 1998, S. 357f. u. 371f.].

[48] Devlin beschreibt eine Priorisierung bei der Erstellung des Business Context, die auch auf das Datenkontextmanagement übertragen werden kann (vgl. [Devlin 1997, S. 299]).

wobei insbesondere auch semi- und unstrukturierte Metadaten in Form von Textdokumenten oder Papierdokumentationen einzubeziehen sind (vgl. [Devlin 1997, S. 78]). Hierbei wird insbesondere ermittelt, welche Metadaten bereits existieren, welche noch nachträglich zu erstellen sind (z. B. durch Reverse Engineering von Alt-Systemen) und in welcher Granularität die Metadaten benötigt werden. Schliesslich müssen Prozesse für die Bereitstellung der Kontextmetadaten etabliert und Verantwortlichkeiten definiert werden. Es gilt hierbei vor allem sicherzustellen, dass die Kontextmetadaten möglichst zeitnah zur Verfügung gestellt werden. Wird bspw. ein neuer ETL-Prozess implementiert, sollten die zugehörigen Kontextmetadaten schon während des Entwicklungsprozesses erfasst werden. Dadurch soll eine möglichst lückenlose und konsistente Dokumentation des Datenkontexts sichergestellt werden. Neben dem Metadatenschema ist eine Datenkontextspezifikation zu erstellen, die Prozesse für die Bereitstellung der Kontextmetadaten definiert, welche dezentral im Rahmen der Systementwicklung und Datenanalyse durchgeführt werden. Diese Bereitstellungsprozesse können vielfach in Form eines automatisierten Metadatenaustauschs zwischen MDMS und Metadatenproduzent realisiert werden. Je nach Format und Struktur der Metadaten können aber auch manuelle Aufgaben erforderlich sein. Die Durchführung der dezentralen Bereitstellungsprozesse wird vom Datenkontextmanagement zentral kontrolliert und koordiniert. Auch das Datenkontextmanagement befolgt DQ-Vorgaben aus dem DQM. Das Kontextdiagramm in Abbildung 56 zeigt den Leistungsaustausch im Überblick.

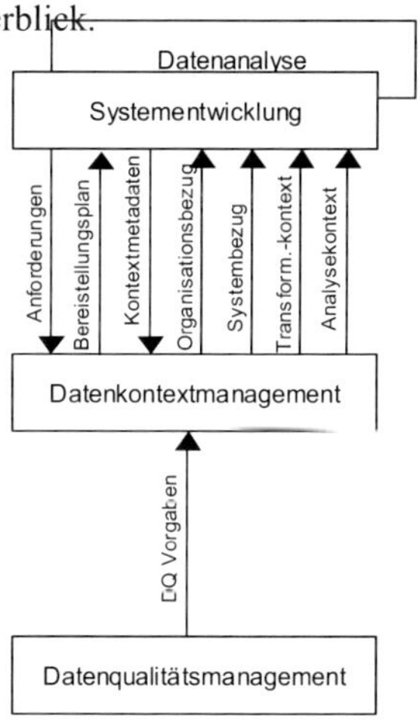

Abbildung 56: Kontextdiagramm Datenkontextmanagement

6.3.2.4.3 Leistungsverzeichnis

Nr.	Leistung	Beschreibung
1	Anforderungen	Neben der grundlegenden Ausrichtung an den vier Metadatenkategorien muss die konkrete Ausgestaltung des Metadatenschemas für den Datenkontext die Anforderungen von Anwendern und Entwicklern erfüllen. Falls sich die Anforderungen über die Zeit ändern, müssen Datenkontext bzw. Metadatenschema daran angepasst werden.
2	Bereitstellungsplan	Der Bereitstellungsplan definiert Prozesse und Verantwortlichkeiten für die Bewirtschaftung des Metadatenschemas, mit deren Hilfe die Bereitstellung der Kontextmetadaten geregelt wird.
3	Kontextmetadaten	Kontextmetadaten werden aus einer Vielzahl von Metadatenquellen bezogen und im Metadatenschema integriert. Die Gesamtheit der Metadaten bildet den Datenkontext.
4	Organisationsbezug	Der Organisationsbezug von Objektdaten lässt sich mit den zugehörigen Metadaten über das MDMS herstellen. Als Teil des Datenkontexts wird die Einordnung der Objektdaten zu der sie umgebenden Organisation dokumentiert. Der Organisationsbezug beantwortet bspw. Fragen nach Verantwortlichkeiten für Objektdaten (vgl. Abschnitt 3.6.3.5).
5	Systembezug	Der Systembezug beantwortet Fragen nach der logischen und physischen Verteilung der Objektdaten auf die Komponenten des DWH-Systems (vgl. Abschnitt 3.6.3.7). Wie die übrigen Kontextdimensionen wird er durch das MDMS in Form von Metadaten bereitgestellt.
6	Transformationskontext	Anhand des Transformationskontexts lässt sich nachvollziehen, welche Schritte die Objektdaten bei der Transformation im DWH-System durchlaufen (vgl. Abschnitt 3.6.3.3).
7	Analysekontext	Der Analysekontext beschreibt die Aufbereitung und Nutzung der Objektdaten für die Datenanalyse, z. B. Dimensionen und Dimensionselemente (vgl. Abschnitt 3.6.3.8).

Tabelle 51: Leistungsverzeichnis Datenkontextmanagement

6.3.2.4.4 Prozesszerlegungsmatrix

Die Leistungen des Datenkontextmanagements lassen sich zwei Teilprozessen zuordnen: Das Erheben der Anforderungen, das Erstellen des Metadatenschemas und die Ausarbeitung des Bereitstellungsplans wird im Teilprozess *Kontextplanung* durchgeführt. Die Anlieferung der Kontextmetadaten gemäss der Vereinbarungen des Bereitstellungsplans erfolgt durch den Teilprozess *Kontextbereitstellung*. Dem MDMS kommt wiederum die Rolle der Schnittstelle zu, über die das Datenkontextmanagement die Leistungen Organisations-/Systembezug und Transformations-/Analysekontext an seine Prozesskunden erbringt. Diese Aufteilung wird in Tabelle 52 dokumentiert.

Leistungen	Teilprozess
Anforderungen	Kontextplanung
Bereitstellungsplan	
Kontextmetadaten	Kontextbereitstellung
Organisationsbezug	
Systembezug	
Transformationskontext	
Analysekontext	

Tabelle 52: Prozesszerlegungsmatrix Datenkontextmanagement

6.3.2.5 Prozesslandkarte der Teilprozesse

Die auf Ebene M1 abgeleiteten Teilprozesse werden abschliessend wiederum in einer Prozesslandkarte graphisch dargestellt (vgl. Abschnitt 6.2.2). Die resultierende Prozesslandkarte in Abbildung 57 stellt Prozesse, Teilprozesse sowie deren Beziehungen untereinander übersichtlich dar und ermöglicht so einen schnellen Überblick. Die Prozesslandkarte der Ebene M1 ist eine Detaillierung der ersten Landkarte auf Ebene M0 und analog zu lesen (vgl. Abbildung 51).

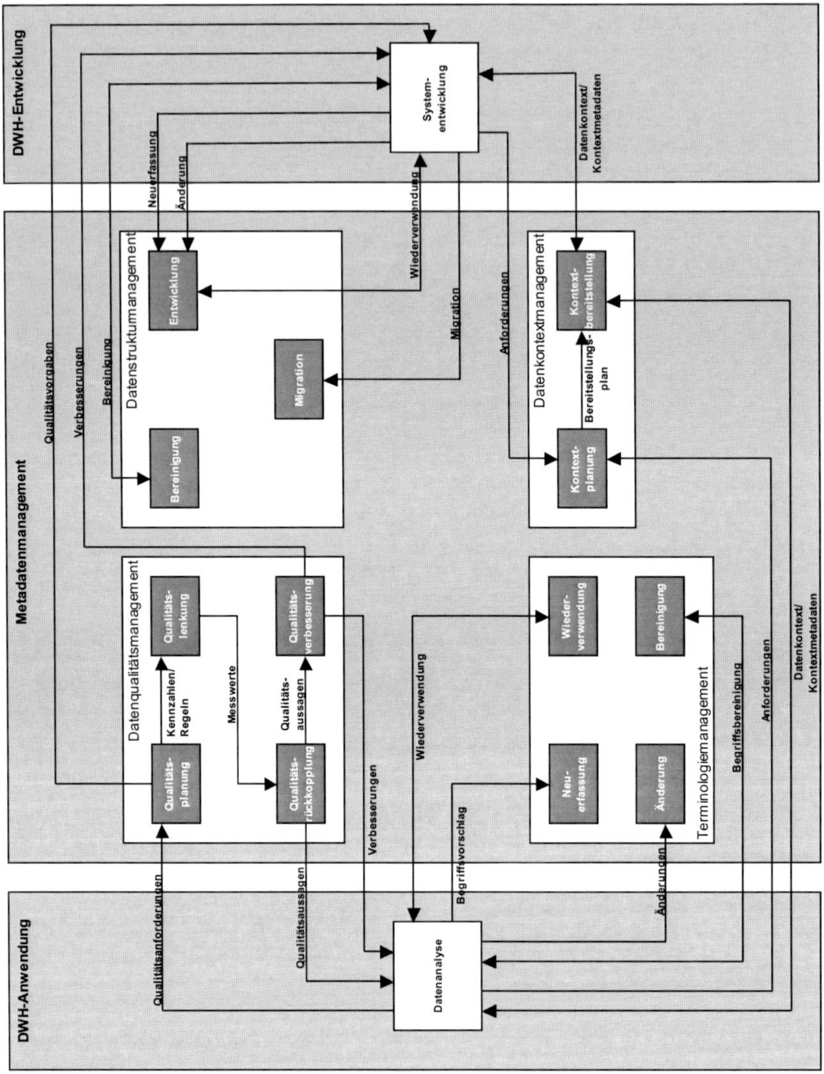

Abbildung 57: Prozesslandkarte auf Ebene M1

6.4 Prozessentwurf auf Ebene M0

Der Prozessentwurf auf Ebene M0 umfasst die Spezifikation der Aufgaben, deren Ablaufreihenfolge sowie die Zuordnung zu Aufgabenträgern. Für das Vorgehen beim Entwurf wird die PROMET-BPR-Technik Ablaufplanung genutzt, deren Ergebnisse in Form von Aufgabenverzeichnissen und Aufgabenkettendiagrammen dokumentiert werden. Für die Modellierung der Aufgabenkettendiagramme kommt die in Abschnitt 5.5 entwickelte Erweiterung des CWM auf Basis von UML-Aktivitätsdiagrammen zur Anwendung.

6.4.1 Vorgehen auf Ebene M0

Nachdem auf Ebene M2 zunächst die Prozesse abgegrenzt und auf Ebene M1 Teilprozesse identifiziert wurden, werden in den folgenden Abschnitten in einem weiteren Detaillierungsschritt die Aufgaben innerhalb der Teilprozesse aufgedeckt. Die PROMET-BPR-Technik zum Entwurf der Aufgabenketten basiert auf dem Konzept der Arbeitsanalyse und -synthese von Kosiol (vgl. [Hess 1996, S. 202f.]), das zu einer umfassenden Aufgabenmodellierung erweitert wird. Neben den Aufgaben selbst werden darin ihre Beziehungen zu anderen Aufgaben innerhalb eines Prozesses, zu Aufgaben kooperierender Prozesse, zu Organisationseinheiten und rudimentär zu Applikationen untersucht und dargestellt (vgl. [Hess 1996, S. 202f.]). Dazu beschreibt die Ablaufplanung ein systematisches Vorgehen aus drei Schritten (vgl. [IMG 1995, S. TECH 52-59], [Hess 1996, S. 205-210]), das im folgenden übernommen und an die besonderen Anforderungen des Metadatenmanagements angepasst wird.

6.4.1.1 Schritt 1: Aufgaben ableiten

Zunächst werden die Aufgaben ohne eine detaillierte Betrachtung von Abhängigkeiten oder der Zuordnung zu Aufgabenträgern identifiziert. Die Abgrenzung der Aufgaben orientiert sich bei PROMET-BPR an vier Ideenquellen (vgl. [IMG 1995, S. TECH 52-54], [Hess 1996, S. 208f.]): Leistungen, Geschäftsobjekte, Ablauf beim wichtigsten Leistungsempfänger und Ist-Zustand.

- Ausgehend von den auf Ebene M1 identifizierten Leistungen werden retrograd diejenigen Aufgaben bestimmt, die zusammen die Leistung erbringen. Dabei werden auch unterstützende Vorleistungen einbezogen.
- Als Geschäftsobjekte werden in PROMET-BPR die Gegenstände der betrieblichen Leistungserstellung bezeichnet. Generell fasst ein Prozess die zu einem Objekt gehörenden Verrichtungen zusammen (Objektprinzip, vgl. Abschnitt 2.3). PROMET-BPR geht davon aus, dass aus der Kenntnis des Prozessobjekts in Kombination mit den Leistungen auf die nötigen Aufgaben geschlossen werden kann. Im Metadatenmanagement konzentriert sich die Leistungserstellung

auf Metadaten, die durch die in Abschnitt 3.6.3 entwickelten Kategorien näher charakterisiert sind. Die Bezeichnung Geschäftsobjekt wird daher im folgenden durch Prozessobjekt ersetzt, womit die jeweiligen Metadaten gemeint sind. Ein Prozessobjekt ist Ausgangspunkt, Hilfsmittel oder Ergebnis der Leistungserstellung. Eine Leistung ist das Ergebnis der Bearbeitung eines oder mehrerer Prozessobjekte (vgl. [IMG 1995, S. TECH 53]).

- Die Leistungsverwendung beim Empfänger war bereits bei der Abgrenzung der Prozesse auf Ebene M2 eine wichtige Orientierungshilfe. Bei PROMET-BPR wird die Orientierung an der Leistungsverwendung auch bei der Aufgabenabgrenzung angewandt. Dazu wird für die Ablaufgestaltung auch der Ablauf beim wichtigsten Prozesskunden einbezogen. Ziel des Data Warehousing ist es unter anderem, nahezu beliebige Analysen zu ermöglichen (vgl. [Mucksch/Behme 2000, S. 15]). Wegen der schwachen Strukturierbarkeit von Datenanalyseprozessen fällt auch eine Analyse der Aufgaben dieser Prozesse im Hinblick auf die Metadatenverwendung schwer. Im Rahmen der Ablaufplanung für das Metadatenmanagement wird daher die Leistungsverwendung beim Empfänger insbesondere in Form der identifizierten Verwendungszwecke berücksichtigt. Auf eine detaillierte Untersuchung der Aufgaben von Datenanalyse und Systementwicklung wird dagegen verzichtet.

- Bei der Orientierung am Ist-Zustand besteht die Gefahr, dass sich der Prozessentwurf zu stark am existierenden Prozess orientiert und dadurch das Verbesserungspotential nicht voll ausschöpft [IMG 1995, S. TECH 55]. PROMET-BPR empfiehlt daher, auf die Modellierung des Ist-Zustands zu verzichten und stattdessen das Wissen der am Prozess beteiligten Mitarbeiter zu nutzen [Hess 1996, S. 209]. Da für den Prozessentwurf in dieser Arbeit weniger die Optimierung bereits bekannter Prozesse, sondern der erstmalige Entwurf von bisher nicht im Zusammenhang betrachteten Prozessen im Vordergrund steht, wird von den in den Fallstudien erhobenen Ist-Prozessen in angemessener Weise Gebrauch gemacht. Die Ist-Prozesse der Fallstudien dienen insbesondere als Grundlage für die Ableitung der Aufgaben. Darüber hinaus geben sie wichtige Anhaltspunkte für die Gestaltung der Aufgabenreihenfolge und den Entwurf der Rollen. Schliesslich bieten sie Unterstützung bei der Beurteilung der Vollständigkeit der neuentworfenen Prozesse.

Die identifizierten Aufgaben werden in einem Aufgabenverzeichnis dokumentiert und kurz beschrieben.

6.4.1.2 Schritt 2: Aufgaben konsolidieren

Der Prozessentwurf zielt insgesamt darauf, alle wesentlichen Aspekte eines Prozesses zu erfassen. Um auch beim Aufgabenentwurf den Gesamtüberblick zu erleichtern, sollte sich die Darstellung auf die wesentlichen Aufgaben konzentrieren. Die im ersten Schritt identifizierten Aufgaben werden daher in diesem Schritt auf die wichtigsten reduziert. Hess nennt als Daumenregel die Zahl von maximal zehn Aufgaben für einen Prozess [Hess 1996, S. 209]. Für die Auswahl der wichtigsten Aufgaben schlägt PROMET folgende Ansatzpunkte vor [IMG 1995, S. TECH 56], [Hess 1996, S. 209]:

- Eine wichtige Aufgabe beschreibt einen wesentlichen Aspekt der Leistungserstellung.
- Die ausgewählten Aufgaben weisen den gleichen Aggregationsgrad auf.
- Eine wichtige Aufgabe ist standardisierbar. Standardisierbarkeit erfordert, dass die Aufgabe unabhängig vom Aufgabenträger, Ausführungsort und Ausführungszeitpunkt gleich abläuft und die gleichen Ergebnisse produziert.
- Eine wichtige Aufgabe erstellt oder verwendet ein wichtiges Ergebnis.

Als Ergebnis von Schritt 2 wird das Aufgabenverzeichnis aus Schritt 1 überarbeitet.

6.4.1.3 Schritt 3: Aufgabenträger und Ablauffolge festlegen

Analog zur Konzentration auf die wichtigsten Aufgaben werden in Schritt 3 auch nur die wichtigsten Aufgabenträger und die wichtigsten Abhängigkeiten zwischen den Aufgaben untersucht (vgl. [Österle 1995, S. 89]). Die Ablauffolge ergibt sich direkt aus den Abhängigkeiten zwischen den Aufgaben. Bei der Ablauffolge wird grundsätzlich zwischen Präzedenz, Parallelität und Nebenläufigkeit unterschieden (vgl. [Österle 1995, S. 51]). Benötigt eine Aufgabe das Ergebnis (Output) einer anderen Aufgabe als Input für die eigene Durchführung, liegt *Präzedenz* vor. Die Aufgaben laufen nacheinander ab. Erfordert die Durchführung einer Aufgabe die gleichzeitige Durchführung einer zweiten Aufgabe, ergibt sich für die Reihenfolge *Parallelität*. Sind zwei Aufgaben in ihrer Durchführung unabhängig voneinander, handelt es sich um einen *nebenläufigen Ablauf*.

Die Zuordnung zu Aufgabenträgern orientiert sich grundsätzlich an der Struktur der Aufbauorganisation und den Vorgaben aus der Prozessvision. Die Aufbauorganisation beschreibt organisatorische Einheiten und deren Beziehungen untereinander. Eine *organisatorische Einheit* entsteht durch Zusammenfassung einer oder mehrerer Stellen zu einem selbständigen Teil der Organisationsstruktur [Österle 1995, S. 51]. Eine *Stelle* repräsentiert die kleinste organisatorische Einheit und wird durch Zusammenfassung von Aufgaben zu einem Arbeitsbereich für eine nicht näher spezifizierte Person gebildet [Seufert 2002, S. 143]. Dabei sind Kapazitätsrestriktionen einer entsprechend geeigneten Person zu beachten, d. h. Anzahl und Umfang der Aufgaben darf die Kapazitäten des Stelleninhabers nicht überschreiten (vgl. [Seufert 2002, S. 143]). Andererseits reichen Anzahl und Umfang von zusammengehörigen Aufgaben im Metadatenmanagement nicht immer aus, um das Bilden einer formalen Stelle zu rechtfertigen. Die Verantwortung für einen Arbeitsbereich von zusammengehörigen Aufgaben wird daher im folgenden als *Rolle* bezeichnet. Eine

Person kann mehrere solcher Rollen auf sich vereinen, was bei Stellen eher selten der Fall ist. Grundsätzlich kann zwischen *individuellen Rollen* und *kollektiven Rollen* unterschieden werden (vgl. [Kaiser 2000, S. 143]) Während erstere von einer einzelnen Person ausgeübt werden, arbeiten in letzteren mehrere Personen zusammen (z. B. in Ausschüssen).

Aufgabenfolge und Aufgabenträger werden graphisch in einem Aufgabenkettendiagramm dargestellt. Die Aufgabenliste aus Schritt 2 wird zu einem Aufgabenverzeichnis konkretisiert.

6.4.2 Entwurf auf Ebene M0

Unter Anwendung des zuvor beschriebenen Verfahrens wird im folgenden für sämtliche auf Ebene M1 beschriebenen Teilprozesse des Metadatenmanagements die Aufgabenabfolge geplant und die Zuordnung zu Aufgabenträgern vorgenommen. Die Ergebnisse des Entwurfs auf Ebene M0 werden mit der in Abschnitt 5.5.2 beschriebenen Modellierungstechnik in Form von Aufgabenkettendiagrammen dargestellt. Diese graphische Prozessrepräsentation wird mit verbalen Erläuterungen der einzelnen Aufgaben und Aufgabenträger in Aufgabenverzeichnissen und Rollenbeschreibungen komplettiert.

6.4.2.1 Terminologiemanagement

Für das Terminologiemanagement wurden die vier Teilprozesse Begriffserfassung, Begriffsänderung, Wiederverwendung und Bereinigung identifiziert. Als Ergänzung zum systematischen Vorgehen werden für den Aufgabenentwurf die Erkenntnisse aus der Fallstudie A genutzt.

6.4.2.1.1 Teilprozess Begriffserfassung

Der Teilprozess Begriffserfassung beschreibt die Aufgaben, die erforderlich sind, um einen neuen Begriff in das Begriffsystem einer Anwendergruppe aufzunehmen. Die Prozessleistung ist das Einfügen des neuen Begriffs, der Prozess endet mit der Eintragung des Begriffs in die Metadatenbasis. Beim Prozessentwurf für das Terminologiemanagement der Swiss Re wurde der in Fallstudie A beschriebene Prozess *SDL-Pflege* in die beiden Teilprozesse *Business-Term-Erstellung* und *Business-Term-Änderung* zerlegt. Anschliessend wurde auch der Aufgabenablauf für die Teilprozesse gestaltet. Da der Teilprozess Business-Term-Erstellung einen vergleichbaren Typ von Leistung wie der Begriffserfassungsprozess erbringt (Einfügen eines neuen Begriffs), dienen die Aufgaben des unternehmensspezifischen Fallstudien-Prozesses nun als Grundlage für den Entwurf eines generischen Begriffserfassungsprozesses. Tabelle 53 listet die Aufgaben des Fallstudienprozesses gemäss ihrer Reihenfolge auf und beschreibt ihre Durchführung sowie die Zuordnung zu den in der Fallstudie entworfenen Rollen (vgl. Abschnitt 4.2.4.5):

Nr.[49]	Aufgabe	Beschreibung	Aufgabenträger
A1	Begriff vorschlagen	Ein Anwender hat einen Bedarf für einen neuen Begriff erkannt und einen Vorschlag für einen neuen Business Term formuliert. Die Aufgabe beinhaltet auch das Übermitteln des Begriffsvorschlags an den Glossar Administrator. Dies wird bei der Swiss Re noch nicht durch die SDL-Applikation unterstützt, sondern i. d. R. per E-Mail durchgeführt.	Anwender
A2	Begriffsbenennung prüfen	Für das Festlegen geeigneter Benennungen existieren bei der Swiss Re spezielle Konventionen. Es ist zu prüfen, ob die vorgeschlagene Benennung noch nicht im Glossar vorhanden ist (Vermeidung von Homonymen) und ob sie den Benennungskonventionen entspricht.	Glossar Administrator
A3	Begriffsdefinition prüfen	Für die Definition von Begriffen existieren ebenfalls Vorgaben. Es ist zu prüfen, ob die vorgeschlagene Definition den Vorgaben für das Definieren von Begriffen genügt.	Glossar Administrator
A4	Vorschlag überarbeiten	Wird bei einer der beiden Aufgaben A2 und A3 ein gravierender Mangel festgestellt, wird der Begriffsvorschlag zur Überarbeitung an den Urheber zurückgeleitet.	Anwender
A5	Wiederverwendung über Benennung prüfen	Um die Wiederverwendung zu fördern, ermittelt der Glossar Administrator für jeden Begriffsvorschlag zunächst Wiederverwendungskandidaten und legt diese dem Vorschlagsurheber zur Auswahl vor. Eine Möglichkeit zur Identifizierung von Wiederverwendungskandidaten ist die Suche nach Begriffen mit gleichen oder ähnlichen Benennungen im eigenen und in anderen Glossaren.	Glossar Administrator

[49] Um besser auf eine bereits beschriebene Aufgabe referenzieren zu können, wird jeder Aufgabe eine Nummer zugeordnet. Die Numerierung für die Aufgaben aus den Fallstudienprozessen beginnt bei jeder Fallstudie neu mit 1 und wird zur besseren Unterscheidung mit dem Buchstaben der Fallstudie ergänzt. Die Numerierung der abgeleiteten Aufgaben ist für die ganze Ebene M0 fortlaufend, sodass jede Aufgabe eine eindeutige Nummer erhält.

Nr.[49]	Aufgabe	Beschreibung	Aufgabenträger
A6	Wiederverwendung über Definition prüfen	Analog zu Aufgabe A5. Wiederverwendungskandidaten werden hier durch Suche nach Begriffen mit gleicher oder ähnlicher Definition ermittelt. Diese Aufgabe konnte bisher noch nicht durch die SDL-Applikation automatisiert werden und ist daher sehr aufwendig. Die Aufgabe ist deshalb nicht als zwingende Aktivität zu sehen, sondern kann vor allem von Glossar Administratoren mit guten Kenntnissen der Begriffsysteme heuristisch ausgeführt werden.	Glossar Administrator
A7	Wiederverwendungskandidaten prüfen	Der Vorschlagsurheber prüft, ob einer der Wiederverwendungskandidaten an Stelle des vorgeschlagenen Begriffs wiederverwendet werden kann.	Anwender
A8	Begriff wiederverwenden	Hat sich der Vorschlagsurheber für einen Wiederverwendungskandidaten entschieden, wird die Wiederverwendung vom Glossar Administrator umgesetzt.	Glossar Administrator
A9	Term Owner ermitteln	Der Term Owner ist im Sinne des Data-Ownership-Konzepts für den Begriff verantwortlich (vgl. Tabelle 17). Der Term Owner soll die Verantwortung für einen Begriff aufgrund seiner fachlichen Eignung erhalten. Es soll vermieden werden, dass der Urheber des Begriffsvorschlags automatisch auch Term Owner wird. In den meisten Fällen ist allerdings der Vorschlagsurheber auch ein geeigneter Term Owner.	Glossar Administrator
A10	Begriffsbenennung revidieren	Ist der ermittelte Term Owner nicht auch zugleich der Urheber, erhält er die Gelegenheit, die vorgeschlagene Begriffsbenennung zu überprüfen und gegebenenfalls anzupassen.	Term Owner
A11	Begriffsdefinition revidieren	Analog zu Aufgabe A10 für die Begriffsdefinition.	Term Owner
A12	Begriffsbeziehungen revidieren	Analog zu Aufgabe A10 für die Beziehungen zu anderen Begriffen der SDL.	Term Owner
A13	Begriff veröffentlichen	Der Begriff wird zur Nutzung über das Intranet-Frontend der SDL-Applikation freigegeben. Der Status wird auf *Primary Term* gesetzt.	Glossar Administrator

Tabelle 53: Aufgabenverzeichnis für den Teilprozess Business-Term-Erstellung aus Fallstudie A

Aus den Aufgaben des Fallstudienprozesses werden nun die Aufgaben für einen generischen Begriffserfassungsprozess abgeleitet. Die Ableitung richtet sich nach den Kriterien zur Konsolidierung von Aufgaben aus Schritt 2 des beschriebenen Vorgehens (vgl. Abschnitt 6.4.1.2). Für die Zuordnung der Aufgaben zu Aufgabenträgern werden ebenfalls die Ergebnisse der Fallstudie als Grundlage genutzt. Die Bezeichnungen der beschriebenen Fallstudienrollen wurden allerdings angepasst. Um den Eindruck zu vermeiden, die Rolle *Anwender* könnte nur von Mitarbeitern aus einem Fachbereich wahrgenommen werden, wird diese in *Begriffsverwender* umbenannt, wobei Mitarbeiter von IT-Abteilungen ausdrücklich eingeschlossen sind. Die Rolle *Glossar Administrator* wird in *Begriffsadministrator* umbenannt, da neben der Administration des Glossars auch die Pflege der Taxonomie zu ihren Aufgaben gehört. Die Bezeichnung *Term Owner* wird in *Data Owner* geändert, da es keine wesentlichen Unterschiede zum allgemein gebräuchlichen Data-Ownership-Konzept gibt, die eine Abgrenzung über die Bezeichnung rechtfertigen würden.

Im Zuge der Abstraktion von spezifischen Einzelheiten des Fallstudienprozesses werden Restriktionen vernachlässigt, die sich aus der SDL-Applikation, dem Business-Term-Modell, dem konkreten Begriffslebenszyklus der Swiss Re sowie dem SDL-Konzept ergeben. Berücksichtigt werden dagegen allgemeine Einschränkungen aus dem generischen Begriffsmodell und der Existenz eines nicht näher spezifizierten Begriffslebenszyklus gemäss der Prozessvision. Die Aufgaben des generischen Begriffserfassungsprozesses werden vor diesem Hintergrund wie folgt hergeleitet:

Nr.	Aufgabe	Ableitung	Beschreibung	Aufgabenträger
1	Begriffs-vorschlag einreichen	Aufgabe A1 aus Tabelle 53 wird übernommen und in *Begriffsvorschlag einreichen* umbenannt, um die Bedeutung des Begriffsvorschlags herauszustellen. Für eine konkrete Umsetzung des Prozesses ist der Aufbau des Begriffsvorschlags klar zu spezifizieren.	Formulieren des Begriffsvorschlags (vgl. Tabelle 45, Nr. 1) und Übermitteln des Begriffsvorschlags an den Begriffsadministrator, bspw. via E-Mail oder werkzeugunterstützt.	Begriffsverwender
2	Begriffs-vorschlag formal prüfen	Diese Aufgabe vereinigt die Aufgaben A2 und A3. Der Begriffsadministrator ist primär für die formale Prüfung des Vorschlags zuständig.	Überprüfen des Begriffsvorschlags anhand des Begriffsmodells sowie sonstiger Qualitätsvorgaben, die vom DQM bereitgestellt werden.	Begriffsadministrator

Nr.	Aufgabe	Ableitung	Beschreibung	Aufgabenträger
3	Begriffs-vorschlag überarbeiten	Aufgabe A4 wird übernommen, die Bezeichnung leicht modifiziert.	Werden vom Begriffsadministrator formale Mängel entdeckt, sind diese vom Vorschlagsurheber zu beseitigen.	Begriffsverwender
4	Data Owner zuordnen und benachrichtigen	Aufgabe A9 wird mit angepasster Bezeichnung übernommen.	Dem Begriff wird ein vorläufiger Data Owner zugewiesen. Normalerweise ist dies die Organisationseinheit, aus deren fachlichem Umfeld der Begriff stammt.[50] Der Data Owner muss vom Terminologieausschuss bestätigt werden, um die fachliche Kompetenz zu gewährleisten.	Begriffsadministrator
5	Begriffs-vorschlag inhaltlich prüfen	Die Aufgaben A10, A11 und A12 werden hier zusammengefasst. Der Data Owner sollte die Kompetenz haben, um den Begriffsvorschlag inhaltlich zu überprüfen.	Überprüfung der Begriffsdefinition und -beziehungen auf sachlich-logische Korrektheit in bezug auf den Gebrauchszusammenhang.	Data Owner
6	Begriffs-vorschlag anpassen	Im Interesse eines klaren Ablaufs wird diese in der Fallstudie implizite Aufgabe expliziert.	Falls bei der vorhergehenden Prüfung Mängel entdeckt werden, sind diese hier zu beseitigen.	Data Owner
7	Glossareintrag erzeugen	Analog zu Aufgabe 6 in dieser Tabelle.	Eintragung des neuen Begriffs in das Glossar.	Begriffsadministrator
8	Taxonomie erweitern	Analog zu Aufgabe 6 in dieser Tabelle.	Aufnahme des neuen Begriffs in die Taxonomie.	Begriffsadministrator
9	Lebensphase zuordnen	Analog zu Aufgabe 6 in dieser Tabelle.	Zuordnung des Begriffs zu einer Phase des Lebenszyklusses.	Begriffsadministrator

[50] Meyer beschreibt allgemeine Anforderungen an Data Owner im Data Warehousing, die sich auch auf das Metadatenmanagement übertragen lassen (vgl. [Meyer 2000, S. 74f.]).

Nr.	Aufgabe	Ableitung	Beschreibung	Aufgabenträger
10	Begriff zur Nutzung freigeben	Aufgabe A13 wird übernommen, wobei von der konkreten Realisierung der SDL-Applikation abstrahiert wird.	Allgemeine Freigabe des Begriffs zur Nutzung und Wiederverwendung, Benachrichtigung des Vorschlagsurhebers über Annahme des Vorschlags.	Begriffsadministrator

Tabelle 54: Abgeleitetes Aufgabenverzeichnis für den Teilprozess Begriffserfassung

Die Numerierung der Aufgaben in der Tabelle orientiert sich zwar in etwa an der Aufgabenreihenfolge, legt diese aber nicht verbindlich fest. Die Numerierung erleichtert vielmehr die Zuordnung der Aufgabenbeschreibungen zu den Aufgabensymbolen im Aufgabenkettendiagramm. Das Aufgabenkettendiagramm spezifiziert die Aufgabenreihenfolge und dokumentiert den Aufgabenentwurf graphisch. Für den Begriffserfassungsprozess ist das Aufgabenkettendiagramm in Abbildung 58 dargestellt.

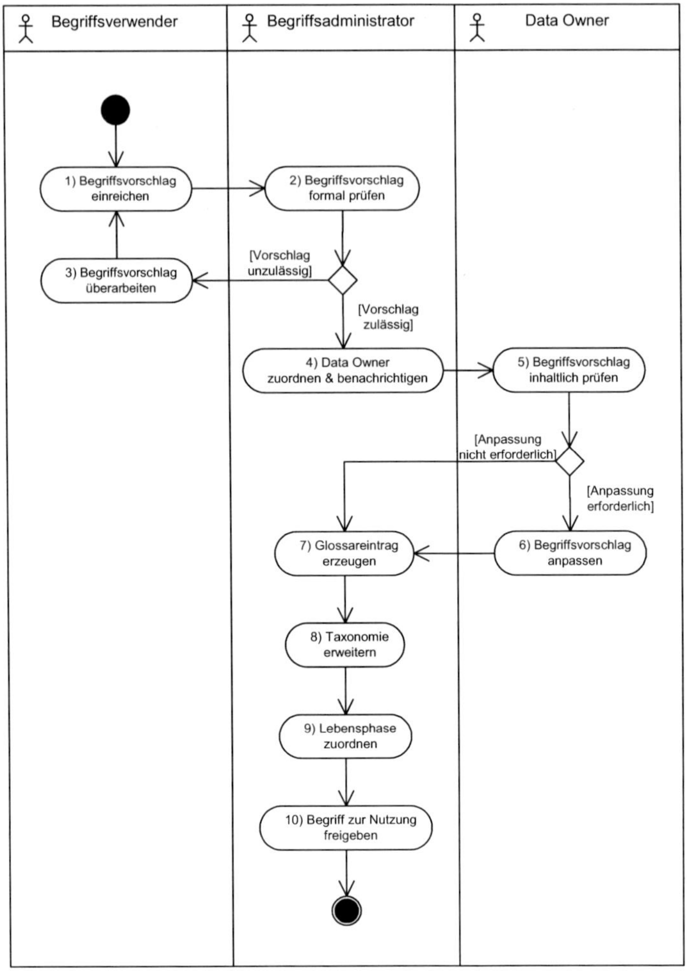

Abbildung 58: Aufgabenkettendiagramm zum Teilprozess Begriffserfassung

6.4.2.1.2 Teilprozess Begriffsänderung

Analog zu der Vorgehensweise für den Teilprozess Begriffserfassung werden für den Begriffsänderungsprozess die Aufgaben des Prozesses Business-Term-Änderung aus Fallstudie A als Grundlage genutzt. In der Fallstudie wurden die in Tabelle 55 beschriebenen Aufgaben abgegrenzt:

Nr.	Aufgabe	Beschreibung	Aufgabenträger
A14	Change Request formulieren	Begriffsänderungen können von jedem Anwender der SDL vorgeschlagen werden, müssen aber vom Term Owner genehmigt werden. Der Term Owner kann auch eigenständig einen Änderungsbedarf erkennen, muss aber ebenfalls einen Change Request formulieren und an den Glossar Administrator weiterleiten.	Anwender, Term Owner
A15	Change Request prüfen	Da der Term Owner die inhaltliche Verantwortung für seine Business Terms trägt, hat er auch die alleinige Entscheidungskompetenz über Änderungen.	Term Owner
A16	Wiederverwendungen ermitteln	Es wird geprüft, ob der zu ändernde Begriff wiederverwendet wird. Da die Änderung eines wiederverwendeten Begriffs sich im SDL-Repository auch automatisch auf alle Wiederverwendungen des Begriffs auswirkt, soll den Nutzern der Wiederverwendungen zunächst die Möglichkeit zur Vorbereitung auf die Änderung gegeben werden.	Glossar Administrator
A17	Wiederverwendungen migrieren	Wird der Begriff wiederverwendet, werden die Anwender der Wiederverwendung informiert. Falls diese die Begriffsänderung nicht mitvollziehen wollen, haben sie die Möglichkeit, den ursprünglichen Begriff beizubehalten. Für diesen muss allerdings eine neue Benennung vergeben werden, wodurch ein neuer Begriff mit der alten Semantik entsteht. Der ursprüngliche Begriff existiert mit geänderter Semantik weiter. Durch die Vergabe einer neuen Benennung wird das Entstehen von Homonymen vermieden.	Glossar Administrator
A18	Migrationsvollzug melden	Der ursprüngliche Begriff darf erst geändert werden, wenn alle Wiederverwender zugestimmt bzw. ihre Wiederverwendungen migriert haben.	Glossar Administrator der wiederverwendenden Anwender
A19	Änderung durchführen	Wenn keine Einwände gegen die geplante Änderung mehr vorliegen, kann der Glossar Administrator die Änderung mit der SDL-Applikation durchführen.	Glossar Administrator

Tabelle 55: Aufgabenverzeichnis für den Teilprozess Business-Term-Änderung aus Fallstudie A

Die für die Swiss Re entworfenen Aufgaben werden nun konsolidiert und in einen möglichst allgemeingültigen Entwurf überführt. Dabei werden die bereits beim Entwurf des Begriffserfassungsprozesses dargelegten Verallgemeinerungen der Rahmenbedingungen und Rollen auch auf den Begriffsänderungsprozess übertragen (vgl. Abschnitt 6.4.2.1.1). Tabelle 56 dokumentiert die Ableitung, beschreibt die resultierenden Aufgaben und ordnet diese ihren Aufgabenträgern zu.

Nr.	Aufgabe	Ableitung	Beschreibung	Aufgabenträger
11	Änderungsvorschlag einreichen	Aufgabe A14 aus dem Fallstudienprozess wird übernommen und umbenannt, um die Bedeutung des Begriffsvorschlags herauszustellen. Der Aufbau des Änderungsvorschlags ist an den Begriffsvorschlag anzulehnen.	Formulieren und Übermitteln des Änderungsvorschlags an den Begriffsadministrator, bspw. via E-Mail oder werkzeugunterstützt.	Begriffsverwender, Data Owner
12	Änderungsvorschlag formal prüfen	Änderungsvorschläge werden wie auch Begriffsvorschlage vom Administrator formal geprüft. Der Data Owner muss sich erst mit dem Vorschlag befassen, wenn er die formalen Voraussetzungen erfüllt.	Überprüfen des Änderungsvorschlags anhand des Begriffsmodells sowie sonstiger Qualitätsvorgaben, die vom DQM bereitgestellt werden.	Begriffsadministrator
13	Änderungsvorschlag inhaltlich prüfen/ anpassen	Entspricht Aufgabe A15 aus dem Fallstudienprozess.	Überprüfung der vorgeschlagenen Änderungen auf sachlich-logische Korrektheit in bezug auf den Gebrauchszusammenhang. Gegebenenfalls Anpassung oder Ablehnung des Vorschlags.	Data Owner
14	Änderungsvorschlag überarbeiten	Diese Aufgabe war im Fallstudienprozess nicht explizit dargestellt, wird aber für den generischen Prozess der Vollständigkeit halber ergänzt.	Werden vom Begriffsadministrator formale Mängel entdeckt, sind diese vom Vorschlagsurheber zu beseitigen.	Begriffsverwender

Nr.	Aufgabe	Ableitung	Beschreibung	Aufgabenträger
15	Neue Begriffsversion erzeugen	Bei der Abgrenzung der Prozesse auf Ebene M0 wurde die Entscheidung für eine verteilte Metadatenhistorisierung als lokale Aufgabe der einzelnen Prozesse getroffen. Die Umsetzung für das Terminologiemanagement erfolgt durch das Erzeugen einer neuen Begriffsversion bei einer Änderung. Über ein Versionskonzept lassen sich auch die Probleme bei der Änderung wiederverwendeter Begriffe umgehen.	Erzeugen einer neuen Begriffsversion mit den gewünschten Änderungen in der Metadatenbasis. Das Begriffsystem des Data Owner und des Vorschlagurhebers verwenden nach Abschluss der Änderung die neue Version. Die Wiederverwendungen beziehen sich zunächst weiterhin auf die alte Version, können aber auf die neue Version aktualisiert werden.	Begriffsadministrator
16	Lebensphase kontrollieren	Im Interesse eines klaren Ablaufs wird diese in der Fallstudie implizite Aufgabe expliziert.	Falls sich die Änderungen des Begriffs auf die von ihm erreichte Phase im Lebenszyklus auswirkt, muss gemäss Begriffsmodell dokumentiert werden.	Begriffsadministrator
17	Wiederverwender benachrichtigen	Diese Aufgabe ersetzt die Aufgaben A17, A18 und A19 aus der Fallstudie, welche die Behandlung der Wiederverwendungen regeln. Durch das Versionskonzept werden diese Aufgaben überflüssig.	Vorhandene Wiederverwender werden über die Änderungen benachrichtigt und erhalten damit die Gelegenheit, die Änderungen durch eine Migration auf die neue Begriffsversion mitzuvollziehen	Begriffsadministrator
18	Begriffsverwender benachrichtigen	Analog zu Aufgabe 16 in dieser Tabelle.	Benachrichtigung des Vorschlagsurhebers über die Annahme seines Vorschlags, bspw. mittels E-Mail.	Begriffsadministrator
19	Data Owner benachrichtigen	Analog zu Aufgabe 16 in dieser Tabelle.	Benachrichtigung des Data Owner über die Änderung seines Begriffs.	Begriffsadministrator

Tabelle 56: Abgeleitetes Aufgabenverzeichnis für den Teilprozess Begriffsänderung

Abbildung 59 zeigt das Aufgabenkettendiagramm für den generischen Begriffsänderungsprozess, aus dem die Aufgabenabfolge ersichtlich ist.

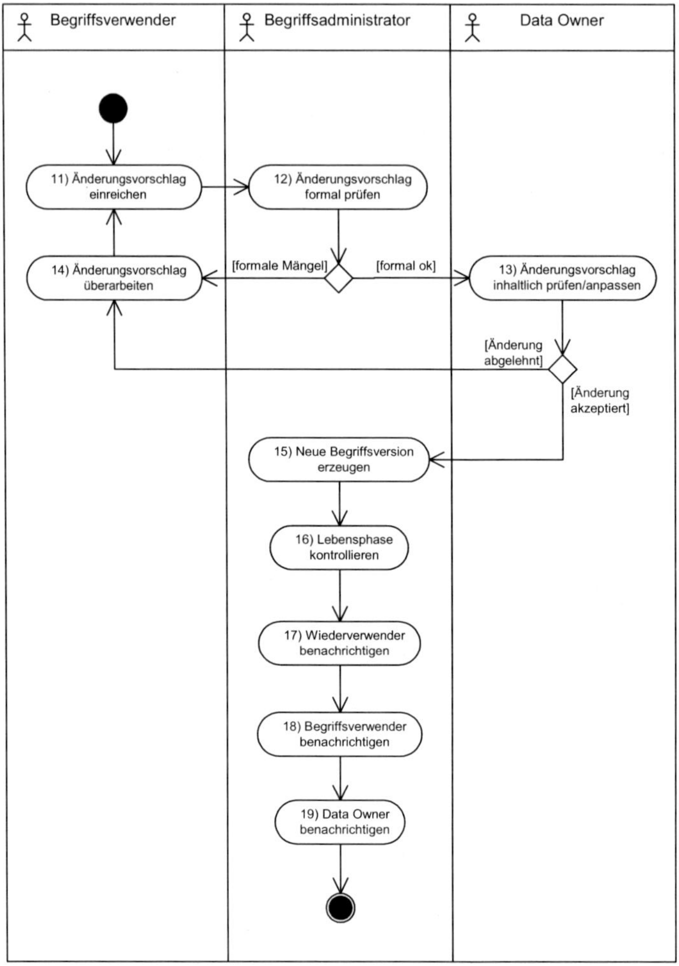

Abbildung 59: Aufgabenkettendiagramm zum Teilprozess Begriffsänderung

6.4.2.1.3 Teilprozess Begriffswiederverwendung

Die Aufgaben für die Begriffswiederverwendung wurden bei der Swiss Re in den Prozess Business-Term-Erfassung integriert. Weiterhin war ihre konkrete Ausgestaltung massgeblich durch die Realisierung der Wiederverwendung mittels Referenzsemantik in der SDL-Applikation beeinflusst (vgl. Abschnitt 4.2.4.1). Um die Bedeutung der Wiederverwendung im Vergleich zur Fallstudie noch stärker zu betonen, wurde für die zugehörigen Aufgaben bereits auf Ebene M1 ein eigener Teilprozess vorgesehen. Die Ableitung der Aufgaben orientiert sich einerseits an den Wiederverwendungsaufgaben des Business-Term-Erfassungsprozesses (vgl. Aufgaben A5, A6, A7 und A8 in Tabelle 53) und andererseits an den Möglichkeiten, die sich durch die Versionierung der Begriffe ergeben.

Nr.	Aufgabe	Ableitung	Beschreibung	Aufgabenträger
20	Wiederverwendungsbedarf formulieren	Vor der Formulierung eines Vorschlags für einen neuen Begriff sollte zunächst der Versuch einer Wiederverwendung stehen. Erst wenn feststeht, dass Wiederverwendung nicht möglich ist, sollte ein neuer Begriff erzeugt werden.	Beschreiben und Übermitteln des Wiederverwendungsbedarfs an den Begriffsadministrator, bspw. via E-Mail oder werkzeugunterstützt. Die Beschreibung beinhaltet eine Darstellung des Begriffsgegenstands und kann bereits Ideen für die Begriffsbenennung umfassen.	Begriffsverwender
21	Wiederverwendungskandidaten über Benennung ermitteln	Während die Entscheidung für die Wiederverwendung eines bestehenden Begriffs vom Begriffsverwender zu treffen ist, kann der Begriffsadministrator die Entscheidung durch eine Vorauswahl geeigneter Alternativen unterstützen. Daher wird hier Aufgabe A5 aus Tabelle 53 übernommen.	Für die Ermittlung von existierenden Begriffen, die für eine Wiederverwendung in Frage kommen, werden zunächst Begriffe gesucht, deren Benennung vermuten lässt, dass sie für die gewünschte Wiederverwendung geeignet sind.	Begriffsadministrator
22	Wiederverwendungskandidaten über Definition ermitteln	Entspricht Aufgabe A6 aus dem Fallstudienprozess in Tabelle 53.	Suche nach Begriffen, deren Definition vermuten lässt, dass sie für die gewünschte Wiederverwendung geeignet sind.	Begriffsadministrator
23	Wiederverwendungskandidaten übermitteln	Der Begriffsverwender muss entscheiden, ob einer der ermittelten Kandidaten seinen Anforderungen entspricht.	Übermitteln der identifizierten Begriffe inklusive aller Merkmalsausprägungen an den Begriffsverwender.	Begriffsadministrator

Nr.	Aufgabe	Ableitung	Beschreibung	Aufgabenträger
24	Wieder-verwen-dungskan-didaten prüfen	Entspricht Aufgabe A7 aus Tabelle 53.	Püfen, ob einer der Wie-derverwendungskandida-ten den anvisierten Be-griffsgegenstand geeignet beschreibt.	Begriffsverwender
25	Begriffs-vorschlag einreichen	Konnte kein geeigneter Wiederverwendungskandi-dat gefunden werden, hat der Wiederverwender die Möglichkeit einen formalen Begriffsvorschlag einzurei-chen.	Siehe Aufgabe 1 des Be-griffserfassungsprozesses in Tabelle 54.	Begriffsverwender
26	Wieder-verwen-dung um-setzen	Wurde einer der Wieder-verwendungskandidaten vom Begriffsverwender akzeptiert, wird dieser in dessen Begriffsystem auf-genommen. Entspricht Aufgabe A8 aus Tabelle 53	Wurde einer der Wieder-verwendungskandidaten vom Begriffsverwender akzeptiert, wird dieser in dessen Begriffsystem auf-genommen.	Begriffsadmini-strator
27	Begriffs-verwender benachrich-tigen	Auch dieser Prozess endet mit der Benachrichtigung des auslösenden Begriffs-verwenders über die erfolg-reiche Durchführung.	Benachrichtigung des Be-griffverwenders über die umgesetzte Wiederver-wendung. Da keine inhalt-lichen Veränderungen am Begriff vorgenommen wurden, kann auf eine explizite Benachrichtigung des Data Owner verzichtet werden.	Begriffsadmini-strator

Tabelle 57: Abgeleitetes Aufgabenverzeichnis für den Teilprozess Begriffswiederverwendung

Abbildung 60 zeigt das zugehörige Aufgabenkettendiagramm:

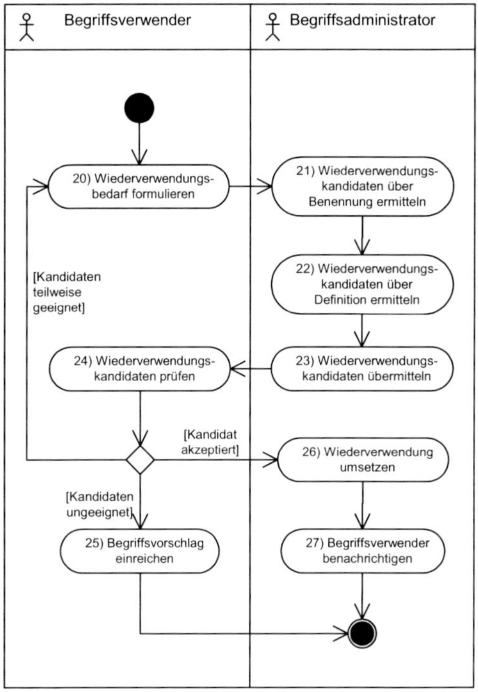

Abbildung 60: Aufgabenkettendiagramm zum Teilprozess Begriffswiederverwendung

6.4.2.1.4 Teilprozess Begriffsbereinigung

Für das Ableiten der Aufgaben des Begriffsbereinigungsprozesses werden die Aufgaben des Prozesses SDL-Clearing aus Fallstudie A analysiert. Zweck des Clearing-Prozess ist eine periodische Bereinigung von Sprachdefekten und dadurch mittelfristig eine Vereinheitlichung der existierenden Begriffsysteme. Sprachdefekte treten häufig zwischen verschiedenen Glossaren auf, bspw. wenn ein Begriff A aus einem Glossar B ein Homonym von Begriff C im Glossar D ist. Zur Bereinigung dieses Defekts ist es erforderlich, einen der beiden Begriffe umzubenennen, um klarzumachen, dass zwei verschiedene Begriffsgegenstände repräsentiert werden. Welcher Begriff umbenannt wird, sollte von den betreffenden Data Ownern gemeinsam entschieden werden. Das Beispiel zeigt, dass die einzelnen Aufgaben des Bereinigungsprozesses stark von der Strategie zur Behandlung von Sprachdefekten abhängen. Darüber hinaus kann keine unmittelbar logische Reihenfolge bei der Bereinigung einzelner Sprachdefekte festgestellt werden. Der Teilprozess ist insgesamt schwach strukturierbar, was auch durch die in der Fallstudie identifizierten Aufgaben zum Ausdruck kommt:

Nr.	Aufgabe	Beschreibung	Aufgabenträger
A20	Identifizierte Sprachdefekte analysieren	Zu Beginn des Prozesses wird von den Glossar Administratoren eine Liste mit identifizierten Sprachdefekten bereitgestellt. Auf Grundlage dieser Liste nehmen diejenigen Term Owner am Ausschusstreffen teil, deren Begriffe betroffen sind. Der so einberufene Clearing Ausschuss analysiert zunächst die identifizierten Sprachdefekte.	Clearing Ausschuss
A21	Bereinigungsmassnahmen beschliessen	Die Massnahmen zur Bereinigung der einzelnen Sprachdefekte werden erarbeitet, z. B. Markieren von Synonymen.[51]	Clearing Ausschuss
A22	Bereinigungsmassnahmen umsetzen	Die beschlossenen Änderungen an den Begriffsystemen wie z. B. Umbenennung eines Begriffs werden vom zuständigen Glossar Administrator umgesetzt.	Glossar Administrator

Tabelle 58: Aufgabenverzeichnis für den Teilprozess SDL-Clearing aus Fallstudie A

Neben den in Tabelle 58 beschriebenen Aufgaben werden dem Bereinigungsprozess noch weitere Aufgaben im Zusammenhang mit der Konsolidierung und Bereinigung der Begriffsysteme zugeordnet. So wurde bspw. im Begriffserfassungsprozess der Data Owner für einen neuen Begriff zunächst nur vorläufig festgelegt und muss im Zuge des Bereinigungsprozesses bestätigt bzw. revidiert werden. Aus diesem Grund wird auch die Bezeichnung *Clearing Ausschuss* in *Terminologieausschuss* umgeändert, um die über die Bereinigung hinausgehende Verantwortung dieses Gremiums zum Ausdruck zu bringen. Die Ableitung der einzelnen Aufgaben kann Tabelle 59 entnommen werden.

[51] Strauch beschreibt unter der Bezeichnung Homogenisierung eine Technik zur Beseitigung von sprachlichen Defekten im Rahmen der Informationsbedarfsanalyse für das Data Warehousing, die als Lösungsverfahren für diese Aufgabe herangezogen werden kann (vgl. [Strauch 2002, S. 197ff.]).

Nr.	Aufgabe	Ableitung	Beschreibung	Aufgabenträger
28	Sprachdefekte sammeln	Diese Aufgabe ist in Aufgabe A20 der Fallstudie implizit enthalten, wird nun aber zur verbesserten Klarheit expliziert. Das Sammeln von Sprachdefekten ist eine Voraussetzung für den Bereinigungsprozess und wird deshalb in das Aufgabenverzeichnis mitaufgenommen.	Sprachdefekte werden entweder vom Begriffsadministrator selbst im Rahmen seiner Aufgabenverrichtung bemerkt oder werden ihm von den Begriffsverwendern gemeldet.	Begriffsadministrator
29	Neue Data Owner sammeln	Diese Aufgabe wird neu in den Prozess aufgenommen. Sie wird benötigt, da im Erfassungsprozess Data Owner zunächst vorläufig zugeordnet werden und noch bestätigt werden müssen.	Sammeln der Data Owner, die seit dem letzten Ausschusstreffen neu nominiert wurden.	Begriffsadministrator
30	Terminologieausschuss einberufen	Im Interesse eines klaren Ablaufs wird diese in der Fallstudie implizite Aufgabe expliziert.	Für die Treffen des Terminologieausschusses sollte eine Periodizität festgelegt werden. Darüber hinaus kann der Ausschuss einberufen werden, wenn es von mind. zwei Begriffsadministratoren für erforderlich befunden wird.	Begriffsadministrator
31	Data Owner bestätigen/ revidieren	Diese Aufgabe wird im Zusammenhang mit Aufgabe 29 neu in den Prozess aufgenommen.	Bestätigen bzw. revidieren der neuen Data Owner.	Terminologieausschuss
32	Sprachdefekte bereinigen	Fasst Tätigkeiten aus Aufgabe A21 mit Aufgabe A22 zusammen (beide aus Tabelle 58).	Massnahmen zur Bereinigung der einzelnen Sprachdefekte werden erarbeitet.	Terminologieausschuss

Nr.	Aufgabe	Ableitung	Beschreibung	Aufgabenträger
33	Bereinigungsmassnahmen umsetzen	Entspricht Aufgabe A22 aus Tabelle 58).	Die beschlossenen Änderungen an den Begriffsystemen werden vom zuständigen Begriffsadministrator umgesetzt.	Begriffsadministrator
34	Data Owner benachrichtigen	Diese Aufgabe wird im Zusammenhang mit Aufgabe 29 und 31 neu in den Prozess aufgenommen.	Die bestätigten bzw. neu eingesetzten Data Owner werden benachrichtigt.	Begriffsadministrator

Tabelle 59: Abgeleitetes Aufgabenverzeichnis für den Teilprozess Begriffsbereinigung

Für den Verrichtungsvorgang der Sprachbereinigungsaufgabe (Aufgabe 32 in Tabelle 59) kann grundsätzlich zwischen einem kooperativen und einem hierarchischen Lösungsverfahren unterschieden werden. Ein *kooperatives Lösungsverfahren* besteht in der Suche nach einem Konsens zwischen unterschiedlichen Interessen und Auffassungen. In der Fallstudie zum Terminologiemanagement wurde für das SDL-Clearing ein kooperatives Vorgehen gewählt, wobei sich allerdings zeigte, dass sich die Konsensfindung oftmals sehr langwierig gestaltet. Bei einem *hierarchischen Vorgehen* wird ein Konflikt zwischen Interessengruppen durch eine bindende Entscheidung eines übergeordneten Entscheidungsträgers beigelegt. Dabei besteht jedoch die Gefahr, dass der Konflikt nur oberflächlich gelöst wird und die Entscheidung von einer oder mehreren Interessengruppen unterlaufen wird. Für die Beseitigung von Sprachdefekten sollte daher ein kombiniertes Vorgehen gewählt werden, bei dem an erster Stelle die Suche nach einem Konsens steht. Erst wenn dieser nicht in einem vorgegebenen Zeitrahmen gefunden werden kann, wird der Konflikt durch hierarchische Entscheidung gelöst. Tabelle 59 gibt einen Überblick über den Prozessablauf, der bewusst unabhängig von einem konkreten Lösungsverfahren bei der Sprachbereinigung entworfen wurde.

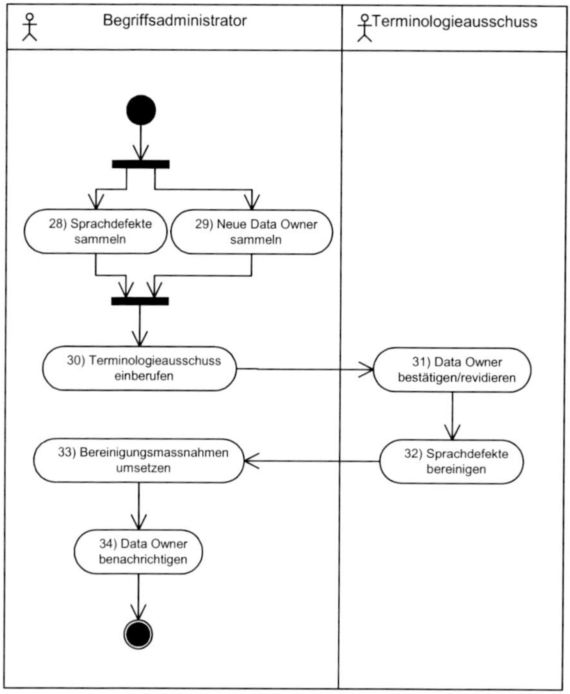

Abbildung 61: Aufgabenkettendiagramm zum Teilprozess Begriffswiederverwendung

6.4.2.2 Datenstrukturmanagement

Der Prozess des Datenstrukturmanagements wurde auf Ebene M1 in die drei Teilprozesse Entwicklung, Migration und Bereinigung verfeinert. Für diese werden im folgenden unter Einbeziehung der Ergebnisse von Fallstudie C zum Datenstrukturmanagement bei der Winterthur die Aufgabenabläufe entworfen

6.4.2.2.1 Teilprozess Entwicklung

Über den Entwicklungsprozess wird das Datenstrukturmanagement in den allgemeinen Softwareentwicklungsprozess eines Unternehmens integriert. Bei den WV ist der allgemeine Softwareentwicklungsprozess wohldefiniert und standardisiert. Es existiert ein Prozessmodell, in dem die Teilprozesse und die jeweiligen Aufgaben detailliert beschrieben werden. Bei Einführung des Datenstrukturmanagements wurden die zugehörigen Aufgaben für die Softwareentwickler in diesen Prozess integriert. Diese Aufgaben werden im folgenden für den Entwurf des generischen Aufgabenablaufs herangezogen. Der resultierende Entwicklungsprozess zeigt den Zusammenhang zwischen den Aufgaben. Für eine Umsetzung in der Praxis empfiehlt es sich jedoch, die entworfenen Aufgaben wie bei den WV in einen umfassenden Softwareentwicklungsprozess zu integrieren. Das Aufgabenverzeichnis in Tabelle 19 beschreibt nun zunächst die bei den WV vorhandenen Aufgaben (vgl. Abschnitt 4.4.3.4):

Nr.	Aufgabe	Beschreibung	Aufgabenträger
C1	Informationsbedarf mit der Applikation abgleichen	Aus den Anforderungen für das Entwicklungsprojekt wird ermittelt, welche Datenstrukturen modifiziert, erweitert oder neu erstellt werden müssen. Diese Aufgabe wird bei den WV durch das WinRepository unterstützt.	Datenverantwortlicher
C2	Informationsbedarf darstellen	Der ermittelte Informationsbedarf wird auf Ebene der Datenelemente detailliert spezifiziert, z. B. in einem Datenschema	Datenverantwortlicher
C3	Nutzbare Datenelemente bestimmen	Mit Hilfe des WinRepository werden bestehende Datenelemente ermittelt, die sich für das aktuelle Entwicklungsprojekt wiederverwenden lassen.	Datenverantwortlicher
C4	Nutzung fremder Datenelemente abstimmen	Sind für die Wiederverwendung der in C3 ermittelten Datenelemente zunächst noch Anpassungen erforderlich, müssen diese mit dem jeweiligen Data Owner abgestimmt werden. Stimmt der Data Owner nicht zu, kann im WinRepository eine neue Version des betreffenden Elements erzeugt werden.	Datenverantwortlicher
C5	Arbeitsbereich für Projekt im WinRepository eröffnen	Zur Durchführung der Arbeiten im WinRepository wird ein sog. Arbeitsbereich eröffnet, in dem die Datenelemente eines Entwicklungsprojekts verwaltet werden.	Datenverantwortlicher
C6	Datenelemente erfassen/modifizieren/löschen	Die in C2 spezifizierten Datenelemente werden im WinRepository bearbeitet.	Datenverantwortlicher

Nr.	Aufgabe	Beschreibung	Aufgabenträger
C7	Abstimmen von wiederverwendeten Datenelementen	Die Umsetzung der wiederverwendeten Datenelemente im WinRepository ist erneut zu überprüfen. Ziel ist es, Kollisionen mit anderen Projekten/Applikationen zu entdecken und die Einschränkungen durch Lebenszyklusphasen zu beachten (vgl. Tabelle 24).	Datenverantwortlicher
C8	Überprüfung durch Datenmanagement anfordern	Nach Abschluss aller Arbeiten im WinRepository ist das Datenmanagement zu informieren, das daraufhin alle bisherigen Entwicklungsergebnisse im WinRepository einer weiteren Prüfung unterzieht.	Datenverantwortlicher
C9	Vollständigkeit/ Plausibilität prüfen	Die gemachten Angaben zu neu erfassten/modifizierten Datenelemente werden auf Vollständigkeit und Plausibilität geprüft.	Datenadministrator
C10	Homonymprüfung	Für jedes neue Datenelement ist zu prüfen, ob bereits ein anderes Element mit gleichem Namen im Katalog existiert.	Datenadministrator
C11	Synonymprüfung	Für jedes neue Datenelement ist zu prüfen, ob bereits ein anderes Element mit gleicher Bedeutung unter anderem Namen im Katalog existiert.	Datenadministrator
C12	Prüfergebnis zusammenfassen und abstimmen	Nach Abschluss der Prüfungen sind die Ergebnisse zusammenzufassen und mit dem Datenverantwortlichen abzustimmen. Gegebenenfalls müssen die erfassten Datenelemente erneut überarbeitet werden, um Konflikte mit anderen Elementen zu beseitigen.	Datenadministrator
C13	Entwicklungsergebnisse freigeben	Entsprechen alle Entwicklungsergebnisse den geltenden Standards, werden sie vom Datenmanagement zur Implementierung freigegeben.	Datenadministrator
C14	Entwicklungsergebnisse implementieren	Implementierung bedeutet in diesem Zusammenhang, dass aus den im WinRepository erfassten Metadaten Programmcode für die Erzeugung der Datenstrukturen generiert wird (z. B. SQL-DDL). Der Prozess der WV umfasst dazu eine Reihe weiterer Aktivitäten, die jedoch nicht zum eigentlichen Datenstrukturmanagement gehören und daher nicht im einzelnen betrachtet werden.	Datenverantwortlicher

Tabelle 60: Aufgabenverzeichnis für den Teilprozess Entwicklung aus Fallstudie C

Aus den beschriebenen Aktivitäten bei den WV werden nun Aufgaben eines generischen Entwicklungsprozesses im Rahmen des Datenstrukturmanagements abgeleitet. Die bei den WV eingeführten Rollen des Datenverantwortlichen und Datenadministrators werden dabei übernommen. Tabelle 61 enthält das abgeleitete Aufgabenverzeichnis, in dem die Aufgaben und ihre Ableitung dokumentiert sind. Im Rahmen der Aufgabengestaltung wird von Details des WinRepository abstrahiert und lediglich von der Unterstützung durch ein nicht näher spezifiziertes Metadaten-Repository ausgegangen.

Nr.	**Aufgabe**	**Ableitung**	**Beschreibung**	**Aufgabenträger**
35	Datenstrukturbedarf ermitteln	Diese Aufgabe ist eine Verallgemeinerung von Aufgabe C1 aus Tabelle 60.	Aus den Anforderungen des Entwicklungsprojekts sind die erforderlichen Datenstrukturen zu ermitteln.	Datenverantwortlicher
36	Datenstrukturbedarf spezifizieren	Verallgemeinerung von Aufgabe C2 aus Tabelle 60.	Die ermittelten Datenstrukturen sind in einer detaillierten Spezifikation zu dokumentieren.	Datenverantwortlicher
37	Wiederverwendungskandidaten ermitteln	Verallgemeinerung von Aufgabe C3 aus Tabelle 60.	Mit Hilfe des Repository werden zur Wiederverwendung geeignete Datenstrukturen ermittelt.	Datenverantwortlicher
38	Datenstruktur neu erfassen	Verallgemeinerung von Aufgabe C3 aus Tabelle 60.	Konnten keine geeigneten Wiederverwendungskandidaten ermittelt werden, sind die erforderlichen Datenstrukturen neu zu erfassen.	Datenverantwortlicher
39	Änderungsbedarf ermitteln	Der Ablauf für die Prüfung der Wiederverwendungskandidaten wurde bei den WV nicht explizit dargestellt. Im Interesse eines klaren Ablaufs werden die zugehörigen Aufgaben nun jedoch expliziert.	Wurden Wiederverwendungskandidaten ermittelt, ist zu prüfen, ob diese ohne Anpassungen genutzt werden können.	Datenverantwortlicher

Nr.	Aufgabe	Ableitung	Beschreibung	Aufgabenträger
40	Datenstruktur wiederverwenden	Im Interesse eines klaren Ablaufs wird diese in der Fallstudie implizite Aufgabe expliziert.	Geeignete Datenstrukturen werden für das aktuelle Entwicklungsprojekt wiederverwendet.	Datenverantwortlicher
41	Data Owner kontaktieren	Diese Aufgabe wird im Zusammenhang mit der Prüfung der Wiederverwendungskandidaten in den Prozess aufgenommen.	Ist die Anpassung eines Wiederverwendungskandidaten erforderlich, muss zuerst die Zustimmung des Data Owner eingeholt werden.	Datenverantwortlicher
42	Änderungsvorschlag prüfen	Diese Aufgabe wird im Zusammenhang mit der Prüfung der Wiederverwendungskandidaten in den Prozess aufgenommen.	Der Data Owner prüft, ob er der gewünschten Änderung zustimmen kann.	Data Owner
43	Neue Version erzeugen	Auch diese Aufgabe wird im Zusammenhang mit der Prüfung der Wiederverwendungskandidaten in den Prozess aufgenommen.	Verweigert der Data Owner seine Zustimmung zur Änderung eines Wiederverwendungskandidaten, kann stattdessen eine neue Version der Datenstruktur im Metadaten-Repository erzeugt werden, welche die erforderlichen Modifikationen erfährt.	Datenverantwortlicher
44	Datenadministrator benachrichtigen	Verallgemeinerung von Aufgabe C8 aus Tabelle 60.	Vor einer Freigabe der bisherigen Entwicklungsergebnisse im Metadaten-Repository müssen diese vom Datenadministrator überprüft werden.	Datenverantwortlicher
45	Entwicklungsergebnisse prüfen	Die Aufgaben C9-C11 werden zusammengefasst, da noch weitere Prüfungen vorstellbar sind, deren explizite Darstellung den Prozess jedoch zu unübersichtlich machen würde.	Die im Metadaten-Repository erfassten Entwicklungsergebnisse werden vom Datenadministrator hinsichtlich der geltenden Standards überprüft.	Datenadministrator

Nr.	Aufgabe	Ableitung	Beschreibung	Aufgabenträger
46	Prüfungsergebnisse abstimmen	Entspricht Aufgabe C12 aus Tabelle 60.	Werden bei der Prüfung Verstösse gegen Standards oder andere Probleme entdeckt, sind diese gemeinsam mit dem Datenverantwortlichen zu beseitigen.	Datenadministrator
47	Entwicklungsergebnisse freigeben	Entspricht Aufgabe C13 aus Tabelle 60.	Der Datenverantwortliche wird über den erfolgreichen Abschluss der Prüfung informiert.	Datenadministrator
48	In Laufzeitumgebung implementieren	Entspricht Aufgabe C14 aus Tabelle 60.	Die erforderlichen Datenstrukturen werden für den Einsatz in der Laufzeitumgebung generiert.	Datenverantwortlicher

Tabelle 61: Abgeleitetes Aufgabenverzeichnis für den Teilprozess Entwicklung

Der Aufgabenablauf, der sich aus den Abhängigkeiten der Aufgaben untereinander ergibt, lässt sich dem Aufgabenkettendiagramm in Abbildung 62 entnehmen.

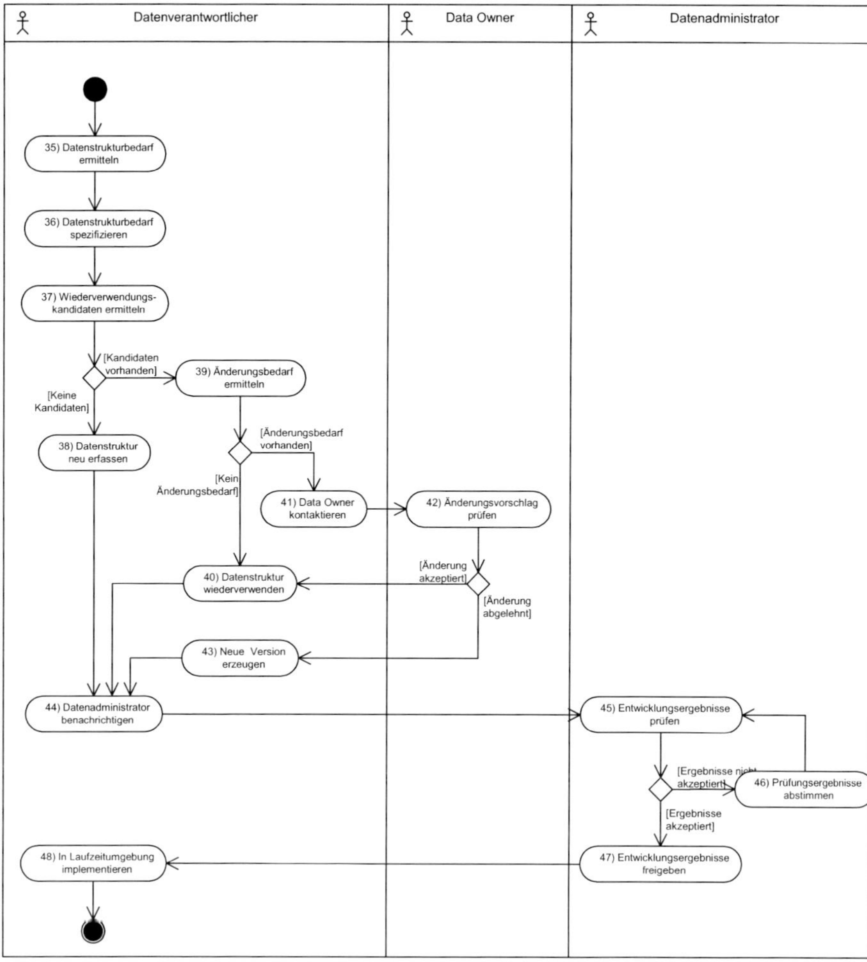

Abbildung 62: Aufgabenkettendiagramm zum Teilprozess Entwicklung

6.4.2.2.2 Teilprozess Migration

Über den Migrationsprozess werden Datenstrukturen, die bisher isoliert für eine bestimmte Applikation oder Datenbank verwaltet wurden, in die Verantwortung des zentralen Datenstrukturmanagements überführt. Dazu müssen die betroffenen Metadaten auch physisch in die Metadatenbasis des Datenstrukturmanagements überführt werden. Hier stösst man gerade im Bereich Data Warehousing schnell an technologische Grenzen, da die eingesetzten Werkzeuge und Komponenten oftmals eine physische Zentralisierung der Metadaten nicht zulassen. Mit der Fallstudie C bei den WV konnte jedoch gezeigt werden, dass unter bestimmten Bedingungen eine physische Metadatenintegration auch mit dem derzeitigen technischen Entwicklungsstand möglich ist. Im folgenden wird von den technischen Rahmenbedingungen abstrahiert, um grundlegende Aufgaben zu beschreiben, die für einen Migrationsprozess erforderlich sind. Für den Entwurf der generischen Aufgaben wird zunächst der Migrationsprozess aus Fallstudie C analysiert:

Nr.	Aufgabe	Beschreibung	Aufgabenträger
C15	Quellsystem analysieren	Zur Vorbereitung des Exports sind die Datenstrukturen im Quellsystem zu analysieren.	Datenverantwortlicher
C16	Migrationsplan erstellen	Datenverantwortlicher und Datenadministrator erstellen gemeinsam einen Migrationsplan, in dem die technischen und zeitlichen Details der Migration spezifiziert werden.	Datenadministrator
C17	Datenstrukturen exportieren	Die Metadaten der spezifizierten Datenstrukturen werden aus dem Quellsystem exportiert.	Datenverantwortlicher
C18	Datenstrukturen importieren	Die Metadaten werden in das WinRepository importiert.	Datenadministrator
C19	Datenstrukturen in Lebenszyklus integrieren	Im WinRepository werden die neuen Metadaten mit den Attributen des Lebenszyklus versehen.	Datenadministrator

Tabelle 62: Aufgabenverzeichnis für den Teilprozess Migration aus Fallstudie C

Auf dieser Grundlage werden nun generische Aufgaben abgeleitet, die wiederum tabellarisch dokumentiert sind:

Nr.	Aufgabe	Ableitung	Beschreibung	Aufgabenträger
49	Migration beantragen	Diese Aufgabe wird eingeführt, um das Auslösen des Migrationsprozesses zu verdeutlichen.	Eine Migration wird beantragt, wenn eine bisher nicht integrierte Applikation im Rahmen eines Entwicklungsprojektes angepasst wird.	Entwickler

Nr.	Aufgabe	Ableitung	Beschreibung	Aufgabenträger
50	Data Owner kontaktieren	Die Zustimmung des Data Owner wurde in der Fallstudie bereits vorausgesetzt. Aus Vollständigkeitsgründen wird sie jedoch als Aufgabe in den generischen Prozess aufgenommen.	Der Datenadministrator nimmt den Antrag entgegen und informiert die zuständigen Data Owner der betreffenden Applikation.	Datenadministrator
51	Migration bestätigen	Diese Aufgabe ergibt sich aus der Einführung der vorangegangenen Aufgabe.	Die zuständigen Data Owner beraten miteinander, ob sie der Migration zustimmen. Dies geschieht entweder im Rahmen des Bereinigungsprozesses oder in dringenden Fällen unmittelbar.	Data Owner
52	Datenverantwortlichen bestimmen	Diese Aufgabe wurde in der Fallstudie ebenfalls vorausgesetzt, wird aber im generischen Prozess expliziert.	Wurde der Migration zugestimmt, werden ein oder mehrere Datenverantwortliche für das Entwicklungsprojekt bestimmt.	Entwickler
53	Metadatenquelle analysieren	Entspricht Aufgabe C15 aus Tabelle 62.	Zur Vorbereitung der Migration werden die Metadatenquellen analysieren.	Datenverantwortlicher
54	Migrationsplan erstellen	Entspricht Aufgabe C16 aus Tabelle 62.	Als Kommunikationsgrundlage zwischen den beteiligten Aufgabenträgern wird ein Migrationsplan erstellt, der bspw. einen Zeitplan umfasst.	Datenadministrator
55	Datenstrukturen selektieren	Im Interesse eines klaren Ablaufs wird diese in der Fallstudie implizite Aufgabe expliziert.	Für die eigentliche Durchführung der Migration werden die betroffenen Datenstrukturen in der Applikation selektiert.	Datenverantwortlicher
56	Datenstrukturen extrahieren	Entspricht Aufgabe C17 aus Tabelle 62.	Die Datenstrukturmetadaten werden extrahiert.	Datenverantwortlicher

Nr.	Aufgabe	Ableitung	Beschreibung	Aufgabenträger
57	Datenstrukturen importieren	Entspricht Aufgabe C18 aus Tabelle 62.	Für die Überführung in die Metadatenbasis des Datenstrukturmanagements werden die Metadaten importiert.	Datenadministrator
58	Datenstrukturen versionieren	Entspricht Aufgabe C19 aus Tabelle 62.	Gemäss des eingesetzten Versionskonzepts sind die Metadaten zu versionieren.	Datenadministrator
59	Migrationsvollzug kommunizieren	Im Interesse eines klaren Ablaufs wird diese in der Fallstudie implizite Aufgabe expliziert.	Nach Abschluss von Import und Versionierung werden Data Owner und Datenverantwortliche benachrichtigt.	Datenadministrator

Tabelle 63: Abgeleitetes Aufgabenverzeichnis für den Teilprozess Migration

Den Aufgabenablauf für die Migration zeigt das Aufgabenkettendiagramm in Abbildung 63.

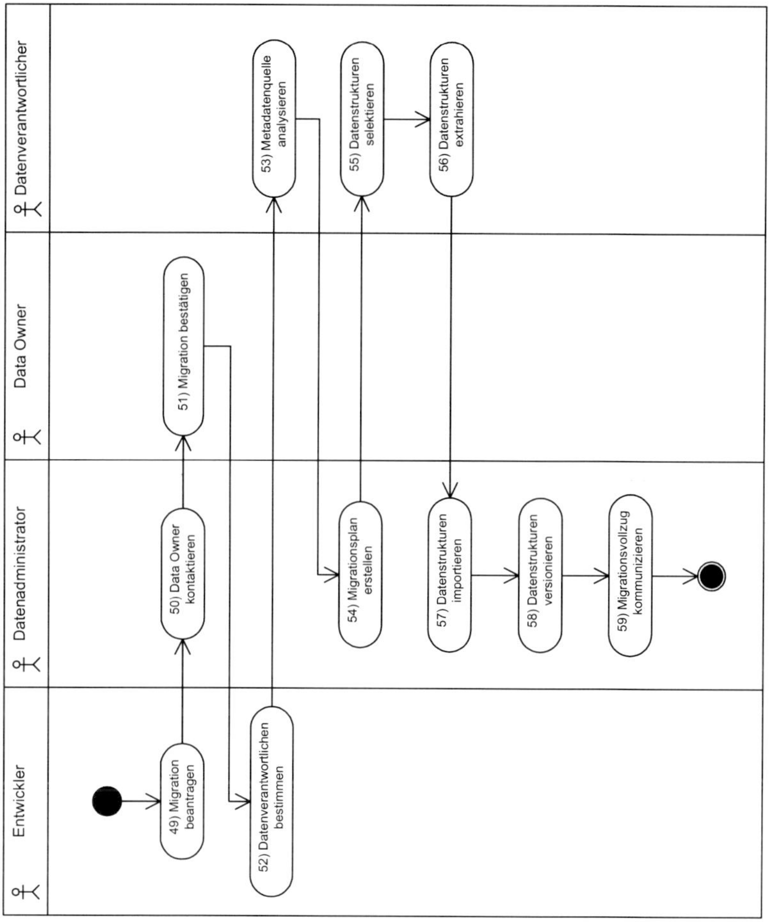

Abbildung 63: Aufgabenkettendiagramm zum Teilprozess Migration

6.4.2.2.3 Teilprozess Bereinigung

Durch Erfassung und Migration kommen ständig neue Datenstrukturen zu den vorhandenen hinzu, durch Anpassungen ändern sich darüber hinaus die vorhandenen Metadaten. Dadurch können über die Zeit homonyme und synonyme Benennungen von Datenelementen entstehen, die das Ziel einer Standardisierung und Vereinheitlichung der Datenstrukturen gefährden. Auch andere für das Terminologiemanagement identifizierte Probleme können in ähnlicher Weise im Datenstrukturmanagement auftauchen, z. B. Vagheiten oder veraltete Datenstrukturen. Im Datenstrukturmanagement der Winterthur Versicherungen in Fallstudie C war ein derartiger Prozess zum Zeitpunkt der Erhebung nicht vorgesehen. Laut Aussage des Datenadministrators der WV gibt es allerdings nicht unerhebliche Probleme mit redundanten Datenelemente, die insbesondere durch Migrationen entstehen. Für das generische Datenstrukturmanagement wird daher ein Bereinigungsprozess in Anlehnung an den korrespondierenden Prozess des Terminologiemanagements gestaltet. Für die Durchführung des Prozesses wird ein Ausschuss gebildet, der sich aus Datenverantwortlichen, Data Ownern und Datenadministrator zusammensetzt. Die Aufgaben, die im wesentlichen der Begriffsbereinigung entlehnt sind (vgl. 6.4.2.1.4), finden sich im Aufgabenverzeichnis in Tabelle 64.

Nr.	Aufgabe	Beschreibung	Aufgabenträger
60	Datenprobleme sammeln	Auftretende Datenprobleme wie redundante Datenelemente werden i. d. R. zuerst von den Entwicklern erkannt und von diesen an den Datenadministrator weitergemeldet. Dieser sammelt die gemeldeten Probleme für eine Behandlung durch den Standardisierungsausschuss.	Datenadministrator
61	Standardisierungsausschuss einberufen	Ist eine hinreichende Zahl von Datenproblemen aufgetreten, werden die Data Owner und Datenverantwortlichen für die betroffenen Datenstrukturen ermittelt und zu einem Treffen des Standardisierungsausschusses eingeladen.	Datenadministrator
62	Bereinigungsmassnahmen beschliessen	Analog zu Aufgabe 32 (Tabelle 59) werden Bereinigungsmassnahmen für die aufgetretenen Datenprobleme erarbeitet.	Standardisierungsausschuss
63	Migrationen beschliessen	Migrationen der Datenstrukturen bestehender Anwendungen können von Entwicklern nach Bedarf vorgeschlagen werden, müssen jedoch vom Ausschuss bestätigt werden, um eine Abstimmung unter den Data Ownern zu ermöglichen.	Standardisierungsausschuss
64	Bereinigungsmassnahmen umsetzen	Die vom Ausschluss beschlossenen Bereinigungsmassnahmen werden im MDMS umgesetzt.	Datenadministrator
65	Data Owner benachrichtigen	Die Data Owner der betroffenen Metadaten werden über die Durchführung der Bereinigungsmassnahmen benachrichtigt.	Datenadministrator

Tabelle 64: Aufgabenverzeichnis für den Teilprozess Bereinigung

Das Aufgabenkettendiagramm in Abbildung 64 verdeutlicht den Aufgabenablauf graphisch.

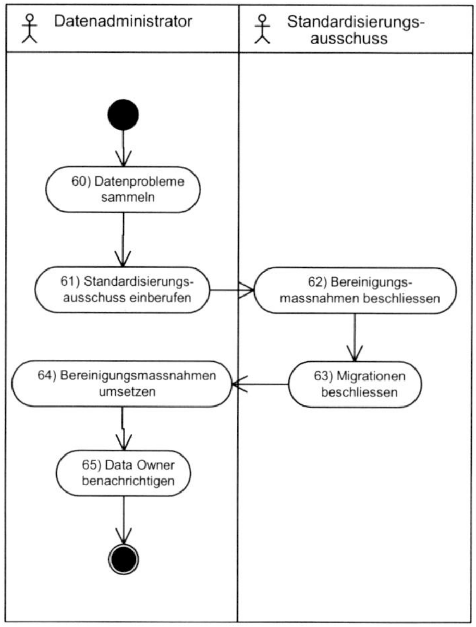

Abbildung 64: Aufgabenkettendiagramm zum Teilprozess Bereinigung

6.4.2.3 Datenqualitätsmanagement

Wie bereits bei der Abgrenzung der Prozesse auf Ebene M2 und der Analyse der Prozessleistungen auf Ebene M1, werden auch bei der Ablaufplanung für das DQM auf dieser Ebene die Ergebnisse der Fallstudie B zur Ausnahmebehandlung bei der Swiss Re sowie der Fallstudie D zum DQM bei der Credit Suisse als Ausgangsgrundlage für den Entwurf genutzt.

6.4.2.3.1 Teilprozess Qualitätsplanung

Die Qualitätsplanung dient zur Ermittlung der Qualitätsanforderungen der Anwender. Die ermittelten Anforderungen werden einerseits in eine formale Spezifikation überführt, die als Grundlage für die Qualitätsprüfung benötigt wird, und gehen andererseits in die DQ-Vorgaben ein, die anderen Prozessen als Richtlinien für den Umgang mit Daten dienen. Der Qualitätsplanungsprozess aus Fallstudie D setzt sich aus folgenden Aufgaben zusammen:

Nr.	Aufgabe	Beschreibung	Aufgabenträger
D1	Anforderungen für neue Prüfregeln aufnehmen	Die Anforderungen für neue Prüfregeln werden in einem Interview mit dem Qualitätsexperten aufgenommen.	Qualitätsadministrator
D2	Analyse der betroffenen Daten	Die Daten, auf die sich die Anforderungen beziehen, werden analysiert, um passend zu den Anforderungen Qualitätsmerkmale auszuwählen und Sollwerte abzuleiten.	Qualitätsadministrator
D3	Abstimmung mit bestehenden Regeln	Die ermittelten Qualitätsmerkmale werden auf ihre Verträglichkeit mit den bereits existierenden Regeln überprüft. Insbesondere sollen Widersprüchlichkeiten zu den bestehenden Regeln vermieden werden.	Qualitätsadministrator
D4	Erfassung der Regeln	Die abgestimmten Anforderungen werden in SQL-Anweisungen überführt und in dieser Form als Regeln im DQM-System implementiert.	Qualitätsadministrator
D5	Prüfung der Regeln	Nach der Erfassung werden die Regeln auf korrekte Funktion hin überprüft und sind dann einsatzbereit.	Qualitätsadministrator

Tabelle 65: Aufgabenverzeichnis für den Teilprozess Qualitätsplanung aus Fallstudie D

Als Aufgabenträger für die Durchführung der DQM-Prozesse wurden in der Fallstudie die drei Rollen Qualitätsadministrator, Qualitätsexperte und Data Owner gebildet. Diese Rollenaufteilung hat sich in der Fallstudie bewährt und wird daher auch für die generischen DQM-Prozesse übernommen. Allerdings wird der Qualitätsexperte, der innerhalb einer Anwendergruppe für das DQM verantwortlich ist, in *Qualitätsverantwortlicher* umbenannt. Damit wird betont, dass die Datenqualität auch von der Formulierung geeigneter Anforderungen seitens der Anwender abhängt und somit einen wichtigen Teil der Verantwortung tragen.[52] Die Ableitung der generischen Aufgaben ist in Tabelle 66 dokumentiert.

[52] Tozer fordert dies bspw., indem er schreibt: „The business (rather than the IT) community should bear the burden of maintaining the data according to the agreed business rules. This, once again, can be seen as simply instilling a sense of responsibility for data quality at an appropriate part of the organization“ [Tozer 1999, S. 76].

Nr.	Aufgabe	Ableitung	Beschreibung	Aufgabenträger
66	Qualitätsbedarf anmelden	Diese Aufgabe wird eingeführt, um das Auslösen des Planungsprozesses durch die Datenverwender zu verdeutlichen.	Der Prozess wird gestartet, indem eine Anwendergruppe einen neuen oder veränderten Qualitätsbedarf beim DQM anmeldet.	Qualitätsverantwortlicher
67	Qualitätsanforderungen ermitteln	Verallgemeinerung von Aufgabe D1 aus Tabelle 65.	Die Anforderungen werden in einem Interview mit dem Qualitätsverantwortlichen ermittelt.	Qualitätsadministrator
68	Qualitätsmerkmale auswählen	Durch das DQ-System der Fallstudie waren die Qualitätsmerkmale bereits vorgegeben, die Aufgabe im Prozess daher nicht nötig. Für den generischen Prozess wird sie jedoch eingeführt.	Auf Basis des Interviewprotokolls werden allgemeine Qualitätsmerkmale ausgewählt.	Qualitätsadministrator
69	Qualitätskennzahlen definieren	Siehe Ableitung der vorangegangenen Aufgabe.	Für die Messung der Qualitätsmerkmale werden Qualitätskennzahlen definiert, mit deren Hilfe sich die Datenqualität quantitativ ausdrücken lässt.	Qualitätsadministrator
60	Sollwerte festlegen	In der Fallstudie wurde dies mit dem Ermitteln der Anforderungen durchgeführt. Im generischen Prozess ist dies nicht möglich, da die Qualitätskennzahlen nicht von vorneherein feststehen.	Es werden Sollwerte für die Qualitätskennzahlen festgelegt, deren Über- oder Unterschreiten eine Fehlermeldung bzw. eine Ausnahme auslöst.	Qualitätsadministrator
71	Qualitätsbedingungen definieren	Im Interesse eines klaren Ablaufs wird diese in der Fallstudie implizite Aufgabe expliziert.	Qualitätskennzahlen werden über logische Operatoren zu Bedingungen verknüpft. Reaktionen auf die Verletzung von Bedingungen werden festgelegt, z. B. umgehende Benachrichtigung des DQ-Verantwortlichen.	Qualitätsadministrator

Nr.	Aufgabe	Ableitung	Beschreibung	Aufgabenträger
72	Qualitäts-spezifikation erstellen	Als gemeinsame Kommunikationsgrundlage für Datenverwender und Qualitätsadministrator wird auf Basis der bisherigen Ergebnisse eine Qualitätsspezifikation erarbeitet.	Es wird eine Qualitätsspezifikation erstellt, welche die Umsetzung der ursprünglichen Anforderungen in Merkmale, Kennzahlen, Sollwerte und Bedingungen dokumentiert.	Qualitätsadministrator
73	Qualitäts-spezifikation prüfen	Diese Aufgabe wird im Zusammenhang mit der Einführung der Qualitätsspezifikation in den Prozess aufgenommen.	Die von der vorangegangenen Aufgabe erstellte Spezifikation wird dem Qualitätsverantwortlichen zur Überprüfung vorgelegt.	Qualitätsverantwortlicher
74	Prüfregeln formalisieren	Bei der Erstellung der Regeln wurde in der Fallstudie nicht zwischen den Regeltypen unterschieden. Im Interesse eines eindeutigen Prozessablaufs erscheint dies aber sinnvoll.	Die Qualitätsbedingungen werden in formale Regeln für das DQM-System umgesetzt.	Qualitätsadministrator
75	Benachrichtigungsregeln formalisieren	Siehe Ableitung der vorangegangenen Aufgabe.	Die festgelegten Reaktionen auf Qualitätsprobleme werden in formale Regeln umgesetzt.	Qualitätsadministrator
76	DQ-Vorgaben ableiten	Im Sinne eines proaktiven DQM wird diese Aufgabe neu aufgenommen, um bei jeder Änderung der Qualitätsanforderungen Auswirkungen auf DQ-Standards und -Richtlinien zu ermitteln.	Die Qualitätsspezifikation wird erneut analysiert, um daraus nach Möglichkeit Anhaltspunkte für DQ-Vorgaben abzuleiten.	Qualitätsadministrator

Tabelle 66: Abgeleitetes Aufgabenverzeichnis für den Teilprozess Qualitätsplanung

Abbildung 65 zeigt das zugehörige Aufgabenkettendiagramm für den generischen Qualitätsplanungsprozess.

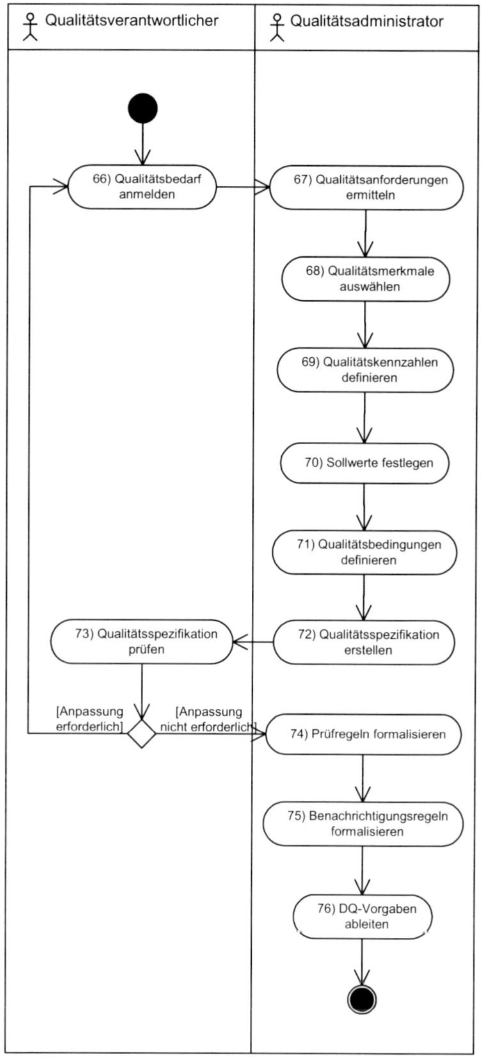

Abbildung 65: Aufgabenkettendiagramm zum Teilprozess Qualitätsplanung

6.4.2.3.2 Teilprozess Qualitätslenkung

Die in der Qualitätsplanung erstellte DQ-Spezifikation wird in der Qualitätslenkung im DQM-System implementiert. Hauptaufgabe der Qualitätslenkung ist die regelmässige Durchführung der Qualitätsprüfung und die Bereitstellung aktueller Messwerte. In Fallstudie D konnte die Qualitätsprüfung mit Hilfe des regelbasierten

DQM-Systems nahezu vollständig automatisiert werden. Auf dem gleichen konzeptionellen Ansatz basiert auch die Ausnahmeerkennung bei der Swiss Re in Fallstudie B. Die Systeme unterscheiden sich lediglich in der konkreten Implementierung. Wegen des hohen Grads an Automatisierung wurden in beiden DQM-Fallstudien keine expliziten Prozessentwürfe auf Aufgabenebene erstellt. Für den Qualitätsadministrator fallen jedoch auch nicht automatisierbare Aufgaben an, sodass der allgemeine Aufgabenablauf nachfolgend beschrieben ist.

Nr.	Aufgabe	Beschreibung	Aufgabenträger
77	Datenbereitstellung analysieren	Die Anforderungen für neue Prüfregeln werden in einem Interview mit dem Qualitätsexperten aufgenommen.	Qualitätsadministrator
78	Messpunkte identifizieren	Im Datenbereitstellungsprozess werden Stellen identifiziert, an denen Messwerte für die Kennzahlen erhoben werden können.	Qualitätsadministrator
79	Qualitätsspezifikation implementieren	Die in der Spezifikation definierten Kennzahlen werden im DQM-System implementiert.	Qualitätsadministrator
80	Qualitätsprüfung überwachen	Der automatisierte Ablauf der Qualitätsprüfung wird überwacht, um auftretende Probleme frühzeitig zu erkennen.	Qualitätsadministrator

Tabelle 67: Aufgabenverzeichnis für den Teilprozess Qualitätslenkung

Das zugehörige Aufgabenkettendiagramm ist zwar trivial, wird aber aus Vollständigkeitsgründen trotzdem in Abbildung 66 wiedergegeben.

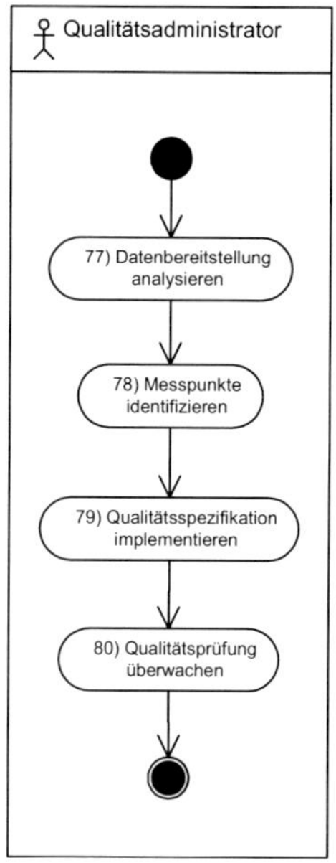

Abbildung 66: Aufgabenkettendiagramm zum Teilprozess Qualitätslenkung

6.4.2.3.3 Teilprozess Qualitätsrückkopplung

Die regelmässig durch die Qualitätslenkung bereitgestellten Messwerte sind von der Qualitätsrückkopplung aufzubereiten und zu verdichten. In Form von Qualitätsaussagen zu den jeweiligen Daten sind sie den Anwendern zur Verfügung zu stellen. Mit Hilfe des regelbasierten Ansatzes können neben technischen DQ-Problemen auch inhaltliche Ausnahmephänomene in den Daten entdeckt werden. Darauf basierend wird die Leistung DQ-Kommentare erstellt, für die in Fallstudie B die Rolle des Business Analyst spezifiziert wurde. Um bei den bisher einheitlich deutschen Bezeichnungen zu bleiben, wird diese Rolle im generischen Rückkopplungsprozess in *Fachexperte* umbenannt, wodurch auch das für diese Rolle benötigte Expertenwissen über das geschäftliche Umfeld deutlicher wird. Für den generischen Rückkopplungsprozess werden im folgenden Aufgaben aus dem Rückkopplungsprozess in Fallstudie D mit Aufgaben aus dem Berichtskommentierungsprozess in Fallstudie B kombiniert. Zunächst werden wiederum die Fallstudienaufgaben beschrieben:

Nr.	Aufgabe	Beschreibung	Aufgabenträger
D6	Analyse der Resultate und Log-Files	Die vom DQ-System gespeicherten Resultate der Qualitätsprüfung werden analysiert (Fallstudie D).	Qualitätsadministrator

Nr.	Aufgabe	Beschreibung	Aufgabenträger
D7	Regelverletzungen per E-Mail senden	In Abhängigkeit von den Benachrichtigungsregeln werden bei Verletzungen der Prüfregeln die zuständigen Qualitätsverantwortlichen per E-Mail informiert (Fallstudie D).	Qualitätsadministrator
B1	Business Exceptions analysieren	Die erkannten Business Exceptions werden vom zuständigen Analyst auf ihre Ursachen hin analysiert (Fallstudie B)	Business Analyst
B2	Business Exceptions kommentieren	Die Daten, bei denen die Business Exceptions aufgetreten sind, werden mit erklärenden Kommentaren versehen (Fallstudie B).	Business Analyst

Tabelle 68: Aufgabenverzeichnis für den Teilprozess Qualitätsrückkopplung aus Fallstudie B und D

Die Aufgaben aus den Fallstudien werden nun mit weiteren Aufgaben zu einem generischen Rückkopplungsprozess zusammengeführt. Tabelle 69 dokumentiert die Ableitung und die resultierenden Aufgaben.

Nr.	Aufgabe	Ableitung	Beschreibung	Aufgabenträger
81	Prüfungsresultate analysieren	Entspricht Aufgabe D6 aus Tabelle 68.	Auswerten der Resultate der Qualitätsprüfung.	Qualitätsadministrator
82	Prüfungsresultate verdichten	Diese Aufgabe wurde in den Fallstudien automatisiert, wird aber aus Gründen der Vollständigkeit hier aufgeführt.	Die einzelnen Messwerte sind in Form von Kennzahlen zu verdichten.	Qualitätsadministrator
83	Qualitätsaussagen bilden	Im Interesse eines klaren Ablaufs wird diese in den Fallstudien implizite Aufgabe expliziert.	Aus den Kennzahlen werden je nach Anforderung des Empfängers aussagekräftige Qualitätsaussagen gebildet.	Qualitätsadministrator
84	Qualitätsaussagen technisch kommentieren	Diese Aufgabe war in den Fallstudien nicht vorgesehen. Für den Datenverwender können so jedoch weitere DQ-Informationen zur Verfügung gestellt werden.	Ursachen für technisch bedingte DQ-Probleme werden dokumentiert, z. B. Systemausfälle.	Qualitätsadministrator

Nr.	Aufgabe	Ableitung	Beschreibung	Aufgabenträger
85	Qualitäts-aussagen kommuni-zieren	Entspricht Aufgabe D7 aus Tabelle 68.	Die Qualitätsaussagen werden anhand der Be-nachrichtigungsregeln an die Empfänger verteilt.	Qualitätsadmini-strator
86	Qualitäts-aussagen analysieren	Entspricht Aufgabe B1 aus Tabelle 68.	Erkannte Qualitätsproble-me werden vom zuständi-gen Fachexperten auf ihre geschäftlichen Ursachen hin analysiert.	Fachexperte
87	Qualitäts-aussagen geschäftlich kommentie-ren	Entspricht Aufgabe B2 aus Tabelle 68.	Ursachen für geschäftlich bedingte DQ-Probleme werden dokumentiert.	Fachexperte

Tabelle 69: Abgeleitetes Aufgabenverzeichnis für den Teilprozess Qualitätsrückkopplung

Vervollständigt wird der Entwurf des Qualitätsrückkopplungsprozesses durch das Aufgabenkettendiagramm in Abbildung 67.

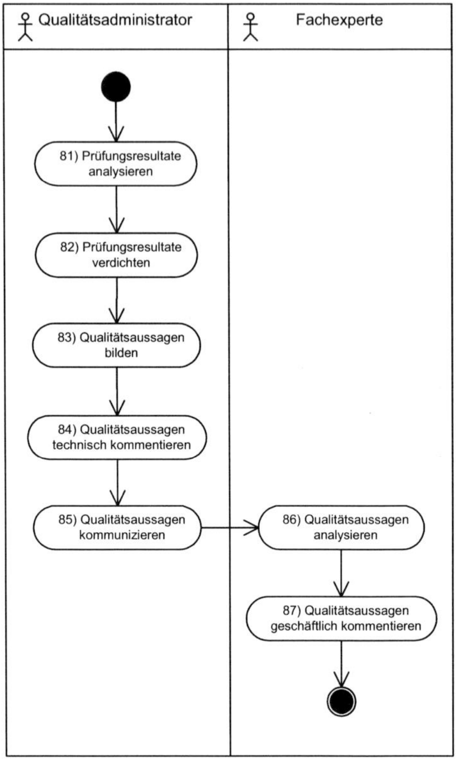

Abbildung 67: Aufgabenkettendiagramm zum Teilprozess Qualitätsrückkopplung

6.4.2.3.4 Teilprozess Qualitätsverbesserung

Für den Aufgabenablauf des Teilprozesses Qualitätsverbesserung werden wiederum Aufgaben aus beiden DQM-Fallstudien genutzt. Bei Fallstudie D sind dies Aufgaben des korrespondierenden Qualitätsverbesserungsprozesses, bei Fallstudie B dagegen Aufgaben des Qualitätsrückkopplungsprozesses, der dort einen ähnlichen Zweck erfüllt.

Nr.	Aufgabe	Beschreibung	Aufgabenträger
B3	ETL-Exceptions analysieren	Die aufgetretenen ETL-Exceptions werden auf ihre Erscheinungsformen und Ursachen hin analysiert.	Regeladministrator
B4	ETL-Prozess analysieren	Die Problemursache wird im ETL-Prozess gesucht.	Regeladministrator

Nr.	Aufgabe	Beschreibung	Aufgabenträger
B5	ETL-Tools analysieren	Die Problemursache wird in den ETL-Tools gesucht.	Regeladministrator
B6	Verbesserungsmassnahmen erarbeiten und in Kraft setzen	Ist die Problemursache erkannt worden, müssen Massnahmen zur Beseitigung des Problems erarbeitet werden. Wird das Problem bereits durch die DWH-Quellsysteme verursacht, müssen Massnahmen mit den zuständigen Entwicklern abgestimmt werden.	Regeladministrator

Tabelle 70: Aufgabenverzeichnis für den Teilprozess Qualitätsverbesserung aus Fallstudie B und D

Aus den Aufgaben der Fallstudienprozesse wird nun ein generischer Qualitätsverbesserungsprozess im Sinne eines proaktiven DQM abgeleitet. Tabelle 71 dokumentiert die Ableitung.

Nr.	Aufgabe	Ableitung	Beschreibung	Aufgabenträger
88	Qualitätsprobleme erkennen/ verifizieren	Diese Aufgabe war in den Fallstudien nicht vorgesehen. Im Rahmen eines proaktiven DQM sollten aber auch die Kenntnisse des Qualitätsadministrators für die Problemerkennung genutzt werden. Das Verifizieren von gemeldeten Problemen beugt einer unnötigen Prozessdurchführung vor.	Bestimmte Qualitätsprobleme können vom Qualitätsadministrator selbst im Rahmen seiner Tätigkeit erkannt werden. Von Datenverwendern gemeldete Probleme sind zunächst dahingehend zu überprüfen, ob nicht falsch formulierte Anforderungen bzw. Regeln zu einem scheinbaren Problem geführt haben.	Qualitätsadministrator
89	Problemerscheinungsform analysieren	Entspricht Aufgabe B3 aus Tabelle 70.	Es wird überprüft, in welcher Form das Problem beim Datenverwender in Erscheinung tritt.	Qualitätsadministrator
90	Datenverwendung analysieren	Diese Aufgabe war in den Fallstudien nicht explizit vorgesehen. Die Art der Datenverwendung gibt jedoch wichtige Hinweise auf die Problemursache.	Es wird überprüft, ob das Problem nicht durch Verwendung unpassender aber korrekter Daten verursacht wurde.	Qualitätsadministrator

Nr.	Aufgabe	Ableitung	Beschreibung	Aufgabenträger
91	Transformationsschritte analysieren	Entspricht Aufgabe B4 aus Tabelle 70.	Es wird analysiert, ob das Problem von Transformationsschritten im Verantwortungsbereich des DQM verursacht wurde.	Qualitätsadministrator
92	Transformationskomponenten analysieren	Entspricht Aufgabe B5 aus Tabelle 70.	Analog zur vorangegangenen Aufgabe wird überprüft, ob das Problem nicht durch Ausfall oder Fehler einer Transformationskomponente verursacht wurde.	Qualitätsadministrator
93	Datenherkunft analysieren	Konnte die Ursache bisher nicht identifiziert werden, ist die Herkunft der betroffenen Daten zu ermitteln. Diese Aufgabe war in den Fallstudien nur implizit vorgesehen.	Es sind die Quellsysteme zu ermitteln, aus denen die betroffenen Daten angeliefert wurden.	Qualitätsadministrator
94	Verbesserungsalternativen prüfen	Diese Aufgabe wird aus Aufgabe B6 in Tabelle 70 abgeleitet. Es stehen grundsätzlich zwei Alternativen zur Verfügung, auf die nachfolgend eingegangen wird.	In Abhängigkeit von den bisherigen Erkenntnissen sind Alternativen für eine Beseitigung des Problems zu prüfen.	Qualitätsadministrator
95	Daten bereinigen	Erste Alternative im Zusammenhang mit Aufgabe 94.	Wurde das Problem durch eine einmalige Ursache hervorgerufen, ist es gegebenenfalls sinnvoll, die Daten direkt zu bereinigen.	Qualitätsadministrator

Nr.	Aufgabe	Ableitung	Beschreibung	Aufgabenträger
96	Datenbereitstellung verbessern	Zweite Alternative im Zusammenhang mit Aufgabe 94.	Wurde eine Ursache im Datenbereitstellungsprozess identifiziert, so ist diese zu beseitigen. Dazu kann auch eine Zusammenarbeit mit Entwicklern bzw. Data Ownern von DWH-Quellsystemen erforderlich sein.	Qualitätsadministrator
97	DQ-Vorgaben ergänzen/ anpassen	Diese Aufgabe wird analog zu den übrigen DQM-Teilprozessen ergänzt.	Nach Möglichkeit sind aus den ermittelten Erkenntnissen über die Ursachen Anhaltspunkte für eine Ergänzung oder Anpassung der DQ-Vorgaben abzuleiten.	Qualitätsadministrator

Tabelle 71: Abgeleitetes Aufgabenverzeichnis für den Teilprozess Qualitätsverbesserung

Abbildung 68 zeigt das zum Aufgabenverzeichnis zugehörige Aufgabenkettendiagramm.

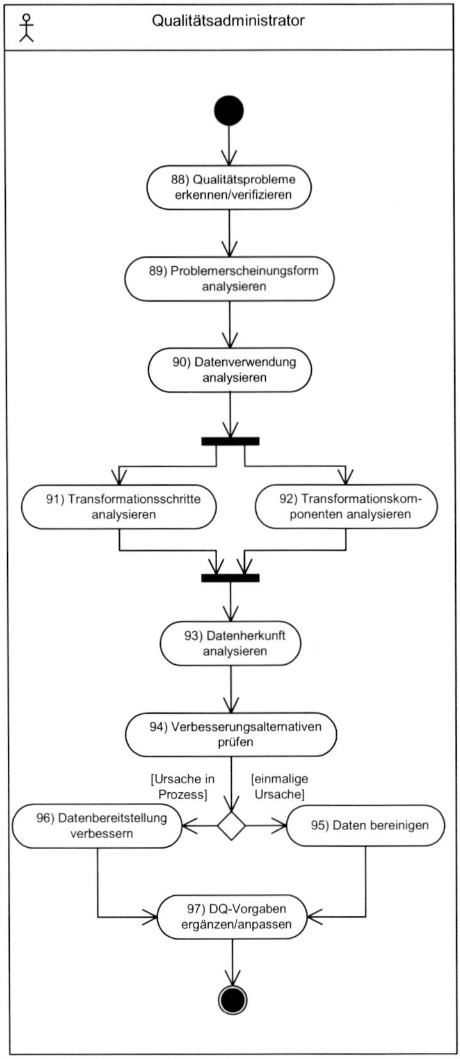

Abbildung 68: Aufgabenkettendiagramm zum Teilprozess Qualitätsverbesserung

6.4.2.4 Datenkontextmanagement

Im Unterschied zu den bisher entworfenen Prozessen kann beim Datenkontextmanagement nicht direkt auf Ergebnisse der Fallstudien zurückgegriffen werden. Das Ableiten der Aufgaben ist daher in stärkerem Masse auf das beschriebene Vorgehen für den Entwurf auf Ebene M0 und die bisherigen Entwurfsergebnisse für den Prozess angewiesen. Neben dem auf Ebene M2 erarbeiteten Leistungsverzeichnis bietet auch die Prozessvision wichtige Anhaltspunkte für die Ablaufplanung. Grundsätzlich ist der Datenkontext das Ergebnis einer Integration der durch die vier Dimensionen erfassten Metadaten. Die Integration von Metadaten wird auch in der Literatur thematisiert, wobei jedoch i. d. R. technische Aspekte im Vordergrund stehen. Aus den Ausführungen in der Literatur lassen sich jedoch die notwendigen generischen Schritte für die Metadatenintegration herausarbeiten. Devlin schlägt bspw. für die Integration von Metadaten eine grundsätzlich analoge Vorgehensweise wie für die Integration der Objektdaten im DWH vor (vgl. [Devlin 1997, S. 297f.]). Die gleiche Auffassung vertritt Marco, der analog zum ETL-Prozess für das DWH-System einen standardisierten ETL-Prozess für das MDMS beschreibt (vgl. [Marco 2000, S. 189ff.]). Auch in modellbasierten Ansätzen wie bspw. bei Poole et al. oder Tozer sind für den Ablauf beim Metadatenaustausch grundsätzlich ähnliche Schritte erkennbar (vgl. [Tozer 1999, S. 128ff.], [Poole et al. 2002, S. 179ff.]). Tozer vertritt dazu die Auffassung, dass sich die Metadatenintegration aus Komplexitätsgründen nur begrenzt automatisieren lässt (vgl. [Tozer 1999, S. 130]). Aus diesen Überlegungen heraus wird im folgenden das Datenkontextmanagement konzeptionell gestaltet, ohne dass bereits detaillierte Aussagen über die Automatisierbarkeit der Aufgaben gemacht werden.

6.4.2.4.1 Teilprozess Kontextplanung

Die Gestaltung der Rollen für das Datenkontextmanagement zielt wie die Rollen der übrigen MDM-Prozesse auf eine arbeitsteilige Prozessdurchführung in Zusammenarbeit von Mitarbeitern zur Betreuung des MDMS mit den Anwendern und Entwickler des DWH-Systems ab. Datenkontextmetadaten werden von Anwendern und Entwicklern gleichermassen benötigt, sodass aus Sicht des Datenkontextmanagements allgemein von *Kontextverwendern* gesprochen wird. Für die Verwaltung der Kontextmetadaten auf Seite des MDMS ist ein *Kontextadministrator* zuständig. Für die Anlieferung der Kontextmetadaten an den Prozess und als Vertreter der Kontextverwender gegenüber dem Metadatenmanagement wird jeder Verwendergruppe ein *Kontextverantwortlicher* zugeordnet. Die Zusammenarbeit der Rollen im Kontextplanungsprozess ist im nachstehenden Aufgabenverzeichnis dokumentiert:

Nr.	Aufgabe	Beschreibung	Aufgabenträger
98	Anforderungen übermitteln	Zu Beginn der Kontextplanung werden die Anforderungen der Kontextverwender an die konkrete Ausgestaltung des Datenkontexts an den Kontextadministrator übermittelt (z. B. E-Mail). Darüber hinaus können die Kontextverwender jederzeit neue bzw. veränderte Anforderungen übermitteln, die immer wieder zu einer erneuten Durchführung der Kontextplanung führen.	Kontextverwender
99	Anforderungen analysieren	Die übermittelten Anforderungen werden im Hinblick auf den derzeitigen Datenkontext und die vier Kontextdimensionen analysiert. Unklarheiten müssen ausgeräumt werden.	Kontext-administrator
100	Metadaten-quellen identifizieren	Aus den Anforderungen wird der Metadatenbedarf und mögliche Quellen für diese Metadaten ermittelt. Diese Aufgabe wird vom Kontextadministrator verantwortet und in Zusammenarbeit mit den Kontextverwendern durchgeführt.	Kontext-administrator
101	Metadaten-quellen analysieren	Die identifizierten Metadatenquellen sind hinsichtlich ihrer Verwendbarkeit zu analysieren. Insbesondere die Möglichkeit und der geschätzte Aufwand für eine Metadatenextraktion sind hier einzubeziehen.	Kontext-administrator
102	Datenkontext konzipieren/anpassen	Auf Basis der Ergebnisse der vorangegangenen Aufgaben wird ein Fachkonzept des Datenkonzepts erstellt, das als Diskussionsgrundlage für eine Überprüfung durch die Kontextverwender dient.	Kontext-administrator
103	Konzept prüfen	Die Kontextverwender erhalten die Gelegenheit das erstellte Konzept hinsichtlich der Umsetzung ihrer Anforderungen zu überprüfen. Hier sollten insbesondere diejenigen Kontextverwender einbezogen werden, die zuvor explizite Anforderungen übermittelt haben.	Kontextverwender
104	Kontextverantwortlichen bestimmen	Nach Freigabe des Fachkonzepts durch die Kontextverwender werden Kontextverantwortliche für neu hinzugekommene Metadaten bestimmt. Der Kontextverantwortliche ist insbesondere für die Anlieferung von Kontextmetadaten aus den ihm zugeordneten Metadatenquellen verantwortlich und sollte daher mit diesen vertraut sein.	Kontext-administrator

Nr.	Aufgabe	Beschreibung	Aufgabenträger
105	Metadaten-schema erstellen/ anpassen	Auf Basis des Fachkonzepts wird ein Metadatenschema zur Verwaltung des Datenkonzepts mit Hilfe des MDMS erstellt bzw. das existierende Schema angepasst. Diese Aufgabe erfordert gute Modellierungskenntnisse, weshalb eine erneute Abstimmung mit den Kontextverwendern i. d. R. nicht sinnvoll ist.	Kontext-administrator
106	Bereitstellungsprozess entwerfen/ anpassen	Für die Anlieferung der im Schema spezifizierten Metadaten muss ein Bereitstellungsprozess entworfen werden, dessen konkrete Ausgestaltung primär von der betroffenen Metadatenquelle abhängt. Da der Kontextverantwortliche über gute Kenntnisse seiner Metadatenquellen verfügen sollte, wird ihm die Verantwortung für den Prozessentwurf zugesprochen. Dabei wird er vom Kontextadministrator unterstützt.	Kontextverantwortlicher
107	Bereitstellungsprozess prüfen	Dem Kontextadministrator obliegt es abschliessend, den Bereitstellungsprozess anhand der Anforderungen aus Fachkonzept und Metadatenschema zu überprüfen. Notwendige Änderungen sind mit dem Kontextverantwortlichen abzustimmen.	Kontext-administrator

Tabelle 72: Aufgabenverzeichnis für den Teilprozess Kontextplanung

In Ergänzung zum Aufgabenverzeichnis zeigt Abbildung 69 das Aufgabenkettendiagramm für die Kontextplanung.

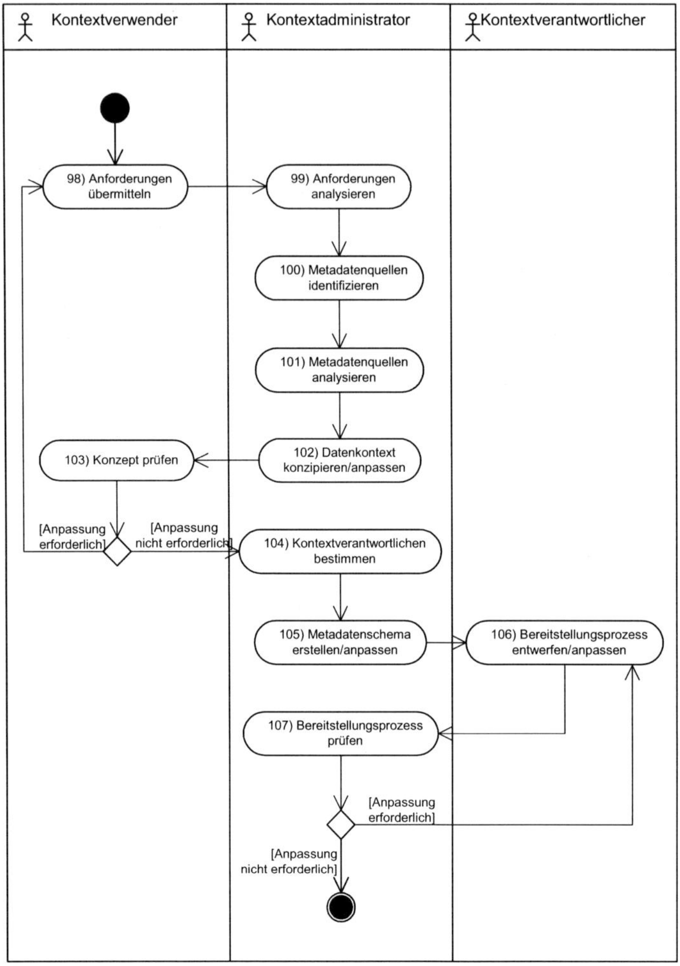

Abbildung 69: Aufgabenkettendiagramm zum Teilprozess Kontextplanung

6.4.2.4.2 Teilprozess Kontextbereitstellung

Bei der Kontextbereitstellung handelt es sich im Grunde um einen ETL-Prozess für die Kontextmetadaten. Der Prozess besteht daher auch im wesentlichen aus den drei Aufgaben Extrahieren, Transformieren und Laden. Je nach Beschaffenheit der Metadatenquelle wird die Kontextbereitstellung teilweise oder nahezu vollständig automatisierbar sein. Werden die Metadaten bspw. bereits in strukturierte Form in einem ETL-Werkzeug verwaltet, kann der Prozess gut automatisiert werden. Die grundsätzlichen Prozessaufgabe müssen aber in jedem Fall ausgeführt werden.

Handelt es sich um eine unstrukturierte Datenquelle bspw. Dokumentationen, die als Textdokumente gepflegt werden, kann die Transformation in passend strukturierte Metadaten eine hohen Aufwand erfordern. In einem solchen Fall kann das Kontextmanagement jedoch auch als Anstoss genutzt werden, die bisher unstrukturierte Verwaltung der Daten generell neu zu gestalten, um eine bessere Integrierbarkeit zu erreichen. Das Aufgabenverzeichnis in Tabelle 73 beschreibt die Aufgaben der Kontextbereitstellung für eine in der Kontextplanung identifizierte Metadatenquelle im einzelnen.

Nr.	**Aufgabe**	**Beschreibung**	**Aufgabenträger**
108	Metadaten selektieren	Aus der Menge der von der Metadatenquelle verwalteten Metadaten sind die in Fachkonzept und Metadatenschema spezifizierten Teile auszuwählen.	Kontextverantwortlicher
109	Metadaten extrahieren	Die ausgewählten Metadaten werden aus der Datenhaltungskomponente der Metadatenquelle extrahiert. Was sich zunächst rein technisch anhört, kann bspw. auch durch die Befragung eines ETL-Spezialisten über seine Erfahrungswerte geschehen.	Kontextverantwortlicher
110	Metadaten transformieren	Die extrahierten Metadaten werden in die für das MDMS benötigte Struktur gebracht. Diese Aufgabe umfasst ebenfalls ein breites Spektrum an Tätigkeiten. Bezogen auf das Beispiel in Aufgabe 109 könnte die Aufgabe durch Abtippen der Befragungsergebnisse durchgeführt werden.	Kontextverantwortlicher
111	Metadaten laden	Die angelieferten Metadaten werden in das MDMS geladen. Um einen hohen Automatisierungsgrad zu erreichen, sollte das MDMS über Schnittstellen für die gängigen Standardformate verfügen (z. B. SQL, XML, ASCII).	Kontext-administrator
112	Metadaten versionieren	Die neu geladenen Metadaten sind zu versionieren, um den aktuellen Stand des Datenkontexts nachvollziehbar zu machen.	Kontext-administrator

Tabelle 73: Aufgabenverzeichnis für den Teilprozess Kontextbereitstellung

Abbildung 70 zeigt das zugehörige Aufgabekettendiagramm mit dem Aufgabenablauf.

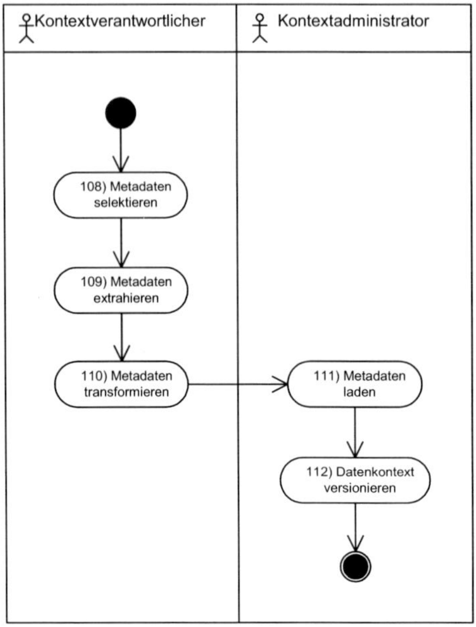

Abbildung 70: Aufgabenkettendiagramm zum Teilprozess Kontextbereitstellung

6.5 Entwurf des Rollenmodells

Im folgenden werden die auf Ebene M0 eingeführten Rollen für das Metadatenmanagement konsolidiert und um weitere Überlegungen zur aufbauorganisatorischen Verankerung des Metadatenmanagements ergänzt. Um zunächst einen Überblick über die Rollen zu gewinnen, werden diese für ihre jeweiligen Prozesse auf Ebene M2 aufgelistet und kurz charakterisiert. Anschliessend wird ein tabellarischer Überblick über die Zuordnung der Rollen zu den Teilprozessen auf Ebene M1 gegeben. Die detaillierte Zuordnung von einzelnen Aufgaben zu den Rollen kann den Aufgabenkettendiagrammen des Prozessentwurfs auf Ebene M0 entnommen werden (vgl. Abschnitt 6.4.2).

6.5.1 Terminologiemanagement

Begriffsverwender

Die Begriffsverwender sind die primären Leistungsempfänger des Terminologiemanagements, indem sie Glossare und Taxonomien nutzen, um sich Klarheit über die Bedeutung und Verwendung von Begriffen zu verschaffen. Begriffsverwender kann jeder Mitarbeiter des Unternehmens sein, der Zugriff auf Glossar und Taxonomie hat.

Begriffsadministrator

Der Begriffsadministrator ist verantwortlich für die Verwaltung der Begriffsysteme in Glossaren und Taxonomien. Er führt seine Aufgaben mit Unterstützung einer Begriffsapplikation durch, die sowohl eigenständig als auch Teil eines integrierten MDMS sein kann.

Data Owner

Jedem Begriffsystem wird ein Data Owner zugeordnet, der die inhaltliche Verantwortung für Begriffe und Begriffsbeziehungen trägt. Änderungen an seinem Begriffsystem dürfen nicht ohne Zustimmung des Data Owner durchgeführt werden. Ein Data Owner kann eine einzelne Person oder eine organisatorische Einheit sein.

Terminologieausschuss

Der Terminologieausschuss ist für die periodische Bereinigung von Sprachdefekten und die Vereinheitlichung der Unternehmensterminologie zuständig. Er setzt sich aus den Data Ownern und dem Begriffsadministrator zusammen. Er tagt entweder regelmässig oder nach Bedarf. Seine Entscheidungen sind für alle Data Owner bindend.

	Teilprozesse			
Rollen	Erfassung	Änderung	Wiederverwendung	Bereinigung
Begriffsverwender	●	●	●	
Begriffsadministrator	●	●	●	●
Data Owner	●	●		●
Terminologieausschuss				●

Tabelle 74: Rollenzuordnung für das Terminologiemanagement

6.5.2 Datenstrukturmanagement

Entwickler

Entwickler ist jeder Mitarbeiter, der an einem Softwareentwicklungsprojekt beteiligt ist. Eine weitere Unterscheidung zwischen den einzelnen Rollen eines Entwicklungsprojektes ist hier nicht erforderlich.

Datenverantwortlicher

Der Datenverantwortliche ist im Rahmen eines Softwareentwicklungsprojekts verantwortlich für das Management der Datenstrukturen. Er bildet die personelle Schnittstelle zwischen den Entwicklern seines Projekts und dem Datenadministrator. Darüber hinaus ist er für die Abstimmung mit dem Data Owner zuständig. Der Datenverantwortliche sollte über gute Kenntnisse der Systemumgebung sowie über die eingesetzten Modellierungssprachen und -methoden verfügen.

Datenadministrator

Der Datenadministrator ist für die zentrale Verwaltung der Datenstrukturen in einem Repository zuständig. Das Repository kann wiederum eigenständig oder Teil eines integrierten MDMS sein. Er koordiniert das Datenstrukturmanagement und fördert aktiv die Standardisierung und Wiederverwendung.

Data Owner

Data Owner für Datenstrukturen ist in der Regel der Data Owner der damit verwalteten Daten. Dies kann eine Person oder eine Organisationseinheit sein. Der Data Owner muss jeder Änderung seiner Daten zustimmen.

Standardisierungsausschuss

Ähnlich wie der Ausschuss des Terminologiemanagements hat der Standardisierungsausschuss die Aufgabe, langfristig die Standardisierung der Datenstrukturen voranzutreiben und zu sichern, indem Defekte wie Redundanzen und Inkonsistenzen beseitigt werden. Dazu kann der Ausschuss periodisch oder bei Bedarf zusammentreten. An der Ausschusssitzung nehmen in Abhängigkeit von der Agenda Datenverantwortliche, Datenadministrator und Data Owner teil.

Rollen	Teilprozesse		
	Entwicklung	Migration	Bereinigung
Entwickler	●	●	
Datenverantwortlicher	●	●	●
Datenadministrator	●	●	●
Data Owner	●	●	●
Standardisierungsausschuss			●

Tabelle 75: Rollenzuordnung für das Datenstrukturmanagement

6.5.3 Datenqualitätsmanagement

Qualitätsverantwortlicher

Der Qualitätsverantwortliche ist für das Management der Datenqualität in einer Anwendergruppe oder in einem Entwicklungsprojekt, d. h. auf Seite der Datenverwender, verantwortlich. Er dient als personelle Schnittstelle zwischen Datenverwendern und Qualitätsadministrator. Zusätzlich stimmt er sich mit den Data Ownern ab.

Qualitätsadministrator

Der Qualitätsadministrator ist als zentrale Rolle im DQM für die Planung, Kontrolle und Verbesserung der Datenqualität zuständig. Dazu nutzt er ein DQM-System, das wiederum entweder eigenständig oder in ein umfassendes MDMS integriert sein kann. Die Rolle umfasst auch die Planung und Entwicklung langfristiger Standards und Richtlinien für ein proaktives DQM.

Fachexperte

Der Fachexperte einer Anwendergruppe ist für die Analyse der geschäftlichen Ursachen von Ausnahmephänomenen innerhalb der Datenwerte zuständig. Seine Erkenntnisse dokumentiert er in Kommentaren zu Daten und Analyseergebnissen.

Data Owner

Der Data Owner hat die Kompetenz, für seine Daten grundlegende DQ-Anforderungen mit oberster Priorität festzulegen. DQ-Anforderungen anderer Datenverwender können ergänzend hinzutreten.

Rollen	Teilprozesse: Planung	Lenkung	Rückkopplung	Verbesserung
Qualitätsverantwortlicher	●			
Qualitätsadministrator	●		●	●
Fachexperte		●	●	
Data Owner	●			

Tabelle 76: Rollenzuordnung für das Datenqualitätsmanagement

6.5.4 Datenkontextmanagement

Kontextverwender

Die Kontextverwender sind die primären Leistungsempfänger des Datenkontextmanagements, indem sie den Datenkontext nutzen, um sich Klarheit über die Bedeutung und Verwendung von Objektdaten zu verschaffen. Kontextverwender kann jeder Mitarbeiter des Unternehmens sein, der Zugriff auf die zugehörigen Metadaten hat.

Kontextverantwortlicher

Diese Rolle fasst sämtliche Aufgaben im Zusammenhang mit der Anlieferung der Kontextmetadaten aus ihrem Quellsystem an das Datenkontextmanagement zusammen. Der Rolleninhaber sollte gute Kenntnisse des jeweiligen Quellsystems besitzen. Daher sind hierfür Mitarbeiter aus den Bereichen Systembetrieb und -administration besonders geeignet.

Kontextadministrator

Der Kontextadministrator ist die Rolle mit den umfangreichsten Aufgaben im Datenkontextmanagement. Der Kontextadministrator plant und koordiniert die Bereitstellung des Datenkontexts anhand der Anforderungen der Kontextverwender. Er ist für die Integration und Verwaltung der Kontextmetadaten verantwortlich und fungiert als zentraler Ansprechpartner für alle Belange des Datenkontextmanagements. Der Kontextadministrator wird von einer speziellen Kontextapplikation unterstützt, die auch Teil eines integrierten MDMS sein kann.

	Teilprozesse	
Rollen	Planung	Bereitstellung
Kontextverwender	●	
Kontextverantwortlicher	●	●
Kontextadministrator	●	●

Tabelle 77: Rollenzuordnung für das Datenkontextmanagement

6.5.5 Eingliederung in die Aufbauorganisation

Die beschriebenen Rollen sind bewusst so gestaltet, dass sie unabhängig von bestehenden Stellen an Mitarbeiter vergeben werden können. Ein Stelleninhaber in einer definierten Aufbauorganisation kann zusätzlich eine oder mehrere Rollen wahrnehmen. Diesen Zusammenhang verdeutlicht Abbildung 71.

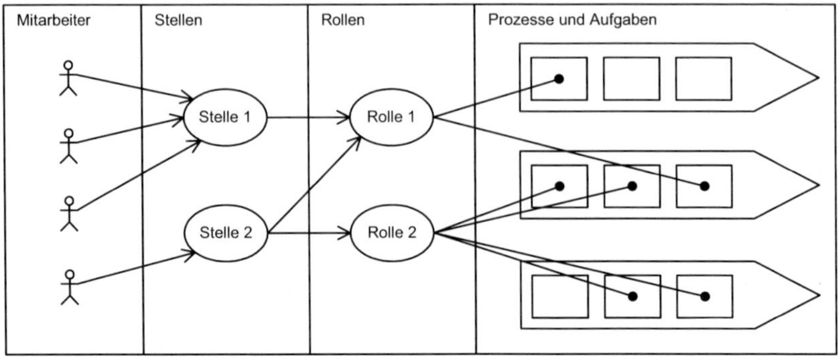

Abbildung 71: Zusammenhang zwischen Rollen, Stellen und Prozess
(in Anlehnung an [Kaiser 2000, S. 144])

Dadurch kann die Vergabe der Rollen flexibel auf die Bedürfnisse des Unternehmens angepasst werden. Grundsätzlich lassen sich die entworfenen Rollen in zwei Kategorien einteilen. Einerseits wurden Rollen im Zusammenhang mit der Verwendung der Metadaten beschrieben, wie z. B. Datenverantwortlicher und Qualitätsverantwortlicher. Andererseits können einige Rolle primär der Aufbereitung und Pflege von Metadaten mit Hilfe eines MDMS zugeordnet werden, so etwa sämtliche Administrator-Rollen. Dadurch ergeben sich Freiheitsgrade bei der Umsetzung der Rollen in einem Unternehmen. Beispielsweise könnte es für mittlere und kleinere Unternehmen sinnvoll sein, die Rollen im Zusammenhang mit der Metadatenverwendung zu einer einzigen Rolle *Metadatenverantwortlicher* zusammenzufassen. Analog könnte aus den Administrator-Rollen eine Rolle *Metadatenadministrator* entstehen.

6.5.5.1 Die Bedeutung des Data Owner

Eine wichtige Bedeutung kommt der Rolle des *Data Owners* zu. Der Data Owner ist an der Mehrzahl der Prozesse beteiligt, da er die inhaltliche Verantwortung für die Metadaten trägt. Grundsätzlich erscheint aber eine geteilte Ownership für Objektdaten und zugehörigen Metadaten nicht sinnvoll, da die Beziehung zwischen Objekt- und Metadaten zu eng ist. Diese Auffassung vertritt auch Meyer, der eine umfassende Data Ownership definiert, die Verantwortung für Objekt- und Metadaten einschliesst (vgl. [Meyer 2000, S. 72]). Anders verhält es sich allerdings mit Metadaten, die in einem anderen Zusammenhang selbst Objektdaten sind, und daher bereits einem Data Owner zugeordnet sind. Dieser Data Owner behält auch die Verantwortung über „seine" Daten, wenn diese als Metadaten verwendet werden. Eine weiter Ausnahme stellen Metadaten, die in strukturierter Form erst durch das Metadatenmanagement erzeugt werden, wie bspw. Begriffe oder der Datenkontext. Hier erscheint es sinnvoll jeweils neue Data Owner zuzuordnen, da die erzeugten Metadaten keine direkte Verbindung mehr zu den zugrundeliegenden Daten haben. Der

Data Owner ist oftmals auch ein geeigneter Kandidat für die Übernahme von Rollen im Zusammenhang mit der Metadatenverwendung. Handelt es sich beim Data Owner um eine Organisationseinheit, gehören dieser Einheit oftmals geeignete Mitarbeiter an.

6.5.5.2 Prozessführung und -entwicklung

Bisher lag der Fokus des Rollenentwurfs auf der Prozessdurchführung. Für eine organisatorische Verankerung von Prozessen werden jedoch auch Rollen benötigt, die mit der Prozessführung und -weiterentwicklung betraut sind. Grundsätzlich werden dazu drei Grundmodelle unterschieden (vgl. [Hess 1996, S. 230f.]):

Prozesscoaching: Die Prozessführung ist zwar an wesentlichen Entscheidungen beteiligt, hat aber keine Entscheidungskompetenz. Die wesentlichen Kompetenzen wie Personal-, Budget- und Ergebnisverantwortung bleiben bei der funktionalen Führung. Prozesscoaching lässt sich vergleichsweise leicht für bestehende Strukturen realisieren, birgt aber die Gefahr einer Unterordnung unter funktionale Ziele.

Matrixorganisation: Hier tritt die Prozessdimension gleichberechtigt neben die funktionale Gliederung. Entscheidung werden gemeinsam getroffen, wodurch oft langwierige Entscheidungswege entstehen.

Prozessorientierte Organisation: Personal-, Budget- und Ergebnisverantwortung gehen völlig auf die Prozessführung über. Die funktionale Einheit kann die fachliche Führung von Teilprozessen behalten. Dieses Modell ist schwierig zu realisieren, bedeutet aber ein hohes Durchsetzungsvermögen für prozessspezifische Ziele und ist daher auch für das Metadatenmanagement anzustreben.

Für die weitere Ausgestaltung der Prozessorganisation sind Rollen und Gremien für die Prozessführung einzusetzen. Es lassen sich wiederum drei grundlegende Rollen unterscheiden (vgl. [Hess 1996, S. 230f.]):

Der *Prozessmanager* führt seinen Prozess als autonome Einheit.

Im *Prozesszirkel* erarbeiten Prozessmanager und Vertreter der prozessbeteiligten Mitarbeiter gemeinsam Vorschläge zur Weiterentwicklung und Optimierung des Prozesses.

Der *Prozessausschuss* koordiniert die Prozessführung mit dem Management der funktionalen Organisationseinheiten. Dazu gehören ihm die Leiter der in den Prozess involvierten Organisationseinheiten sowie der Prozessmanager an.

Für das Einsetzen dieser Rollen können ähnliche Überlegungen angestellt werden, wie bei der Einsetzung der übrigen Prozessrollen. Grundsätzlich sollte ein Prozessmanager für jeden Prozess auf Ebene M2 in Betracht gezogen werden. Führungsaufgaben werden im Zusammenhang mit dem Metadatenmanagement in der Literatur eine wichtige Bedeutung zugesprochen. De Fries empfiehlt bspw. die Einführung eines Stabsstelle *DQ-Beauftragter* für das DQM, der sich mit strategischen Aspekten auseinandersetzt (vgl. [de Fries et al. 1999, S. 515]). Die Aufgaben eines DQ-Beauftragten werden in der Prozessorganisation dem Prozessmanager zugeschlagen. Andererseits bietet sich im Sinne einer schlanken Unternehmensorganisation die Möglichkeit, einen einzigen Prozessmanager für den Gesamtprozess Metadatenmanagement einzusetzen oder das Metadatenmanagement sogar in die Verantwortung des Prozessmanagers des Data-Warehousing-Prozesses zu stellen. Die konkrete Ausgestaltung ist in Abhängigkeit von unternehmensspezifischen Anforderungen festzulegen. Dies gilt in gleichem Masse für das Einsetzen von Prozesszirkel und -ausschuss.

In diesem Zusammenhang stellt sich auch die Frage nach einer eigenen Organisationseinheit für das Metadatenmanagement. Die entworfenen Prozesse und Rollen erfordern dies nicht zwingend. Existiert im Unternehmen eine Organisationseinheit für das Data Warehousing, ist diese prädestiniert, um darin auch die Rolleninhaber des Metadatenmanagements einzugliedern. Wird eine Ausweitung des Metadatenmanagements bspw. für die gesamte Softwareentwicklung angestrebt, sollte die Einrichtung einer unabhängigen Organisationseinheit in Betracht gezogen werden.

7 Kritische Würdigung und Ausblick

Das abschliessende Kapitel dient einer kritischen Betrachtung der im Eingangskapitel formulierten Ziele hinsichtlich des Erreichungsgrades durch die erarbeiteten Ergebnisse. Hierzu werden zunächst in Abschnitt 7.1 die zentralen Ergebnisse der Arbeit zusammengefasst. Anschliessend setzt sich Abschnitt 7.2 aus der Perspektive der gewählten Forschungskonzeption kritisch mit den Ergebnissen auseinander. Dabei werden die bei der Lösung der Forschungsfrage angewandten Einschränkungen diskutiert und eine Einschätzung der Übertragbarkeit der Ergebnisse vorgenommen. Das Kapitel endet schliesslich mit einem Ausblick auf zukünftige Forschungsrichtungen, die sich im Hinblick auf die Ergebnisse dieser Arbeit abzeichnen (Abschnitt 7.3).

7.1 Zusammenfassung der zentralen Ergebnisse

Das Ziel dieser Arbeit war der Entwurf eines prozessorientierten Organisationskonzepts für eine nutzenorientierte Einführung und dauerhafte Etablierung eines Metadatenmanagements zur Unterstützung von DWH-Systemen in einer bestehenden Unternehmensorganisation (vgl. Abschnitt 1.3). Die Zielsetzung bezieht ihre Motivation aus der bisherigen Betrachtungsweise, bei der Lösungsansätze für Probleme des Metadatenmanagements primär auf technische Aspekte fokussieren. Dem gegenüber steht ein Bedarf an organisatorischen Lösungskonzepten, der insbesondere in der unternehmerischen Praxis immer wieder mit Nachdruck formuliert wird. Diesem Bedarf begegnet die vorliegende Arbeit mit einem Lösungsvorschlag, der auf zwei Grundüberlegungen basiert:

- Das Metadatenmanagement dient zur Unterstützung von Entwicklung, Betrieb und Nutzung von DWH-Systemen, wodurch die zugehörigen Aufgaben und Aufgabenträger sowohl über Fachbereiche als auch IT-Bereiche verteilt sind. Wegen dieses abteilungsübergreifenden Charakters wird die Prozessorganisation als grundlegende Organisationsform gewählt.
- Bei der Unterstützung des Data Warehousing durch das Metadatenmanagement kann eine Anzahl konkreter Nutzenpotentiale identifiziert werden, die durch den derzeitigen Stand der IT determiniert sind. Die Gestaltung der Prozesse für das Metadatenmanagement zielt auf die Realisierung dieser Nutzenpotentiale hin. Durch die Zielorientierung lassen sich die Prozesse effektiv und effizient gestalten.

Um die konkreten Nutzenpotentiale des Metadatenmanagements möglichst ganzheitlich zu erfassen, wird sowohl die Perspektive der Anwender als auch die der Entwickler von DWH-Systemen eingenommen. Anhand der identifizierten Nutzenpotentiale können Metadaten abgegrenzt werden, die für die Nutzenrealisierung erforderlich sind. Dadurch entsteht eine Metadatenkategorisierung, die sich durch ihre direkte Orientierung an den Verwendungszwecken der Metadaten von anderen Klassifikationen abhebt. Die Aufbereitung und Bereitstellung der durch die Kategorien bezeichneten Metadaten sind die Leistungen, die von den Prozessen des Metadatenmanagements bereitgestellt werden müssen. Da in der Literatur den organisatorischen Aspekten des Metadatenmanagements nur wenig Aufmerksamkeit gewidmet wird, wurden vier Fallstudien erstellt, um die organisatorische Umsetzung von Metadatenmanagementkonzepten in der Praxis zu untersuchen. Bei der Auswahl der Fallstudien wurde darauf geachtet, die bisher identifizierten Nutzenpotentiale möglichst umfassend abzudecken. Dadurch konnten die theoretisch identifizierten Nutzenpotentiale anhand der Fallstudien weitgehend validiert werden. Die Fallstudien dienen als empirische Grundlage für den Entwurf einer integrierten Prozessorganisation, die auf eine umfassende Realisierung der Metadatennutzenpotentiale abzielt.

Der Prozessentwurf zeichnet sich durch drei grundlegende Merkmale aus: Zunächst wird die Prozessentwurfsmethode PROMET-BPR angewandt, woraus ein nachvollziehbares und methodisches Vorgehen resultiert. Die Ergebnisse der Fallstudien werden konsequent bei der Gestaltung der Teilergebnisse des Prozessentwurfs genutzt. Dadurch wird ein enger Bezug zu Problemen der Praxis hergestellt. Schliesslich werden besondere Anforderungen des Metadatenmanagements an die Prozessmodellierung einbezogen. Das Metamodell der genutzten Modellierungssprache wird in ein umfassendes Metamodell zur Modellierung von DWH-Systemen integriert. Das Einbeziehen des Common Warehouse Metamodel, das im Begriff ist, sich zum De-facto-Standard für die Modellierung von Metadaten zu entwickeln, ermöglicht die Verknüpfung von struktur- und verhaltensorientierten Sichten auf das Metadatenmanagement. Über das CWM werden die entworfenen Prozesse in Form von Metadaten mit den übrigen Metadaten für das Data Warehousing integriert.

Das prozessorientierte Organisationskonzept wird in Form einer dreistufigen Modellhierarchie dokumentiert, die durch die PROMET-BPR-Ergebnistypen ergänzt wird. Die Komplexität des Prozessentwurfs wird durch eine schrittweise Detaillierung der Prozesse auf den drei Modellebenen bewältigt. Auf der obersten Modellebene werden die Prozesse mit ihren Leistungsbeziehungen abgebildet. Mit dem ersten Zerlegungsschritt werden durch die Verfeinerung der Leistungsbeziehungen Teilprozesse auf der zweiten Modellebene aufgedeckt. Schliesslich wird auf der dritten Modellebene der Aufgabenablauf für jeden Teilprozess im Detail betrachtet. Dabei werden Aufgaben, Aufgabenreihenfolge und Aufgabenträgerzuordnung gestaltet. Basierend auf der Aufgabenträgerzuordnung des Prozessmodells wird ein zugehöriges Rollenmodell entworfen, das Hinweise auf die Gestaltung einer Aufbauorganisation für das Metadatenmanagement gibt. Prozessmodell und Rollenmodell bilden zusammen ein umfassendes Organisationskonzept.

7.2 Kritische Würdigung und Diskussion der Übertragbarkeit

Das zentrale Ergebnis dieser Arbeit besteht aus dem Prozessmodell und dem Rollenmodell. Für eine kritische Würdigung wird dieses Ergebnis zunächst vor dem Hintergrund eines grundlegenden Problems der Modellbildung in der Wirtschaftsinformatik betrachtet: Eine Modellabbildung zwischen einem zu modellierenden Objektsystem und einem abbildenden Modellsystem kann nur dann in formaler Form angegeben werden, wenn es sich bei beiden Systemen um formale Systeme handelt (vgl. [Schütte 1998, S. 52ff.], [Ferstl/Sinz 2001, S. 121]). In dieser Arbeit, wie auch gemeinhin in der Wirtschaftsinformatik, ist das Objektsystem ein reales System, sodass die Modellabbildung nur informal angegeben und überprüft werden kann. Diesem Problem wird grundsätzlich mit dem in der Arbeit eingenommenen konstruktionsorientierten Modellverständnis begegnet. Dadurch darf die Qualität der entworfenen Modelle nicht in erster Linie anhand der Qualität der Abbildung beurteilt werden. Vielmehr ist der erarbeitete Prozessentwurf als Ergebnis eines Strukturgebungsprozesses zu werten, dessen schlussendlicher Zweck die Gestaltung des Originals ist. Es wird die Auffassung vertreten, dass es sich bei der Modellierung nicht um eine „passiv-rezeptive Wirklichkeitsnachbildung“[53] handelt, sondern um einen zweckorientierten und kreativen Prozess, der vom Modellierer „ein hohes Mass an Kreativität und Eigenständigkeit“ [Schütte 1998, S. 50] fordert. Daher muss in Kauf genommen werden, dass die Bildung interner Modelle durch den Modellierer im Zuge der Gesamtmodellierung nicht nachvollziehbar ist, wodurch das Gesamtergebnis angreifbar bleibt (vgl. [Schütte 1998, S. 49]). Um die Modellbildung zumindest zu einem gewissen Grad nachvollziehbar zu machen, wurde das methodische Vorgehen nach PROMET-BPR angewandt, dessen Schritte in Kapitel 6 durchgehend dokumentiert sind. Auch die Verwendung von PROMET-BPR kann jedoch kein vollständiges und optimales Ergebnis garantieren, da es sich um eine nicht-mathematisch-heuristische Methode handelt (vgl. [Thiesse 2001, S. 34]). Eine weitere Massnahme zur Sicherung der Modellqualität wurde daher mit der konsequenten Orientierung an den identifizierten Metadatennutzenpotentialen ergriffen. Über die systematische Ableitung der Metadatenkategorien aus den Nutzenpotentialen und der Prozessleistungen aus den Metadatenkategorien konnte das Ziel erreicht werden, eine Prozessorganisation zur Realisierung der Nutzenpotentiale zu entwerfen.

Aus Sicht der eingesetzten Forschungsmethodik gilt es, die erarbeiteten Ergebnisse bezüglich der Anforderungen einer angewandten Wissenschaft zu überprüfen (vgl. Abschnitt 1.4). Der geforderte Praxisbezug konnte in dieser Arbeit primär durch die Fallstudienanalyse erfüllt werden, die vergleichsweise breiten Raum einnimmt. Über die Fallstudien konnten sowohl die Praxisrelevanz der Forschungsfrage und die identifizierten Nutzenpotentiale validiert als auch eine empirische Grundlage für

[53] Zitat von W.-R. Bretzke nach [Schütte 1998, S. 48].

den Prozessentwurf erarbeitet werden. Allerdings konnte mit den Fallstudien keine vollständige Basis für den Prozessentwurf geschaffen werden; insbesondere der Entwurf der Prozesse des Datenkontextmanagements beruht in weiten Teilen auf Literaturstudium. Der Anspruch einer vollständigen Validierung des Gesamtkonzepts kann somit nicht erhoben werden. Abhilfe hätte hier eine Überprüfung in Form einer weiteren Fallstudie über eine Umsetzung des Organisationskonzepts schaffen können. Leider fand sich kein Unternehmen, das bereit gewesen wäre, die mit einem solchen Projekt verbundenen Risiken einzugehen. Darüber hinaus trifft die vorhandenen Fallstudien die allgemeine Kritik, dass im Unternehmensinteresse Vorgehen und Situation nicht immer vollständig nachvollziehbar dokumentiert werden konnten. Auf Wunsch der Unternehmensvertreter mussten manche Details weggelassen oder verallgemeinert werden. Trotzdem erlauben es die Darstellungen in Kapitel 4, die wichtigsten Aspekte des jeweiligen Vorgehens und der Ergebnisse nachzuvollziehen. Die Dokumentation und Analyse der Fallstudien ist daher als sekundäres Ergebnis dieser Arbeit zu werten.

Als dritter Ergebnisteil wurde in Kapitel 5 ein Ansatz zur Erweiterung des CWM für eine Modellierung organisatorischer Prozesse entwickelt. Durch die Erweiterung des CWM wird es möglich, auch verhaltensorientierte, ablauforganisatorische Aspekte eines DWH-Systems in Form von Metadaten abzubilden. Durch die Nutzung von UML als Modellierungssprache und XMI als Metadatenaustauschmechanismus wird grundsätzlich die Möglichkeit einer automatisierten Transformation von graphischen Aufgabenkettendiagrammen in strukturierte Metadaten geschaffen. Aus Gründen der Themenfokussierung wurde der Ansatz jedoch nur so weit entwickelt, wie er für die Prozessmodellierung benötigt wird. Es konnten jedoch wichtige Grundlagen für einen weiteren Ausbau des Ansatzes dargelegt werden.

Einerseits bedingt durch den Entstehungskontext und andererseits im Interesse einer sinnvollen Eingrenzung des Problembereichs liegen dieser Arbeit eine Anzahl von Einschränkungen zugrunde, die es im Rahmen einer kritischen Diskussion der Ergebnisse ebenfalls zu betrachten gilt:

Die erste Einschränkung ergibt sich aus der für die Betrachtungen angenommenen idealtypischen Architektur von DWH-Systemen. Diese umfasst die erforderlichen Komponenten für eine analytische Nutzung im Rahmen der Datenanalyse. Operative Nutzenpotentiale des Data Warehousing (vgl. Abschnitt 2.2) wurden dagegen nicht explizit berücksichtigt. Insbesondere bei der Ermittlung der Metadatennutzenpotentiale könnten sich hier allerdings neue Aspekte ergeben. Das entwickelte Organisationskonzept ist daher für eine Übertragung auf DWH-Systeme mit erweitertem Anwendungsbereich für dadurch gegebenenfalls neu entstehende Metadatennutzenpotentiale anzupassen. Das gleiche gilt bei einer Weiterentwicklung der dem Data Warehousing und dem Metadatenmanagement zugrundeliegenden Basistechnologien. Für das Metadatenmanagement spielt hier insbesondere die Weiterentwicklung von Standards wie dem CWM und XMI eine Rolle.

Eine zweite hervorzuhebende Einschränkung ergibt sich aus der Analyse von Metadatenmanagementkonzepten der Praxis in den Fallstudien. Bei allen vier betrachteten Fällen handelt es sich um Unternehmen der Finanzdienstleistungsbranche. Im Bereich der Entwicklung betrieblicher Informationssysteme lassen sich oftmals branchentypische Eigenheiten feststellen, die einer direkten Übertragbarkeit von Konzepten einer Branche auf eine andere im Wege stehen. Auch wenn die Ergebnisse dieser Arbeit nicht bewusst im Hinblick auf eine bestimmte Branche entwikkelt wurden, kann ein Einfluss branchenspezifischer Besonderheiten aufgrund der spezifischen Ausrichtung der Fallstudien nicht ausgeschlossen werden. Dies ist bei der Übertragung des Organisationskonzepts auf Unternehmen anderer Branchen zu berücksichtigen.

7.3 Ausblick

Die Bedeutung des Metadatenmanagements für das Data Warehousing wird in Zukunft noch weiter zunehmen. Die bereits in der Einleitung angesprochenen Trends bei der Nutzung von DWH-Systemen führen zu immer grösseren Datenmengen, die nur noch durch ein konsequentes Metadatenmanagement effektiv und effizient genutzt werden können. Es gilt daher, auf den in dieser Arbeit entwickelten Ergebnissen aufzubauen, um heutige und zukünftige Probleme des Metadatenmanagements noch besser zu verstehen und verbesserte Lösungen zu finden. Abschliessend werden einige bereits heute erkennbare Entwicklungsrichtungen des Metadatenmanagements aufgezeigt und dazu mögliche Weiterentwicklungen der Ergebnisse dieser Arbeit vorgeschlagen:

Nach Einführung und Etablierung einer Prozessorganisation sollte sich die Aufmerksamkeit auf die Weiterentwicklung und Optimierung der Prozesse richten, um flexibel auf Veränderungen der Umgebung reagieren zu können. Zum Aufbau der dazu nötigen Strukturen und Mechanismen ist in PROMET-BPR die Kerntechnik Prozessführung vorgesehen. Die Anwendung der Prozessführung wurde in dieser Arbeit ausgespart, um den vorgesehenen Rahmen nicht zu sprengen. Der Aufbau eines Prozessführungssystem bietet daher die Möglichkeit einer direkten Weiterentwicklung des in dieser Arbeit entworfenen Organisationskonzepts.

Für die Verarbeitung von Metadaten sind ebenso Applikationen und Datenbanken nötig wie für die Verarbeitung der Objektdaten. Die Rolle eines Metadatenmanagementsystems, bestehend aus Datenspeichern und funktionalen Komponenten, wird in dieser Arbeit an mehreren Stellen deutlich. Um die Nutzenpotentiale einer Metadatenintegration ausschöpfen zu können, wird dabei insbesondere von einer zentralen Metadatenbasis ausgegangen. In dieser Metadatenbasis wird die Struktur der Metadaten in einem Metadatenschema festgelegt, das wiederum selbst durch Metadaten definiert wird. Aus Sicht der Objektdaten handelt es sich dabei um Meta-Metadaten. Die Verwaltung dieser Meta-Metadaten, die für das MDMS in ähnlicher

Bandbreite, wenn auch in geringerem Volumen, wie die Metadaten für das DWH-System anfallen, wird in dieser Arbeit nicht berücksichtigt. Mit der Einführung eines MDMS können aber, insbesondere bei komplexen Systemen und über einen Zeitraum von mehreren Jahren, ähnliche technische und organisatorische Probleme erwartet werden, wie sie jetzt im Zusammenhang mit Metadaten für das DWH-System auftreten. Mehrstufige Meta-Architekturen wie die MOF haben diese Problematik bereits erkannt, jedoch noch nicht zu konkreten technischen oder organisatorischen Lösungskonzepten für das Data Warehousing geführt.

Im Rahmen dieser Arbeit wurde das Metadatenmanagement ausschliesslich in seiner Rolle als Unterstützungsprozess für das Data Warehousing betrachtet. Die dabei identifizierten Nutzenpotentiale im Zusammenhang mit DWH-Systemen lassen sich aber vielfach auch auf andere Applikationstypen im betrieblichen Informationssystem übertragen. Darüber hinaus ist es denkbar, dass durch ein integriertes Metadatenmanagement für die gesamte betriebliche Applikationslandschaft zusätzliche Nutzenpotentiale erschlossen werden können. Hierzu ist es erforderlich, das bisher auf das Data Warehousing zugeschnittene Organisationskonzept für ein unternehmensweites Metadatenmanagement weiterzuentwickeln.

Bezogen auf die drei Ebenen des Business Engineering, Strategie, Prozess und Informationssystem, wurde in dieser Arbeit primär die Prozessebene des Metadatenmanagements betrachtet. Während sich die Strategie vor allem in eine übergeordnete Informatikstrategie einfügen muss, die wiederum aus der Geschäftsstrategie abgeleitet wird, verlangt die Informationssystemebene eine explizite Gestaltung. Der Entwurf von Metadatenmanagementsystemen geschieht aber in Literatur und Praxis häufig weitgehend ohne Beachtung der Prozessebene. Aus dem entwickelten Prozessentwurf ergeben sich eine Reihe von Implikationen für das darunterliegende Metadatenmanagementsystem. Das Entwickeln einer Methode für eine prozessorientierte Entwicklung von Metadatenmanagementsystemen stellt somit einen weiteren Ansatzpunkt für die Weiterentwicklung des vorliegenden Ansatzes dar.

Bedarf nach einer Ausweitung des Konzepts entsteht schliesslich auch durch Einbeziehung der drei Querschnittsebenen des Business Engineering, Führung, Verhalten und Macht. In der Literatur werden immer wieder Forderungen nach einer Integration des Metadatenmanagements in Kultur und Philosophie besonders der IT-Bereiche aber auch der Fachbereiche laut, ohne dass konkrete Konzeptionen für eine Umsetzung vorgeschlagen werden. Anreizsysteme wie sie in Abschnitt 6.3.2.2.1 angesprochen werden, stellen einen ersten Schritt in diese Richtung dar. Für eine umfassende Abstimmung des Metadatenmanagements mit allen drei Querschnittsebenen besteht jedoch weiterhin Forschungsbedarf.

Anhang

Anhang A: Gesprächsleitfaden für Experteninterviews

1) Fragen zum allgemeinen Umfeld
• Angaben zum Interviewpartner (Name, Position, Fachbereich/IT) • Angaben zur aufbauorganisatorischen Eingliederung (Organisationseinheit, Projekt) • Angaben zur aufbauorganisatorischen Eingliederung der wichtigsten Projektkunden/ Anwendergruppen
2) Fragen zur DWH-Systemarchitektur
• Aus welchen Komponenten besteht die DWH-Systemarchitektur? • Welches sind die Haupteinsatzbereiche für das DWH-System? • Wie hoch ist die Akzeptanz für das DWH-System?
3) Fragen zur MDMS-Architektur
• Wie werden Metadaten definiert? • Aus welchen Komponenten besteht die MDMS-Architektur? • Welches sind die wichtigsten Einsatzbereiche und Anwendergruppen? • Wie stark wird das MDMS genutzt?
4) Fragen zu Prozessen des Metadatenmanagements
• Wie sieht die Organisation des MDM aus? • Wurde explizite Prozesse für das MDMS gestaltet? Welche?
4a) Architekturplanung
• Welche Kategorien von Metadaten werden bereitgestellt? • Wie sehen die Abläufe zur Aufbereitung und Bereitstellung dieser Metadaten aus?
4b) Prozessvision
• Existiert ein Fachkonzept für das MDM? Wie sieht dieses aus? • Welche grundlegenden Anforderungen bedient das MDM? • Welche langfristigen Ziele werden verfolgt?
4c) Leistungsanalyse
• Für welche Zwecke nutzen die Anwender die bereitgestellten Metadaten?

• Welche Leistungen müssen im Rahmen von Aufbereitung und Bereitstellung der Metadaten erbracht werden?
4d) Ablaufplanung
• Welche Aufgabe müssen durchgeführt werden, um die Leistungen zu erstellen? • Welche Mitarbeiter führen diese Leistungen aus? • Wie verteilen sich die Verantwortlichkeiten und Kompetenzen? • Welche Rolle spielt der Data Owner?
5) Erfahrungen
• Welche Erfahrungen konnten mit der MDM-Konzeption gemacht werden? • Was sind die Vorteile, was die Nachteile?

Tabelle 78: Gesprächsleitfaden für Experteninterviews

Anhang B: Teilnehmer der CC DW2-Workshops

4. CC DW2 Workshop in Hamburg (17./18.01.2002)
Teilnehmer des Teamworkshops
Michael Fritz (Rentenanstalt/Swiss Life) Li Lihua (Württembergische Versicherung AG) Dr. Axel Mönkeberg (Swiss Re) Gabriele Mutterer (Württembergische Versicherung AG) Engelbert Schollenberger (Credit Suisse) Paul Wittwer (Winterthur Versicherungen)

5. CC DW2 Workshop in Bissone, Lugano (18./19.04.2002)
Teilnehmer des Teamworkshops
Dr. Barbara Dinter (Mummert & Partner) Stefan Meissner (Credit Suisse) Gabriele Mutterer (Württembergische Versicherung AG) Stephan Paschedag (UBS) Martin Stäubli (Winterthur Versicherungen) Hans Wegener (Swiss Re)

Anhang C: Ansprechpartner zu den Fallstudien

Fallstudie	**Ansprechpartner**
Terminologiemanagement (A), (Abschnitt 4.2)	Hans Wegener hans_wegener@swissre.com Dr. Axel Mönkeberg axel_moenkeberg@swissre.com Swiss Re Mythen-Quai 50/60 8022 Zürich
Ausnahmebehandlung (B), (Abschnitt 4.3)	Jörg Bieri joerg_bieri@swissre.com Angiolino Deana angiolino_deana@swissre.com Swiss Re Mythen-Quai 50/60 8022 Zürich
Datenstrukturmanagement (C), (Abschnitt 4.4)	Martin Stäubli martin.staeubli@winterthur.ch Urs Joseph urs.joseph@winterthur.ch Winterthur Versicherungen General-Guisan-Strasse 40 8401 Winterthur
Datenqualitätsmanagement (D), (Abschnitt 4.5)	Marcel Winter marcel.winter@csfs.com Simone Ruprecht simone.ruprecht@csfs.com Credit Suisse KAWP Schärenmoosstrasse 80 P.O. Box 600 8070 Zürich

Anhang D: Syntax zur Definition von DQA-Regeln

Für die anschliessende Syntaxdefinition der DQA-Regeln sind die wichtigsten Notationssymbole der EBNF im folgenden kurz erklärt:

Symbol	Bedeutung
: : =	Zuordnung einer Substitutionsregel zu einem nicht-terminalen Symbol. Auf der linken Seite des Symbols steht ein nicht-terminales Symbol, das durch die Symbole (terminal und nicht-terminal) der Substitutionsregel auf der rechten Seite ersetzt werden kann.
|	Optionalität von zwei Symbolen. Bei der Substitution wird das rechte oder das linke Symbol für das ursprüngliche Symbol eingesetzt.
' '	Kennzeichnung terminaler Symbole, die nur aus einem Zeichen bestehen. Dient zur Unterscheidung von Notationssymbolen.
{ }	Rekursion. Bei der Substitution kann die Symbolfolge innerhalb der Klammer beliebig viele Male (inklusive 0 mal) wiederholt werden.
[ ]	Die Symbolfolge innerhalb der Klammer wird 0 oder genau einmal eingesetzt.
( )	Bildung gewöhnlicher Klammerausdrücke aus der Arithmetik.

Tabelle 79: Verwendete Notationssymbole der EBNF und deren Bedeutung
[Wirth 1977, S. 6ff.]

Unter Verwendung der EBNF definiert Tabelle 80 die konkrete Syntax für die DQA-Regeln der Swiss Re.

```
Rule Set            ::=   Rule {',' Rule}

Rule                ::=   ExceptionFigure '+' Figure

ExceptionFigure     ::=   Figure

Conditions          ::=   Condition {',' Condition}

Condition           ::=   PureCondition | Constraint

PureCondition       ::=   ConditionType '+' Formula '+' ConstraintType
                          '+' Limit

Constraint          ::=   ConstraintType '+' Limit

Limit               ::=   Figure

ConditionType       ::=   'Always comment' | 'Percentage deviation' |
                          'Absolute deviation' | 'Ratio deviation' |
                          'Absolute limit'

Formula             ::=   (LeftOperand | Formula) '+' LeftOperandType '+'
                          Operator '+' (RightOperand | Formula) '+'
                          RightOperandType

LeftOperand         ::=   Figure

RightOperand        ::=   Figure

LeftOperandType     ::=   'Constant' | 'Formula result' | 'Figure value'

RightOperandType    ::=   'Constant' | 'Formula result' | 'Figure value'

Operator            ::=   '+' | '-' | '/' | '*' | '%'

ConstraintType      ::=   'Not null' | 'Is null' | '>=' | '<=' | '<>' |
                          '=' | '>' | '<'

Figure              ::=   FigureDimensions ['+' [Preconditions] '+'
                          [Formula]

Preconditions       ::=   Constraint {',' Constraint}

FigureDimensions    ::=   Dimension {',' Dimension}

Dimension           ::=   CodeGroupName '+' DimensionCode '+' EnglishName
```

Tabelle 80: Syntax der DQA-Regeln

Literaturverzeichnis

[Acta 2002]

ACTA TECHNOLOGY INC.: *Datenintegration: wichtiger als je zuvor. Acta Annual Data Integration Research Study.* o.O. 2002.

[Agosta 2001]

AGOSTA, L.: *Reports of the Demise of Meta Data are Premature.* In: *DM Review*, Nr. 10 (http://www.dmreview.com/master.cfm?NavID=198&EdID=3080, 12.10.2001) o.O. 2001.

[Anahory/Murray 1997]

ANAHORY, S.; MURRAY, D.: *Data Warehousing in the Real World. A Practical Guide for Building Decision Support Systems.* Harlow, Reading, Menlo Park (Addison-Wesley) 1997.

[Auth et al. 2002]

AUTH, G.; VON MAUR, E.; HELFERT, M.: *A Model-based Software Architecture for Metadata Management in Data Warehouse Systems.* In: Proc. of the 5th Business Information Systems (BIS '02), Poznan, Poland 2002, S. 34-40.

[Auth/von Maur 2002]

AUTH, G.; VON MAUR, E.: *A Software Architecture for XML-based Metadata Interchange in Data Warehouse Systems.* In: Proc. of the Intl. Workshop on XML Data Management (XMLDM), in conjunction with EDBT, Prag 2002, S. 143-151.

[Bach et al. 1996]

BACH, V.; BRECHT, L.; HESS, T.; ÖSTERLE, H.: *Enabling Systematic Business Change. Integrated Methods and Software Tools for Business Process Redesign.* Braunschweig (Vieweg) 1996.

[Balzert 1998]

BALZERT, H.: *Lehrbuch der Software-Technik. Software-Management, Software-Qualitätssicherung, Unternehmensmodellierung.* Heidelberg, Berlin (Spektrum) 1998.

[Balzert 2000]

BALZERT, H.: *Lehrbuch der Software-Technik. Software-Entwicklung. 2. Aufl.* Heidelberg, Berlin (Spektrum) 2000.

[Bange/Güthlein 2001]

BANGE, C.; GÜTHLEIN, C.: *Best-of-Breed-Einsatz von BI-Produkten. Metadatenaustausch mit dem Common Warehouse Metamodel* In: *IT Fokus*, Jg. 2001, H. 11, S. 78-83.

[Bartel et al. 2000]

BARTEL, W.; SCHWARZ, S.; STRASSER, G.: *Der ETL-Prozess des Data Warehousing.* Aus: Jung, R.; Winter, R. (Hrsg.): *Data Warehousing Strategie. Erfahrungen, Methoden, Visionen.* Berlin et al. (Springer) 2000, S. 43-60.

[Baskerville/Wood-Harper 1998]

BASKERVILLE, R.; WOOD-HARPER, A. T.: *Diversity in Information Systems Action Research Methods.* In: *European Journal of Information Systems*, Jg. 1998, H. 2, S. 90-107.

[Bauer/Günzel 2001]

BAUER, A.; GÜNZEL, H. (Hrsg.): *Data-Warehouse-Systeme: Architektur, Entwicklung, Anwendung.* Heidelberg (dpunkt) 2001.

[Becker et al. 1995]

BECKER, J.; ROSEMANN, M.; SCHÜTTE, R.: *Grundsätze ordnungsmässiger Modellierung.* In: *Wirtschaftsinformatik*, 37. Jg. (1995), H. 5, S. 435-445.

[Becker/Kahn 2000]

BECKER, J.; KAHN, D.: *Der Prozess im Fokus.* Aus: Becker, J.; Kugeler, M.; Rosemann, M. (Hrsg.): *Prozessmanagement. Ein Leitfaden zur prozessorientierten Unternehmensgestaltung.* Berlin (Springer) 2000, S. 1-13.

[Becker/Meise 2000]

BECKER, J.; MEISE, V.: *Von der Strategie zum Ordnungsrahmen.* Aus: Becker, J.; Kugeler, M.; Rosemann, M. (Hrsg.): *Prozessmanagement. Ein Leitfaden zur prozessorientierten Unternehmensgestaltung.* Berlin (Springer) 2000, S. 91-120.

[Bell 2001]

BELL, L. D.: *MetaBusiness Meta Data for the Masses: Administering Knowledge Sharing for Your Data Warehouse.* In: *Journal of Data Warehousing*, 6. Jg. (2001), H. 2, S. 36-41.

[Berner et al. 1999]

BERNER, S.; GLINZ, M.; JOOS, S.: *A Classification of Stereotypes for Object-Oriented Modeling Languages.* In: Proc. der 2nd Int. Conf. on the Unified Modeling Language 1999 (UML '99). Berlin et al. (Springer) 1999, S. 249-264.

[Bider 2000]

BIDER, I.: *Business Process Modeling- Concepts. Materials for Workshop Discussions.* Workshop on Practical Business Process Modeling (PBPM '00) in conjunction with CAiSE '00, Stockholm 2000.

[Blechar 2001]

BLECHAR, M.: *Four Alternatives to Data Warehousing Metadata Integration. Gartner Research Note.* (http://www.gartner.com, 18.03.2001) o.O. 2001.

[Böhnlein 2001]

BÖHNLEIN, M.: *Konstruktion semantischer Data-Warehouse-Schemata.* Wiesbaden (Deutscher Universitäts-Verlag) 2001.

[Böhnlein/Ulbrich-vom Ende 2000]

BÖHNLEIN, M.; ULBRICH-VOM ENDE, A.: *Grundlagen des Data Warehousing. Modellierung und Architektur.* Bamberger Beiträge zur Wirtschaftsinformatik Nr. 55, Universität Bamberg, 2000.

[Brackett 1996]

BRACKETT, M. H.: *The Data Warehouse Challenge. Taming Data Chaos.* New York et al. (Wiley) 1996.

[Brogli 1996]

BROGLI, M.: *Steigerung der Performance von Informatikprozessen. Führungsgrössen, Leistungsmessung und Effizienz im IT-Bereich.* Braunschweig, Wiesbaden (Vieweg) 1996.

[Bucher 1987]

BUCHER, T.: *Einführung in die angewandte Logik.* Berlin, New York (de Gruyter) 1987.

[Buytendijk/Friedman 2001]

BUYTENDIJK, F.; FRIEDMAN, T.: *The Packaged Data Warehouse Myth. Gartner Research Note.* (http://www.gartner.com, 18.03.2001) o.O. 2001.

[Byrne/Golder 2003]

BYRNE, B. M.; GOLDER, P. A.: *The Diffusion of Anticipatory Standards with Particular Reference to the ISO/IEC Information Resource Dictionary System Framework Standard. Corrected Proof in Press.* Erscheint in: *Computer Standards & Interfaces*, 25. Jg. (2003), H. 1.

[Chamoni/Gluchowski 1999]

CHAMONI, P.; GLUCHOWSKI, P. (Hrsg.): *Analytische Informationssysteme. Data Warehouse, On-Line Analytical Processing, Data Mining. 2. Aufl.* Berlin et al. (Springer) 1999.

[Checkland/Holwell 1998]

CHECKLAND, P.; HOLWELL, S.: *Action Research: Its Nature and Validity.* In: *Systemic Practice and Action Research*, Jg. 1998, H. 11, S. 9-21.

[Codd et al. 1993]

CODD, E. F.; CODD, S. B.; SALLEY, C. T.: *Providing OLAP (Online Analytical Processing) to User-Analysts: An IT-Mandate. White Paper.* o.O. 1993.

[ComputerWire 1996]

O. V.: *What is metadata?* In: *ComputerWire*, Nr. 3 (http://www.computerwire.com/bulletinsuk/212e_1a6.htm, 26.11.2001) o.O. 1996.

[Credit Suisse 2002]

O. V.: *Credit Suisse Group Organizational Structure.* (http://www.credit-suisse.com/en/who_we_are/ourstructure.html, 20.07.2002) o.O. 2002.

[Critchlow et al. 1998]

CRITCHLOW, T.; GANESH, M.; MUSICK, R.: *Meta-Data Based Mediator Generation.* In: Proc. of the 3rd International Conference of Cooperative Information Systems (COOPIS '98), 1998, S. 168-176.

[Curtis et al. 1992]

CURTIS, B.; KELLNER, M. I.; OVER, J.: *Process Modeling.* In: *Communications of the ACM*, 35. Jg. (1992), H. 9, S. 75-90.

[CWM 2001a]

OMG (Hrsg.): *Common Warehouse Metamodel (CWM) Specification. Volume 1. Version 1.0.* (http://www.cwm.org/technology/cwm, 21.04.2001) o.O. 2001.

[CWM 2001b]

OMG (Hrsg.): *Common Warehouse Metamodel (CWM) Specification. Volume 2 - Extensions. Version 1.0.* (http://www.cwm.org/technology/cwm, 21.04.2001) o.O. 2001.

[Date 2000]

DATE, C. J.: *An Introduction to Database Systems.* Reading, Massachusetts et al. (Addison-Wesley) 2000.

[Davenport 1993]

DAVENPORT, T. H.: *Process Innovation. Reengineering Work Through Information Technology.* Boston 1993.

[de Fries et al. 1999]

DE FRIES, D.; SEIDL, J.; WINDHEUSER, U.: *Datenqualität - Ein unterschätzter Erfolgsfaktor.* In: *Betriebswirtschaftliche Blätter*, 48. Jg. (1999), H. 11, S. 513-517.

[Devlin 1997]

DEVLIN, B.: *Data Warehouse: From Architecture to Implementation.* Reading, Harlow, Menlo Park et al. (Addison Wesley) 1997.

[Devlin/Murphy 1988]

DEVLIN, B.; MURPHY, P.: *An Architecture for a Business and Information System.* In: *IBM Systems Journal*, 27. Jg. (1988), H. 1, S. 50-80.

[Dinkelbach 1973]

DINKELBACH, W.: *Modell - Ein isomorphes Abbild der Wirklichkeit?* Aus: Grochla, E.; Szyperski, N. (Hrsg.): *Modell- und computergestützte Unternehmensplanung.* Wiesbaden (Gabler) 1973, S. 151-162.

[Dinter 2002]

DINTER, B.: *Metadatenmanagement im Beraterallltag.* Erscheint in: Proc. der Data Warehousing 2002, Friedrichshafen 2002. Unveröffentlichtes Manuskript.

[Do/Rahm 2000]

DO, H. H.; RAHM, E.: *On Metadata Interoperability in Data Warehouses. Technischer Report 1-2000.* Institut für Informatik, Universität Leipzig 2000.

[Doppke et al. 1996]

DOPPKE, J.; HEIMBIGNER, D.; WOLF, A. L.: *Language-Based Support for Metadata.* In: Proc. der 1st IEEE Meta-Data Conference (META-DATA '96), 1996.

[Draskic et al. 1999]

DRASKIC, J.; LE GOFF, J-M.; WILLERS, I.; ESTRELLA, F.; KOVACS, Z.; MCCLATCHEY, R.; ZSE-NI, M.: *Using a Meta-Model as the Basis for Enterprise-Wide Data Navigation.* In: Proc. der 3rd IEEE Meta-Data Conference (META-DATA '99), Bethesda, Maryland 1999.

[Eckerson/Manes 1999]

ECKERSON, W.; MANES, A.: *Paving the Way for Transparent Application and Data Interchange. A Java API for Metadata.* (Patricia Seybold Group Whitepaper, http://java.sun.com/products/jmi/pdf/JavaMetadataAPI, 18.06.2000) o.O. 1999.

[Elmasri/Navathe 2000]

ELMASRI, R.; NAVATHE, S. B.: *Fundamentals of Database Systems. 3. Aufl.* Menlo Park, California (Addison-Wesley) 2000.

[English 1999]

ENGLISH, L. P.: *Improving Data Warehouse and Business Information Quality. Methods for Reducing Costs and Increasing Profits.* New York et al. (Wiley) 1999.

[Eriksson/Penker 2000]

ERIKSSON, H.-E.; PENKER, M.: *Business Modeling with UML: Business Patterns at Work.* New York (Wiley) 2000.

[Ernst 1997]

ERNST, J.: *Introduction to CDIF.* (http://www.eigroup.org/cdif/intro.html, 21.07.2002) o.O. 1997.

[Essmayr et al. 1999]

ESSMAYR, W.; TJOA, A M.; WAGNER, R. R.; KAPSAMMER, E.: *Meta-data for Enterprise Wide Security Administration.* In: Proc. der 3rd IEEE Meta-Data Conference (META-DATA '99), Bethesda, Maryland 1999.

[Estier 2002]

ESTIER, T.: *What is BNF Notation?* Universität Genf (http://cui.unige.ch/db-research/Enseignement/analyseinfo/AboutBNF.html, 30.07.2002) o.O. 2002.

[Faber/Sánchez 2001]

FABER, P.; SÁNCHEZ, M. T.: *Codifying Conceptual Information in Descriptive Terminology Management.* In: *META*, XLVI. Jg. (2001), H. 1, S. 192-204.

[Felber/Budin 1989]

FELBER, H.; BUDIN, G.: *Terminologie in Theorie und Praxis.* Tübingen (Gunter Narr) 1989.

[Ferstl/Sinz 2001]

SINZ, E. J.; FERSTL, O. K.: *Grundlagen der Wirtschaftsinformatik. Band 1. 4. Aufl.* München, Wien (Oldenbourg) 2001.

[Flatscher 1996]

FLATSCHER, R. G.: *An Overview of the Architecture of EIA's CASE Data Interchange Format (CDIF).* In: *Informationssystem Architekturen - Rundbrief der GI-Fachgruppe 5.10*, 3. Jg. (1996), H. 1, S. 26-30.

[Flatscher 1998]

FLATSCHER, R. G.: *Meta-Modellierung in EIA/CDIF.* Wien (ADV-Verlag) 1998.

[Fleisch 2001]

FLEISCH, E.: *Das Netzwerkunternehmen. Theorien, Strategien und Prozesse zur Steigerung der Wettbewerbsfähigkeit in der „Networked Economy“.* Berlin et al. (Springer) 2001.

[Frank 2001]

FRANK, U.: *Informatik und Wirtschaftsinformatik - Grenzziehungen und Ansätze zur gegenseitigen Befruchtung.* Aus: Desel, J. (Hrsg.): *Das ist Informatik.* Berlin et al. (Springer) 2001.

[Frank et al. 1998]

FRANK, U.; KLEIN, S.; KRCMAR, H.; TEUBNER, A.: *Aktionsforschung in der WI - Einsatzpotentiale und Einsatzprobleme.* In: Proc. der Tagung Wirtschaftsinformatik und Wissenschaftstheorie, Essen 1998.

[Frankel/Iyengar 2000]

FRANKEL, D.; IYENGAR, I.: *Common Warehouse Metamodel Case Study at UBS (Zurich).* Präsentation am OMG Workshop on CWM and Statistics,12.06.2000, Oslo 2000.

[Frie 2001]

FRIE, T.: *Entwicklung eines strategischen Führungsinformationssystems im Data Warehousing. Vorgehensmodell und Methoden sowie Umsetzung eines strategischen Führungsinstruments am Beispiel der Balanced Scorecard.* St. Gallen, Diss. 2001, Nr. 2578. Als Manuskript gedruckt.

[Gaitanides 1983]

GAITANIDES, M.: *Prozessorganisation. Entwicklung, Ansätze und Programme prozessorientierter Organisationsgestaltung* München 1983.

[Gardner 1998]

GARDNER, S.: *Building the Data Warehouse.* In: *Communications of the ACM*, 41. Jg. (1998), H. 9, S. 52-60.

[Granda/Warburton 2001]

GRANDA, R.; WARBURTON, K.: *Terminology Management as Data Management.* In: Proc. of the IBM Centre for Advanced Studies Conference 2001 (CASCON '01), 2001.

[Grochla 1983]

GROCHLA, E.: *Unternehmensorganisation. 9. Aufl.* Opladen (Westdeutscher Verlag) 1983.

[Guntram 1985]

GUNTRAM, U.: *Die allgemeine Systemtheorie. Ein Überblick.* In: *ZfB*, 55. Jg. (1985), H. 3, S. 296-323.

[Gustavsson et al. 1999]

GUSTAVSSON, H.; LINGS, B.; LUNDELL, B.; BURMAN, P.; PALMQUIST, K.: *An Evaluation of CDIF Support for Behavioural Modelling.* Proc. der 3rd IEEE Meta-Data Conference (META-DATA '99), Bethesda, Maryland 1999.

[Habermann/Leymann 1993]

HABERMANN, H.-J.; LEYMANN, F.: *Repository. Eine Einführung.* München, Wien (Oldenbourg Verlag) 1993. (= Handbuch der Informatik. 8.1)

[Hammer 1996]

HAMMER, M.: *Beyond Reengineering.* New York (Harper Business) 1996.

[Hammer/Champy 1993]

HAMMER, M.; CHAMPY, J.: *Reenginering the Corporation. A Manifesto for Business Revolution.* New York (Harper Business) 1993.

[Hansen 1997]

HANSEN, W.-R.: *Vorgehensmodell zur Entwicklung einer Data Warehouse-Lösung.* Aus: Mucksch, H.; Behme, W. (Hrsg.): *Das Data Warehouse-Konzept. Architektur - Datenmodellle - Anwendungen. 2. Aufl.* Wiesbaden (Gabler) 1997, S. 311-328.

[Heinen 1976]

HEINEN, E.: *Grundlagen betriebswirtschaftlicher Entscheidungen: Das Zielsystem der Unternehmung.* Wiesbaden (Gabler) 1976.

[Helfert 2000]

HELFERT, M.: *Massnahmen und Konzepte zur Sicherung der Datenqualität.* Aus: Jung, R.; Winter, R. (Hrsg.): *Data Warehousing Strategie. Erfahrungen, Methoden, Visionen.* Berlin et al. (Springer) 2000, S. 61-77.

[Helfert 2002]

HELFERT, M.: *Planung und Messung der Datenqualität in Data-Warehouse-Systemen.* St. Gallen, Diss. 2002, Nr. 2648. Als Manuskript gedruckt.

[Helfert/Herrmann 2002]

HELFERT, M.; HERRMANN, C.: *Proactive Data Quality Management for Data Warehouse Systems. A Metadata based Data Quality System.* In: Proc. of 4th Intl. Workshop on Design and Management of Data Warehouses (DMDW '02) in conjunction with CAiSE '02, Toronto 2002, S. 97-106.

[Hess 1996]

HESS, T.: *Entwurf betrieblicher Prozesse. Grundlagen - Bestehende Methoden - Neue Ansätze.* Wiesbaden (Gabler) 1996.

[Hess/Brecht 1995]

HESS, T.; BRECHT, L.: *State of the Art des Business Process Redesign.* Wiesbaden (Gabler) 1995.

[Hess/Österle 1995]

HESS, T.; ÖSTERLE, H.: *Methoden des Business Process Redesign: Aktueller Stand und Entwicklungsperspektiven.* In: *HMD - Theorie und Praxis der Wirtschaftsinformatik*, 32. Jg. (1995), H. 183, S. 120-136.

[Heuer 1997]

HEUER, A.: *Objektorientierte Datenbanken. Konzepte, Modelle, Standards und Systeme. 2. Aufl.* Bonn et al. (Addison Wesley) 1997.

[Heuer/Saake 2000]

HEUER, A.; SAAKE, G.: *Datenbanken: Konzepte und Sprachen. 2. Aufl.* Bonn (mitp) 2000.

[Hill et al. 1994]

HILL, W.; FEHLBAUM, R.; ULRICH, P.: *Organisationslehre 1. 5. Aufl.* Stuttgart, Wien (Haupt) 1994.

[Hitz/Kappel 1999]

HITZ, M.; KAPPEL, G.: *UML@Work. Von der Analyse zur Realisierung.* Heidelberg (dpunkt) 1999.

[Holthuis 1999]

HOLTHUIS, J.: *Der Aufbau von Data Warehouse-Systemen. Konzeption - Datenmodellierung - Vorgehen. 2. überarbeitete Aufl.* Wiesbaden (Deutscher Universitäts-Verlag) 1999.

[Hörschgen 1992]

HÖRSCHGEN, H.: *Grundbegriffe der Betriebswirtschaftslehre. 3. Aufl.* Stuttgart (Schäffer-Poeschel) 1992.

[Hufford 1997]

HUFFORD, D.: *Metadata Repositories: The Key to Unlocking Information in Data Warehouses.* Aus: Barquin, R. C.; Edelstein, H. (Hrsg.): *Planning and Designing the Data Warehouse.* New Jersey (Prentice Hall) 1997, S. 225-262.

[Hummingbird 1998]

HUMMINGBIRD: *Hummingbird to Support Informatica's Advanced MX2 Metadata Exchange Architecture.* (http://www.hummingbird.com/press/1998/informatica.html, 20.11.2001) o.O. 1998.

[Hurwitz 1998]

HURWITZ GROUP: *Enterprise Metadata Management. Hurwitz Balanced View Report.* (http://www.hurwitz.com, 27.07.2001) o.O. 1998.

[IBM 1999]

IBM: *IBM's Visual Warehouse and Metadata Management.* (http://www-4.ibm.com/software/data/vw/metadata.html, 20.11.2001) o.O. 1999.

[IMG 1995]

IMG (Hrsg.): *PROMET. Methodenhandbuch für den Entwurf von Geschäftsprozessen.* St. Gallen, München 1995.

[Informatica 2001]

O. V.: *Metadata Exchange 2 (MX2).* (http://www.informatica.com/products/integrate/metadatamx2datasheet.htm, 29.11.2001) o.O. 2001.

[Inmon 1992]

INMON, W. H.: *Building the Data Warehouse.* Boston et al. (QED Technical Publishing) 1992.

[Inmon 1996]

INMON, W. H.: *Building the Data Warehouse. 2nd Edition.* New York et al. (Wiley) 1996.

[Inmon 2001]

INMON, W. H.: *An Illustrated Taxonomy of Metadata. White Paper.* o.O. 2001.

[Inmon et al. 2000]

INMON, W. H.; IMHOFF, C.; SOUSA, R.: *Corporate Information Factory. 2nd Edition.* New York et al. (Wiley) 2000.

[Jeckle 2000]

JECKLE, M.: *Das vier-Schichten Meta-Modell der UML.* (http://www.jeckle.de, 20.07.2002) o.O. 2000.

[Jennings 2001]

JENNINGS, M.: *The Generic Meta Data Repository.* In: *DM Review*, Nr. 1 (http://www.dmreview.com/master.cfm?NavID=198&EdID=2954, 27.11.2001) o.O. 2001.

[Joseph et al. 2002]

JOSEPH, U.; WITTWER, P.; STÄUBLI, M.; KAUFMANN, T.; AUTH, G.; VON MAUR, E.: *Metadatenmanagement im Data Warehousing bei den Winterthur Versicherungen.* Erscheint in: Proc. der Data Warehousing 2002, Friedrichshafen 2002. Unveröffentlichtes Manuskript.

[Jung/Rowohl 2000]

JUNG, R.; ROWOHL, F.: *Vergleichende Analyse der Standardisierungsbestrebungen im Metadatenmanagement: Neue Modelle der MDC und OMG.* Aus: Jung, R.; Winter, R. (Hrsg.): *Data Warehousing Strategie. Erfahrungen, Methoden, Visionen.* Berlin et al. (Springer) 2000, S. 113-133.

[Jung/Winter 2000]

JUNG, R.; WINTER, R.: *Data Warehousing: Nutzungsaspekte, Referenzarchitektur und Vorgehensmodell.* Aus: Jung, R.; Winter, R. (Hrsg.): *Data Warehousing Strategie. Erfahrungen, Methoden, Visionen.* Berlin et al. (Springer) 2000, S. 3-20.

[Jung/Winter 2001]

JUNG, R.; WINTER, R.: *Justification of Data Warehousing Projects.* Aus: Khosrowpour, M. (Hrsg.): *Managing Information Technology in a Global Economy* (Proceedings zur IRMA 2001, Anchorage), IDEA Group Publishing, Hershey et al., 2001, S. 54-57.

[Kachur 2000]

KACHUR, R.: *Data Warehouse Management Handbook.* Paramus, New Jersey (Prentice Hall) 2000.

[Kaiser 2000]

KAISER, T. M.: *Methode zur Konzeption von Intranets.* St. Gallen, Diss. 2000, Nr. 2415. Als Manuskript gedruckt.

[Kaminsky 2000]

KAMINSKY, F.: *Das Metadaten-gesteuerte Data Warehouse.* Präsentation am 1. DWH-Forum, St. Gallen 2000.

[Katic et al. 1998]

KATIC, N.; QUIRCHMAYR, G.; SCHIEFER, J.; STOLBA, M.; MIN TJOA, A.: *A Prototype Model for Data Warehouse Security Based on Metadata.* In: Proc. of DEXA Workshop 1998, Wien 1998, S. 300-308.

[Khoshafian/Abnous 1995]

KHOSHAFIAN, S.; ABNOUS, R.: *Object Orientation - Concepts, Analysis and Design, Languages, Databases, Graphical User Interfaces, Standards. 2. Aufl.* New York et al. (Wiley) 1995.

[Kimball 1996]

KIMBALL, R.: *The Data Warehouse Toolkit. Practical Techniques for Building Dimensional Data Warehouses.* New York et al. (Wiley) 1996.

[Kimball et al. 1998]

KIMBALL, R.; REEVES, L.; ROSS, M.; THORNTHWAITE, W.: *The Data Warehouse Lifecycle Toolkit. Expert Methods for Designing, Developing, and Deploying Data Warehouses.* New York et al. (Wiley) 1998.

[Knobloch 2001]

KNOBLOCH, B.: *Der Data-Mining-Ansatz zur Analyse betriebswirtschaftlicher Daten.* In: *Informationssystem Architekturen - Rundbrief der GI-Fachgruppe 5.10*, 8. Jg. (2001), H. 1, S. 59-115.

[Kolb 1991]

KOLB, S.: *Erklärungsfähigkeit und Wissensakquisition.* Aus: Biethahn, J.; Hoppe, U. (Hrsg.): *Entwicklung von Expertensystemen. Eine Einführung.* Wiesbaden (Gabler) 1991, S. 137-169.

[Kremer/Riempp 2001]

KREMER, S.; RIEMPP, G.: *Babels Türme - Terminologiemanagement in B2E-Portalen.* In: Computerwoche, Nr. 26 vom 30.06.2001, S. 59-60.

[Küpper/Weber 1997]

KÜPPER, H.-U.; WEBER, J.: *Taschenlexikon Controlling.* Stuttgart (Schäffer-Poeschel) 1997.

[Kurz 1999]

KURZ, A.: *Data Warehousing. Enabling Technology.* Bonn (mitp) 1999.

[Lehmann 2001]

LEHMANN, P.: *Meta-Datenmanagement in Data-Warehouse-Systemen. Rekonstruierte Fachbegriffe als Grundlage einer konstruktiven, konzeptionellen Modellierung.* Magdeburg, Diss. 2001. Als Manuskript gedruckt.

[Lehmann/Jaszewski 1999]

LEHMANN, P.; JASZEWSKI, J.: *Business Terms as a Critical Success Factor for Data Warehousing.* In: Proc. of the Intl. Workshop on Design and Management of Data Warehouse (DMDW '99), Heidelberg 1999, Kap. 7, S. 1-5.

[Lehner/Maier 1994]

LEHNER, F.; MAIER, R.: *Information in Betriebswirtschaftslehre, Informatik und Wirtschaftsinformatik. Forschungsbericht Nr. 11 der Schriftenreihe des Lehrstuhls für Wirtschaftsinformatik und Informationsmanagement.* Koblenz (Otto-Beisheim-Hochschule) 1994.

[Leist 2002]

LEIST, S.: *Bankenarchitektur des Informationszeitalters - Zielsetzung und Gestaltungsebene.* Aus: Leist, S.; Winter, R. (Hrsg.): *Retail Banking im Informationszeitalter. Integrierte Gestaltung der Geschäfts-, Prozess- und Applikationsebene* Berlin et al. (Springer) 2002, S. 3-28.

[Lockemann/Schmidt 1987]

LOCKEMANN, P. C.; SCHMIDT, J. W. (Hrsg.): *Datenbankhandbuch.* Berlin et al. (Springer) 1987.

[Lusti 1999]

LUSTI, M.: *Data Warehousing und Data Mining. Eine Einführung in entscheidungsunterstützende Systeme.* Berlin et al. (Springer) 1999.

[Marco 2000]

MARCO, D.: *Building and Managing the Meta Data Repository. A Full Lifecycle Guide.* New York et al. (Wiley) 2000.

[Martin 1998]

MARTIN, W.: *Data Warehouse, Data Mining und OLAP: Von der Datenquelle zum Informationsverbraucher.* Aus: Martin, W. (Hrsg.): *Data Warehousing. Data Mining - OLAP.* Bonn (ITP) 1998, S. 19-37.

[MDA 2001]

OMG (Hrsg.): *Model Driven Architecture (MDA). Document no. ormsc/2001-07-01.* (http://www.omg.org/mda/, 20.07.2002) o.O. 2001.

[MDC 1999]

MDC (Hrsg.): *Open Information Model. Version 1.0.* Austin, Texas (http://www.mdcinfo.com/OIM/OIM10.pdf, 23.04.2000) 1999.

[Melchert et al. 2002]

MELCHERT, F.; AUTH, G.; HERRMANN, C.: *Integriertes Metadatenmanagement für das Data Warehousing. Grundlagen, Nutzenpotenziale, Architektur.* Universität St. Gallen, Institut für Wirtschaftsinformatik, Arbeitsbericht Nr. BE HSG/CC DW2/03 2002. Als Manuskript gedruckt.

[Mertens/Griese 2000]

MERTENS, P.; GRIESE, J.: *Integrierte Informationsverarbeitung 2. Planungs- und Kontrollsysteme in der Industrie. 8. Aufl.* Wiesbaden (Gabler) 2000.

[Mertens/Knolmayer 1995]

MERTENS, P.; KNOLMAYER, G.: *Organisation der Informationsverarbeitung. Grundlagen - Aufbau - Arbeitsteilung. 2. Aufl.* Wiesbaden (Gabler) 1995.

[Meyer 2000]

MEYER, M.: *Organisatorische Gestaltung des unternehmensweiten Data Warehousing. Konzeption der Rollen, Verantwortlichkeiten und Prozesse am Beispiel einer Schweizer Universalbank.* St. Gallen, Diss. 2000, Nr. 2424. Als Manuskript gedruckt.

[MOF 2002]

OMG (Hrsg.): *Meta Object Facility (MOF) Specification. Version 1.4.* (http://www.omg.org/technology/cwm/, 20.07.2002) o.O. 2002.

[Mosher 2002]

MOSHER, C.: *A New Specification for Managing Metadata. Sun Microsystems Whitepaper.* (http://java.sun.com/products/jmi/newspec_metadata.pdf, 28.07.2002) o.O. 2002.

[Mucksch/Behme 2000]

MUCKSCH, H.; BEHME, W.: *Das Data Warehouse-Konzept als Basis einer unternehmensweiten Informationslogistik* Aus: Mucksch, H.; Behme, W. (Hrsg.): *Das Data Warehouse-Konzept. Architektur - Datenmodelle - Anwendungen. 4., vollst. überarb. und erw. Aufl.* Wiesbaden (Gabler) 2000, S. 3-8.

[Müller 2000]

MÜLLER, J.: *Transformation operativer Daten zur Nutzung im Data Warehouse.* Wiesbaden (Deutscher Universitäts-Verlag) 2000.

[Müller et al. 1999]

MÜLLER, R.; STÖHR, T.; RAHM, E.: *An Integrative and Uniform Model for Metadata Management in Data Warehousing Environments.* In: Proc. of the International Workshop on Design and Management of Data Warehouses (DMDW '99 at CaiSE '99), Heidelberg 1999, S. 12/1-12/16.

[Narayan 1988]

NARAYAN, R.: *Data Dictionary: Impementation, Use and Maintenance* New Jersey (Prentice Hall) 1988.

[Niemann 1995]

NIEMANN, K. D.: *Client/Server Architektur. Organisation und Methodik der Anwendungsentwicklung.* Wiesbaden (Vieweg) 1995.

[Nonaka/Takeuchi 1995]

NONAKA, I.; TAKEUCHI, H.: *The Knowledge-Creating Company. How Japanese Companies Create the Dynamics of Innovation.* New York, Oxford (Oxford University Press) 1995.

[Nordsieck 1934]

NORDSIECK, F.: *Grundlagen der Organisationslehre.* Stuttgart 1934.

[Oestereich 1998]

OESTEREICH, B.: *Objektorientierte Geschäftsprozessmodellierung mit der UML.* In: *Objekt-Spektrum*, Jg. 1998, H. 2, S. 48-52.

[Ollmert 1992]

OLLMERT, H. J.: *Datenstrukturen und Datenorganisationen.* München, Wien (Oldenbourg) 1992.

[OMG 1999]

OBJECT MANAGEMENT GROUP: *Analysis and Design Platform Task Force - White Paper on the Profile Mechanism.* Version 1.0. OMG Document ad/99-04-07 (http://www.omg.org, 20.11.2001) o.O. 1999.

[Oracle 2001]

ORACLE CORP.: *Metadata Management Practice.* (http://oln.oracle.com/DBA/OLN_DWH_DESIGN/D11538GC10/static/practices/topic05.html, 20.11.2001) o.O. 2001.

[Ortner 1997]

ORTNER, E.: *Methodenneutraler Fachentwurf.* Stuttgart, Leipzig (Teubner) 1997.

[Ortner 1998]

ORTNER, E.: *Normsprachliche Entwicklung von Informationssystemen.* (http://sunsite.informatik.rwth-aachen.de/Publications/CEUR-WS/Vol-9/Ortner.ps, 26.11.2001). In: Proc. des GI-Workshops Modellierung '98, Münster 1998.

[Ortner 1999]

ORTNER, E.: *Repository Systems. Teil1: Mehrstufigkeit und Entwicklungsumgebung.* In: *Informatik Spektrum*, 22. Jg. (1999), H. 4, S. 235-251.

[Ortner et al. 1990]

ORTNER, E.; RÖSSNER, J.; SÖLLNER, B.: *Entwicklung und Verwaltung standardisierter Datenelemente.* In: *Informatik Spektrum*, Jg. 1990, S. 17-30.

[Österle 1995]

ÖSTERLE, H.: *Business Engineering: Prozess- und Systementwicklung. Band 1: Entwurfstechniken. 2. Auflage.* Berlin et al. (Springer) 1995.

[Österle et al. 1992]

ÖSTERLE, H.; BRENNER, W.; HILBERS, K.: *Unternehmensführung und Informationssystem. Der Ansatz des St. Galler Informationssystem-Managements. 2. durchges. Aufl.* Stuttgart (Teubner) 1992.

[Österle et al. 1995]

ÖSTERLE, H.; BRENNER, C.; GASSNER, C.; GUTZWILLER, T.; HESS, T.: *Business Engineering: Prozess- und Systementwicklung. Band 2: Fallbeispiel.* Berlin et al. (Springer) 1995.

[Ostler 2002]

OSTLER, U.: *Data Warehousing wird zum Toptrend bei Prozesssoftware.* In: Computerzeitung, Nr. 6 vom 04.02.2002, S. 1.

[Platinum 1998]

PLATINUM (Hrsg.): *Repository/MVS Metadata Model. Reference Guide. Version 3.5.0.* o.O. 1998.

[Poole et al. 2002]

POOLE, J.; CHANG, D.; TOLBERT, D.; MELLOR, D.: *Common Warehouse Metamodel. An Introduction to the Standard for Data Warehouse Integration.* New York et al. (Wiley) 2002.

[Popper 1994]

POPPER, K.: *Logik der Forschung. 10. Aufl.* Tübingen (Mohr) 1994.

[Porter 1989]

PORTER, M.: *Wettbewerbsvorteile. Spitzenleistungen erreichen und behaupten.* Frankfurt/Main, New York (Campus) 1989.

[Puppe 1991]

PUPPE, F.: *Einführung in Expertensysteme. 2. Aufl.* Berlin (Springer) 1991.

[Quix 1999]

QUIX, C.: *Repository Support for Data Warehouse Evolution.* In: Proc. of the Intl. Workshop on Design and Management of Data Warehouses (DMDW'99), Heidelberg 1999, S. 4/1-4/9.

[Rehäuser/Krcmar 1996]

REHÄUSER, J.; KRCMAR, H.: *Wissensmanagement in Unternehmen.* Aus: Conrad, P.; Schreyögg, G. (Hrsg.): *Wissensmanagement.* Berlin (de Gruyter) 1996, S. 1-40.

[Rieger et al. 2000]

RIEGER, B.; KLEBER, A.; VON MAUR, E.: *Metadata-based Integration of Qualitative and Quantitative Information Resources Approaching Knowledge Management.* In: Proc. of the 8. European Conference on Information Systems 2000 (ECIS '00). Volume 1. 2000, S. 372-378.

[Rolf 1998]

ROLF, A.: *Grundlagen der Organisations- und Wirtschaftsinformatik.* Berlin et al. (Springer) 1998.

[Rolland et al. 1999]

ROLLAND, C.; NURCAN, S.; GROSZ, G.: *Enterprise Knowledge Development: The Process View.* In: *Information & Management*, Jg. 1999, H. 36, S. 165-184.

[Rosemann 1996]

ROSEMANN, M.: *Komplexitätsmanagement in Prozessmodellen. Methodenspezifische Gestaltungsempfehlungen für die Informationsmodellierung.* Wiesbaden (Gabler) 1996.

[Rosemann 1998]

ROSEMANN, M.: *Die Grundsätze ordnungsmässiger Modellierung. Intention, Entwicklung, Architektur und Multiperspektivität.* Aus: Maicher, M.; Scheruhn, H.-J. (Hrsg.): *Informationsmodellierung. Referenzmodelle und Werkzeuge.* Wiesbaden (Deutscher Universitäts-Verlag) 1998, S. 1-21.

[Rothenberg 1996]

ROTHENBERG, J.: *Metadata to Support Data Quality and Longevity.* In: Proc. der 1st IEEE Meta-Data Conference (META-DATA '96), 1996.

[Rowohl et al. 2000]

ROWOHL, F.; SCHWARZ, S.; STRAUCH, B.: *Entwicklung einer integrierten Metadatenmanagement-Lösung für das Data Warehousing.* Arbeitsbericht des Instituts für Wirtschaftsinformatik, Nr. BE HSG/CC DWS/04, Universität St. Gallen. Als Manuskript gedruckt.

[Rüegg-Stürm 2001]

RÜEGG-STÜRM, J.: *Was „ist" eine Unternehmung? Ein Unternehmungsmodell zur Einführung in die Grundkategorien einer modernen Managementlehre. 3. überarb. Aufl.* Diskussionsbeitrag Nr. 36, Institut für Betriebswirtschaft, Universität St. Gallen, 2001. Als Manuskript gedruckt.

[Sander et al. 1992]

SANDER, P.; STUCKY, W.; HERSCHEL, R.: *Automaten, Sprachen, Berechenbarkeit.* Stuttgart (Teubner) 1992.

[Schäfer 1989]

SCHÄFER, G.: *Datenstrukturen und Datenbanken.* Braunschweig, Wiesbaden (Vieweg) 1989.

[Scheer 1990]

SCHEER, A.W.: *EDV-orientierte Betriebswirtschaftslehre.* 4. Auflage, Berlin et al. (Springer) 1990.

[Schelp 2000]

SCHELP, J.: *Modellierung mehrdimensionaler Datenstrukturen analyseorientierter Informationssysteme.* Wiesbaden (Deutscher Universitäts-Verlag) 2000.

[Schlageter/Stucky 1983]

SCHLAGETER, G.; STUCKY, W.: *Datenbanksysteme: Konzepte und Modelle.* Stuttgart (Teubner) 1983.

[Schlagheck 2000]

SCHLAGHECK, B.: *Objektorientierte Referenzmodelle für das Prozess- und Projektcontrolling. Grundlagen - Konstruktion - Anwendungsmöglichkeiten* Wiesbaden (Deutscher Universitäts-Verlag) 2000.

[Schmidt 1987]

SCHMIDT, J. W.: *Datenbankmodelle.* Aus: Lockemann, P. C.; Schmidt, J. W. (Hrsg.): *Datenbankhandbuch.* Berlin et al. (Springer) 1987, S. 4-83.

[Schütte 1998]

SCHÜTTE, R.: *Grundsätze ordnungsmässiger Referenzmodellierung. Konstruktion konfigurations- und anpassungsorientierter Modelle.* Wiesbaden (Gabler) 1998.

[Schütte/Zellner 2002]

SCHÜTTE, R.; ZELLNER, G.: *Qualitätssicherung im CC BAI.* Aus: Leist, S.; Winter, R. (Hrsg.): *Retail Banking im Informationszeitalter. Integrierte Gestaltung der Geschäfts-, Prozess- und Applikationsebene* Berlin et al. (Springer) 2002, S. 240-266.

[Schwarz 2000]

Schwarz, S.: *Metadaten - Integrationskomponente des Data Warehouse.* Aus: Jung, R.; Winter, R. (Hrsg.): *Data Warehousing Strategie. Erfahrungen, Methoden, Visionen.* Berlin et al. (Springer) 2000, S. 101-116.

[Schwarz 2001]

Schwarz, S.: *Architektur, Entwicklungstendenzen und Potenzialbewertung des Data Warehousing im Dienstleistungsbereich.* St. Gallen, Diss. 2001. Als Manuskript gedruckt.

[Seiner 1999]

Seiner, R. S.: *Metadata is the Answer - Now What ist the Question?* In: *The Data Administration Newsletter 4.* (http://www.tdan.com, 22.11.2001) o.O. 1999.

[Seufert 2002]

Seufert, S. E.: *Die Zugriffskontrolle. Eine Bestandsaufnahme relevanter Ansätze und deren Weiterentwicklung zu einem Konzept für die Ableitung von Zugriffsrechten aus der betrieblichen Organisation.* Bamberg, Diss. 2002. Als Manuskript gedruckt.

[Singh 1998]

Singh, H.: *Data Warehousing. Concepts, Technologies, Implementations, and Management.* Upper Saddle River, New Jersey (Prentice Hall) 1998.

[Stachowiak 1973]

Stachowiak, H.: *Allgemeine Modelltheorie.* Wien, New York (Springer) 1973.

[Stahlknecht/Hasenkamp 1997]

Stahlknecht, P.; Hasenkamp, U.: *Einführung in die Wirtschaftsinformatik. 8. Aufl.* Berlin (Springer) 1997.

[Stäubli 2001]

Stäubli, M.: *Repository und (Meta-)Datenqualität.* Präsentation am 2. CC DW2-Workshop am 06.06.2001, Wolfsberg 2001.

[Staudt et al. 1999a]

Staudt, M.; Vaduva, A.; Vetterli, T.: *The Role of Metadata for Data Warehousing.* Technical Report 99.06 (ftp://ftp.ifi.unizh.ch/pub/techreports/TR-99/ifi-99.06.ps.gz, 28.11.2001) Institut für Informatik, Universität Zürich. 1999.

[Staudt et al. 1999b]

Staudt, M.; Vaduva, A.; Vetterli, T.: *Metadata Management and Data Warehousing.* Technical Report 21 (ftp://ftp.ifi.unizh.ch/pub/techreports/TR-99/ifi-99.04.pdf.gz, 27.11.2001) Swiss Life, Information System Research, o.O. 1999.

[Strahringer 1996]

STRAHRINGER, S.: *Metamodellierung als Instrument des Methodenvergleichs: Eine Evaluierung am Beispiel objektorientierter Analysemethoden.* Darmstadt, Tech. Hochsch., Diss. 1996. Als Manuskript gedruckt.

[Strahringer 1998]

STRAHRINGER, S.: *Ein sprachbasierter Metamodellbegriff und seine Verallgemeinerung durch das Konzept des Metaisierungsprinzips.* (http://sunsite.informatik.rwth-aachen.de/Publications/CEUR-WS/Vol-9/Päch.ps, 26.11.2001). In: Proc. des GI-Workshops Modellierung '98, Münster 1998.

[Strahringer 1999]

STRAHRINGER, S.: *Probleme und Gefahren im Umgang mit "Meta"-Begriffen: Ein Plädoyer für eine sorgfältige Begriffsbildung.* (http://www.bwl.tu-darmstadt.de/bwl5/forsch/veröff/strahKTF99.pdf, 26.11.2001) In: Proc. der KnowTech '99, Potsdam 1999.

[Strauch 2002]

STRAUCH, B.: *Entwicklung einer Methode für die Informationsbedarfsanalyse im Data Warehousing.* St. Gallen, Diss. 2002, Nr. 2603. Als Manuskript gedruckt.

[Swiss Re 2002]

o. V.: *Swiss Re: Ein weltweit führender Rückversicherer.* (http://www.swissre.ch, 20.07.2002) o.O. 2002.

[Tannenbaum 1994]

TANNENBAUM, A.: *Implementing a Corporate Repository. The Models Meet Reality.* New York et al. (Wiley) 1994.

[Thiesse 2001]

THIESSE, F.: *Prozessorientiertes Wissensmanagement. Konzepte, Methode, Fallbeispiele.* St. Gallen, Diss. 2001, Nr. 2475 Als Manuskript gedruckt.

[Totok 2000]

TOTOK, A.: *Modellierung von OLAP- und Data-Warehouse-Systemen.* Wiesbaden (Deutscher Universitäts-Verlag) 2000.

[Tozer 1999]

TOZER, G.: *Metadata Management for Information Control and Business Success.* Boston, London (Artech House) 1999.

[Ulrich 1984]

ULRICH, H.: *Management.* Bern (Paul Haupt) 1984.

[Ulrich/Krieg 1974]

ULRICH, H.; KRIEG, W.: *St. Galler Management-Modell. 3. Aufl.* Bern (Paul Haupt) 1974.

[UML 2001]

OMG (Hrsg.): *OMG Unified Modeling Language Specification. Version 1.4.* (http://www.omg.org/technology/uml/, 19.10.2001) o.O. 2001.

[Vaduva et al. 2001]

VADUVA, A.; KIETZ, J.-U.; ZÜCKER, R.: *M4 - A Metamodel for Data Preprocessing.* Proc. of the 4th ACM Intl. Workshop on Data Warehousing and OLAP (DOLAP '01), Atlanta, Georgia 2001.

[Vaduva/Dittrich 2001]

VADUVA, A.; DITTRICH, K. R.: *Metadata Management for Data Warehousing: Between Vision and Reality.* In: Proc. of the Int. Database Engineering & Applications Symposium (IDEAS '01), 2001.

[Vaduva/Vetterli 2001]

VADUVA, A.; VETTERLI, T.: *Metadata Management for Data Warehousing: An Overview.* In: *Cooperative Information Systems*, 10. Jg. (2001), H. 3, S. 273-298.

[Vassiliadis et al. 2000]

VASSILIADIS, P.; BOUZEGHOUB, M.; QUIX, C.: *Towards Quality-Oriented Data Warehouse Usage and Evolution.* In: *Information Systems*, 25. Jg. (2000), H. 2, S. 89-115.

[Vassiliadis et al. 2001a]

VASSILIADIS, P.; QUIX, C.; VASSILIOU, Y.; JARKE, M.: *Data Warehouse Process Management.* In: *Information Systems*, Jg. 2001, H. 26, S. 205-236.

[Vassiliadis et al. 2001b]

VASSILIADIS, P.; VAGENA, Z.; SKIADOPOULOS, S.; KARAYANNIDIS, N.; SELLIS, T.: *Arktos: Towards the Modeling, Design, Control and Execution of ETL Processes.* In: *Information Systems*, Jg. 2001, H. 26, S. 537-561.

[Volck 2000]

VOLCK, R.: *Data Warehouse-Technologie im Umbruch. Metadatenzentrierte Lösungen erobern den Markt.* In: Computerwoche, Nr. 12/2000 vom 24.03.2000, S. 17.

[von Maur 2000]

VON MAUR, E.: *Object Warehouse. Konzeption der Basis objektorientierter Management Support Systems am Beispiel von Smalltalk und dem ERP Baan.* Osnabrück, Diss. 2000. Als Manuskript gedruckt.

[von Stülpnagel 1991]

VON STÜLPNAGEL, A.: *Repositories - Konzepte, Architekturen, Standards.* In: *HMD - Theorie und Praxis der Wirtschaftsinformatik*, 28. Jg. (1991), H. 161, S. 10-25.

[Vossen 1994]

VOSSEN, G.: *Datenmodelle, Datenbanksprachen und Datenbank-Management-Systeme. 2., akt. und erw. Aufl.* Bonn et al. (Addison-Wesley) 1994.

[Wegener 2000]

WEGENER, H.: *Erste Erfahrungen mit Komponenten, Metadaten und Wiederverwendung im Data Warehouse der Credit Suisse.* Aus: Flatscher, R. G.; Turowski, K. (Hrsg.): *Workshop komponentenorientierte betriebliche Anwendungssysteme.* Wirtschaftsuniversität Wien, Wien 2000, S. 81-93.

[Wegener 2002]

WEGENER, H.: *Adoption of the Common Warehouse Metamodel at Credit Suisse.* Präsentation auf dem 4. Workshop des CC DW2, Hamburg 2002.

[Wegener/Auth 2002]

WEGENER, H.; AUTH, G.: *Die Swiss Re Data Language. Erfahrungen mit Terminologiemanagement im Rahmen des Data Warehousing.* Erscheint in: Proc. der Data Warehousing 2002, Friedrichshafen 2002. Unveröffentlichtes Manuskript.

[Wendt 1991]

WENDT, J.: *COBOL. Einführung mit PC-Spracherweiterungen und Übungen.* Wiesbaden (Gabler) 1991.

[Widom 1995]

WIDOM, J.: *Research Problems in Data Warehousing.* In: Proc. of the 4th Int. Conference on Information and Knowledge Management (CIKM), 1995.

[Wieken 1996]

WIEKEN, J.-H.: *Meta-Daten für Data Marts und Data Warehouses.* Aus: Mucksch, H.; Behme, W. (Hrsg.): *Das Data Warehouse-Konzept. Architektur - Datenmodelle - Anwendungen.* Wiesbaden (Gabler) 1996, S. 267-307.

[Wiener 2000]

WIENER, J.: *Metadata in Context.* In: *DM Review*, Nr. 2 (http://www.dmreview.com/master.cfm?NavID=198&EdID=1926, 26.11.2001) o.O. 2000.

[Wilke 1991]

WILKE, H.: *Systemtheorie. 3. Aufl.* Stuttgart, New York (Fischer) 1991.

[Winter 2000]

WINTER, R.: *Zur Positionierung und Weiterentwicklung des Data Warehousing in der betrieblichen Applikationsarchitektur.* Aus: Jung, R.; Winter, R. (Hrsg.): *Data Warehousing Strategie. Erfahrungen, Methoden, Visionen.* Berlin et al. (Springer) 2000, S. 127-139.

[Winterthur 2002]

O. V.: *Winterthur Schweiz.* (http://www.winterthur-insurance.ch/home/abu/abu_por/abu_por_win.htm, 20.07.2002) o.O. 2002.

[Wirth 1977]

WIRTH, N.: *Compilerbau. Eine Einführung.* Stuttgart (Teubner) 1977.

[WKWI 1997]

WISSENSCHAFTLICHE KOMMISSION WIRTSCHAFTSINFORMATIK: *Gegenstand der Wirtschaftsinformatik.* (http://isw.wiwi.uni-frankfurt.de/wi/gegensta.html, 31.10.2001) o.O. 1997.

[Wu et al. 2000]

WU, L.; MILLER, L.; NILAKANTA, S.: *Design of Data Warehouse Using Metadata.* In: *Information and Software Technology*, Jg. 2001, H. 43, S. 109-119.

[XMI 2002]

OMG (Hrsg.): *OMG XML Metadata Interchange (XMI) Specification. Version 1.2.* (http://www.omg.org/technology/cwm/, 20.07.2002) o.O. 2002.